上海民办教育发展报告

（2005—2012）

李宣海　高德毅　主编

上海市民办教育协会

上海市教育科学研究院民办教育研究所

科学出版社

北　京

图书在版编目(CIP)数据

上海民办教育发展报告(2005—2012)/李宣海,高
德毅主编.—北京:科学出版社,2014.5
ISBN 978-7-03-040492-3

Ⅰ.①上… Ⅱ.①李… ②高… Ⅲ.①社会办学-研
究报告-上海市-2005—2012 Ⅳ.①G522.74

中国版本图书馆 CIP 数据核字(2014)第 081885 号

责任编辑:王艳丽
责任印制:刘 学 / 封面设计:殷 靓

科 学 出 版 社 出版
北京东黄城根北街 16 号
邮政编码:100717
http://www.sciencep.com

南京展望文化发展有限公司排版
上海叶大印务发展有限公司印刷
科学出版社发行 各地新华书店经销

*

2014 年 5 月第 一 版 开本:889×1194 1/16
2014 年 5 月第一次印刷 印张:19¼ 插页:2
字数:541 000

定价:120.00 元

《上海民办教育发展报告(2005—2012)》
编委会名单

主　　编：李宣海　　高德毅

常务副主编：胡　卫

副　主　编：董圣足　　方建锋

编委会成员：(按姓氏笔画排列)

王世虎　王志伟　王纾然　方建锋　朱　坚　朱　蕾　庄　俭　苏　忱

苏　铁　李宣海　李　蔚　杨月民　杨伟人　束金龙　何金辉　何鹏程

金　兵　赵　宁　胡　卫　倪闽景　高德毅　唐安国　唐晓杰　黄清云

曹荣瑞　董圣足　谢一龙　瞿　钧

序

Foreword

　　教育处于变革之中,民办教育亦是如此。近年来,上海民办教育扶持与规范新政频出,如部分高校试点自主招生政策出台、中小学特色学校创建方案颁布、非学历培训机构管理进一步规范,涉面之广、影响之远,让人为之一振! 上海民办教育发展迅速,学校数量不断增多,从2005年447所增至2012年812所;类型结构逐步优化,从部分独立学院转为民办本科以及逐步开展外来务工人员随迁子女学校"纳民"管理中可见一斑;整体层次持续提升,表现为部分本科院校升入研究生层次以及民办优质幼儿园有序建设等,发展之快、提升之巨,让人眼前一亮! 这些从教育政策到教育实践的诸多创新举措需要梳理、总结、提炼。在上海民办教育处于转型发展关键期的当口,我们应该既低头走路,也抬头看路,回顾过去若干年来上海民办教育发展历程,总结成功经验,吸取失败教训,反思前行方向,是应为必为之事。

　　这是上海第一本民办教育发展报告。报告分为综合报告、类别报告、专题报告、区域案例及附录等。"综合报告"立足上海经济社会发展趋势,综合分析上海民办教育发展的基本数据,全面反映上海民办教育发展的历程、特点、经验、挑战及对未来的展望;"类别报告"包括民办学前教育、基础教育、高等学历教育、非学历培训教育及中外合作办学的发展状况;"专题报告"涵盖上海民办教育发展所涉关键问题,如分类管理、财政扶持、高校法人财产权过户、自主招生、专业设置及就业情况,基础教育特色发展,随迁子女学校纳民管理,民办学校国际化发展,行业协会及中介组织建设等;"区域案例"选择上海民办教育发展较为典型的长宁、虹口、杨浦、浦东、嘉定、宝山六区;"附录"包括了重要的统计数据和政策文件等内容。所列各主题较为全面地反映了上海民办教育发展概貌,涉及了当前改革的关键甚至敏感问题,介绍了上海部分区域的发展经验。可以说,这第一本绿皮书内容较全面,材料较翔实,问题分析较透彻,案例呈现较典型。

　　编一本书易,编一本好书不易。《上海民办教育发展报告(2005—2012)》定位为绿皮书,既非政府官方报告(白皮书)也非学术研究报告(蓝皮书),旨在客观梳理上海民办教育发展进程,真实描述发展现状,理性分析存在问题,并试图预测发展方向。它需要占有翔实材料,以政策文本为依托,以大量数据为基础。为此,需要上海市教育委员会各职能处、室协同配合,提供近年来相关政策文本和数据材料;需要本书撰写团队在占有材料基础上,客观分析数据,灵活使用数据,并把握好绿皮书写作要求。绿皮书的推进从开始策划到全部成稿,几经商议,几番研讨,遇到了信息量庞杂、数据较难获取且来源路径不统一、整体协调难度大等困难。好在"两委"对绿皮书编写工作高度重视,克宏书记与会协调、提出希望;德毅副书记多次听取汇报、解决困难;教委各职能处室领导积极配合、提供数据和建议;胡卫副院长、董圣足所长身体力行,多次召开研讨会、推进会,邀请国内知名专家为绿皮书出谋划策、问诊把脉;以上海市教育科学研究院民办教育研究所为主的撰写人员更是多方搜集素材,积极创新,几易其稿。各方团结协作、群策群力,有力推进了绿皮书工作的顺利开展。我们之所以如此花费气力、耗费时日来编撰这本书,皆因作为民办教育人深知肩负重任,有义务为民众展现上海民办教育发展的真实概貌,为政府部门的科学决策提供坚实基础,为读者呈现一本具有较高质量和较大价值的读本。现在把它呈现在大家面前,是否达成初衷由读者来评判,书中不足也请读者匡正。

善谋者成,远谋者兴。梳理现阶段上海民办教育发展概况,总结成功经验,反思失误教训,有利于为今后发展理清思路、提供借鉴、明确方向。因此,编撰上海民办教育事业发展报告是一项重要工作,也应为常规工作,需要政府部门、研究机构、行业协会及社会力量等群策群力,共为上海民办教育发展出谋划策、贡献智慧。

2014 年 5 月 1 日于上海

目 录

Contents

序

区 域 案 例

附 录

综合报告

创新驱动 转型发展

——上海民办教育发展状况(2005—2012)

20 世纪 90 年代以来,随着教育思想的解放,带来了上海办学体制改革的大发展。不少民办学校在办学过程中以他们的教育服务和教育质量赢得了社会的信任和支持,人民群众多元化的教育需求为民办教育的进一步发展提供了广阔空间与根本动力。民办教育已成为上海教育事业不可分割的重要组成部分。进入"十二五"后,上海市民办教育发展规模已基本稳定。应对新时期教育发展需要,上海市全面推进民办教育跨入以质量提升为核心的内涵式发展新阶段,民办学校已逐步进入内涵建设与转型发展期。

一、经 济 与 人 口

从世界公认教育水平较先进的国家来看,随着社会经济发展与政府财力水平的提高,对民办教育会有新的、更高的要求,需要民办教育通过改革实现新的发展。从教育生态来讲,单一的公办教育难以满足社会的需要,也影响到教育水平的总体提高。只有公办、民办教育共同发展,相得益彰,才能形成百花齐放的局面,办出人民满意的教育。

(一)经济情况

2005—2012 年,上海地区生产总值由 9 154.18 亿元上升到 20 181.72 亿元,2012 年末常住人口由 1 778.00 万人上升到 2 380.43 万人,财政收入由 1 433.9 亿元上升到 3 743.71 亿元,财政支出由 1 660.32 上升到 4 184.02 亿元。

2005 年到 2012 年,是上海经济社会发生巨大变化的 7 年。"十一五"以来,上海经济保持平稳较快发展,财政状况逐年改善,积累了坚实的物质基础,为各级各类教育实现全面、协调、可持续发展提供了支撑和保障。2005 年到 2012 年,上海地区生产总值由 9 154.18 亿元上升到 20 181.72 亿元,年增长率为 11.96%。按常住人口计算的人均生产总值,已经由 51 474 元提升到 85 373,年增长 7.50%。

在经济增长贡献率方面,第一产业已经接近于零,第二产业则由 2005 年的 50.9% 下降到 17.3%,年均下降 14.29%;而第三产业则由 2005 年的 49.9% 上升到 82.7%,年均上升 7.48%(见表1)。

表1　2005—2012年上海地区分产业经济增长贡献率比较　　　　单位：%

	2005年	2010年	2011年	2012年
第一产业	−0.8	−0.4	−0.1	…
第二产业	50.9	69.2	32.7	17.3
第三产业	49.9	31.2	67.4	82.7

数据来源：根据《上海统计年鉴》(2006—2013)整理得出。

同期，地方财政的收支情况也发生了极大的变化。地方财政收入由1 433.9亿元提升到3 743.71亿元，年均增长14.69%；财政支出由1 660.32亿元上升到4 184.02亿元，年均增长14.12%。金融机构的存款余额由23 320.86亿元上升到63 555.25亿元，年均增长15.40%(见表2)。2008年、2009年、2010年连续三年，本市公共财政预算教育拨款本年比上年分别增长30.53%、6.15%和15.90%，同期财政经常性收入本年比上年增长比例分别为21.65%、5.87%、13.11%，分别高出8.88、0.28和2.79个百分点(见表3)。2008—2010年上海公共财政预算教育经费分别为358.86亿元、375.07亿元和435.75亿元，增长比例分别为12.77%、4.52%和16.18%，公共财政预算教育经费占公共财政支出比例分别达到13.83%、12.55%和13.19%。同期全市地方财政总支出数分别为2 645.5亿元、3 048.9亿元、3 393.2亿元，同比增长14.3%、15.2%、11.3%(见表4)。

表2　2005—2012年上海地方财政收支情况比较　　　　单位：亿元

	2005年	2010年	2011年	2012年
地方财政收入	1 433.9	2 873.58	3 429.83	3 743.71
地方财政支出	1 660.32	3 302.89	3 914.88	4 184.02
金融机构存款余额	23 320.86	52 190.04	58 186.48	63 555.25

数据来源：根据《上海统计年鉴》(2006—2013)整理得出。

表3　2008—2010年上海公共财政预算教育拨款增长与财政经常性收入增长比较　　单位：%

年　份	公共财政预算教育拨款本年比上年增长	财政经常性收入本年比上年增长	增长幅度比较
2008	30.53	21.65	8.88
2009	6.15	5.87	0.28
2010	15.90	13.11	2.79

注：① 公共财政预算教育拨款含教育事业费、科研经费、基建经费和其他经费。
　　② 受资料限制，本表数据截至2011年。
数据来源：根据《上海统计年鉴》(2006—2013)整理得出。

表4　2005—2011年上海公共财政预算教育经费占公共财政支出比例

年　份	公共财政预算教育经费(亿元)		公共财政预算教育经费占公共财政支出比例	
	当年金额	增长比例(%)	当年比例(%)	增减百分点(%)
2005	234.44	20.28	14.24	0.14
2006	255.11	8.82	14.21	−0.03
2007	318.21	24.74	14.59	0.38
2008	358.86	12.77	13.83	−0.76

续 表

年 份	公共财政预算教育经费（亿元）		公共财政预算教育经费占公共财政支出比例	
	当年金额	增长比例（%）	当年比例（%）	增减百分点（%）
2009	375.07	4.52	12.55	−1.28
2010	435.75	16.18	13.19	0.64
2011	570.33	30.88	14.57	1.38

注：① 表中公共财政预算教育经费含教育费附加。
　　② 受资料限制，本表数据截至 2011 年。
数据来源：根据《上海统计年鉴》(2006—2013)整理得出。

（二）人口情况

2005—2012 年，上海全市常住人口增长 602.01 万人，年增长率达 4.25%。其中全市外来常住人口增长了 521.84 万人，占全部常住人口增长量的 86.68%，年增长率达 11.85%。

2005—2012 年，上海常住人口由 1 778.42 万人增长到 2 380.43 万人，增长了 602.01 万人，年增长率达 4.25%。在各个区县中，增长最多的区县分别是浦东 158.63 万人，宝山 120.26 人，绝对增长量都超过 100 万。另外，增长较多的区县有：松江 81.26 万，嘉定 58.49 万，青浦 43.23 万，奉贤 39.55 万，绝对增长量均超过 30 万。上述 6 区的绝对增长总量达 501.42 万人，占全市增长量的 83.29%。

从增长速度上看，这 6 个区也是最快的，分别为宝山 9.78 %、松江 9.75%、嘉定 7.14%、青浦 6.81%、奉贤 6.35 %、浦东 5.26%，年增长速度均超过全市平均速度（5.26%）。值得注意的是，宝山和松江的增长速度非常快，均接近 10%，成为全市人口增长最快的两个地区。相比之下，传统的中心城区，如长宁、静安、黄浦以及较偏远的崇明，人口增长较少，5 年增长量在 5 万人左右。静安和黄浦更是成为人口绝对导出区，5 年内分别减少了 1.39 万人和 10.45 万人；年增长率分别为 −1.10% 和 −2.82%（见图 1）。

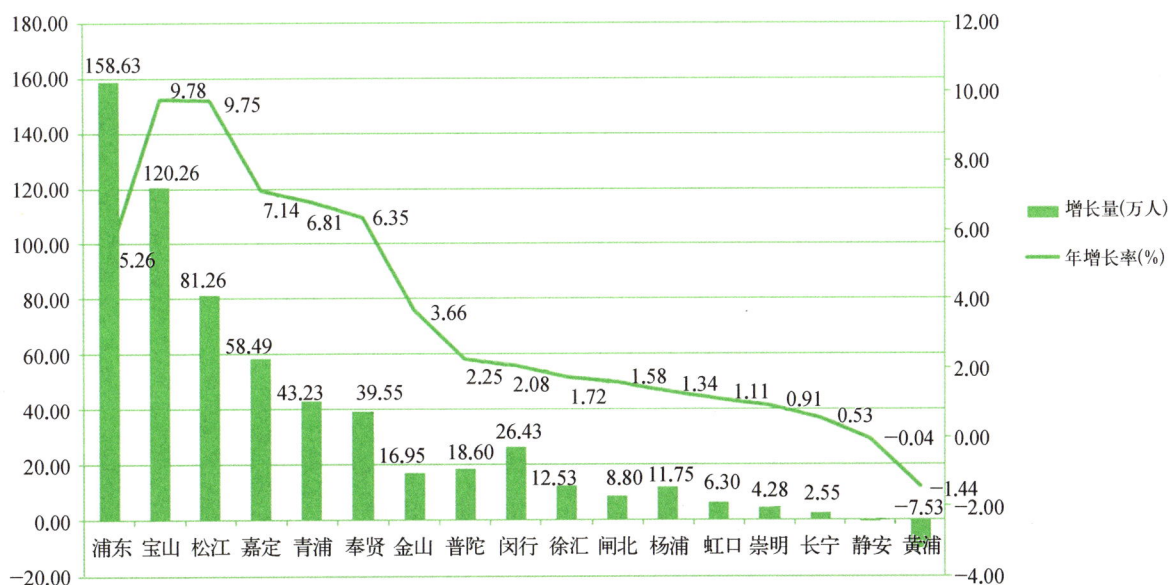

图 1　2005—2012 年上海各区县常住人口变化情况

注：① 2009 年，南汇区并入浦东新区；2011 年，卢湾区并入黄浦区。考虑到计算的方便，将并区之前的统计数据进行了技术处理。
　　② 本图根据增长量降序排列。
数据来源：根据《上海统计年鉴》(2006—2013)整理得出。

2005—2012 年,全市外来常住人口由 438.40 万人增长到 960.24 万人,增长了 521.84 万人,年增长率达 11.85％,占全部常住人口增长量 602.01 万人的 86.68％。可以说,上海近年来常住人口的快速增长主要表现在外来常住人口方面。在区县增长方面,浦东 125.66 万人,松江 69.04 万人,闵行 54.00 万人,嘉定 49.03 万人,宝山 47.30 万人,青浦 41.17 万人,奉贤 34.98 万人,绝对增长量均超过 30 万人。上述 7 区外来常住人口绝对增长总量达 421.18 万人,占全市人口增长量的 80.71％。从增长速度上看,全市 17 个区县外来常住人口年增长率均高于 7％,其中 9 个区县高于 10％(见图 2)。

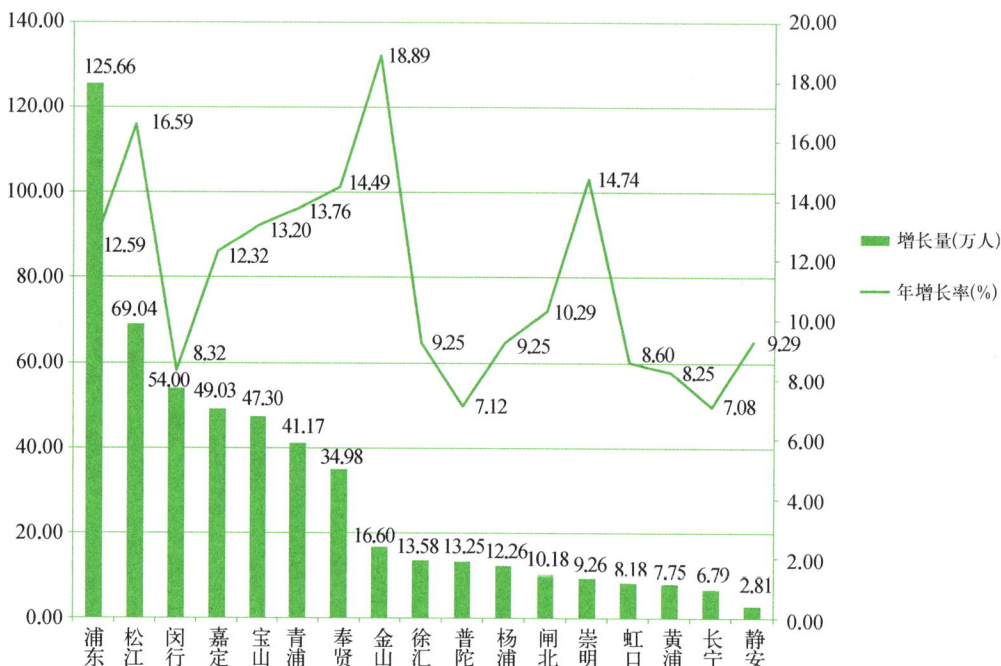

图 2　2005—2012 年上海各区县外来常住人口变化情况

注：① 2009 年,南汇区并入浦东新区,2011 年,卢湾区并入黄浦区。考虑到计算的方便,将并区之前的统计数据进行了技术处理。

② 本图根据增长量降序排列。

数据来源：根据《上海统计年鉴》(2006—2013)整理得出。

二、数 量 与 规 模

与全市其他教育相比,民办教育在学校数、在校生数、专任教师数方面,均有了长足的发展,已经成为上海教育事业的重要组成部分。

(一)民办学校数

2012 年民办学校数占比最高的分别是幼儿园、普通高校和小学,分别为 35.69％、29.85％和 23.65％。中学、职业高中、中专的占比较低,分别为 14.08％、7.14％、4.92％。

2005—2012 年,幼儿园和小学的增长是最多的。幼儿园由 277 所增长到 500 所,增长了 223 所,平均每年增长在 30 所以上,年均增长率为 8.80％。同期全市幼儿园数由 1 035 所增长到 1 401 所,增长了 366 所,年均增长率为 4.42％。民办幼儿园数的增长量占全部幼儿园数增长量的 60.93％,也就是说全市 7 年来近三分之二的新增幼儿园是民办幼儿园(见图 3、表 5);民办小学学校数由 19 所增长到了 180 所,增长了 161 所,几乎是原来的 10 倍,平均每年增长在 20 所以上,年均增长率为 37.88％。同时期全市小学学校数由 640 所增长到了 761 所,增长了 121 所,年均增长率仅为 2.50％(见图 4、表 5)。可以说,在全市小学学校数进行布局结构调整的时期,小学阶段学校数的增量主要体现在民办这一部分。

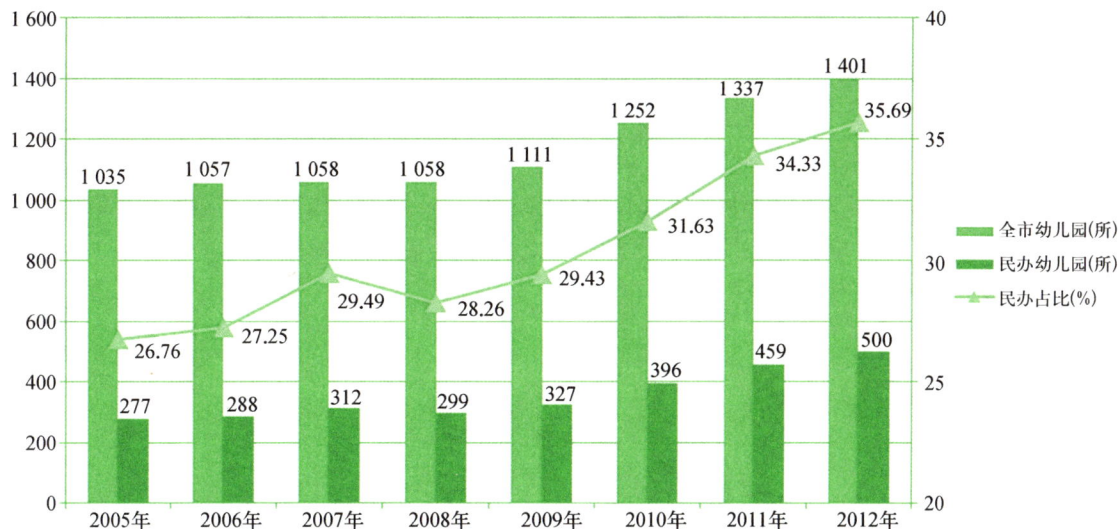

图 3　2005—2012 年上海民办幼儿园数变化情况

数据来源：根据《上海统计年鉴》(2006—2013)整理得出。

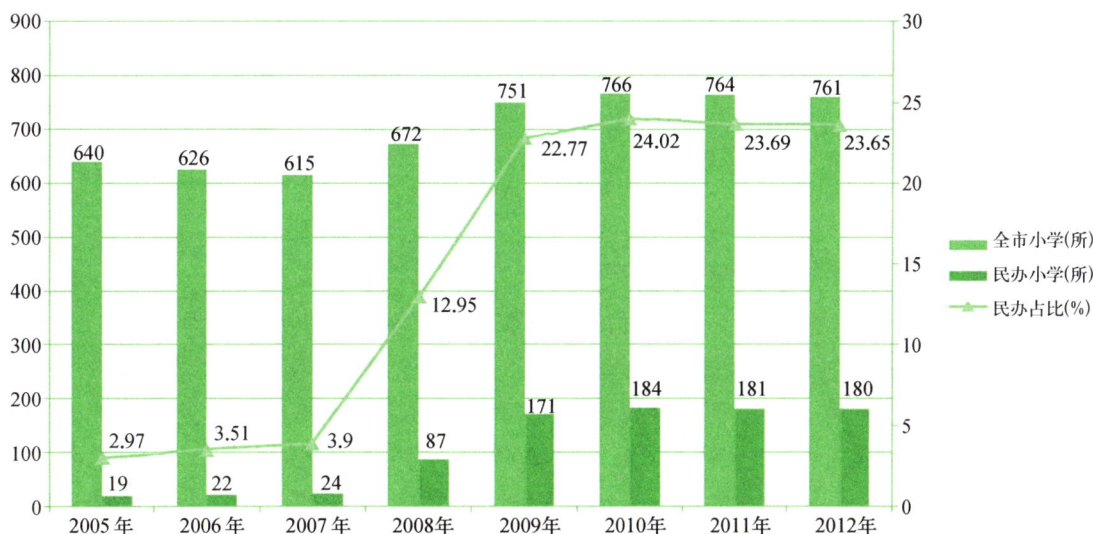

图 4　2005—2012 年上海民办小学学校数变化情况

数据来源：根据《上海统计年鉴》(2006—2013)整理得出。

表 5　2005—2012 年上海各级各类民办学校数(一)　　　　　单位：所

年　份	幼　儿　园					小　学				
	全市	年增减	民办	年增减	民办占比(%)	全市	年增减	民办	年增减	民办占比(%)
2005	1 035	18	277	52	26.76	640	−8	19	2	2.97
2006	1 057	22	288	11	27.25	626	−14	22	3	3.51
2007	1 058	1	312	24	29.49	615	−11	24	2	3.90
2008	1 058	0	299	−13	28.26	672	57	87	63	12.95
2009	1 111	53	327	28	29.43	751	79	171	84	22.77
2010	1 252	141	396	69	31.63	766	15	184	13	24.02
2011	1 337	85	459	63	34.33	764	−2	181	−3	23.69
2012	1 401	64	500	41	35.69	761	−3	180	−1	23.65

数据来源：根据《上海统计年鉴》(2006—2013)整理得出。

民办幼儿园和民办小学的增长主要集中在 2008 年以来。比如,民办幼儿园 2008 年以来的增长数达 188 所,占全部增长数的 84.30%;民办小学 2008 年以来的增长数达 156 所,占全部增长数的 97.50%。这与上海在 2008 年以后适龄入学人口数和外来随迁子女学校的设立有直接关系。

民办高校整体数量一直保持平稳。2005 年全市共有 16 所民办普通高校,2012 年增至 20 所,增长了 4 所,由 2005 年的占比 26.67% 增长到 2012 年的 29.85%。同期,全市高校学校数由 2005 年的 60 所增长到 2012 年的 67 所,增长了 7 所。从绝对数量上讲,民办高校数的年增长率为 3.24%,是同期全市高校年增长率(1.59%)的两倍(见图 5、表 7)。

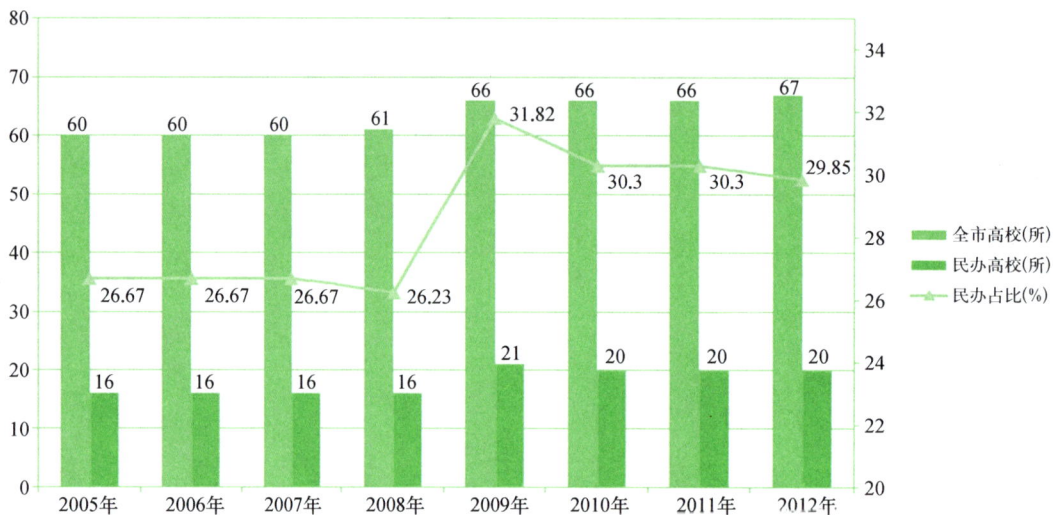

图 5　2005—2012 年上海民办高校学校数变化情况

数据来源:根据《上海统计年鉴》(2006—2013)整理得出。

相比之下,民办中学、民办职业高中学校数呈现下降趋势。民办中学由 2005 年的 129 所降至 2012 年的 107 所,减少了 22 所,所占比例由 15.99% 降至 14.08%。当然,同期全市中学学校数由 807 所下降至 760 所,减少了 47 所,民办中学的减少数量约占全部中学减少数量的 50%(见图 6)。这与中学阶段特别是高中阶段,民办竞争力较弱、生源下降有明显的关系。民办职业高中由 2005 年的 3 所,减少至 2012 年的 2 所,减少了 1 所,所占比例由 2005 年的 8.33% 降至 2012 年的 7.14%。同期,全市职业高中

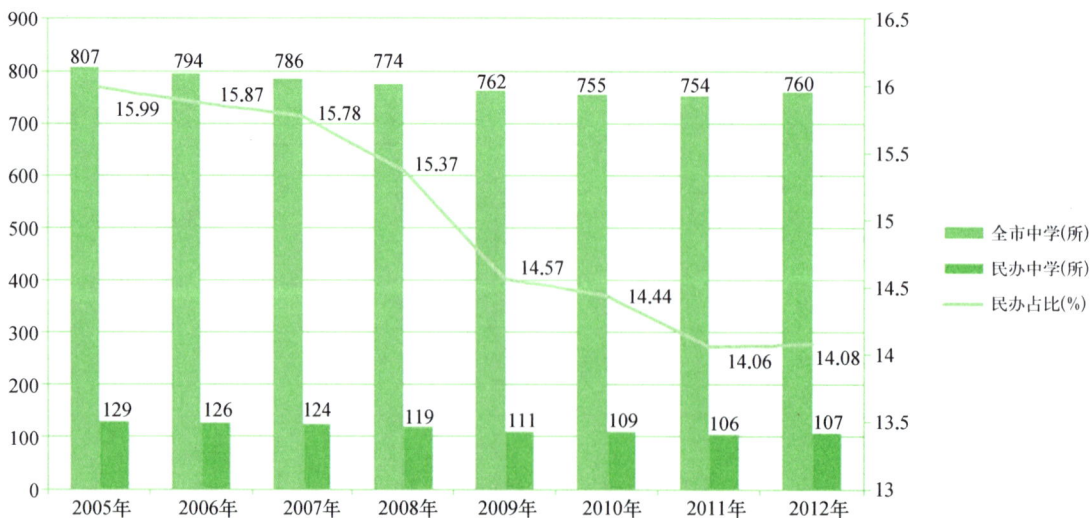

图 6　2005—2012 年上海民办中学学校数变化情况

数据来源:根据《上海统计年鉴》(2006—2013)整理得出。

由 2005 年的 36 所降至 2012 年的 28 所(见图 7、表 7)。从整体上看,职业高中学校数的年增长率为 -3.53%,民办职业高中学校数的年增长率为 -5.63%,民办职业高中的缩减速度高于全市职业高中的缩减速度。

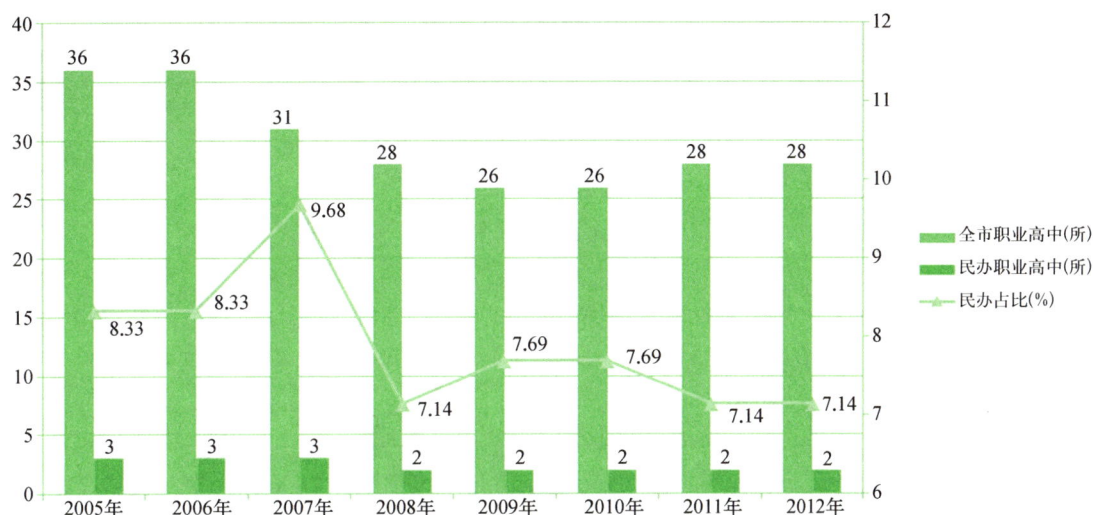

图 7 2005—2012 年上海民办职业高中学校数变化情况

数据来源:根据《上海统计年鉴》(2006—2013)整理得出。

民办中专保持平稳,学校数量常年保持在 3 所。由于全市中专学校由 2005 年的 81 所减少至 2012 年的 61 所,减少了 20 所,所以民办中专学校数量的占比由 2005 年的 3.70% 增长至 2012 年的 4.92%(见图 8、表 6)。

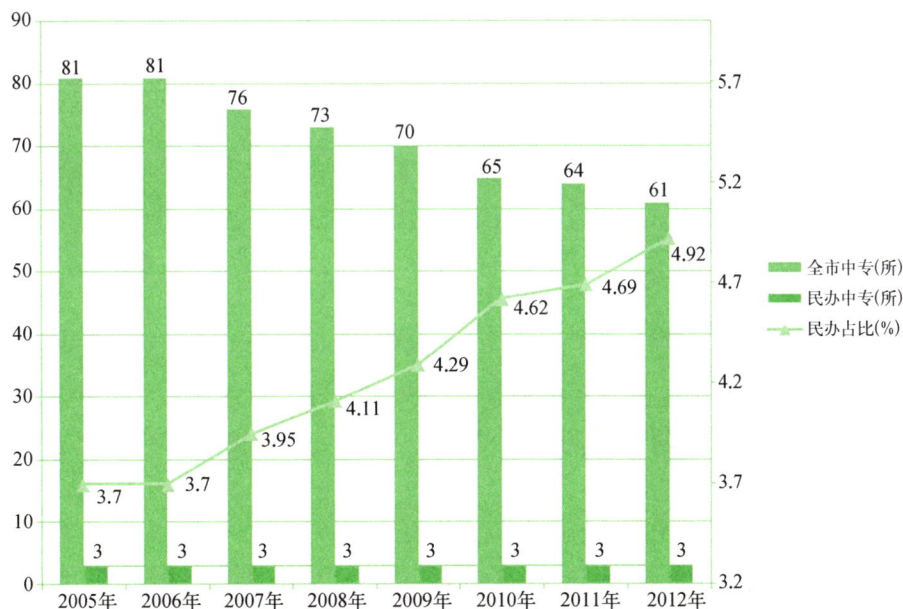

图 8 2005—2012 年上海民办中专数变化情况

数据来源:根据《上海统计年鉴》(2006—2013)整理得出。

表 6 2005—2012 年上海各级各类民办学校数量(二) 单位:所

年 份	中 学					中 专				
	全市	年增减	民办	年增减	民办占比(%)	全市	年增减	民办	年增减	民办占比(%)
2005	807	−15	129	2	15.99	81	−1	3	1	3.70
2006	794	−13	126	−3	15.87	81	0	3	0	3.70

9

年份	中学					中专				
	全市	年增减	民办	年增减	民办占比(%)	全市	年增减	民办	年增减	民办占比(%)
2007	786	−8	124	−2	15.78	76	−5	3	0	3.95
2008	774	−12	119	−5	15.37	73	−3	3	0	4.11
2009	762	−12	111	−8	14.57	70	−3	3	0	4.29
2010	755	−7	109	−2	14.44	65	−5	3	0	4.62
2011	754	−1	106	−3	14.06	64	−1	3	0	4.69
2012	760	6	107	1	14.08	61	−3	3	0	4.92

注：中学学校数含初中和高中。

数据来源：根据《上海统计年鉴》(2006—2013)整理得出。

表7　2005—2012年上海各级各类民办学校数量(三)　　　　　　　　　　单位：所

年份	职业高中					普通高校				
	全市	年增减	民办	年增减	民办占比(%)	全市	年增减	民办	年增减	民办占比(%)
2005	36	−5	3	0	8.33	60	1	16	0	26.67
2006	36	0	3	0	8.33	60	0	16	0	26.67
2007	31	−5	3	0	9.68	60	0	16	0	26.67
2008	28	−3	2	1	7.14	61	1	16	0	26.23
2009	26	−2	2	0	7.69	66	5	21	5	31.82
2010	26	0	2	0	7.69	66	0	20	−1	30.30
2011	28	2	2	0	7.14	66	0	20	0	30.30
2012	28	0	2	0	7.14	67	1	20	0	29.85

数据来源：根据《上海统计年鉴》(2006—2013)整理得出。

(二)民办学校在校生数

2012年民办学校在校生数占比最高的分别是幼儿园、小学、普通高校和初中，分别为28.37%、22.33%和17.33%、14.08%，且均有不同程度的增长。高中、职业高中和中专的占比较低，分别为8.79%、2.78%和1.48%，且呈现下降趋势。

民办幼儿园、小学和普通高校在校生占比均接近或超过20%。民办幼儿园在园人数所占比例最高、发展速度最快。由2005年的42 174人增长到2012年的136 356人，增长了94 182人，在园人数增加了2.2倍，年平均增长率达18.25%。在园人数所占比例由2005年的14.69%增长到2012年的28.37%，翻了一番。同期，全市幼儿园在园人数由2005年的287 001人增长到2012年的480 560人，增长了193 559人，增长率为67.44%，年均增长率为7.64%，远低于民办幼儿园在园人数年均增长18.25%的速度。可以说，2005年以来，全市幼儿园在园人数增长了193 559人，其中民办幼儿园在园人数增长了94 182人，占48.66%。2009年以来，民办幼儿园在园人数每年增长均在15 000—25 000人之间，每年均承担全市幼儿园在园人数增长量的一半以上，为缓解入园难问题做出了巨大贡献(见图9)。

民办小学在校生人数的增长速度仅次于民办幼儿园。由2005年的26 281人增长到2012年的169 791人，增加了143 510人，年均增长率达30.54%。民办小学在校生人数所占比例，由2005年的

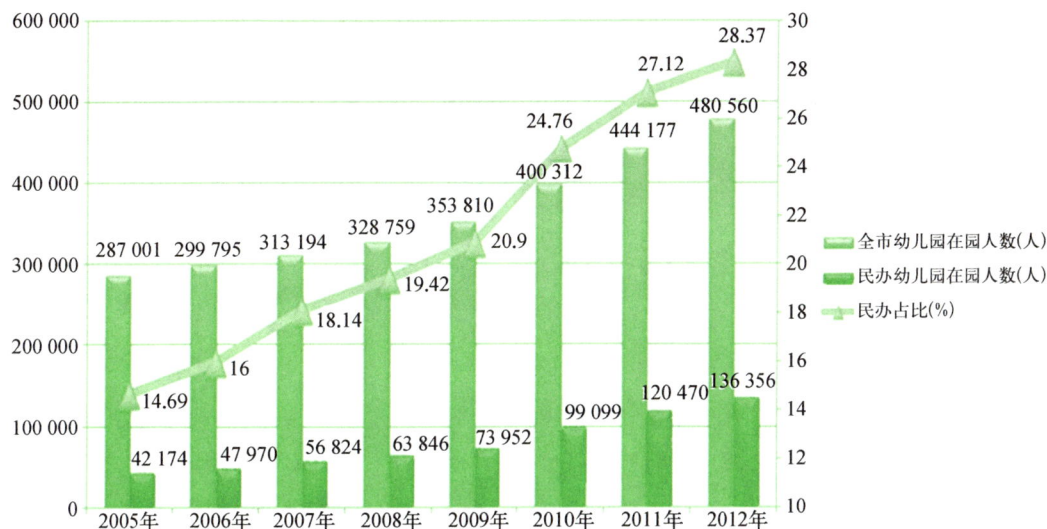

图9　2005—2012年上海民办幼儿园在园生变化情况

数据来源: 根据《上海统计年鉴》(2006—2013)整理得出。

4.91%增长到了2012年的22.33%。而同期全市小学在校生人数由2005年的535 041人增长到2012年的760 377人,增加了225 336人,年均增长率为5.15%,远低于民办小学在校生的增长速度。全市小学在校生2005年以来共增长的225 336人中,民办小学为143 510人,占63.69%。但是,自2009年以来,全市小学阶段在校生人数的年均增长率为4.24%,已经略高于民办小学在校生年均增长3.98%的速度(见图10)。

图10　2005—2012年上海民办小学在校生数变化情况

数据来源: 根据《上海统计年鉴》(2006—2013)整理得出。

2005年以来,全市初中阶段在校生数总体呈下降态势。由2005年的461 999人下降到2012年的432 686人,下降了29 313人,下降率为6.34%,下降幅度是极为惊人的。在这种情况下,民办初中在校生不降反升,从2005年的57 028人增长到2012年的60 912人,增长了3 884人,增长了6.81%。在校生所占比例也由2005年的12.34%增长到了2012年的14.08%。可以说,民办幼儿园、民办小学和民办初中,在数量的增长发展方面,具有相当大的优势,已经成为上海民办教育事业发展的重要增长点和重要力量(见图11)。

民办普通高校在校生由2005年的66 941人上升到2012年的87 805人,增长了20 864人,增长率为31.17%。所占比例也由2005年的15.12%上升到2012年的17.33%。同期,全市高校在校生由

图 11　2005—2012 年上海民办初中在校生数变化情况

数据来源：根据《上海统计年鉴》(2006—2013)整理得出。

442 620 人上升到 506 596 人,增长了 63 976 人,增长率为 14.45%,年均增长率为 1.95%,低于民办高校在校生年均 3.95% 的增长率(见图 12)。

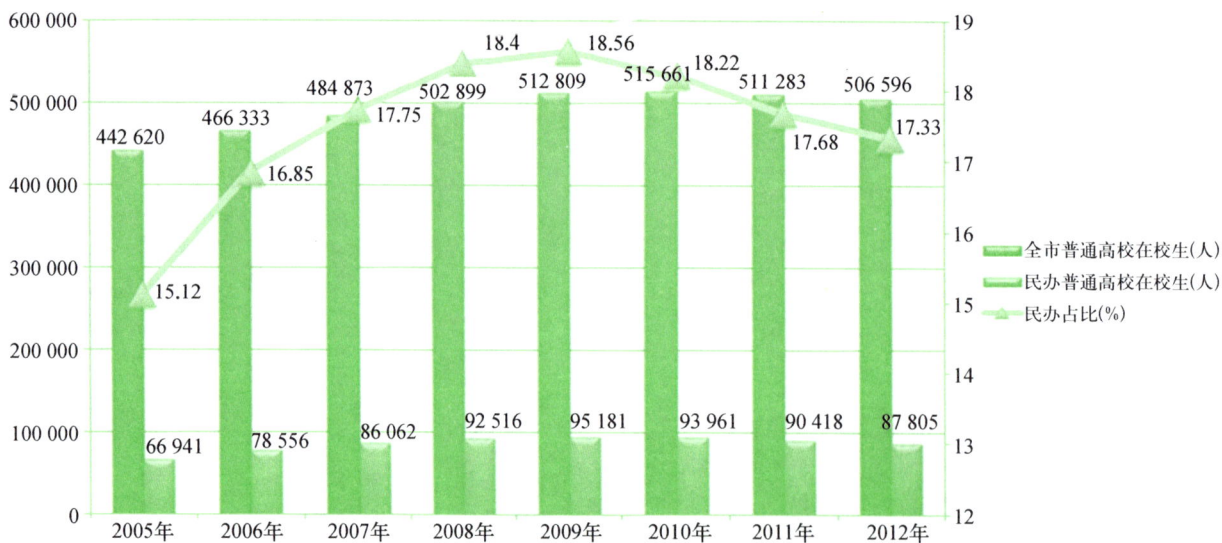

图 12　2005—2012 年上海民办普通高校在校生数变化情况

数据来源：根据《上海统计年鉴》(2006—2013)整理得出。

　　从本、专科分类来看,民办本科在校生人数增长迅速,专科在校生人数不断减少。民办高校本科在校生由 2005 年的 9 424 人快速增长至 2012 年的 36 153 人,增长了 26 729 人,增长率为 283.63%。所占比例也由 2005 年的 3.52% 增长到 2012 年的 10.07%。同期,全市本科在校生由 268 030 人增长到 359 007 人,增长了 90 977 人,增长率为 33.94%,年均增长率为 4.26%,远低于民办本科在校生年均增长 21.18% 的速度。相比之下,民办专科在校生由 2005 年的 63 517 人减少至 2012 年的 51 652 人,减少了 11 865 人,减少率为 18.68%,所占比例也由 2005 年的 36.38% 降至 2012 年的 35.00%。当然,同期全市专科在校生人数均呈现出下降的态势,由 2005 年的 174 590 人下降至 2012 年的 147 589 人,下降了 27 001 人,下降率为 15.47%,年均下降率为 2.37%,与民办专科在校生的下降率 2.91% 大略相当(见图 13、图 14)。

图 13 2005—2012 年上海民办本科院校在校生数

数据来源：根据《上海统计年鉴》(2006—2013)整理得出。

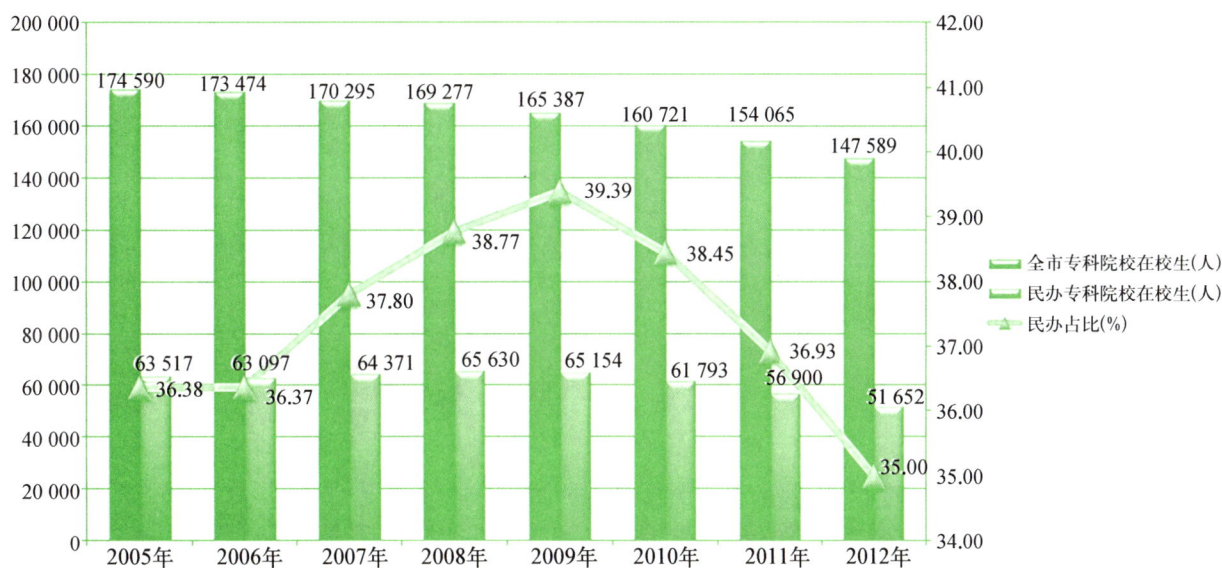

图 14 2005—2012 年上海民办专科院校在校生数

数据来源：根据《上海统计年鉴》(2006—2013)整理得出。

  相比之下，民办普通高中、民办中专、民办职业高中在校生绝对人数均呈现下降态势。其中民办普通高中在校生人数下降最为明显，由 2005 年的 35 317 人下降到 2012 年的 13 869 人，下降了 21 448 人，下降率为 60.73%。同期全市普通高中在校生数由 2005 年的 208 207 人下降到 2012 年的 157 709 人，下降了 150 498 人，下降率为 48.83%，年均下降率为 9.13%，低于民办普通高中在校生年均 12.50% 的下降幅度。民办普通高中在校生人数的下降速度是快于全市的，2007 年以来，年均下降幅度在 2 000 人左右，其中 2007、2008 年下降幅度均超过了 6 000 人，不可谓不惊人（见图 15）。

  民办中专在校生由 2005 年的 2 904 人下降到 2012 年的 1 458 人，下降了 1 446 人，下降率为 49.79%。民办中专在校生所占比例也由 2005 年的 2.12% 下降到 2012 年的 1.48%。同期全市中专在校生人数由 2005 年的 136 730 人下降到 2012 年的 98 815 人，下降了 37 915 人，下降率为 27.73%，年均下降率为 4.53%，远低于民办中专在校生年均 9.37% 的下降率（见图 16）。

13

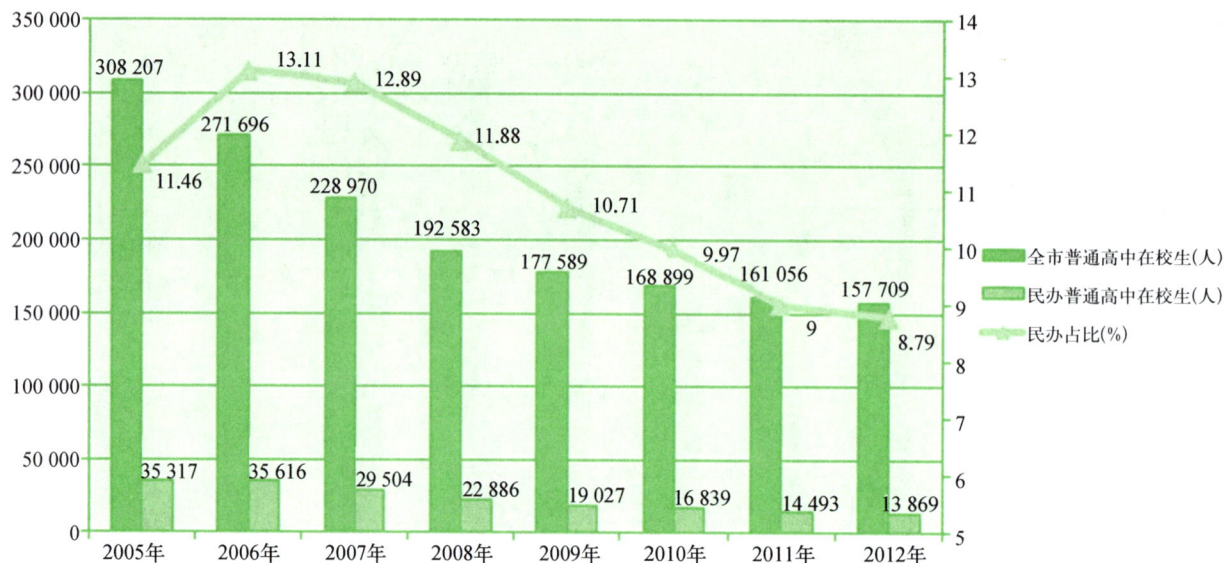

图15　2005—2012年上海普通高中在校生数变化情况

数据来源:根据《上海统计年鉴》(2006—2013)整理得出。

图16　2005—2012年上海民办中专在校生数变化情况

数据来源:根据《上海统计年鉴》(2006—2013)整理得出。

　　民办职业高中在校生人数的变化情况与此相近,由2005年的1 386人下降到2012年的985人,下降了401人,下降率为28.93%。同期全市职业高中在校生由2005年的57 255人下降到2012年的35 415人,下降了21 840人,下降了38.15%,年均下降率为6.63%,高于民办职业高中在校生年均4.76%的下降率(见图17)。

(三)专任教师情况

　　和在校生相比,除民办幼儿园之外,民办学校专任教师数明显偏少,生师比较高。

　　2012年,全市民办幼儿园专任教师占比为28.08%,与全市民办幼儿园在园人数占比28.37%大致相当,生师比配备也接近全市平均的15:1的水平。但是,从历史发展上看,民办幼儿园历史上师资的配备数量是一直超过全市平均水平的,但是近几年这一形势不断逆转,在可以预见的将来,民办幼儿园师资数量配备将继续低于全市平均水平(见表8)。

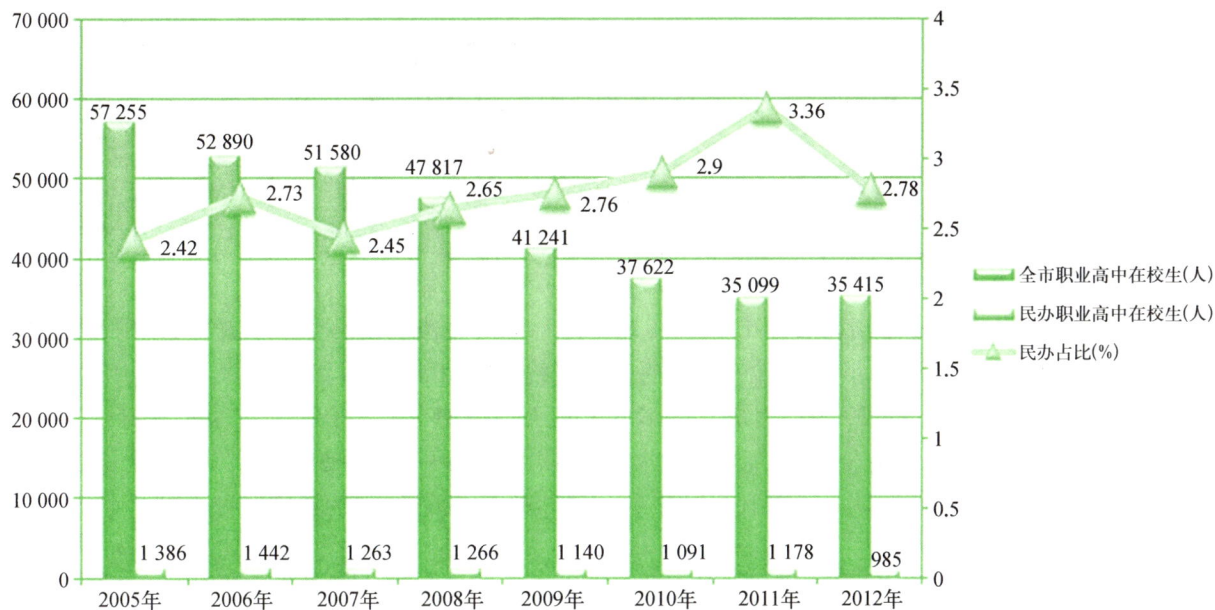

图 17 2005—2012 年上海民办职业高中在校生数变化情况

数据来源：根据《上海统计年鉴》(2006—2013)整理得出。

表 8 2005—2012 年上海民办幼儿园专任教师数变化情况 单位：人

年 份	全市 在校生	全市专任 教师数	生师比	民办 在校生	民办专任 教师数	生师比	民办教师 占比（％）
2005	287 001	17 020	16.9∶1	42 174	3 139	13.4∶1	18.44
2006	299 795	18 793	16.0∶1	47 970	3 840	12.5∶1	20.43
2007	313 194	20 203	15.5∶1	56 824	4 637	12.3∶1	22.95
2008	328 759	21 680	15.2∶1	63 846	5 078	12.6∶1	23.42
2009	353 810	23 632	15.0∶1	73 952	5 762	12.8∶1	24.38
2010	400 312	26 724	15.0∶1	99 099	7 161	13.8∶1	26.80
2011	444 177	29 221	15.2∶1	120 470	8 073	14.9∶1	27.63
2012	480 560	31 289	15.4∶1	136 356	8 785	15.5∶1	28.08

数据来源：根据《上海统计年鉴》(2006—2013)整理得出。

2012 年，全市民办小学专任教师占比为 16.37％，与全市民办小学在校生人数占比 22.33％相比，少了 5.96 个百分点。自 2005 年以来，全市小学生师比始终在 15∶1 左右，2012 年为 15.8∶1，而民办小学则长期处于 20∶1 左右，2012 年更是高达 21.6∶1。可以说，上海市民办小学专任教师的配备数量是严重低于全市平均水平的(见表 9)。

表 9 2005—2012 年上海民办小学专任教师数变化情况 单位：人

年 份	全市 在校生	全市专任 教师数	生师比	民办 在校生	民办专任 教师数	生师比	民办教师 占比（％）
2005	535 041	37 407	14.3∶1	26 281	1 273	20.6∶1	3.40
2006	533 677	37 500	14.2∶1	29 391	1 271	23.1∶1	3.39
2007	533 280	38 451	13.9∶1	35 180	1 746	20.1∶1	4.54
2008	590 561	40 964	14.4∶1	82 189	3 916	21.0∶1	9.56
2009	671 245	44 278	15.2∶1	151 037	6 630	22.8∶1	14.97

续 表

年 份	全市 在校生	全市专任 教师数	生师比	民办 在校生	民办专任 教师数	生师比	民办教师 占比(%)
2010	701 578	45 239	15.5∶1	164 206	7 181	22.9∶1	15.87
2011	731 131	46 254	15.8∶1	166 712	7 368	22.6∶1	15.93
2012	760 377	48 066	15.8∶1	169 791	7 869	21.6∶1	16.37

数据来源：根据《上海统计年鉴》(2006—2013)整理得出。

2012 年，全市民办初中专任教师占比为 10.83%，与全市民办初中在校生人数占比 14.08% 相比，少了 3.25 个百分点。自 2005 年以来，全市初中生师比始终在 13∶1 左右，2012 年为 12.3∶1，而民办初中也长期处于 20∶1 左右，2008 年更是高达 43.8∶1(当年民办学校专任教师比上一年减少 1 129 人)，之后逐步稳定在 20∶1 左右，2012 年为 16∶1。也可以说，上海市民办初中专任教师的配备数量是严重低于全市平均水平的。民办小学和民办初中专任教师的配备问题，成为影响民办学校质量提升的瓶颈性因素(见表 10)。

表 10　2005—2012 年上海民办初中专任教师数变化情况　　　　单位：人

年 份	全市 在校生	全市专任 教师数	生师比	民办 在校生	民办专任 教师数	生师比	民办教师 占比(%)
2005	461 999	33 131	13.9∶1	57 028	2 173	26.2∶1	6.56
2006	440 011	33 332	13.2∶1	57 376	2 566	22.4∶1	7.70
2007	427 037	33 362	12.8∶1	61 552	2 590	23.8∶1	7.76
2008	425 141	33 120	12.8∶1	64 027	1 461	43.8∶1	4.41
2009	426 081	33 617	12.7∶1	63 174	3 127	20.2∶1	9.30
2010	425 463	34 012	12.5∶1	61 881	3 278	18.9∶1	9.64
2011	430 585	34 506	12.5∶1	62 098	3 430	18.1∶1	9.94
2012	432 686	35 202	12.3∶1	60 912	3 814	16.0∶1	10.83

数据来源：根据《上海统计年鉴》(2006—2013)整理得出。

2012 年，全市民办高中专任教师占比为 7.62%，与全市民办高中在校生人数占比 8.79% 相比，少了 1.17 个百分点。自 2005 年以来，随着在校生数的减少，全市高中生师比不断下降，由 2005 年的 17.1∶1 下降到 2012 年的 9.7∶1。但是民办学校专任教师配备数量仍然是低于全市平均水平的，2012 年其生师比为 11∶1(见表 11)。

表 11　2005—2012 年上海民办高中专任教师数变化情况　　　　单位：人

年 份	全市 在校生	全市专任 教师数	生师比	民办 在校生	民办专任 教师数	生师比	民办教师 占比(%)
2005	308 207	18 055	17.1∶1	35 317	952	37.1∶1	5.27
2006	271 696	18 030	15.1∶1	35 616	1 050	33.9∶1	5.82
2007	228 970	17 951	12.8∶1	29 504	1 195	24.7∶1	6.66
2008	192 583	17 201	11.2∶1	22 886	3 059	7.5∶1	17.78
2009	177 589	16 896	10.5∶1	19 027	1 361	14.0∶1	8.06
2010	168 899	16 729	10.1∶1	16 839	1 305	12.9∶1	7.80
2011	161 056	16 596	9.7∶1	14 493	1 195	12.1∶1	7.20
2012	157 709	16 588	9.5∶1	13 869	1 264	11.0∶1	7.62

数据来源：根据《上海统计年鉴》(2006—2013)整理得出。

民办中专和民办职业高中专任教师的数量所占比重微乎其微。2012 年分别为 0.98% 和 0.80%，不管是从专任教师数量还是从在校生数量上来看，这一块都处于即将被缩减的地位（见表 12、表 13）。

表 12 2005—2012 年上海民办中专专任教师数变化情况 单位：人

年　份	全市 在校生	全市专任 教师数	生师比	民办 在校生	民办专任 教师数	生师比	民办教师 占比（%）
2005	136 730	5 312	25.7：1	2 904	125	23.2：1	2.35
2006	137 012	5 244	26.1：1	2 561	107	23.9：1	2.04
2007	128 081	5 148	24.9：1	2 247	106	21.2：1	2.06
2008	120 754	5 071	23.8：1	1 841	96	19.2：1	1.89
2009	115 043	4 943	23.3：1	1 572	100	15.7：1	2.02
2010	109 054	4 952	22.0：1	1 390	98	14.2：1	1.98
2011	102 230	4 974	20.6：1	1 487	81	18.4：1	1.63
2012	98 815	4 797	20.6：1	1 458	47	31.0：1	0.98

数据来源：根据《上海统计年鉴》(2006—2013)整理得出。

表 13 2005—2012 年上海民办职业高中专任教师数变化情况 单位：人

年　份	全市 在校生	全市专任 教师数	生师比	民办 在校生	民办专任 教师数	生师比	民办教师 占比（%）
2005	57 255	3 193	17.9：1	1 386	97	14.3：1	3.04
2006	52 890	2 990	17.7：1	1 442	95	15.2：1	3.18
2007	51 580	2 941	17.5：1	1 263	50	25.3：1	1.70
2008	47 817	2 862	16.7：1	1 266	37	34.2：1	1.29
2009	41 241	2 857	14.4：1	1 140	33	34.5：1	1.16
2010	37 622	2 850	13.2：1	1 091	25	43.6：1	0.88
2011	35 099	2 874	12.2：1	1 178	23	51.2：1	0.80
2012	35 415	2 858	12.4：1	985	23	42.8：1	0.80

数据来源：根据《上海统计年鉴》(2006—2013)整理得出。

2012 年，全市民办普通高校专任教师占比为 9.89%，与全市民办普通高校在校生人数占比 17.33% 相比，少了 7.44 个百分点。换言之，其师资配备数量是远远低于其在校生需求的。自 2005 年以来，全市普通高校生师比始终保持到 13：1 左右，而民办高校则始终维持在 22：1 左右，2008 年最高达到 25.5：1。

就全市平均水平来说，专任教师的增长速度是高于在校生的增长速度的，或者说专任教师的下降速度是低于在校生的下降速度的。但是民办学校呈现出与之相反的趋势，值得担忧。比如，2005 年到 2012 年间全市普通高校在校生增长了 14.45%，专任教师则增长了 26.10%；全市在园幼儿增长了 67.44，专任教师数则增长了 83.84%，可见专任教师的增长速度远远高于在校生的增长速度。而民办高校在校生数增长了 31.17%，专任教师数只增长了 30.48%；民办幼儿园在园幼儿增长了 223.32%，专任教师只增加了 179.87%，可见专任教师的增长速度低于在校生的增长速度，专任教师较为缺乏的情况多年以来未得到根本缓解（见表 14）。①

---

① 当然，民办学校专任教师数较少，但是未从根本上影响到学校的教育教学，一个根本性的原因是兼职和退休返聘教师在发挥专任教师的作用。

表14 2005—2012年上海民办普通高校专任教师数变化情况　　　　单位：人

年　份	全市在校生	全市专任教师数	生师比	民办在校生	民办专任教师数	生师比	民办教师占比（％）
2005	442 620	31 815	13.9：1	66 941	3 041	22.0：1	9.56
2006	466 333	33 873	13.8：1	78 556	3 422	23.0：1	10.10
2007	484 873	35 480	13.7：1	86 062	3 521	24.4：1	9.92
2008	502 899	36 854	13.6：1	92 516	3 626	25.5：1	9.84
2009	512 809	38 134	13.4：1	95 181	3 773	25.2：1	9.89
2010	515 661	39 170	13.2：1	93 961	3 906	24.1：1	9.97
2011	511 283	39 626	12.9：1	90 418	3 922	23.1：1	9.90
2012	506 596	40 118	12.6：1	87 805	3 968	22.1：1	9.89

数据来源：根据《上海统计年鉴》(2006—2013)整理得出。

三、成就与贡献

民办教育的发展,不仅开辟了社会力量参与教育的渠道,推动了教育体制机制的创新,增强了上海教育发展的活力,而且促进了多元化教育格局的形成,扩大了教育供给规模,为广大市民提供了多样化的学习机会。

（一）助推社会发展

一是上海各级各类民办学校和其他教育机构为社会提供了近五万个以上的教职员工就业岗位,增加了社会就业,承担了大量基础教育任务,减轻了国家财政负担;二是大约十二万名进城务工人员随迁子女在民办小学、民办三级幼儿园和随迁子女看护点就学,解决了进城务工人员随迁子女教育问题的后顾之忧,为上海城市建设吸引了大规模、稳定的劳动力;三是民办教育发展,特别是民办高校的发展为上海高等教育普及化起到了巨大的推动作用,提升了上海劳动力人口整体素质,为上海区域经济建设提供了有力的智力支持和人才资源的保障。

（二）激发教育活力

上海初步形成了公办、民办教育共同发展的格局,为上海教育事业的健康稳定发展奠定了良好的基础。目前民办教育在校生数量和占比情况如下:全市民办幼儿园136 356人,占比28.37％;民办小学169 791人,占比22.33％;民办初中60 912人,占比14.08％;民办普通高中13 869人,占比8.79％;民办中专1 458人,占比1.48％;民办职业高中985人,占比2.78％;民办普通高校87 805人,占比17.33％。此外,上海还有6 000多家民办非学历教育机构,其中经教育行政部门审批的就有1 300多家,每年为社会提供各类培训1 000万人次以上。民办教育已成为上海教育事业不可或缺的重要组成部分,推动了上海教育事业在教育理念、培养目标、教育内容、教育技术、教育模式、教育管理等方面的创新和突破,为实现上海城市教育现代化做出了积极贡献。

（三）拓展融资渠道

民办教育的发展,改变了政府统一拨款的单一办学模式,促进了教育投融资体制改革,使教育投资主体多元、融资渠道多样、教育资源扩大,吸引了大量的社会资金,有效弥补了政府教育经费不足。按

2009 年全市实际生均教育经费为基准来计算（学前 13 118 元/人，小学 15 264 元/人，初中 19 563 元/人，高中 23 022 元/人，大学 20 000 元/人），仅 2009 年，民办学校就为政府节约了教育经费 50 亿元以上。同时，非学历教育机构所带动的社会性教育经费投入数额更是在 100 亿元以上。另外，据估算，目前上海各级各类民办教育机构所形成的固定资产已达 130 多亿元，为城市教育现代化积累了大量宝贵的非公教育资源。

截至 2012 年，上海具有颁发学历文凭资格的民办高校 20 所，其中本科院校 7 所（含独立学院），按校均总资产 4 亿元计，总额约为 28 亿元；其余高职院校 13 所按校均总资产 3 亿元计，总额约为 40 亿元。民办中学（含初高中）107 所，按校均总资产 5 000 万元计，总额约为 50 亿元。民办中专、职业中学 5 所，按校均总资产 2 000 万元计，总额约为 1 亿元。民办普通小学 180 所，按校均总资产 1 000 万元计，总额约为 18 亿元。民办幼儿园 500 所，按园均总资产 200 万元计，总额约为 10 亿元。民办其他高等教育机构 150 余所，按校均总资产 500 万元计，该项总额约为 7.5 亿元。此外，加上民办培训机构等各项由社会投资所形成的学校固定资产总值约为 10 亿元。加总以上数据，上海各级各类民办教育固定资产投资总额应在 160 亿元以上。

（四）促进体制创新

民办教育的发展有力促进了上海办学体制及公办学校的改革，激发了教育系统的生机和活力。民办教育积极探索不同体制办学模式，如"委托管理"、"教育集团办学"、"公私合作伙伴"等，为上海教育领域形成多元化的办学新格局做出了贡献。与此同时，民办教育的发展在客观上促进了上海教育管理体制的改革，加快了政府管理职能的转变。民办学校的相对自主性促使政府更加注重加强在监管、规划与引导方面的职能，也催生了一大批教育科研、教育评价、教育认证、管理咨询等行业组织和中介机构。不仅如此，民办学校还改变了政府优先管理公办教育的传统思维，转而更加重视和着力建设对公办、民办学校一视同仁的制度安排及政策环境。

专栏 1　浦东新区东沟中学委托管理案例

浦东新区东沟中学创办于 20 世纪 50 年代，原属东沟镇管辖的农村初级中学。2003 年随着浦东新区城郊教育管理体制一体化的实行，东沟中学归入新区第一教育署。由于长期以来各方面条件的限制，东沟中学管理水平与教育质量一直不高。2005 年 6 月，浦东新区社会发展局根据浦东教育"管、办、评联动"机制的基本构想，与上海市成功教育管理咨询中心签署了"东沟中学委托管理协议"。根据协议，东沟中学自 2005 年 7 月 1 日起由政府委托成功教育管理咨询中心实施管理，每一轮管理期限为一个初中教育周期即 4 年。

（五）满足多元需求

随着上海现代化进程的推进，人民生活水平不断提高，人民群众对教育尤其是优质教育的选择性需求日趋旺盛。民办教育适应社会需要，积极深化课堂教学改革和实施特色办学，不断优化教育资源配置，较好地满足了社会对多样化教育的需求，增进了教育公平，也为自身提供了巨大的生存和发展空间。上海地区中小学阶段的民办学校，已经成为"优质教育"的代表，办学质量和办学效益得到了社会公认。2010 年，上海有 15 所民办中小学申报了中国民办教育协会中小学专业委员会的"特色建设"课题，并得到了立项确认，上海市民办中小学协会专门选派了一批专家与这些学校共同探讨如何推进学校的课题研究，加快学校的内涵发展。

民办教育的发展壮大，使原本因为教育资源不足而导致的教育机会短缺的历史难题得到了较好地解决。社会教育资金的投入使政府能够将有限资金用于提高公立学校教育质量,使公共资金惠及更多人群,特别是进城务工人员随迁子女。此外,大量的民办非学历机构面向市场,注重教育质量和办学效益,更是提供了每年千万人次的专门知识或专项技能培训,是促进就业、构建学习型城市的一支重要力量。

在非义务教育领域,上海民办中、高职学校充分发挥自身所具有的贴近市场、办学灵活、运作高效等体制机制优势,在专业设置上适应社会需要,通过与企业行业深度合作,推行"订单式"培养等方式,努力开发城乡新的劳动力资源,在打造适用专业、构建富有特色的人才培养体系方面开展了大量卓有成效的工作。在高级应用型人才培养上,上海民办高校坚持面向社会、自主办学,服务服从于社会经济建设的需要,突出应用能力导向,主动调整学科专业设置,优化人才培养方案,为社会输送了一大批紧缺、新型、实用人才。按全市 9.52 万名民办高校在校生计算,相当于为 10 万个家庭的子女提供了一种新的教育选择。

专栏2　上海杉达学院致力于培养应用型本科人才

上海杉达学院是本市第一所全日制民办普通高校,在一无土地、二无校舍的情况下租借校舍滚动发展,使学校发展成为拥有上海浦东、浙江嘉善两个校区,占地 808 亩,总资产原值逾 7 亿元人民币,设置有文、理、工、外语、财经、管理、艺术等门类的 10 个二级学院的万人大学,在上海乃至全国赢得了良好的社会声誉。

杉达学院取得成功的主要经验,在于其把面向社会和经济发展需要设置专业、形成学校特色、培养应用型人才作为学校的办学方向。学校的生存靠生源,吸引生源靠学校教学质量、特色和就业市场,该校根据市场需求和办学条件的实际情况,重点建设计算机科学与技术、国际贸易、金融、旅游管理、英语、日语等外向型的特色专业,还利用英语教学质量较高的优势,积极开展中外合作办学,推动学校教育国际化的进程。该校首届本科生参加国家大学英语四、六级考试通过率分别为 98.4% 和 75.1%,均高于同类高校。教学质量的提高促进了毕业生就业率的上升,多年来,毕业生的就业率均在 97% 左右。

四、扶持与规范

近年来,上海市在民办教育的发展问题上,坚持从本地实际出发,注重借鉴国内外先进经验,推出了一系列在全国具有影响的创新举措,促进了区域民办教育的健康发展,也推动了上海教育现代化的进程。

(一)健全管理体系

上海市教育委员会(以下简称市教委)自"十五"时期开始,就制订了全市民办教育的专项发展规划,对本市民办和公办两类不同学校在培养目标、办学定位、总体布局等方面的发展战略做通盘考虑,努力推动公办学校与民办学校形成共同发展、相互促进的格局。2005 年上海市人民政府(以下简称市政府)发布《上海市实施〈中华人民共和国民办教育促进法〉、〈中华人民共和国民办教育促进法实施条例〉若干问题的暂行规定》,再次明确提出,"市和区县政府应当把民办教育事业纳入国民经济和社会事业发展规划"。

自 2005 年起,市教委和市民政局对民办高校实施联合年检。2007 年开展了派驻民办高校督导专员的试点工作。2009 年 6 月,上海市教委正式成立了民办教育管理处,与民办高校党工委办公室合署办公,负责上海民办教育政策及管理制度的制定,一些区县也相应成立了民办教育科。2005 年,上海民办高等教育协会和上海市民办中小学协会正式成立,两个协会和上海市工商联民办教育协会共同搭建起了民办学校之间沟通交流、互相促进的平台,对加强行业自律,促进民办教育健康发展,起到了重要作用。2009年12月,市政府批准成立上海市民办教育联席会议制度,由市发展和改革委员会、市财政局、市国家税务局(以下简称国税局)、市地方税务局(以下简称地税局)、市审计局、市住房保障房屋管理局等单位共同出面,统筹解决民办教育发展中的重大问题,共同推进上海民办教育健康发展。

(二)健全财政扶持

自2005年召开第一次上海市民办教育工作会议以来,上海设立了民办教育政府专项资金,并制定了专项资金的使用管理办法,区县政府也建立专项发展资金。2010年召开第二次上海市民办教育工作会议,上海民办教育政府专项资金的力度进一步加大,配套管理措施进一步加强。

自2004年到2007年,市政府每年拨出4 000万元,用于建立上海市民办教育发展政府专项资金,促进民办教育健康发展。其中,每年2 000万元用于民办基础教育,2 000万元用于民办高等教育,重点扶持有特色、高质量的民办学校,做大做强优质民办学校。2006年4月28日,市教委、市财政局共同印发《上海市促进民办教育发展专项资金管理办法》(沪教委财〔2006〕20号),进一步明确了专项资金的设立目的、资金来源、支持内容、财务管理等方面的内容。一些区县也设立了相应的民办教育专项资金,如嘉定区于2005年设立了"嘉定区民办教育扶持和奖励基金",每年100万;浦东新区则于2006年设立了"浦东新区民办教育发展政府专项资金",每年1 000万元,各自用于扶持所在区域民办教育的发展。

2008—2009年,上海市本级财政两次增扩民办教育发展专项资金,对民办高校按照生均1 000元/学年的额度进行资助,民办中小学扶持资金达到了3 000万,2009年市级财政当年共拨付民办高校各专项扶持资金达到9 400多万元。2009年,市教委、市财政局联合印发《关于加强扶持民办中小学发展的通知》《关于做好上海市民办高等教育政府扶持资金申请工作的通知》,再次加大了市、区县两级公共财政对民办教育的扶持力度;与此同时,市政府还要求各区县同步设立民办教育发展扶持资金,给予收费标准低于同级同类公办学校生均经费拨款的义务教育阶段民办中小学生均公用经费补贴。

在市委、市政府的鼓励和市财政局的支持下,上海民办教育发展专项资金逐年增扩,2011年,市级财政安排民办高校专项扶持资金1.91亿元(不含帮困助学等),用于加强民办学校内涵建设、扶持民办学校特色校和示范校、实施民办高校"强师工程"、建设民办教育公共服务平台等。市级财政预算内安排民办高等教育3 000万元、民办基础教育5 000万元、以招收进城务工人员随迁子女为主的民办小学3.5亿元。2012年度市级财政对民办教育资金拨付额度已达7亿元(民办高校生均投入约达2 000元,以招收随迁子女为主的民办小学生均投入约达4 500元),其中民办教育政府专项资金2.13亿元,比2011年度1.91亿元有了12%的增长。根据"十大工程"专项资金预算安排,民办教育政府专项资金主要用于示范性民办高校建设、民办高校内涵建设、促进民办教育规范特色发展试验、民办教育公共服务平台建设和国家教育体制改革试点等。申请使用专项资金的单位包括19所民办高校和部分高校与直属单位。申请专项资金的民办高校要坚持教育公益性、依法规范办学、财务管理规范、落实法人财产权、建立年金制度。

专项资金在投入上坚持体现公共财政的公共性和公益性原则,坚持分类管理和分类扶持相结合。投向民办高校的专项资金主要用于学科专业建设、师资队伍建设、国际化建设、信息化建设和安全技防建设,主要根据民办高校依法规范办学和落实法人财产权情况核定专项资金的项目和额度,有效地引导促进了各民办学校坚持教育公益性、依法规范办学、加强内涵建设。

根据上海市教委、市财政局《关于做好上海市民办高等教育政府扶持资金申请工作的通知》和《关于加强扶持民办中小学发展的通知》,大幅度增扩了民办教育政府扶持资金,主要用于加强民办学校的师资队伍建设、改善民办学校的教育教学条件、支持民办学校进行教育教学改革试点。并对符合条件且收费标准低于同级同类公办学校生均经费拨款标准的义务教育阶段民办中小学,按照本市义务教育阶段公办学校生均公用经费基本定额给予补助,还要求区县政府建立民办教育扶持资金。

上海公共财政对民办教育的扶持体现了分类管理的改革方向,扶持力度比较大、扶持政策相对完善、扶持效果比较明显、资金管理严格规范,激发了民办教育体制机制的优势,为民办教育的发展创设了积极的政策环境。同时,上海根据规划纲要和教育体制改革试点的要求,进一步探索民办学校分类管理和扶持的配套政策,对不同类型的民办学校在产权归属、法人属性、财务制度、退出机制、招生收费、政府资助以及税收等方面探索制定不同的优惠和配套政策。

专栏3　嘉定区加大对民办教育的扶持力度

2010 年 3 月 31 日,上海市第二次民办教育工作会议之后,嘉定区进一步加大扶持力度。一是对本区户籍在民办学校就读的学生,按嘉定区公办学校的生均公用经费定额标准全额补贴民办学校。2010 年的补贴标准为:民办小学 1 450 元/人年;民办初中 1 650 元/人年;民办高中 1 450 元/人年(按公办普通高中标准);民办幼儿园 1 250 元/人年(按公办二级幼儿园标准)。今后将随着公办学校生均公用经费的调整,相应调整民办学校办学补贴。其中 150 元/人年(参照公办学校房修基金调剂额度)由教育局统筹,用于表彰奖励民办学校办学先进集体和个人,处理民办教育突发事件等。二是对非本区户籍在民办学校就读的学生,按本区公办学校生均公用经费定额标准的一半补贴民办学校。即 2010 年补贴标准为,民办小学 725 元/人年;民办初中 825 元/人年;民办高中 725 元/人年;民办幼儿园 625 元/人年。按此测算,2010 年,政府对民办学校补贴资金为 1 128.58 万元,其中,直接补贴民办学校约 1 037.21 万元,教育局统筹补贴资金 91.37 万元。

　　资料来源:根据嘉定区教育局相关资料整理。

2007 年起,上海尝试鼓励民办学校建立年金制度,改善民办学校教师待遇,缩小民办学校教师与公办学校教师退休后的待遇差距,从而解除民办学校教师后顾之忧,为稳定民办学校师资队伍、提升教育教学质量提供保障。截至 2010 年,大部分民办高校和 6 个区的民办中小学已经开始实施这一政策。市教委印发了《上海市教育委员会关于推进本市民办学校建立年金制度的通知》,至今,本市所有民办高校和大部分民办中小学、部分民办幼儿园实施了年金政策。

专栏4　2010 年上海市民办中小学实施年金的基本情况

2010 年,初步统计,全市民办中小学教职工总数 11 675 人,其中教师 9 489 名,占 81.28%。9 489 名民办学校教师中,公办挂编 3 174 名,占 33.45%;退休返聘 1 839 名,19.38%;民办学校自主聘用 1 957 名,占 20.62%;人才服务中心挂编 1 437 名,占 15.14%;外聘兼职 152 名,占 1.60%;其他 542 名,占 5.71%。民办学校迫切需要实施年金制度的对象,主要是无法实现公办挂编但在未来的三五年内就可以成长为学校骨干的青年教师,这部分人由民办学校自主聘用,总数为 1 957 名,占全部教师的 20.62%。再加上人才服务中心挂编中非事业编制的教师约 1 000 名,职工中个别专业技术岗位的聘用人员约 100 名,三者合计在 3 000—3 200 名,约占全部民办学校教师队伍的 1/3。

截至 2010 年 9 月,全市有 23 所民办中小学已经初步建立了学校年金制度,占全部 134 所民办中小学的 17.16%,已经缴纳年金 300.2 万元,其中学校缴纳 200.7 万元,教师个人缴纳 99.5 万元,两者比例约为 2：1。

　　资料来源:上海市民办中小学实施年金情况调研报告(未公开发表)。

(三) 推进依法治教

早在 1994 年上海市就制定了《上海市民办学校管理办法》,并先后于 1997 年和 2002 年修订发布;自 1995—2003 年,共制定发布了涉及各级各类民办教育机构设置标准、人事、评估、收费、财务管理等方面的文件 29 项。2002 年《中华人民共和国民办教育促进法》(以下简称《民办教育促进法》)颁布后,根据法制统一原则,市教委对涉及民办教育的 29 项政策进行了梳理,将其分为"继续有效的"、"失效的"、"需要修改的"三类,下发了《上海市教育委员会关于公布民办教育规范性文件清理意见目录的通知》(沪教委法〔2003〕7 号)。2005 年 3 月,上海市第一次民办教育工作会议召开,上海市政府发布《上海市实施〈中华人民共和国民办教育促进法〉、〈中华人民共和国民办教育促进法实施条例〉若干问题的暂行规定》(沪府发〔2005〕10 号),对民办学校的同等地位、设立审批、内部治理结构、收费及资产管理、民办教育发展专项资金等方面的内容进行了规定。

为切实规范和加强民办学校资产与财务管理,2009 年,市教委相继印发了民办高校和中小学财务管理制度及会计核算办法等 4 个文件;2009 年 10 月,上海市教委、市财政局、市国税局、市地税局和市民政局联合下发《关于加强民办高等学校学费及政府扶持资金账户管理的通知》,将民办高校的学费和政府专项资金纳入专户管理。2010 年 3 月,上海市政府办公厅转发了市教委等七部门联合制定的《上海市推进民办高校落实法人财产权的实施办法》,要求切实落实民办院校的法人财产权。

根据市政府办公厅转发市教委等七部门制定的《上海市推进落实民办高校法人财产权的有关规定》(沪府办发〔2010〕7 号)精神,上海市教委对民办高校落实法人财产权工作分类指导、稳步推进。截至目前,上海 19 所民办高校中已有 15 所完成或部分完成了资产过户。此项工作的有力推进为上海民办高校健康、科学、可持续发展创造了重要的前提条件。

此外,为依法规范民办学校办学行为,针对民办非学历教育机构设置和管理中存在的问题,市教委还修订出台了《上海市民办非学历教育院校(机构)审批和管理办法(试行)》和《上海市民办非学历教育院校(机构)设置标准(试行)》。

公共财政投入力度的加大,对学校的资金资产管理提出了更高的要求。民办教育改革发展的不断深入,也使民办学校财务制度中存在的问题更加凸显。在此背景下,上海市自 2009 年起,依据国家法律法规和综合改革试点的要求,根据民办学校财务管理的实际情况,以《民办非企业单位会计制度》为基础,制定了《上海市民办高等学校财务管理办法(试行)》、《上海市民办高等学校会计核算办法(试行)》、《上海市民办中小学财务管理办法(试行)》、《上海市民办中小学会计核算办法(试行)》,并在民办高校、民办中小学、民办幼儿园实施,以规范本地区民办学校会计核算行为,促使各校按统一标准编制和提供财务会计信息。

在推进民办高校、民办中小学和民办幼儿园执行规定的财务管理办法和会计核算办法的基础上,上海市开发了统一的民办学校会计核算软件,并由公共财政专项资金出资为民办学校进行安装和培训,为学校统一核算提供了便利。同时,为了加强政府专项资金和学费的管理,要求各民办高校设立了学费专户和政府扶持资金专户,建立了民办高校财务监管平台和民办高校学费收入信息管理系统。教育行政管理部门可以通过平台系统及时掌握民办学校资金的流向和使用情况,依法履行监督管理的职责。对民办非学历教育机构,要求建立学费专户,对学费收入纳入专户管理,接受有关部门监管。此外,加大对民办高校专项审计和专项监管的力度,对民办高校所接受的政府扶持资金和收取的费用施行过程管理和实时监控,为财政继续加大对民办学校的支持力度、开展营利性和非营利性民办学校的分类管理试点奠定了基础。上海市要求各民办学校对资金资产严格管理、专款专用,并在实际执行过程中积极听取各方意见对各项制度及时加以修订,使之更加适合民办学校改革和发展的需要。

2010年3月,上海市第二次民办教育工作会议召开,出台了一系列促进民办教育改革发展的政策措施,推进了民办教育的进一步发展。2010年11月,《国务院办公厅关于开展国家教育体制改革试点的通知》(国办发〔2010〕48号)和国家教育体制改革领导小组办公室《关于报送国家教育体制改革试点项目实施方案的通知》(教改办函〔2010〕2号)下发,上海市《探索营利性和非营利性民办学校分类管理办法》和《完善民办学校财务、会计和资产管理制度,建立公共财政资助体系》被列为试点项目。上海市委、市政府高度重视教育体制改革试点工作,分管领导牵头成立市教育体制改革领导小组,2011年召开19次专题会议,协调解决教育体制改革试点中的重点和难点问题,其中第19次专题会议商研了民办教育改革发展的问题,并确定了十项重点工作。

专栏5　上海市加强民办学校财务管理的主要举措

——建立学费收入资金专户管理制度。为保护民办学校学生的权益,保障民办学校健康稳定发展,对民办学校收取的学费收入,纳入由政府批准或认可的银行的资金专户管理,学校必须按照实际用途分批支取该项经费,保障学生家长对经费使用的知情权。

——建立公共财政投入资金专户管理制度。政府资助民办学校的资金由政府统一纳入财政预算外资金专户管理,或纳入指定的财务管理中心专户管理。接受政府资助的民办学校必须与市或区县教育行政部门签订合同,明确规定政府和学校双方的权利和义务。

——建立学校资产分类登记与管理制度。对投入民办学校的举办者资产、学校资产、社会捐资资产、政府资助形成的资产进行分门别类的登记,明确各类产权关系。

——完善民办学校外部监督机制。由审批机关委托指定的社会审计机构每年对民办学校进行专项或全面审计,并向审批机关提交审计报告。通过财产财务审计,加强对民办学校的监督管理,防止民办学校的资产被侵占、分配、挪用、变卖或用于非教育投资,引导教育机构科学、合理地使用其财产,确保民办学校收取的学费主要用于教育教学活动。对民办学校财产财务审计不合格的民办学校,依法进行限制招生、责令整顿、停办等处罚。

资料来源:根据上海市第二次民办教育工会作议相关材料整理得出。

(四)以评促建促改

通过科学评估,引导民办学校实现规范发展。2006年11月和12月,市教委委托市教育评估院对上海东海职业技术学院和上海济光职业技术学院的人才培养工作进行评估。同年9月,市教委对各高校举办的非学历教育和培训进行了清查整顿,并对高校举办的各类研究生课程进修班进行登记备案工作。2007年,市教委专门成立民办高等教育课题研究小组,对民办高校建设情况进行年度检查,开展派驻民办高校督导专员试点工作,向6所参与试点的民办高校派驻督导专员。同年,督促全市30余所全日制普通高校对自身进行非学历教育办班的全面清查,建立了本市民办非学历教育机构设置校外教学点的审核备案制度,规范社会办学机构的学校宣传和招生广告的备案与管理。同时,还在全市范围内进行了民办中小学依法办学专项评估。

不断探索和完善民办教育评估和分类指导机制。2009年,市教委对各区县民办非学历教育管理工作开展专项调研和督导,就区县履行准入和变更审批管理职能、落实审批责任追究制度、对违规办学现象的查处和监管等情况,开展专项调研和督查。在此基础上,市教委还制定了《上海市民办非学历教育院校(机构)办学评估办法》,探索建立本市民办非学历教育办学状况评价制度,旨在以评促建、以评促改,促进民办非学历教育的健康、规范发展。

专栏6　上海市开展中小学依法办学专项评估

2007年,市教委对民办中小学依法办学进行专项评估,评估内容主要为学校办学条件、教师队伍建设、财务管理、招生和收费管理等。全市153所民办中小学中,有131所申报评估,经区县教育行政部门评审,市教育评估院抽查,评为优良的有31所,占民办中小学总数的20%左右,评为"合格"的有97所。市民办教育专项资金奖励评为"优良"的学校每校30万元,奖励评为"合格"的学校每校10万元。

通过依法办学专项评估工作,有效地促进了学校依法办学、规范管理。各民办中小学以此为契机对办学中的课程教学、财务管理、招生收费、教师队伍建设等方面情况进行分析和梳理,对存在的问题进行整改,提升了学校依法办学的水平。区县教育行政部门通过开展专项评估工作掌握了第一手资料,为依法管理打下良好基础。

资料来源:根据上海市教委2007年民办中小学依法办学专项评估相关资料整理得出。

上海充分认识到加强民办学校党建工作,充分发挥民办学校党组织的政治核心作用是民办教育健康发展的保障。上海市教育卫生工作委员会、市教委把民办高校党建和大学生思想政治教育工作纳入了全市教育整体规划中,通过委派督导专员和党建督察员,督促和指导民办高校依法办学,做到了民办高校党建工作、思想政治教育及德育工作全覆盖。目前,上海民办高校党组织建设日益规范和健全,党组织负责人作为董事会成员,参与学校重大事务的决策,较好发挥了引导和监督作用。同时,有关部门还建立了民办高校辅导员岗前培训基地,开展民办高校辅导员岗前培训工作,建立了上海民办高校毕业生就业指导协作组,开展民办高校就业的专项指导。此外,民办学校学生思政教育、特奥会志愿者、世博会志愿者的工作也开展得有声有色,充分展示了上海民办教育的风采。

(五)保障同等权利

《中华人民共和国民办教育促进法》中明确规定,"民办学校与公办学校具有同等的法律地位,国家保障民办学校的办学自主权"、"民办学校的教师、受教育者与公办学校的教师、受教育者具有同等的法律地位"、"民办学校教职工在业务培训、职务聘任、教龄和工龄计算、表彰奖励、社会活动等方面依法享有与公办学校教职工同等权利。"上海市在依法保障民办学校同等权利方面,做到了几个"同等":民办学校的学历、学位证书和公办学校具有同等效力;民办学校招生和公办学校同批次录取;民办学校在各类评奖评优中和公办高校依法享有同等地位。近年来,经过不断探索和实践,市教委已将民办学校教职工人事代理关系纳入统一管理范畴,切实保障民办学校教师在职务职称评审、奖励表彰、科研资助、培训培养等方面依法享有与公办学校教师同等权利。

自2005年以来,公共财政用于学生的各项经费资助和相关政策,也做到了民办和公办学校一视同仁、公平对待。市教委在制定高校学生困难补助、奖学金、医疗保险、就业指导、伙食补贴等政策时,在全国率先实现保障民办高校学生和公办高校学生依法享有同等权利;在制定义务教育阶段、高中阶段困难家庭学生资助等政策时也覆盖到了所有民办中小学学生。

加强民办高校师资队伍建设,实施民办高校强师工程。一是加强对教师和管理人员专业教学和管理能力的培训培养;二是支持教师科研水平的提高;三是通过政府扶持资金奖励的方式推动学校建立教职工年金制度;四是建立民办高校党政负责干部专题学习制度。这些措施对稳定民办学校师资队伍、提升办学管理水平起到了积极促进作用。

（六）推行自主招生

鼓励民办高校探索自主招生的新机制。自 2005 年起,上海将民办高校招生纳入本、专科层次依法自主招生改革试点范围,在全国率先开展了民办高校依法自主招生改革。首批试点学校为上海杉达学院、上海建桥学院和上海新侨职业技术学院,到 2010 年参加依法自主招生的民办高校已达 13 所,分别占全部民办高校和当年自主招生高职(专科)院校的 2/3。全市 2010 年自主招生高职(专科)计划 12 370人,实际录取 12 139 人,比上年增加 2 157 人。

积极推进民办高校之间的合作与交流。在 2010 年 3 月全市第二次民办教育工作会议上,由市教委牵线搭桥,上海杉达学院、上海建桥学院、上海东海职业技术学院、上海思博职业技术学院、上海立达职业技术学院和上海中侨职业技术学院等 6 所民办院校与上海大学、上海师范大学、上海第二工业大学、上海理工大学、上海应用技术学院等 5 所公办高校签订了结对合作协议书。通过民办高校与公办学校的结对合作,旨在促进民办高校在教育教学管理、师资队伍建设、学科专业发展、教育资源建设水平等方面与公办学校看齐;同时,也促使公办学校向民办学校学习和借鉴办学体制及运行机制上的优势,做到取长补短、相互促进、实现共赢。

（七）实施信息公开

积极推进信息公开制度,建立民办教育信息管理系统,通过公众查询网、信息资料库、行政审批平台,构架起公众、学校、政府之间信息化互动和管理的桥梁,营造社会监督、学校自律、政府依法管理的良性氛围。一是建立了民办教育管理信息系统,完成了全市 2 000 余所由教育行政部门审批设立的各级各类民办学校的入网工作,为民办学校办学许可证管理和行政审批提供便捷;二是与上海市社会团体管理局探索建立了管理信息系统的数据共享与网上联合年检等管理机制,为各部门联合依法行政、提高政务信息共享水平打下了基础。

2008 年,市教委组织各区县教育部门开展民办非学历教育"政府公共政策、法规制度和公共信息发布、公告和公示"平台建设情况调研,完成全市 1 495 个办学机构的信息登录,建立完善本市民办非学历教育机构办学基本状况信息公开系统,提供民办非学历教育机构办学基本状况、社会评价和评估信息及培训市场供需信息等方面的网上发布和查询。在此基础上,2009 年组织编制和出版《上海市民办非学历教育院校(机构)2007 学年度资讯大全(黄页)》,免费向社会各界提供使用,畅通本市社会办学信息渠道。

成立民办高校信息化专项协作组,完善许可证管理、财务和学费管理、资产管理、政府专项资金管理、专职教职工管理等信息平台,联通各信息系统形成合力,在管理思路、管理目标和技术支持上形成统一的认识和标准。通过管理制度的信息化、标准化建设,提高管理的效率,增进信息共享和信息公开。

优化教育部民办教育信息管理系统,做好上海各级各类民办学校办学许可证申领和换发复核工作。根据各区县、各有关处室和各民办学校在管理和提交信息过程中的实际需求,在信息管理系统中添加变更模块、细化复核程序、加快复核速度、严格复核标准。充分发挥许可证管理系统的信息采集和汇总功能,将经复核通过领取办学许可证的学校信息通过市教委官方网站依法向公众公开查询。2012 年度共有 19 所民办高校、303 所民办中小学、582 所民办幼儿园(早教机构)和 1 354 所民办非学历教育培训机构完成入网信息录入、许可证申领和换发工作。

五、挑 战 与 展 望

民办教育发展的政策环境不断完善,但仍有诸多瓶颈问题亟待研究和破解。2010 年,上海与教育部签订了部市共建国家教育综合改革实验区的战略合作协议,提出"改善民办教育发展的政策环境"、"促进民办教育健康发展"等要求,并作为教育综合改革试验的重要内容列入 2010 年的教育重点工作之一。同时,上海还被教育部列为"省级政府教育统筹综合改革的试点地区",对"建立民办学校财务、会计和资产管理制度,完善政府公共资助体系"开展试点。上海民办教育发展的根本方向是,紧紧围绕服务上海经济社会发展和人才需求,以实施国家和上海教育改革和发展中长期规划纲要为依托,以教育体制改革试点项目和重大建设工程为抓手,坚持"分类扶持、提升质量、多元发展、依法管理"发展思路,着力推进上海民办教育事业健康、科学、可持续发展。

挑战一:法人身份定位矛盾

根据现行法律法规,民办学校登记为民办非企业单位,由上海市社会团体管理局进行登记管理。在办学和管理过程中,各有关委(员会)、办(公室)、局对民办非企业单位的政策口径有所差异:在税收方面,在不同区县办学的民办学校享受的税收优惠政策不完全一致;在教职员工退休待遇方面,民办学校教师退休基本等同于企业待遇;在财务管理方面,民办学校不能完全适用民间非营利组织的会计制度和财务管理规范(上海市已实施民办学校财务管理办法,但需要根据民办学校的特点进一步修订);在外事管理方面,民办学校的领导和教师出国出访无法办理因公护照,无法参加因公团组。诸如此类的问题,使民办教育的各条线管理体制不顺,困扰民办学校的进一步发展。若民办学校现存的单一、模糊的法人属性能够得到明晰,登记管理部门之间的程序和职责也需要调整,特别是教育、民政、工商等部门对营利性的非学历教育培训机构的管理制度需要细化。

挑战二:生源结构变化迅速

2005 年之后,上海步入了生育高峰,外来户籍人口子女不断增长,幼儿园、小学阶段教育资源短缺矛盾日益突出,"十二五"期间上海计划新增 1 042 所中小学幼儿园,民办幼儿园、民办小学要承担更重任务与压力。另外,上海高中阶段适龄人数持续下降,上海及外省市高考报名人数呈下降趋势,加上民办高校的新生报到率相对较低,使民办高校招生面临严峻形势。民办学校需要重新思考发展定位和发展道路的问题,从而更好地应对挑战。

挑战三:同质竞争压力较大

近年来,公办教育的规模增加、质量提高,得到了较快的发展,教育资源需求紧张局面得到缓解,使得民办学校面临的办学竞争压力日益增大。一些办学特色不明、学科设置不当、教学质量不高、生源拓展不利、危机意识不强、办学理性不足的民办学校更将面临被淘汰的危险。随着社会、家长对民办中小学的教育需求层次和水平的提高,民办中小学和公办中小学之间、民办中小学内部之间的竞争加剧,上海的民办学校在办学规模、办学水平、发展潜力已经并将继续呈现明显的两极分化现象。教育发展已由量的扩张进入以质取胜的阶段,不能提升自身内涵的民办学校将会逐渐被淘汰,亟须提高民办学校办学质量,加强内涵建设。

挑战四:教师队伍面临"瓶颈"

目前,上海民办高校教师队伍存在"学历低、职称低、收入低"的"三低"问题,民办学校师资队伍整体素质有待提高。公办高校的经费投入不断增加,教师待遇尤其是退休后待遇远远高于民办高校。中小学实施绩效工资制度之后,民办中小学原本的在职收入优势也逐渐拉平,这些都影响到民办学校师资队伍的稳定。上海市实施了民办教师年金制度等相关措施,并督促举办者加大投入,改善教师待遇,但并未从根本上解决由于法人属性问题带来的教师待遇差别和社会地位的差别。

挑战五:配套政策有待完善

作为国家教育体制改革试点项目之一,上海民办学校分类管理涉及民办教育改革和发展的方向和全局,广受社会关注。实施分类管理需要一系列配套政策加以支撑,包括法人属性、审批管理、公共财政资助、教师待遇、剩余资产处置以及合理回报政策等,要在实施细则上有所区分,并体现国家引导和支持各级各类民办教育健康发展,坚持社会主义教育公益性的精神。由于上位法对操作性问题规定不够明确,且法律法规之间的规定有冲突和矛盾,地方制定分类管理配套政策遇到许多难点和障碍,各委(员会)、办(公室)、局之间的管理权限也有模糊重叠的区域。

《民办教育促进法》规定,民办学校的举办者可以从办学结余中提取合理回报,但国家迟迟未出台比例计算和取得方式,民办学校的不同利益群体之间分歧也很大。国务院法制办公室于2013年9月6日正式发布关于《教育法律一揽子修订草案(征求意见稿)》,提出:一是在《民办教育促进法》第五条中增加规定,民办学校与公办学校具有同等法律地位,并按照其法人属性享受相应优惠政策。二是在《民办教育促进法》第十八条中增加规定,民办学校可以自主选择,登记为非营利性或者营利性法人。三是删除《民办教育促进法》第五十一条"民办学校在扣除办学成本、预留发展基金以及按照国家有关规定提取其他的必需的费用后,出资人可以从办学结余中取得合理回报。取得合理回报的具体办法由国务院规定"的规定。四是删除民办教育促进法第六十六条"在工商行政管理部门登记注册的经营性的民办培训机构的管理办法,由国务院另行规定"的规定。

挑战六:规范办学有待加强

上海民办学校大部分是出资办学,举办者多为企业或集团。近年来,民办学校的举办者由于资金链断裂或债务纠纷,影响学校办学资金来源甚至变相转卖学校的情况时有发生,引起市委、市政府的高度重视,也广受社会舆论关注。在民办高校法人财产权大部分落实的情况下,举办者的退出和变更亟待有具体的政策引导和规范。其中,举办者通过公司股权转让的隐性退出和变更是要关注和规范的重点。由于部分民办学校在法人治理机构、落实法人财产、财务管理、学校管理等方面存在不规范行为,一定程度上削弱了民办学校的社会公信力,对民办教育的整体发展造成了负面的影响。

此外,《民办教育促进法》规定,民办学校收费标准按照成本核算。由于法律法规不够明晰,民办学校财务管理尚待进一步规范,对于民办学校办学成本的测算指标和测算方法还需要进一步研究。应在理清民办学校办学成本构成、合理确定测算办法的基础上,将成本、质量、收费相联系,保障受教育者的合法权益。

展望一:深化认识定位

随着社会经济的发展,民办教育弥补教育经费不足的意义逐渐降低,对新时期民办教育的定位认识需进一步深化。以政府承担基本责任的义务教育为例来看,2009年全市各区县义务教育财政拨款增幅比财政收入增幅平均高出9.21个百分点,其中市区高出7.33个百分点,郊区高出10.69个百分点。其中,普陀、闸北、虹口、松江、金山、崇明等区县的义务教育拨款增幅比财政收入增幅分别高出19.06%、27.47%、14.96%、14.93%、31.40%和24.93%。2009年,本市完成了义务教育学校绩效工资的兑现及清算工作,人均年增工资1.53万元。与实施绩效工资前相比,初中教职工年均收入市区增长10.7%,郊区增长18.2%;小学教职工年均收入市区增长13.4%,郊区增长21%。[①]

首先,在满足社会多元化教育需求方面继续担当重任。适应信息化社会和知识经济时代的需要,上海正在加快构建终身学习型社会,群众性学习需求也随之空前高涨。而在教育现代化建设进程中,公共财政需要有一个逐步积累的过程;在教育事业发展的每个阶段,教育都存在没有纳入和无法纳入基本公共服务范围的部分,都有一个多元化教育需求如何满足的矛盾。解决这种供需矛盾,教育有着相当大的领域需要由以民办教育为主的非基本公共服务来提供。譬如,在加快发展学前教育、满足义务教育阶段选择性需求、全面普及高中阶段教育、提升高等教育大众化程度以及开展各种从低端到高端的教育培训等方面,都不能脱离民办教育尤其是优质民办教育的发展,需要由社会力量来承担和推动。从这个意义上讲,民办教育的必要性是不可替代的。

---

① 上海市教育委员会,上海市人民政府教育督导室:关于公示2009年各区县政府依法履行教育责任执行情况的通知。

基于以上认识，《上海市中长期教育改革和发展规划纲要（2010—2020年）》明确提出，要整体规划民办教育事业发展，"加快发展大众化、多样性的民办学前教育机构，稳定发展选择性、高质量的民办中小学，有序发展多层次、有特色的民办高等学校，引导发展各类紧缺型、实用型非学历民办教育机构。"

其次，在促进教育体制机制改革方面继续扮演重要角色。当前我国社会经济发展处于转型升级的关键时期，上海正在加紧推进现代化国际大都市和"四个中心"建设，知识经济的重要性愈发凸显，对于各类高等级人才的需求更加旺盛。这就要求教育必须在理念、培养目标、教育内容、教育技术、教育模式、教育管理等领域全面、深刻的进行变革，这是对公办教育与民办教育的共同要求。

民办教育是市场经济的产物，其一切资源来源于市场，在细分市场、满足需求中建立自身定位，以顾客为中心，以效率为导向，坚持面向社会、开放办学，重视办学特色和教育质量，强调错位竞争和差异化经营，从而实现学校良性循环和可持续发展。这些体制和机制上的优势，无疑对公办教育的体制机制改革具有重要的借鉴和启示意义，是推动上海教育改革的重要力量。各级政府部门应该积极创造条件，放手让民办教育在制度创新上先行先试；民办学校也应当主动作为、积极进取，力图在体制机制和教育教学改革上闯出新路、积累经验、树立样板。

展望二：推进公益办学

教育是社会公益事业，人人都享有受教育的权利，无论哪种教育都是对人的培养，公益性是教育的本质属性。《中华人民共和国教育法》明确规定，教育活动必须符合国家和社会公共利益，任何组织和个人不得以营利为目的举办学校及其他教育机构。《民办教育促进法》也明确"民办事业是属于公益事业，是社会主义教育事业的组成部分"，强调教育"非营利"概念，不以营利为目的；同时从鼓励社会力量办学出发，允许民办学校有合理的回报，但并不是允许营利分红。按照国家所得税法对非营利机构的界定，对捐资办学或以国资为主出资办学，出资人和举办者不要求取得合理回报，并明确承诺学校资产为社会资产的民办高校进行重点扶持。支持民办高校开展非营利示范校创建，建立完善的非营利管理运行模式。对坚持规范办学，学费收入主要用于教育教学的民办高校，公共财政继续给予扶持，确保此类学校规范办学，提高教育教学质量。加大对非营利学校财政扶持资金投入力度，将其纳入本市高校事业规划支持范围，在加大公共财政资助的同时，鼓励学校适当降低学费标准。

展望三：关注特色发展

支持有条件的民办高校提高综合实力，增强教育教学和科研能力，申请专业硕士学位授予权；引导不同层次的民办高校错位竞争，形成特色专业和优势学科；支持1—2所民办高校试点探索建设小规模、高水平民办文理学院，试行博雅教育培养模式。试点学校实行小规模（不超过2 000人），高投入（生均投入不低于一流高校），低生师比（8∶1），国际化（引进国际课程）的发展模式。

根据《关于开展上海市民办中小学特色学校（项目）创建工作的通知》（沪教委民〔2012〕14号）和《关于开展上海市民办优质幼儿园创建工作的通知》（沪教委民〔2012〕15号）文件规定，正式启动实施民办中小学特色校（项目）和民办优质幼儿园创建工作。由教育部校长培训中心对经专家审核认可的34所民办中小学特色学校、30个民办中小学特色项目和40所民办优质幼儿园的校长和园长进行培训。

作为由社会力量举办的教育机构，民办学校在法律规范的办学框架内拥有较大的办学自主权，应当更加具有活力。当今社会，生产方式与经济水平快速发展，对教育服务的要求也不断变化。一些民办学校的关停并转，表面上看是因为生源减少等客观原因，实际上根本原因还是在于办学模式单一、缺乏特色、办学质量不高。因此，未来上海各级各类民办学校都应该主动调整发展战略，改革原有办学模式，充分发挥体制机制优势、紧跟社会公众需求步伐，在发展上不断创新。

根据上海民办高校招生面临较大困难的实际情况，为进一步加强民办高校的办学自主权，可采取的举措有三点：一是实现中高职的实质贯通，建议开放中高职贯通的院校和专业范围，并适当向民办高校倾斜。二是适当放开三校生招生计划,填补民办高校招生空缺。三是改革专科自主招生方案,建议上海成立专科自主招生协作组织,自主确定招考方案、命题、考试方式和录取标准等。

会同市物价局等部门,研究科学合理核定民办高校办学成本,通过制定《上海民办学校收费管理办法》,按"优质优价"的原则,在建立健全财务管理制度和成本核算制度基础上,给予民办学校一定的学费调整空间。

展望四:关注教师发展

继续深入推进民办学校"强师工程",开展民办高校师资队伍建设。2012年度已经投入近2 000万元专项资金,委托上海师范大学等师资培训机构加强对民办高校青年教师和管理干部的集中培训。培训内容主要包括教师资格证考试培训、财务管理人员培训、信息技术管理人员培训、人事管理干部培训、后勤保障管理人员培训,以及教师教育教学能力培训等。支持民办高校优秀青年教师开展海外研修和各种形式的"产学研"实践。

展望五:扶持规范并重

规范办学是民办学校生存的前提,是民办学校健康发展的前提,是民办教育争取政府和社会支持的前提。个别民办学校的违规办学行为,极大地损害了民办教育的整体办学质量,损害了民办教育的社会公信力,对民办教育的健康发展造成了伤害,对民办教育的整体发展是不利的。未来几年,上海将继续坚持大力扶持与依法规范并重的原则,为民办教育发展创造良好的制度空间和社会环境。

民办教育健康发展需要良好的社会环境,这不是教育主管部门一家可以解决的问题,需要政府各相关部门及社会各界的大力支持和通力协作。教育主管部门、政府相关部门、社会各界要继续相互配合、通力合作,努力完善民办教育的相关立法和有关制度、政策,改进管理方式和手段,为民办教育的发展提供服务。同时,要以发展的眼光辩证地看待民办教育发展中存在的问题,在全市形成共同关注、促进民办教育发展的良好氛围。引入第三方评估,科学核定民办学校办学规模、办学成本、办学质量。在此基础上,合理设定民办学校招生计划和收费标准(学费、住宿费等)的弹性空间,由民办学校据此自主提出本校年度招生计划和收费标准,报相关部门核准。

专栏7　上海市第二次民办教育工作会议提出促进民办教育发展举措

——加大对促进民办教育发展的扶持力度。在原有对民办高校的各个专项扶持资金的基础上,2010年市一级财政扶持资金将会大幅扩增,主要用于促进民办高校的内涵发展。同时,加强对民办中小学的扶持,对符合条件且收费标准低于同级同类公办学校生均经费拨款的义务教育阶段的民办中小学,按照义务教育阶段公办学校生均公用经费基本定额给予补助,并且鼓励各个区县设立促进民办中小学发展的专项资金,主要用于区域内符合条件的民办中小学改善办学条件,并开展教育教学改革试点。

——继续探索在民办学校建立年金制度。市教委印发了《上海市教育委员会关于推进本次民办学校建立年金制度的通知》,鼓励各民办学校建立年金制度,为教师购买补充养老保险,改善教师退休后待遇。

——探索建立民办高校和公办高校的合作机制。促进民办高校在教育教学管理、师资队伍建设、学科专业发展、教育资源共享等方面与公办学校更紧密地合作。

——积极探索示范性民办学校建设工作。在充分调研的基础上,选择办学质量高、声誉好的民办高中和民办高校,支持其开展民办学校示范校的建设,对其实施重点扶持。在民办初中和民办小学中开展特色学校创建工作。

——积极支持民办学校开展学科队伍建设。继续支持、鼓励民办高校开展特色专业、精品课程建设,加大对民办高校实训基地、实验室建设的组织力度。统筹规划,将民办师资队伍建设纳入到市区两级师资队伍建设项目的支持范围,同时着力加强民办中小学青年教师队伍建设,重点加强民办高职院校双师型师资队伍建设,为民办学校教师创造更多的学习和培训机会。加强民办学校董事长、校长、党组织负责人等管理队伍建设。

——加强立法和制度建设。"十二五"期间,上海将积极争取上海市人大常委会和上海市人民政府法制办公室的支持,正式启动民办教育地方立法工作。借鉴国内外先进经验,明确民办教育的政府责任,界定各相关主体的权利和义务,促进民办教育健康发展。同时上海将建立上海市民办教育联席会议制度,共同协商、协调民办教育发展中的重大问题。

——引导民办教育走内涵发展的道路。市教委通过政策引导,特别是民办教育发展专项资金的使用方向、评优评先、民办高校和民办中小学财务管理办法、会计核算办法等具体的规定,引导民办教育注重发挥体制机制的优势,激发民办教育的活力和潜力,引导民办学校"办活、办特、办强"。

——依法促进和规范民办学校的办学行为。近年来,民办学校,尤其民办非学历教育培训机构,在发展过程中出现了不规范收费、违规办学等情况。应完善民办高校专项资金预算报送系统,细化申报材料,加强过程管理和事前监管。教育行政部门、工商、人力资源社会保障部门合作,共同梳理研究民办非学历教育领域面临的问题,改善民办非学历教育发展的政策法规环境。同时积极推进信息公开制度,建立民办教育信息管理系统,通过公众查询网、信息资料库、行政审批平台,构架起公众、学校、政府之间信息互动的桥梁,营造社会监督、学校自律、政府依法管理的和谐社会。对符合条件的民办学校,根据其不同类别,给予相应的政府扶持。进一步完善民办学校财务、会计和资产管理制度。建立民办高校政府扶持资金监管账户,对项目资金实施直接支付或授权支付。

资料来源:根据上海市第二次民办教育工作会议相关材料整理得出。

展望六:加强行业自律

根据第十九次专题会议的要求,上海市教委、上海市民政局批准合并上海民办高等教育协会和上海民办中小学协会法人登记,于2012年4月18日正式成立上海民办教育协会。新成立的上海民办教育协会包括上海各级各类民办学校和民办教育机构,是民办教育的行业自律组织,将在民办教育的改革和发展中发挥重要作用。同时,积极研究民办教育发展基金会的功能和定位,启动民办教育基金会的各项筹建工作。

尽快设立上海民办教育发展基金会,对上海民办高校进行持续的、科学的支持。一方面,充分发挥基金会蓄水池、助推器、孵化器和宣传器的功能,多渠道筹措民办教育发展资金,为非营利性民办学校提供资金支持,引导和保障民办学校坚持公益性办学;另一方面,运用基金会统筹功能,在回收终止办学的民办学校剩余资产,奖励为民办教育作出突出贡献的单位和个人等方面发挥重要作用。政府逐步引导民办教育基金会通过固有功能开展募资,吸纳民办高校、企业、社会组织和个人出资,逐步形成良性运营机制。

上海民办教育的改革和发展将在国家政策的指引下,进一步推动改革创新,转变发展方式,坚持育人为本,提升教育质量,完善政策制度,优化发展环境,为上海教育事业做出重要的贡献。

(执笔人:方建锋)

类 别 报 告

民办学前教育发展状况

"人生百年,立于幼学。"作为终身学习的起点,学前教育历来受到人们的重视。随着城市的不断发展以及教育需求的逐步多样,上海的民办学前教育在过去的 8 年间(2005—2012 年)获得了长足的发展,成为整个学前教育的重要组成部分,为上海的学前儿童提供了宝贵的教育资源。

一、背景与现状

(一)背景

1. 人口出生量增长明显

随着新一轮生育高峰的来临,上海的学龄人口迅速增加。2005 年,全市常住人口出生数为 12.39 万人,2007 年起,常住人口年均出生数保持在 16 万人以上,2010 年,全市常住人口出生数已升至 17.51 万人,2011 年达到 18 万人,2012 年突破 22.6 万人,接近 2005 年的两倍。人口出生高峰的到来,导致学龄儿童入园高峰。据统计,2012 年,全市共有在园幼儿 48.06 万人,比 2005 年(28.7 万人)净增近 20 万人。在人口出生高峰带来的入园高峰的压力下,上海的学前教育机构也在逐年不断增加,仅 2012 年,全市就新增公办幼儿园 52 所,民办幼儿园 45 所,基本满足了常住学龄儿童的入园需求(见表 1、图 1)。

表 1　上海市 2005—2012 年常住人口出生数情况表

年　份	常住人口 (万人)	市户籍人口 (万人)	占常住人口 比例(%)	外来常住 人口(万人)	占常住人口 比例(%)
2005	12.39	8.25	66.59	4.14	33.41
2006	13.42	8.12	60.51	5.30	39.49
2007	16.66	10.08	60.50	6.58	39.50
2008	16.66	9.67	58.04	6.99	41.96
2009	16.46	9.23	56.10	7.23	43.90
2010	17.51	10.02	57.26	7.49	42.74
2011	18.00	10.15	56.39	7.85	43.61
2012	22.61	12.11	53.56	10.50	46.44

数据来源:① 上海市人民政府:上海市学前教育三年行动计划(2011—2013 年)。
　　　　　② 上海市人口和计划生育委员会官方网站。

| | 2005年 | 2006年 | 2007年 | 2008年 | 2009年 | 2010年 | 2011年 | 2012年 |

图1　上海市 2005—2012 年常住人口出生数

■ 常住人口(万人)　■ 市户籍人口(万人)　■ 外来常住人口(万人)

数据标注：
- 2005年：12.39，8.25，4.14
- 2006年：13.42，8.12，5.3
- 2007年：16.66，10.08，6.58
- 2008年：16.66，9.67，6.99
- 2009年：16.46，9.23，7.23
- 2010年：17.51，10.02，7.49
- 2011年：18，10.15，7.85
- 2012年：22.61，12.11，10.5

2. 城乡一体化进程加快

改革开放 30 多年来,上海城乡统筹工作取得了长足进步,城乡综合经济实力显著增强,城乡基础设施不断完善,城乡居民得到更多实惠,城乡统筹发展格局初步形成。近年来,随着城镇化步伐的进一步加快,大量外地随迁人员子女涌向城市。2012 年,全市 22.6 万的常住出生人口中,有近一半(46.44％)的外来常住人口。上海浦东新区、闵行、松江、宝山等区域成为大量人口导入区域。由于各个区域出生人口数量差异较大,且学前教育资源城乡分布不均,要实现随迁人员子女就近入园成为政府的重大民生工程。"十一五"期间,上海市共新建、改扩建幼儿园 400 多所,其中民办三级幼儿园 170 余所,基本满足学龄人口的入园需求。"十二五"期间,上海将以促进城乡教育一体化发展、初步形成城乡一体的基本公共服务体系为基本目标之一,推进城乡教育资源均衡配置。[①]

3. 城市国际化发展迅速

上海作为我国的经济与金融中心,有着浓郁的历史气息和优越的自然条件。依据麦肯锡公司对国际一流大都市的评估,上海在 GDP、劳动力规模与素质、国际声誉、行业份额、人力资本、硬件基础设施、经济增长潜力、政治与法律体系、金融体系和人文生活质量等各方面,都在朝着有全球影响力的国际化都市发展。[②] 21 世纪以来,上海以"四个中心"(国际经济、金融、贸易、航运)为核心的新型产业体系正在形成当中,越来越多的国际企业进驻,进出口贸易增多,国际性会议举办,世界各国各行业的精英人才汇聚于此。今后,在全球经济一体化的新形势下,上海将继续发挥自身在经济、金融等领域内的优势,凸显越来越重要的国际经济地位,集聚更多高新技术国际化人才,彰显上海作为国际化大都市的魅力。

4. 社会多样化需求突出

随着经济和社会发展,人们对教育的需求呈现多样化趋势。一方面,在上海国际化发展进程中,世界各国各行业的人才在上海工作、学习和生活。同时,在我国不断城镇化过程中,越来越多的外来人口来到上海,参与上海的经济建设和社会生产。因此,城市居民本身多样化程度较高,既有不同国籍、不同信仰,又有不同知识背景、不同生活经验。人们的背景越来越多样,教育需求也越来越多元。另一方面,在经济发展和社会生活水平普遍提高的前提下,人们不再满足物质生活需要,更要追求精神生活,越来越关注生活品质,关心子女教育,期待子女接受更先进、更专业、更周到的学前教育。民办学前教育作为社会服务体系的一部分,不仅为上海的学前教育提供了很多优质的资源,同时也满足了人们多样化的教育需求。

---

① 上海市人民政府:推进上海市城乡一体化发展的"十二五"规划。
② 麦肯锡:上海推进国际化、市场化、信息化的初步评估,百度文库。

（二）现状

1. 民办幼儿园

2005年，全市共有各类民办幼儿园277所，班级数1 691个，占全市幼儿园总数的27％。随着学龄人口的连年增长和外来随迁人员子女导入，全市民办幼儿园数量也在同步增加，特别是民办三级幼儿园数量增长迅速。截至2012年，全市共有民办幼儿园500所，比2005年增加了近一倍，占全市幼儿园总数的36％；班级数4 655个，是2005年班级数的2.75倍。其中满足随迁人员子女入园的民办三级幼儿园有181所，占全部民办幼儿园的36.2％（见表2）。

表2 上海市2005—2012年民办及全市学前教育基本情况一览表

年 份		幼儿园数（所）	班级数（个）	幼儿数（人）	教职工数（人）	专任教师数（人）
2005	民办	277	1 691	42 174	6 466	3 139
	全市	1 035	9 435	287 001	27 902	17 020
2006	民办	288	1 999	47 970	7 836	3 840
	全市	1 057	10 081	299 795	30 413	18 793
2007	民办	312	2 324	56 824	9 288	4 637
	全市	1 058	10 624	313 194	31 944	20 203
2008	民办	299	2 550	63 846	10 298	5 078
	全市	1 058	11 171	328 759	33 628	21 680
2009	民办	327	2 881	73 952	11 545	5 762
	全市	1 111	12 086	353 810	35 985	23 632
2010	民办	396	3 584	99 099	14 171	7 161
	全市	1 252	13 421	400 314	40 855	26 724
2011	民办	459	4 204	120 470	16 573	8 073
	全市	1 337	14 780	444 177	45 794	29 221
2012	民办	500	4 655	136 356	18 312	8 785
	全市	1 401	15 786	480 560	49 034	31 289

数据来源：根据《上海统计年鉴》(2005—2012)和《上海教育年鉴》(2005—2012)整理得出。

2. 民办在园幼儿

2005年，全市共有28.7万名在园幼儿，其中在民办幼儿园就读的有4.2万人，占全市在园幼儿的15％。在常住出生高峰和外来随迁导入的双重影响下，全市在园幼儿人数迅速增长。到2012年，全市共有在园幼儿48.1万人，比2005年增长近20万人。其中在民办幼儿园就读的幼儿有13.6万人，占全市在园幼儿总数的28％，比2005年增加了近10万人（见表2）。

3. 民办幼儿教师

2005年，全市共有学前教职员工2.8万人，包括专任教师1.7万人。其中民办幼儿园教职员工有0.6万人，占比23％，专任教师0.3万人，占比18％。在幼儿园规模和入园人数同时增加的背景下，学前教职员工需求量也同步上涨。到2012年，全市共有学前教职员工4.9万人，专任教师3.1万人，其中民办教职员工1.8万人，同期占比37％，专任教师8.8万人，同期占比28％。相比2005年，无论是教职员工数还是专任教师数，民办占比均有较大增长（见表2）。

二、特点与问题

（一）发展规模扩大与优质资源相对不多

2005—2012 年间，在出生人口和城镇化等外部因素的影响下，民办幼儿园发展规模逐年扩大。无论是幼儿园数量、班级数量，还是民办幼儿园在园幼儿数等都有了一定程度的增长，特别是 2009 年之后，增长速度较快，在全市的所占比例也是逐年提高。民办幼儿园数占比从 2005 年的 27％提高到 2012 年的 36％，民办幼儿园在园人数占比也从 2005 年的 15％提高到 2012 年的 28％（见图 2—图 6）。

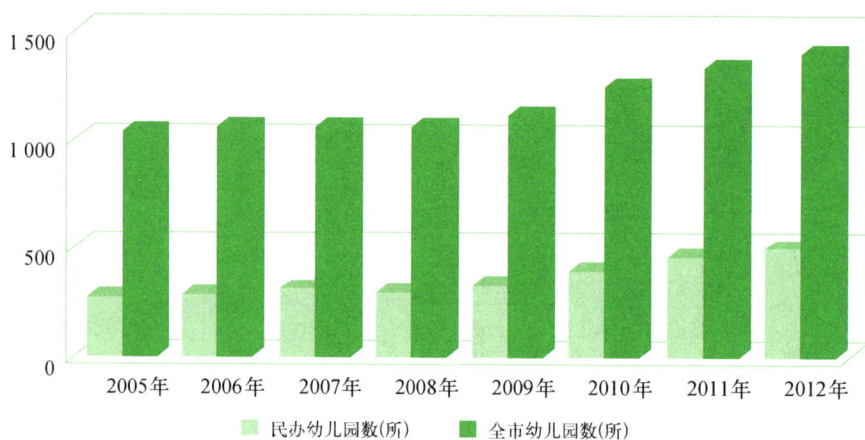

图 2　上海市 2005—2012 年民办与全市幼儿园数

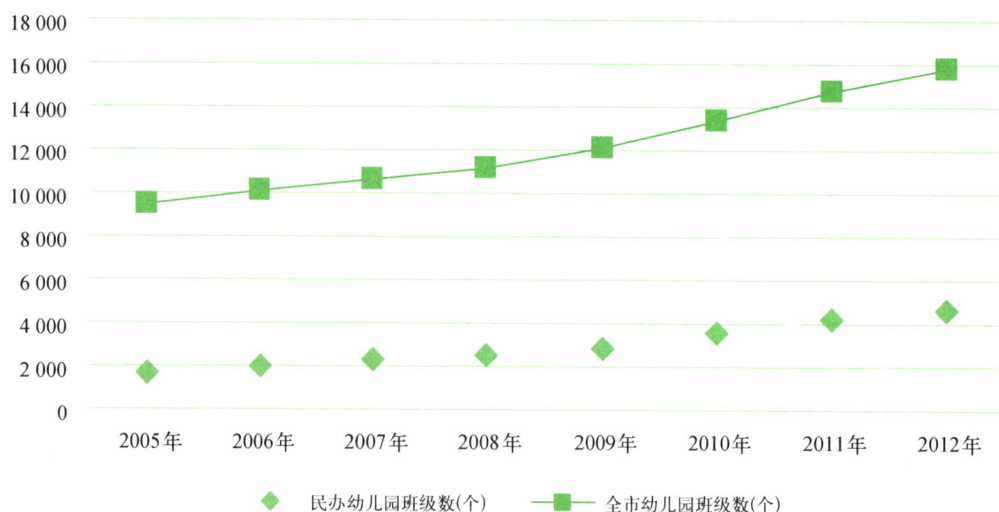

图 3　上海市 2005—2012 年民办与全市幼儿园班级数

但是，从图 7 的统计情况来看，虽然民办幼儿园的发展规模在不断扩大，但民办优质教育资源却相对不足。据上海市托幼协会的统计数据，截至 2012 年，全市 500 所民办幼儿园中，有示范性幼儿园 2 所，一级幼儿园 25 所，两者加起来只占民办幼儿园总数的 5.4％。有超过一半的二级幼儿园（58.4％），以招收随迁人员子女为主的民办三级幼儿园占到 36.2％。虽然这些经过市专业评估的优质幼儿园在过年的 8 年间也呈现逐年提高的趋势，但是整体数量不多，在全市示范性和一级幼儿园中的占比也是非常小的（全市共有示范性幼儿园 58 所，一级幼儿园 411 所）。如何在规模扩大的同时，使民办园向优质化发展,让越来越多的民办幼儿园成为上海学前教育领域内的优质教育资源,享有更高的社会声誉和家长认可度,成为政府、行业和民办园举办者、管理者们要共同思考的问题。

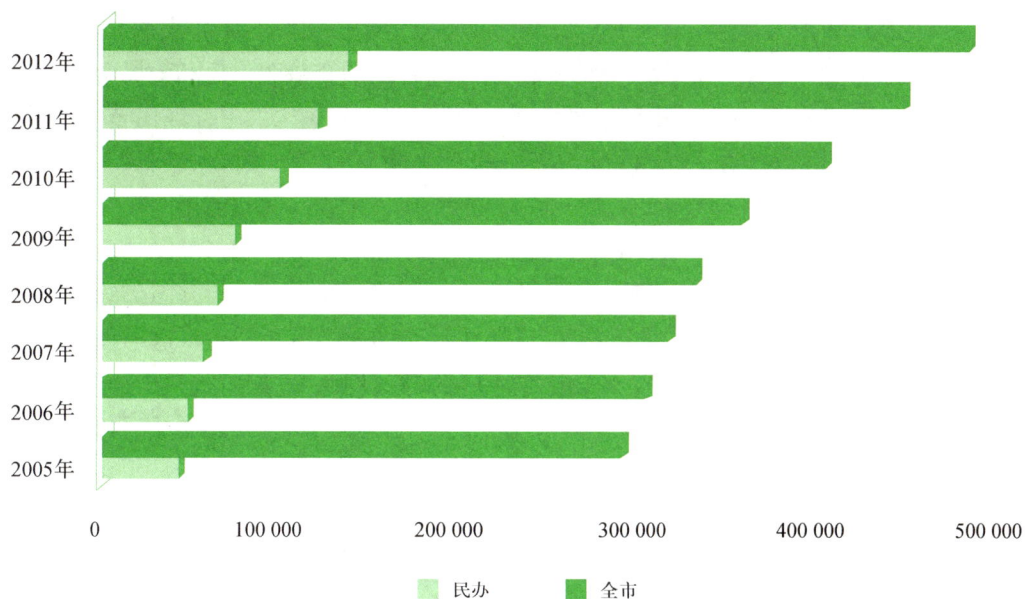

图4 上海市 2005—2012 年民办幼儿园与全市幼儿园在园人数

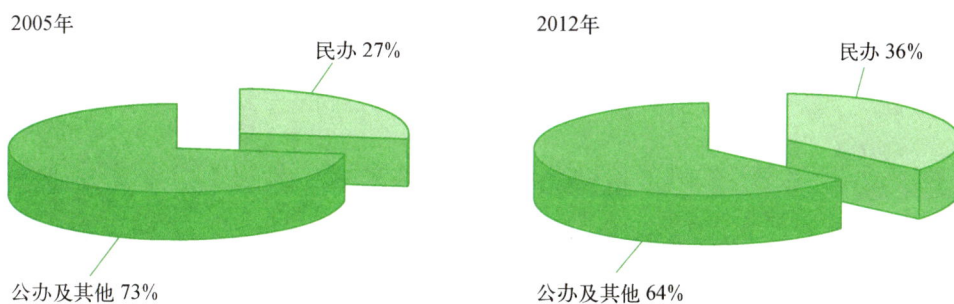

图5 上海市 2005 年与 2012 年民办幼儿园与全市幼儿园比例

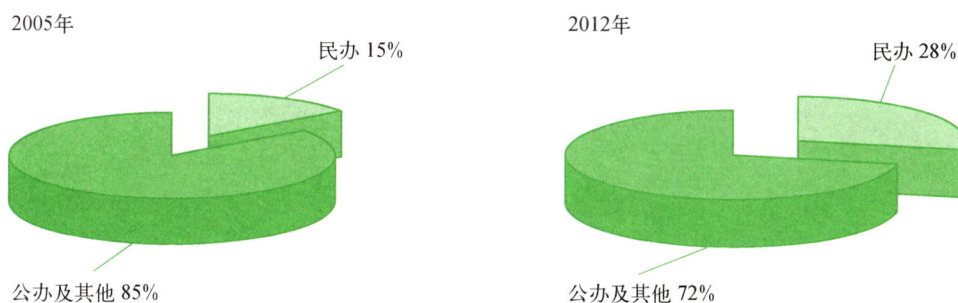

图6 上海市 2005 年与 2012 年民办幼儿园与全市幼儿园在园人数比例

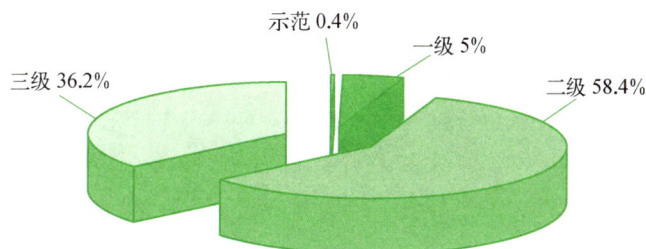

图7 2012 年上海市民办各级幼儿园比例

（二）办学模式多元与同质竞争较为突出

在我国经济体制改革的大背景下,作为基础教育的一部分,学前教育的体制改革也越来越得到重视,国家鼓励更多的社会力量参与到学前教育事业中来,有越来越多的企事业单位和公民个人成为学前机构的办学主体。因此,民办幼儿园的办学主体呈现多元化趋势,如有公民个人举办或民营企业、外资企业兴办,有合办、联办的幼儿园等。民办幼儿园的办学模式也越来越多元,有全日制、半日制、全日与半日混合制等,还采取了延长幼儿在园时间,允许幼儿临时在园留宿等制度,有些幼儿园还开设"小时式"的亲子活动等。这些多元化的办学模式受到了家长的欢迎,也是民办幼儿园得以生存和发展的原因之一。

但是,我们依然可以看到,民办幼儿园在招生收费、市场占有、社会声誉等方面仍然存在着不同程度的竞争压力,特别是有些同属一个区域的民办幼儿园,仍存在同质竞争的现象。这不仅不利于民办园的健康和持续发展,也无益于区域内家长的多样化选择。因此,我们认为,如何实现错位竞争,满足市场需求,开创属于每个民办园自己的"一片蓝海"是当前民办幼儿园发展中需要解决的问题。

（三）师资发展较快与专业水平亟待加强

在民办幼儿园不断发展的过程中,民办师资队伍也在不断壮大。从统计结果可以看出:2005年,全市有学前民办教职员工6 466人,占全市学前教职员工总数(27 902人)的23%。其中民办专任教师3 139人,占全市专任教师总数(17 020人)的18%。到了2012年,全市共有学前民办教职员工18 312人,占全市总数(49 034人)的37%,专任教师人数为8 785人,占全市总数(31 289人)的28%。8年间,学前民办教职员工增长了近3倍,专任教师人数在这8年里增长了2.8倍,两者占全市的比例也同步有所提高(见图8—图11)。

图 8　上海市 2005—2012 年民办幼儿园与全市幼儿园教职工数

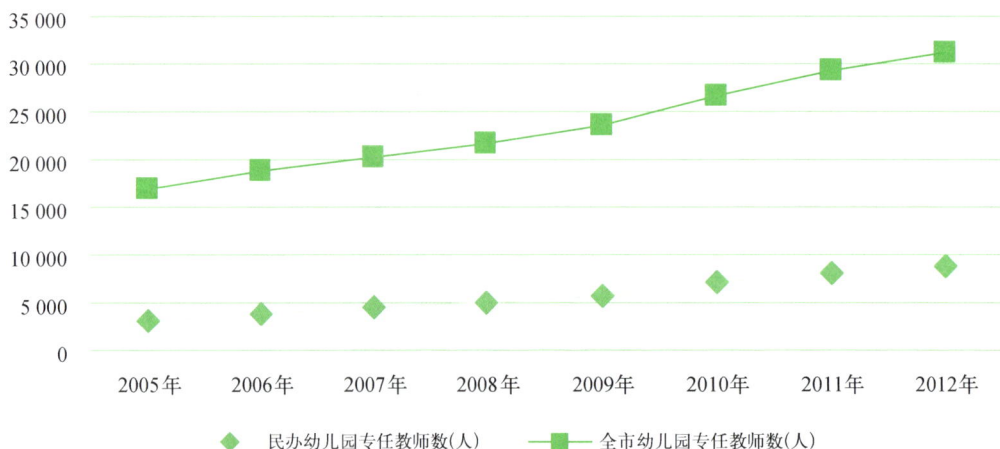

图 9　上海市 2005—2012 年民办幼儿园与全市幼儿园专任教师数

2005年

民办 23%

公办及其他 77%

2012年

民办 37%

公办及其他 63%

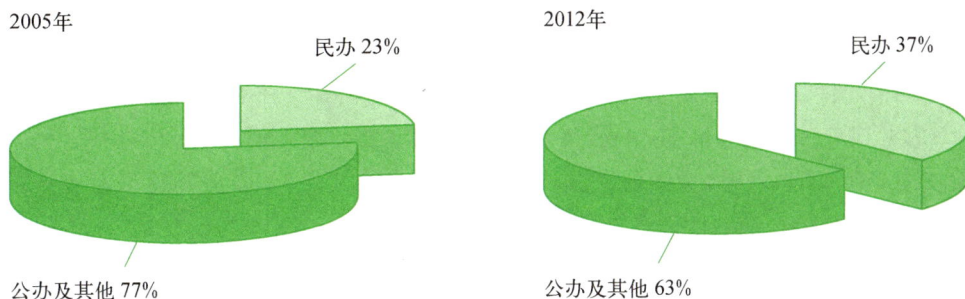

图 10　上海市 2005 年与 2012 年民办幼儿园与全市幼儿园教职工比例

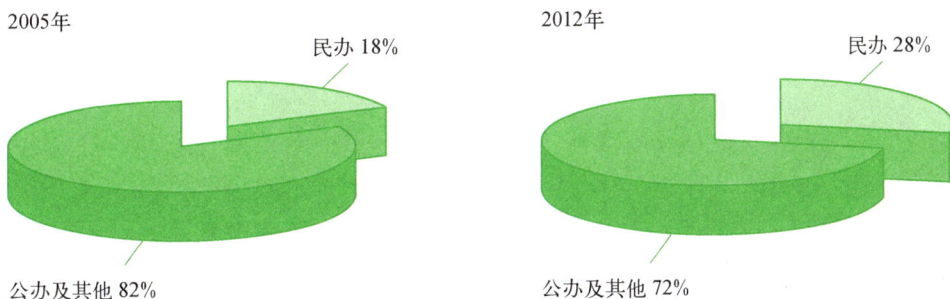

2005年

民办 18%

公办及其他 82%

2012年

民办 28%

公办及其他 72%

图 11　上海市 2005 年与 2012 年民办幼儿园与全市幼儿园专任教师比例

但是,在民办师资队伍逐步壮大的同时,我们也要看到民办师资队伍的整体专业水平还有待提高。以 2011 年为例,在全市 8 073 名民办幼儿教师中,具有本科及本科以上学历的教师仅有占民办幼儿教师总数的四分之一,而具有中级及中级以上职称的教师仅 494 人,只占民办教师总数的 6%。我们认为:民办师资的专业化发展水平亟待加强,民办幼儿教师需要有更多提高自身专业素质的机会,有更多展示自身专业水平的舞台。政府相关教育部门在民办教师学历提升、职称评定、专业培训等各方面还有很大的作为空间(见图 12、图 13)。

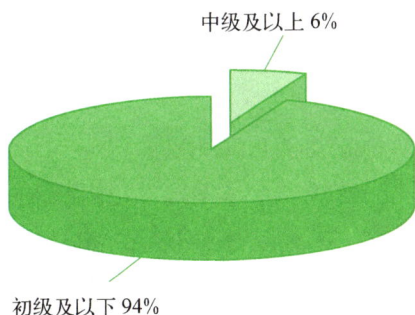

中级及以上 6%

初级及以下 94%

本科及以上 25%

专科及以下 75%

图 12　上海市 2011 年民办专任教师职称情况　　　　图 13　上海市 2011 年民办专任教师学历情况

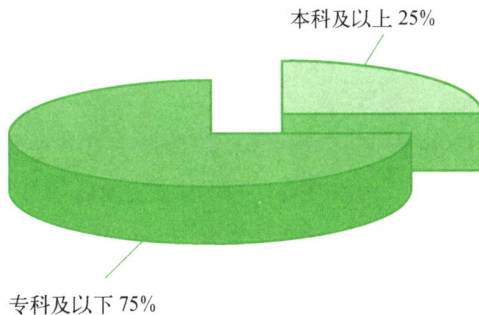

(四)课程建设加强与办园特色尚需凸显

在市教委《上海市民办幼儿园课程与教学现状所做的调研报告》[①]中显示:全市民办幼儿园总体保教质量基本良好。有 83.8% 的民办幼儿园选择使用上海市二期课改新教材,自编教材、引进教材合计占 16.2%。基本符合市教委要求的基础课程 80% 的要求,也基本保证了民办幼儿园的保教质量,有益于幼儿的全面健康成长。同时,在对民办幼儿园"教师教育观念"的调查中,教师制定保教计划最主要的

---

① 黄琼:上海市民办幼儿园课程与教学现状调研报告,上海市托幼协会内部资料。

依据,有57%的民办教师首选的是"幼儿发展需要",而公办教师首选该依据的为39.2%;有34.9%的民办幼儿教师第二选择依据是"课程纲要",而公办幼儿教师选择该依据的比例为47.4%。数据显示:民办幼儿园教师的"教育对象意识"更强;在"教师日常保教活动主要关注点"中,首选的是"行为习惯",民办占比44.2%,其次是"身体健康",民办占比21.7%。高于公办教师的11.5%;在"教师做好日常保教活动的主要动力来源"的调查中,全体公民办教师都把"促进幼儿发展"作为实施保教工作的主要动力,占比高达91.7%。因此,在幼儿园课程建设和保教实施上,无论是教师的教育观念,还是教育行为,民办幼儿教师并不逊色于公办教师。"以幼儿发展为本"的价值取向得到了全部民办教师的普遍认同。

但是,全市各级各类民办幼儿园,在保证二期课改新教材实施的同时,能够彰显自身独特性要素的并不多见。在2012年上海市托幼协会开展的有特色的优质幼儿园评选中,有40家民办幼儿园入选,大部分民办幼儿园未能在管理、课程、科研、服务等方面凸显出自身的独特性。

(五)服务类型多样与服务水平有待提高

民办幼儿园在谋求自身持续发展和适应家长需求的过程中,不断探索和改进幼儿园的服务工作。从办学模式上,有日托、半日托、全托、寄宿、晚托、小时制亲子班、延时服务等不用类型的托管服务,解决家长的接送矛盾。在课程选择上,除了80%的上海市二期课改基础课程之外,各个民办幼儿园也在引进或者研发新的课程内容,比如英文课程、创意美术、奥尔夫音乐、蒙台梭利、杰立卡等各具特色的教学内容。在保教管理上,民办幼儿园积极在幼儿功能室运用、膳食营养、卫生、安全、校车接送、特殊儿童照顾等各个条线开展深入研究,努力用精细化的服务无微不至地照顾到每个孩子。

但是,在拓展服务项目的同时,民办幼儿园在服务专业水平上还有待提高。特别是校园意外伤害、校车安全、食品安全等方面还需要进行更规范的制度设计,形成更细致的服务标准。在特殊幼儿个体照顾上,民办幼儿园还需要建立更周到的服务体系,满足每一位幼儿的需求,不辜负每一位家长的期待。

三、政 策 与 措 施

(一)发展定位与规范管理

2005年之前,虽然民办学前教育一直在持续发展中,但是对民办幼儿园的发展定位一直处于模糊状态。2006年,市教委在《上海市学前教育三年行动计划(2006—2008年)》中确定"实施以政府主导,社会参与的办学体制,在政府承担主要办学责任的基础上,鼓励社会力量举办学前教育,为每个适龄儿童提供入园机会,确保家庭经济困难儿童的入园需求。"从而明确了学前教育的定位和发展目标:以公办幼儿园发展作为普及学前教育的主要举措,示范性幼儿园和民办幼儿园满足市民选择性需要。此后,随着学龄人口的不断增长,公办幼儿园难以满足社会的需求,政府要求民办幼儿园承担提供普惠性学前教育服务的职能。如2005年,浦东新区出台了《浦东新区学前教育阶段政府向民办幼儿园购买服务的实施意见(试行)》,对民办幼儿园对口地段内的适龄儿童"可享受与公办幼儿园同等的收费标准",同时给予民办幼儿园地段生生均经费补贴。闵行、杨浦等各个区也开始实行向民办幼儿园购买教育服务的尝试。新一轮的《上海市学前教育三年行动计划(2011—2013)》,明确提出强化政府职能,健全和完善学前教育公共服务体系,继续深化体制机制改革与创新,鼓励社会力量举办托幼园所,完善非营利民办幼儿园管理制度设计,进一步探索"委托管理"、"购买服务"等机制创新,加大公共财政对社会力量办园的支持力度,鼓励、扶持非营利民办学前教育机构,促进不同体制幼儿园协调发展。

另外,在对民办幼儿园的规范管理上,各级政府也做了大量的工作,出台了一系列的政策文件。比如,在民办幼儿园的招生管理上:上海市政府先后下发了《关于做好本市农民工同住子女学前教育工作的若干意见》(沪教委基〔2008〕50 号)与《关于加强郊区学前儿童看护点管理工作若干建议》(沪府办〔2010〕55 号),就解决流动人口子女接受本市学前教育与管理提出了具体要求和部署。闵行区作为人口导入区,提出"积分制"的举措,出台了《关于进一步规范闵行区非上海户籍人士子女申请就读幼儿园的实施办法(试行)》,不断充实教育资源,满足人们的入园需求。在民办幼儿园收费管理上,目前,全市民办幼儿园收费采用备案制,由民办幼儿园按成本核定后向区物价部门提出收费项目和收费标准,经审核并在教育局备案后,向社会公示。

专栏 1　闵行区出台《闵行区民办幼托园所收费管理工作实施意见》

2009 年 9 月,闵行区物价局、教育局、财政局联合制定出台了《闵行区民办幼托园所收费管理工作实施意见》,对收费范围、管理费的收费标准、代办服务性收费的管理等方面做了明确规定,对公建配套民办幼儿园的收费标准实行一费制,取消特色费。教育局主管部门和物价局主管部门认真审核,民办幼儿园的收费备案审核后,要求每所民办幼儿园严格按照备案项目及金额收费并做到收费公示,主管部门进行视导和检查民办幼儿园招生的地段生收费,应参照相同等级公办幼儿园的收费标准,分为 A、B 类,A 类为每生每月 600 元,B 类为每生每月 330 元,不足部分由政府购买服务。

在民办幼儿园经费管理上,各级政府加强了经费管理,逐步规范了财务管理制度,要求民办幼儿园参照执行落实《上海市民办中小学财务管理办法》和《上海市民办中小学会计核算办法》。例如闵行区建立了民办幼儿园收费备案公示制度、财务管理制度、资产管理制度、财务年审制度,民办幼儿园除每年接受审计部门的审计外,还必须接受区教育局的财务监督,严格规范收费和财务管理。普陀区加强民办幼儿园财务审计和监督,要求每个民办幼儿园进行年度财务审计,并公布审计结果。浦东新区每两年进行经费审查,有问题则予以警告。

在民办幼儿园日常管理上,闵行区将民办幼儿园的管理纳入学前教育的整体工作中,实行公办、民办统一管理,同时又注重凸显民办幼儿园的办学特点,建立和健全了各类管理制度。虹口区依据上海市幼儿园建设标准、师生比、教育教学设施设备、保教人员、使用教程、管理制度、财务管理等方面提出具体要求,将民办幼儿园纳入区域二级幼儿园等级验收范围内。原卢湾区教育行政主管部门对民办幼儿园的工作进行常规检查,并委托专业机构对民办幼儿园进行办园前的评估认定,再定期开展质量评估,对成绩优良的民办幼儿园实施奖励。嘉定区 2010 年委托区教育评估所聘请专家,对全区民办幼儿园开展全面性的办园评审。静安区教育局积极配合民政部门做好每年的民办托、幼园(所)的年检工作,规范幼儿园办园行为、资产使用等。

(二)师资稳定与专业发展

由于民办幼儿园的性质以及现行的社会保障体系不健全,导致民办幼儿教师没有事业单位编制,工资、待遇、医疗保险等得不到保障,造成民办园教师队伍相对不够稳定,难以留住优秀的骨干教师,对民办幼儿园长期的健康发展和提高保教质量不利。2005—2012 年间,各级政府为加强民办师资的稳定性以及民办教师的专业发展,逐步出台了一系列政策。比如,黄浦区教育局将民办幼儿园师资队伍建设完全纳入到公办师资管理中,园长、教师全程参与教育局、教研室举行的各类管理和教学研讨活动,各项教学评比全覆盖。虹口区教育局将民办幼儿园纳入全区"教、科、研"教学评比中。闵行区将民办幼儿园师资队伍管理一同纳入到师资管理中,所有民办幼儿园教师均在区教育人才中心备案,提供教师培训,落实职称评定、课题评审、评选先进等。在职培训、职务评聘、评优评先、教育科研等与公办幼儿园教师享受同等待遇,力求做到与公办教师一样享有相同的基本权利。同时,区有关部门按挂编标准核定民办幼儿园教师的编制数,用于民办幼儿园引进骨干教师。挂编教师纳入区教育人才中心统筹管理,并享受与公办幼儿园教师同等的待遇和相关福利。金山区教育局把民办幼儿园纳入统一管理体系,民办教师参加区教师进修学院0—5年新教师培训、教研组长培训班等各类培训,提高民办幼儿教师的专业水平。

(三)质量评估与业务指导

有研究表明:通过认证、评核或者评鉴的方式对于民办学前教育机构进行质量检测,从而保障日常保教质量,已经成为各国(地区)健康民办学前教育质量的共同政策方式。[1] 上海市对幼儿园的质量评估由上海市幼托协会和上海市评估院共同组织,对申报园(所)进行统一标准下的统一评估定级。各个区县在民办幼儿园质量评估和业务指导上,有很多值得推崇和借鉴的做法。例如,金山区民办幼儿园的业务指导由区教育局统筹安排,与公办幼儿园一并参加各类业务培训,统一参加由教育局组织的教育教学督导和视导,全面监控民办幼儿园保教质量和社会效益。崇明县对民办幼儿园在干部培训、教师培训、年终考核、跨校联合教研活动等各项工作中,一视同仁,统一指导,全面管理。浦东新区每两年一次委托中介机构对民办托幼园(所)规范管理和办学质量进行评估,对质量认定过程中有问题的民办幼儿园提出整改意见,并进行复查。黄浦区会同民政局每年对民办园所开展年检,全方位监控园所办学情况,组织专家对民办园所办园水平开展视督导,对园所的园务管理、保教工作、队伍培养、卫生保健等进行深入系统的诊断指导。

很多区县还通过公办民办结对带教的方式,增进园际之间的交流互动和分享学习。如黄浦区以公办、民办幼儿园结对带教来保障和促进民办幼儿园办园质量,形成了全覆盖"牵手"计划。静安区充分发挥示范园的示范作用,在办学理念、教育管理等方面给予民办幼儿园指导和帮助。闵行区开展公办、民办园际之间的观摩学习、交流研讨等活动,为民办幼儿园提供学习和交流的机会。还启动了幼儿园对口联动互进项目,有效地利用区内优质学前教育资源,以园际之间联动带教的形式,形成互帮互助的良好氛围,提高整体的办园质量,促进教育资源均衡配置。

(四)资金奖励与政策扶持

在普及学前教育和兼顾质量的背景下,上海市各级政府开始对民办幼儿园实行一定的财政投入或者经费补贴政策,鼓励创建优质幼儿园。市人大常委会第七十三次主任会议,听取了市政府办公厅对《市十三届人大常委会第二十七次会议关于上海市学前教育情况的审议意见》的复函。获悉,上海市将进一步明确对社会力量办园的扶持,尤其是鼓励和支持社会力量以多种形式举办提供普惠性服务的民办幼儿园,今年起,上海市对每一所民办三级幼儿园每年资助5万元,用于添置玩教具、厨具、卫生器具等设施。对以招收进城务工人员随迁子女为主的看护点每年资助2万元,用于玩教具、图书和必要的设施设备,同时要求各区县根据情况配套拨款,落实配备专业安保力量等安全措施。嘉定区设立了民办教育奖励基金100万元,用于每年奖励和表彰民办教育优秀工作者;宝山区教育局坚持对民办幼儿园园长每年一次的年终考评和奖励;徐汇区出台了《徐汇区幼儿园办学等级提升奖励条例》,对获评市一级园的民办幼儿园,奖励10万元。

在对民办幼儿园实行经费奖励的同时,各级政府也通过制定一系列针对民办幼儿园的优惠政策,支持民办幼儿园发展。例如,浦东新区对民办幼儿园减免租金的政策,对民办幼儿园的水、电、气等享受与中小学同等水平的优惠政策,大大降低了民办幼儿园的办园成本。闵行区对民办幼儿园办园过程中引进的优秀管理人员和骨干教师,政府给予在公办幼儿园挂编或者在区教育人才中心挂编政策,解决了部分民办骨干教师的社会保障问题。

---

① 何幼华,黄娟娟等:民办幼儿园管理政策比较研究及建议,上海市托幼协会内部资料。

专栏 2　浦东新区出台《浦东新区学前教育阶段政府向民办幼儿园购买服务的实施意见(试行)》

2005 年,浦东新区出台《浦东新区学前教育阶段政府向民办幼儿园购买服务的实施意见(试行)》。明确规定:

1. 租用政府教育部门闲置校舍或公建配套园舍举办民办学校(幼儿园)的,实施优惠,其前三年的园舍租赁费为每平方米建筑面积 2.24 元/月。

2. 从第四年起,其租赁费为每平方米建筑面积 5.85 元/月。在园地段生占幼儿总数 20%—30% 的(含 30%),其园所租赁费单价下浮租金 23%,即每平方米建筑面积为 4.50 元/月;地段生占幼儿总数 30%—40% 的(含 40%),其租赁费单价下浮租金 40%,即每平方米建筑面积为 3.50 元/月;地段生达 40% 以上时,可为零租金。

3. 租用政府教育部门闲置校舍或公建配套园舍举办民办学校(幼儿园),经局教育职能部门认定,其在校(园)的浦东新区户籍学生数超过学生总数 80% 的,自本办法实施起三年内其校(园)舍租赁费给予 50% 的减免,超过学生总数 90% 的按 70% 减免,超过学生总数 95% 的按 100% 减免。

4. 对招收 3—6 岁地段生的民办幼儿园,新区以招收地段生的人数及上年度新区财政生均水平的一定比例为依据,给予民办幼儿园地段生生均经费补贴。通过向民办幼儿园购买学位的方式,使在民办幼儿园就读的"地段生"享受到与公办幼儿园同等收费标准的待遇,既保障了"地段生"的基本权利,又为民办幼儿园提供了稳定的生源,打开了发展民办学前教育的"绿色通道"。

四、趋 势 与 建 议

(一)趋势

1. 目标定位向两端化发展

在经济、社会、人口等外部因素的影响下,上海未来的民办幼儿园目标定位将主要在两端:一端是为满足社会对高端、特殊学前教育的需求。这类民办幼儿园将通过先进的教育理念、优秀的课程结构、专业的师资队伍、充沛的教育资源、精致的家长服务来满足人们对优质学前教育资源的需求。在上海国际化进程中,为培养国际化人才提供基础条件;另一端是为满足当前城镇化过程中大量随迁人员子女的入园需求。这类民办幼儿园主要是"保基本"的幼儿园,即当前大量存在的民办三级幼儿园。这些幼儿园是保证当前适龄儿童学前教育全覆盖的重要力量。未来这些民办三级幼儿园,将成为政府政策扶持的主要对象,逐步发展成为管理规范、配备达标、师资合格,满足民众基本入园需求的学前教育机构。

2. 办学特色向多样化发展

办学特色是民办幼儿园区别于公办幼儿园的重要方面,也将成为民办幼儿园的核心竞争力之一,是社会选择民办幼儿园的重要指标。未来的民办幼儿园必将在规范化管理的基础上,朝着办学特色多样化方向发展。这种"特色"是广义的,包含幼儿园的特色管理、特色课程、特色师资、特色研究、特色服务等涉及幼儿园的全方位的特色内涵。在 2012 年上海市教委开展的特色优质民办幼儿园创建中,有来自各个区县的 40 所民办幼儿园成为首批特色优质创建园。未来,在政府的利好政策引导下,将会有越来越多这样的民办幼儿园参加到特色创建中,为社会对民办学前教育的多样化需求提供条件,也为民办幼儿园寻求自身长期可持续发展带来契机。

3. 保教管理向优质化发展

保教质量是一所幼儿园健康发展的核心。保教质量的不断提高不仅能为幼儿园培养更加全面健康发展的幼儿,也能为民办幼儿园带来更大的社会和经济效益。从当前的社会和经济发展来看,一方面,人们对优质学前教育资源的需求越来越高;另一方面,上海在国际化发展过程中,也要求有优质的学前教育资源,为城市的发展奠定人力资源基础。新一轮的《上海市学前教育三年行动计划(2011—2013)》将学前教育规模发展与内涵建设作为基本指导思想,将"促进学前教育内涵发展,提高学前教育保教质量"作为总体目标之一。我们也相信,在政府的各项政策引导下,民办学前教育将朝着不断追求质量的优质化目标迈进。

4. 师资队伍向专业化发展

师资专业水平是幼儿园保教质量提高的基础,优秀的师资队伍不仅更为幼儿园的发展提供人力保障,更能成为学前儿童开启完美人生的导航。虽然从当前的民办师资的现状来看,民办幼儿教师整体专业水平还有待提高,但是,随着社会观念的不断进步,社会保障体系的不断健全,政府师资培训模式不断完善,我们有理由相信,民办学前教育的师资队伍将在专业化发展的道路上越走越宽。将来,会有越来越多的优秀幼儿教师进入民办幼儿园,成为民办幼儿园健康发展的生力军。

(二)建议

1. 深化办学体制改革

从20世纪90年代开始,上海已经全面普及3—18岁儿童和青少年的15年基础教育,形成了由学前教育、九年义务教育、高中阶段教育,以及特殊教育和青少年保护教育所组成的,结构合理、相互衔接的开放性基础教育体系。学前教育作为整个基础教育体系的开端,必须进行不断地办学体制创新,才能有利于上海基础教育整体质量和水平的提高。实施以政府主导、社会参与的幼儿园办学体制。区县政府要科学合理确定教育部门办园和社会力量办园的比例。在政府承担主要办学责任的基础上,鼓励社会力量举办学前教育,为每个适龄儿童提供入园机会,确保家庭经济困难儿童的入园需求。

通过引入优质教育资源,投入资金,搞活机制,鼓励有资质的社会公益团体、基金会、事业法人等举办幼儿园,提高学前教育整体办学水平。按照《中华人民共和国民办教育促进法》和《中华人民共和国民办教育法实施细则》,加强对民办幼儿园的管理和办学理念的引导,积极扶持民办幼儿园的发展,不断提升民办幼儿园的整体办学层次。积极推进集体性质单位、企事业单位举办幼儿园的改革进程。深化幼儿园办学体制改革。在幼儿园中积极推进现代学校制度建设,健全和完善幼托机构法人制度,实施园长负责制,逐步实现所有权与办学权的分离。积极探索社会监督评价机制,不断提高家长、社会对幼儿园办学的满意度。

在最新一轮的上海学前教育三年行动计划中,将"健全完善学前教育公共服务体系,继续深化体制机制改革与创新"作为今后上海学前教育发展的主要目标。民办幼儿园的发展必须纳入上海学前教育事业的总体规划中。政府要通过分类管理,分层推进,来保障民办幼儿园既服从于学前教育作为公共服务的基本价值取向,同时又能给予充分的发展空间和灵活的管理机制,促使民办幼儿园在未来的上海学前教育发展中发挥更重要的作用。

2. 促进城乡均衡发展

促进学前教育均衡发展是当前民办学前教育作为城市公共服务体系的重要内容。虽然上海市在推进城市一体化的进程中,取得了突出的成效,农村和城郊的基础设施建设和公共服务在去年的几年间有了明显的改善。但是,优质学前教育资源向农村地区辐射的力度和范围还不够。为了促进学前教育城乡均衡发展,第一,要从宏观管理上坚持地方负责、分级管理和相关部门分工协作的学前教育管理体制。区县政府对本区域学前教育事业发展负主要责任,根据人口变化趋势,制订本区域学前教育事业发展规划,并承担对学前教育机构的管理与指导职责。同时,要建立健全市、区县两级学前教育联席会议制度,定期研究解决学前教育发展中的热点、难点问题,统筹协调学前教育发展工作。第二,在民办幼儿园设点布局上,要引导优质办园主体向郊区倾向。可以通过制定优惠政策将具有成功办园经验的民办办学投资人、法人、优秀的民办园长引向郊区,将市区的优质民办学前教育资源辐射到郊区去。第三,在均衡城乡学前教育师资力量上,要加强对农村幼儿园园长和教师、职初教师、保育人员的专业培训,使得农村学前师资受培训率达到100%。专任教师基本达到大专及以上学历,其中60%达到本科及以上学历,保教人员持证上岗,专业能力得到发展,保健教师、保育员和营养员按照规定配置。第四,要推进城乡学前教育规模与内涵同步发展。要加强幼儿发展规律的研究,加大城区、郊区幼儿园结对力度,缩小城郊、园际差异;提升每一园(所)的保教质量和办园水平;深化学前教育办园体制与机制的研究,满足社会和家长对学前教育的多样化需求。

3. 加大政府扶持力度

政府要通过奖励制度与购买服务扶植非营利性民办幼儿园,要建立民办幼儿园的非营利制度,通过资助性投入、购买学额与专业服务、奖励优质办园等方式支持民办幼儿园提升办学水平。一方面,要继续深化办园体制改革,制定符合民办幼儿园健康发展的扶持政策。首先要完善非营利的民办幼儿园管理制度设计,加大公共财政对社会力量办园的支持,鼓励、扶持非营利民办学前教育机构;其次要制定满足民办师资专业发展的人事制度,特别是民办教师在学历提升、职称评定、职务晋升、学科研究等方面的保障制度,要加快实施民办幼儿园年金制度,保障民办幼儿教师的社会福利。另一方面,要增加市、区两级资金投入,保障学前教育事业健康发展。各区县及乡镇每年要从财政经费中安排专项经费,用于推进学前教育事业发展和幼儿园建设。同时要根据本地区实际,多渠道筹措资金,鼓励企事业单位、社会团体和公民个人捐资助学。市财政安排专项资金,对实施本计划成绩突出的区县给予奖励。特别是要加大对民办三级幼儿园资助和奖励的力度,每园每年政府资助一定经费用于玩教具的添置等。对以招收进城务工人员随迁子女为主的看护点每年也要给予资助,用于添置玩教具、图书和必要的设施设备,同时要求各区县根据情况配套拨款,落实配备专业安保力量等安全措施。

4. 坚持自身内涵建设

民办学前教育的发展,除了要不断改善外部政策环境,加大资金投入,更重要的是要加强民办幼儿园自身内涵建设,将民办幼儿园内部的规范管理和优质服务落到实处。首先,民办教育需要改进内部管理机制,制定符合民办园发展的管理制度、保教质量标准和服务流程,为民办园规范管理提供制度保障。在幼儿园内部要建立起法人负责、集体决策、组织健全、管理科学、依法办园、协调高效、监督有效、民主参与的民办幼儿园治理结构。发挥民办幼儿园灵活的管理优势,既保证专业管理,又能形成幼儿园与市场的良性互动。其次,民办幼儿园要加强师资培训,不断提高师资专业水平。一方面可以充分利用外部提供的专业培训机会,通过与公办幼儿园结对、联动等平台,区教研室园际交流等方式,增加民办幼儿园师资外出学习和培训的机会。另一方面,民办幼儿园要通过建设园所文化,坚持"园本"教研,树立专业意识,不断提升师资队伍的专业化水平。第三,民办幼儿园可以通过学前教育领域内的专业行业协会、专业督导机构和幼教专家,获得更多的专家指导,对自身的不断健康发展汲取更多外部的优秀经验和有益建议。最后,民办幼儿园要立足已有的实践经验,不断借鉴国际经验,引进先进的管理理念、优秀的课程资源等,不断提高民办幼儿园的管理和保教质量,紧跟时代步伐,与时俱进,用内涵建设保障民办幼儿园未来的持续发展。

民办学前教育作为整个教育系统的重要组成部分,是我们构建城市公共服务体系的基本要素之一。民办学前教育的发展必将为上海未来的发展与进步发挥更重要的作用,见证更深远的影响。

(执笔人:陈素萍)

民办中小学发展状况

自改革开放以来，上海民办基础教育走过了从无到有，从单一到多元的发展历程，在多方力量的共同努力下，实现了健康、迅速、和谐、可持续的发展，积聚了社会教育资源、扩大了教育资源供给总量和教育规模，推动了教育体制机制创新、增强了上海教育的活力，满足了人民群众对教育服务的多样化需求，为上海在全国率先实现教育现代化作出了积极贡献。

一、发 展 现 状

（一）发展速度与规模

1. 民办中小学机构与在校生数呈逐年递减趋势

自 2005 年以来，上海市民办中小学（不含以招收农民工同住子女为主民办小学与转制学校，下同）机构数与在校生数呈逐年递减的趋势（见表 1）。2007 年是上海市民办中小学发展的高峰期，全市民办中小学在校生数达到 12.62 万人，占全市普通中小学在校生总数的 10.61%。2007 年以后，民办中小学机构数与在校生数逐年减少。民办中小学机构从 2005 年的 148 所减少至 2012 年的 129 所，8 年期间减少 19 所学校；民办中小学在校生数从 2007 年最高峰时期的 12.62 万减少到 2012 年的 10.98 万，年均减少 3 000 人左右。

表 1　2005—2012 年民办中小学数、在校生数及占全市的比例

年　　份	学校（所）	占全市比例（%）	在校生（人）	占全市比例（%）
2005	148	10.23	118 626	9.09
2006	148	10.42	122 383	9.83
2007	147	10.49	126 236	10.61
2008	140	9.68	121 217	10.03
2009	133	8.79	115 844	9.09
2010	134	8.81	112 926	8.71
2011	128	8.43	110 966	8.39
2012	129	8.48	109 816	8.13

注：表中数据未含转制学校及其在校生数。

2. 转制学校完成"关、停、转、并"

转制学校是办学体制改革过程中出现的一种特殊现象。最初,转制学校是作为公办学校改革的新事物而出现的,然而,转制学校仍然是政府提供办学经费的,而其实际运行中,又采取市场的机制,向学生收取较高的学费,这不仅导致公办学校之间的不平等,而且也造成政府直接参与、干预市场的现象。因此,自 2006 年开始,市教育行政部门出台了对转制学校的"关、停、转、并"的政策,至 2008 年年底完成转制中小学的深化改革(见表 2)。

表 2　2005 年以来上海市转制学校变化情况

年　　份	学校数(所)	在校生(人)	占全市中小学在校生比例(%)
2005	70	77 636	5.95
2006	57	57 193	4.59
2007	21	8 418	0.71
2008	6	2 136	0.18
2009	0	0	0

(二)学段分布

1. 民办小学机构基本稳定,民办中学机构明显减少

自 2005 年以来,上海民办小学机构基本稳定在 22 所左右;而民办中学机构显著减少,由 2005 年的 129 所减少至 2012 年的 107 所,8 年间民办中学减少 22 所(见图 1)。

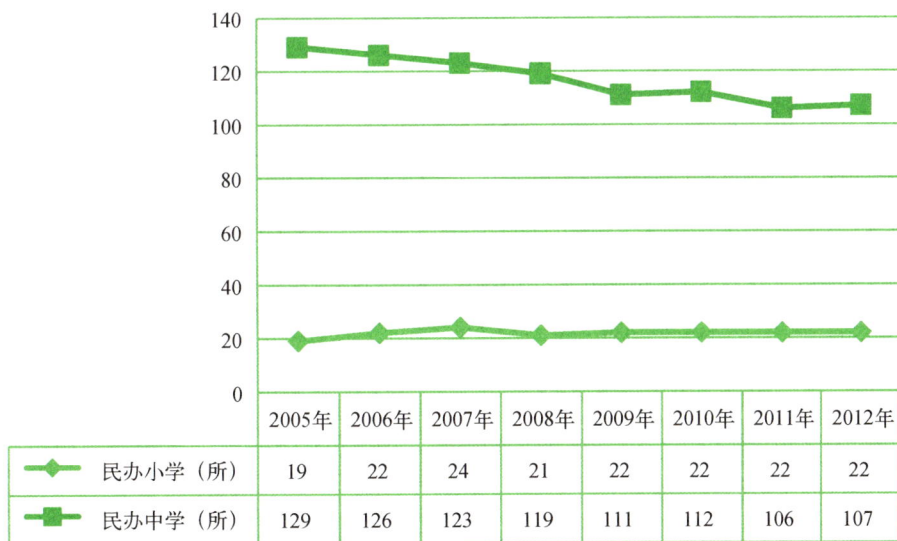

	2005年	2006年	2007年	2008年	2009年	2010年	2011年	2012年
民办小学(所)	19	22	24	21	22	22	22	22
民办中学(所)	129	126	123	119	111	112	106	107

图 1　2005—2012 年民办小学、民办中学机构情况

2. 民办中小学在校生构成呈现小学逐年提高、高中逐年减少趋势

民办中小学在校生构成上体现出明显的学段特征。自 2005 年以来,民办中小学在校生群体中民办小学在校生占比逐年提高,由 2005 年的 22% 提高到 2012 年的 32%;民办初中在校生占比相对稳定,近年来基本稳定在 55% 左右;民办高中在校生占比则呈现逐年递减趋势,由 2005 年的 30% 减少至 2012 年的 13%,2006 年至 2008 年民办高中在校生占比减少最为显著(由 29% 急剧减少到 19%)(见图 2)。从民办中小学在校生的分学段占比情况看,义务教育阶段民办学校成为民办基础教育的主体。

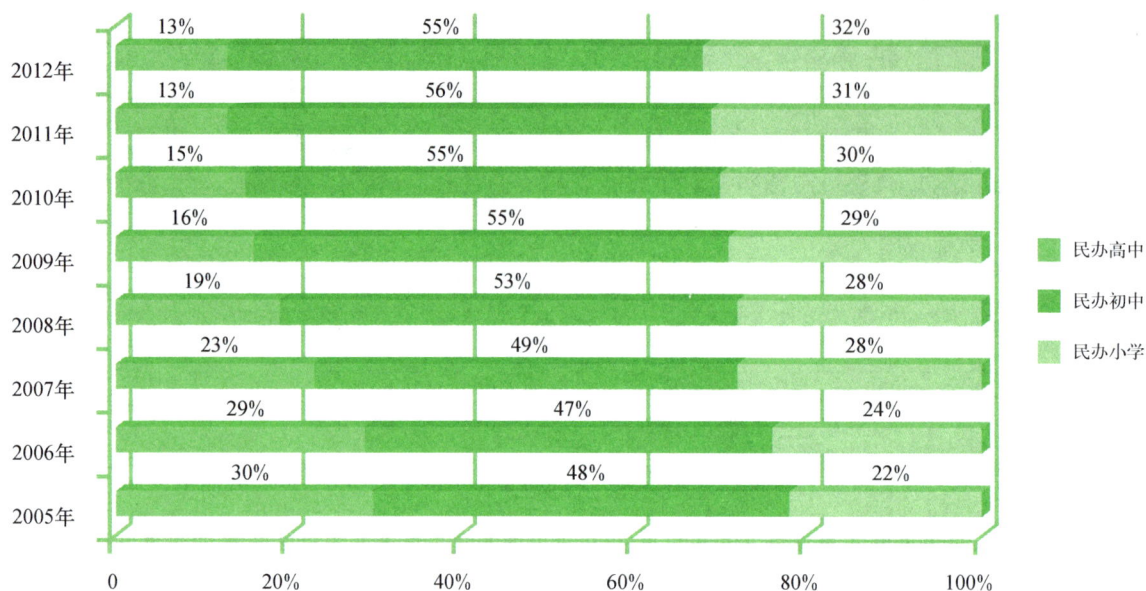

图2　2005—2012年民办中小学在校生分学段分布情况

3. 民办小学和民办初中学生总数趋稳，民办高中学生数逐年下降

民办小学在校生数从2005年到2007年呈现快速增长，2007年后变化较小，基本稳定在34 000—35 000人左右；民办初中在校生数在2005年至2008年期间逐年增长，2008年后呈缓慢下降趋势。民办高中在校生数在2005年至2006年略有上升，但自2006年后呈现快速下降态势，由2006年的35 616人减少至2012年的13 869人（见图3），减幅达到61.06％，平均每年递减12个百分点。

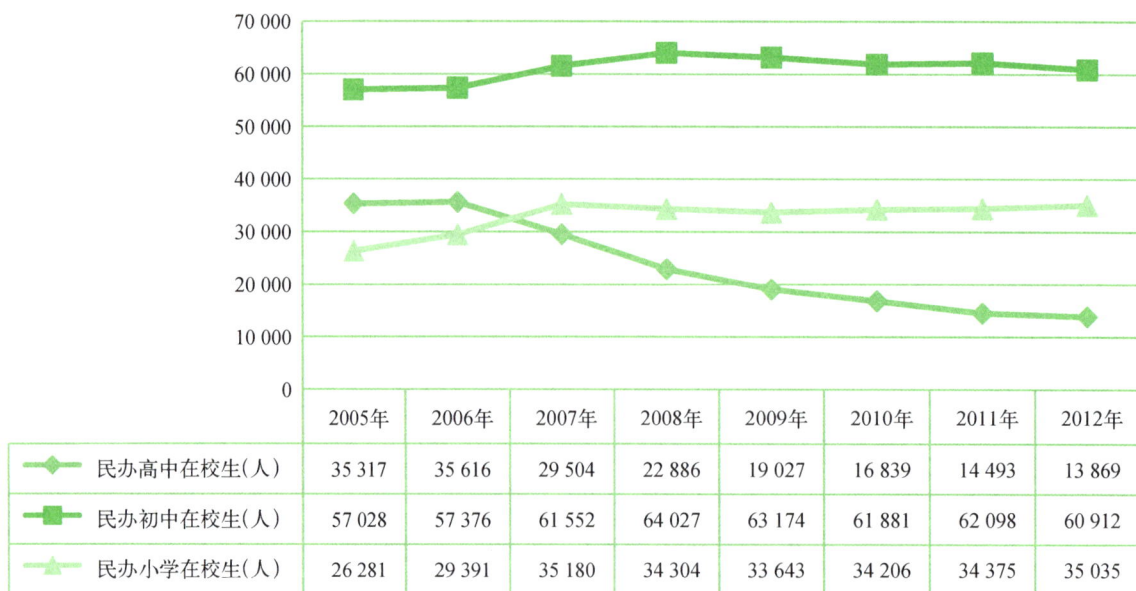

	2005年	2006年	2007年	2008年	2009年	2010年	2011年	2012年
民办高中在校生（人）	35 317	35 616	29 504	22 886	19 027	16 839	14 493	13 869
民办初中在校生（人）	57 028	57 376	61 552	64 027	63 174	61 881	62 098	60 912
民办小学在校生（人）	26 281	29 391	35 180	34 304	33 643	34 206	34 375	35 035

图3　2005—2012年上海民办中小学在校生情况

4. 民办中小学学生占比呈现先扬后抑态势，民办高中学生占比下降幅度最大

民办小学在校生占全市小学生比例变化的拐点发生在2007年。2005年至2007年，民办小学学生占比逐年提高，而从2007年开始至2012年逐年下降，由2007年的6.6％下降到2012年的4.61％（见图4）。

民办初中在校生占比变化的拐点是2008年。民办初中学生占比在2005至2008年期间逐年提高，

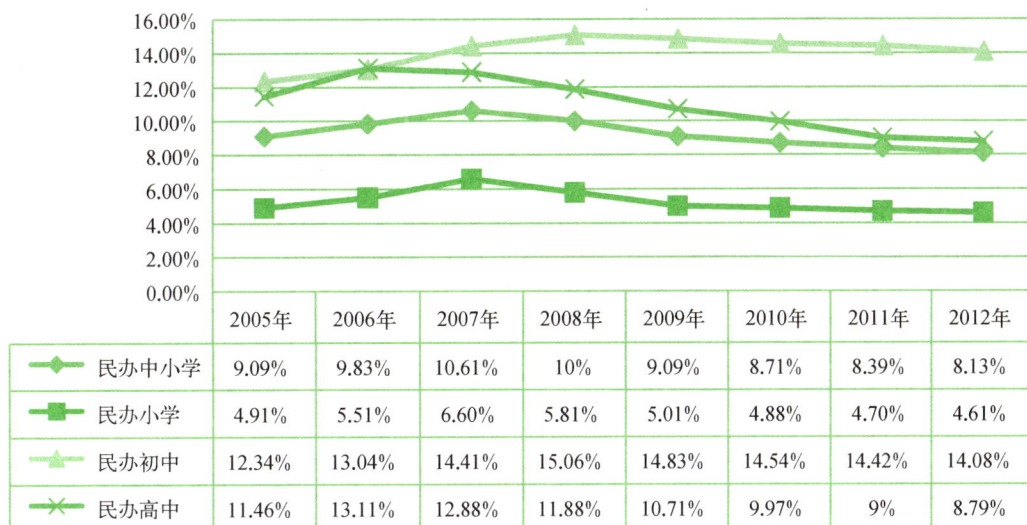

	2005年	2006年	2007年	2008年	2009年	2010年	2011年	2012年
民办中小学	9.09%	9.83%	10.61%	10%	9.09%	8.71%	8.39%	8.13%
民办小学	4.91%	5.51%	6.60%	5.81%	5.01%	4.88%	4.70%	4.61%
民办初中	12.34%	13.04%	14.41%	15.06%	14.83%	14.54%	14.42%	14.08%
民办高中	11.46%	13.11%	12.88%	11.88%	10.71%	9.97%	9%	8.79%

图 4　民办中小学不同学段在校生数占全市相应学段学生数比例

由 2005 年的 12.34％提高到 2008 年的 15.06％,2008 年后民办初中学生占比呈缓慢下降态势。

民办高中在校生占全市普通高中学生比例发生趋势变化的拐点为 2006 年。自 2006 年开始,民办高中在校生占比逐年下降,从 2006 年的 13.11％下降到 2012 年的 8.79％。

(三) 区县分布

1. 民办中小学区县分布不均衡

从民办中小学区县分布情况来看(见表 3),上海市民办中小学区县分布极不均衡。从 2012 年的数据看,民办中小学超过 10 所(含 10 所)的区县有 6 个,分别是徐汇区、闸北区、虹口区、杨浦区、闵行区和浦东新区;而民办中小学少于 4 所(含 4 所)的区县则有 7 个,它们分别是黄浦、静安区、松江区、金山区、青浦区、奉贤区、崇明县,其中奉贤区和青浦区只有 1 所民办学校(见表 3)。

表 3　民办中小学区县分布情况　　　　　　　　　　　　　　　　单位:所

区　县	2005 年	2006 年	2007 年	2008 年	2009 年	2010 年	2011 年	2012 年
黄浦区	8	8	4	3	3	4	2	4
卢湾区	2	1	1	2	2	2	2	
徐汇区	9	9	12	11	10	10	10	10
长宁区	4	4	5	5	5	5	5	5
静安区	2	4	2	2	2	2	2	2
普陀区	13	13	15	13	11	10	9	9
闸北区	16	14	13	14	11	11	10	10
虹口区	13	13	12	11	11	11	11	11
杨浦区	15	16	17	15	14	14	13	13
闵行区	14	14	13	13	13	12	12	14
宝山区	7	7	8	8	8	8	8	8
嘉定区	9	9	8	7	6	7	7	7
浦东新区	17	19	19	18	19	25	24	24

续　表

区　县	2005 年	2006 年	2007 年	2008 年	2009 年	2010 年	2011 年	2012 年
金山区	4	4	4	4	4	4	4	3
松江区	5	4	4	4	4	4	4	4
青浦区	1	2	2	1	1	1	1	1
南汇区	6	5	5	5	5			
奉贤区	1	1	1	1	1	1	1	1
崇明县	2	2	2	3	3	3	3	3

2. 民办中小学在校生区县分布不均衡

2005—2012 年各区县民办中小学在校生数统计显示,民办中小学学生主要积聚在浦东、闵行、徐汇、杨浦、普陀、闸北、虹口等区域。在静安、青浦、奉贤、崇明民办学校就读的学生很少(见图 5)。

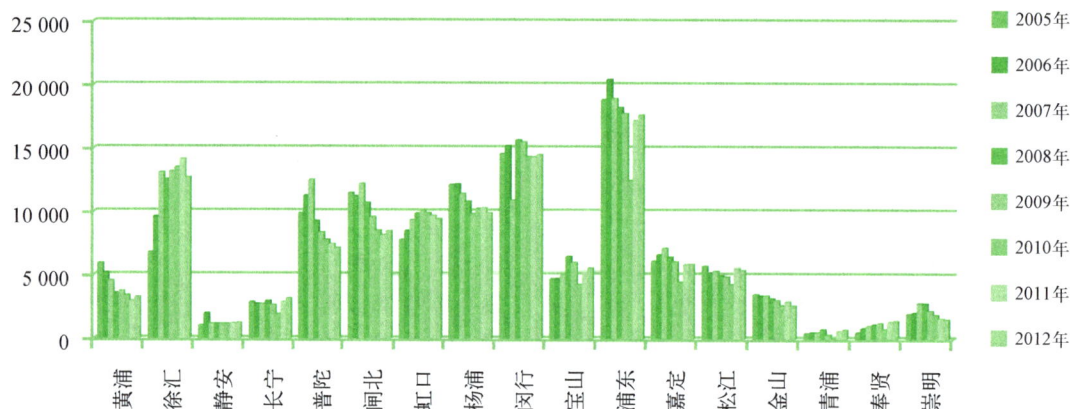

图 5　2005—2012 年各区县民办中小学在校生分布

数据来源:上海市教育委员会。

从区县民办中小学在校生占全市民办中小学在校生总数的占比情况看,徐汇、普陀、闸北、虹口、杨浦以及闵行与浦东新区等 7 区的民办中小学学生占到全市民办中小学学生总数的 72% 以上;从 2012 年数据看,黄浦、静安、长宁、金山、青浦、奉贤、崇明等区县民办中小学学生总数占比仅 12% 左右,该 7 区县民办中小学学生占比甚至低于闵行区(13.11%)或浦东新区(15.94%)(见表 4)。

表 4　各区县民办中小学在校学生占全市民办中小学学生总数百分比

区　县	2005 年	2006 年	2007 年	2008 年	2009 年	2010 年	2011 年	2012 年
黄浦区	5.19%	4.25%	3.73%	2.96%	3.24%	3.33%	2.66%	2.96%
徐汇区	5.93%	7.91%	10.72%	10.42%	11.40%	13.28%	12.69%	11.49%
静安区	0.92%	1.63%	0.96%	0.97%	1.02%	1.14%	1.08%	1.13%
长宁区	2.52%	2.25%	2.23%	2.45%	2.29%	1.90%	2.59%	2.86%
普陀区	8.65%	9.27%	10.24%	7.68%	7.21%	7.65%	6.66%	6.44%
闸北区	10.04%	9.23%	10.00%	8.89%	8.28%	8.36%	7.29%	7.66%
虹口区	6.80%	6.97%	7.64%	8.20%	8.73%	9.75%	8.67%	8.51%
杨浦区	10.61%	10.00%	9.35%	8.97%	8.49%	10.10%	9.24%	8.94%

区　县	2005 年	2006 年	2007 年	2008 年	2009 年	2010 年	2011 年	2012 年
闵行区	12.74%	12.48%	8.93%	13.00%	13.41%	14.11%	12.84%	13.11%
宝山区	4.13%	3.88%	4.12%	5.36%	5.19%	4.21%	4.78%	5.02%
浦东新区	16.47%	16.79%	15.50%	15.11%	15.35%	12.27%	15.42%	15.94%
嘉定区	5.34%	5.44%	5.82%	5.34%	5.23%	4.40%	5.24%	5.29%
松江区	5.00%	4.27%	4.35%	4.12%	4.21%	4.22%	4.93%	4.88%
金山区	3.07%	2.78%	2.79%	2.63%	2.63%	2.60%	2.64%	2.38%
青浦区	0.41%	0.41%	0.42%	0.64%	0.30%	0.04%	0.58%	0.66%
奉贤区	0.45%	0.71%	0.87%	0.95%	1.09%	0.78%	1.22%	1.30%
崇明县	1.73%	1.70%	2.32%	2.33%	1.93%	1.89%	1.47%	1.42%

3. 民办中小学在校生比重区县之间存在较大差异

2005 年以来,徐汇、普陀、闸北、虹口、杨浦、闵行等 7 区的民办中小学在校生数占所在区普通中小学在校生总数的比例稳定在 10% 以上(其中虹口、徐汇、闸北 3 区的民办中小学学生占比达到 18% 以上),成为所在区民办基础教育事业的重要组成部分;相比较而言,青浦、奉贤、崇明 3 区县的民办中小学在校生数占所在区县的比重很小,属民办基础教育欠发达区域。浦东新区虽然民办中小学机构和民办中小学在校生总数在全市皆名列前茅,但民办中小学学生占普通中小学在校生的比例并不高,基本徘徊在 5%—6% 之间(见表 5)。

表 5　各区县民办中小学在校生数占区县中小学在校生数比例

区　　县	2005 年	2006 年	2007 年	2008 年	2009 年	2010 年	2011 年	2012 年
黄浦区	10.83%	9.40%	8.80%	6.84%	8.34%	8.12%	7.96%	7.65%
卢湾区	4.71%	7.52%	8.27%	8.70%	8.46%	7.05%	4.66%	/
徐汇区	7.85%	11.85%	17.52%	17.97%	19.26%	19.81%	20.77%	18.64%
静安区	3.71%	7.53%	4.77%	5.07%	5.32%	5.36%	5.65%	5.85%
长宁区	5.48%	5.66%	6.15%	7.16%	6.79%	5.06%	7.69%	8.34%
普陀区	12.99%	16.06%	19.48%	15.75%	14.19%	13.65%	13.07%	12.38%
闸北区	17.64%	19.00%	22.78%	21.29%	20.05%	18.44%	17.72%	18.39%
虹口区	12.68%	14.85%	17.56%	19.73%	20.80%	20.92%	20.83%	20.47%
杨浦区	14.38%	15.77%	16.12%	15.89%	15.19%	16.49%	16.80%	16.29%
闵行区	17.22%	17.92%	12.85%	16.82%	13.70%	12.44%	11.96%	11.46%
宝山区	5.69%	5.77%	6.32%	7.54%	6.15%	4.28%	5.24%	5.30%
浦东新区	5.73%	6.63%	5.92%	5.61%	5.45%	4.08%	5.40%	5.46%
嘉定区	12.26%	13.52%	14.78%	12.09%	10.02%	6.62%	8.31%	7.79%
南汇区	9.08%	9.16%	9.51%	8.89%	7.30%	/	/	/
松江区	9.69%	9.09%	9.35%	7.17%	6.10%	5.02%	6.19%	5.81%
金山区	6.70%	6.84%	7.14%	6.53%	5.98%	5.14%	5.72%	5.06%

区 县	2005 年	2006 年	2007 年	2008 年	2009 年	2010 年	2011 年	2012 年
青浦区	0.91%	1.02%	1.07%	1.46%	0.58%	0.07%	0.92%	0.98%
奉贤区	0.94%	1.49%	1.82%	1.75%	1.70%	1.04%	1.73%	1.76%
崇明县	3.32%	3.80%	5.80%	6.05%	4.79%	4.40%	3.91%	3.93%

注:"/"表示数据缺失。

(四)教师队伍

上海市民办中小学老师的基本情况,2005 年与 2006 年未进行统计,2007 年的数据不完整,2010—2012 年的数据缺乏。这里,仅以 2007—2009 年的数据进行分析。

1. 民办中小学教师编制

2008 年上海市民办中小学教师中,具有公办编制的教师有 3 396 人,占比为 36.7%;区县人才交流中心挂编的教师有 1 260 人,占比为 13.6%;学校编制的教师有 1 684 人,占比为 18.2%;退休返聘教师 2 376 人,占比为 25.6%;兼聘教师 172 人,占比为 1.8%;其他教师 369 人,占比为 4%。

2009 年上海市民办中小学教师中,具有公办编制的教师 3 422 人,占比为 36.1%;区县人才交流中心挂编的教师有 1 455 人,占比为 15.3%;学校编制的教师有 1 990 人,占比为 21%;退休返聘教师 1 911 人,占比为 20.2%;兼聘教师 154 人,占比为 1.6%;其他教师 545 人,占比为 5.7%(见表 6)。

表 6 民办中小学教师编制情况

年份	挂公办编制		人才交流中心挂编		学校编制		退休返聘		外职兼聘		其 他	
	人数	比例(%)	人数	比例(%)	人数	比例(%)	人数	比例(%)	人数	比例(%)	人数	比例(%)
2008	3 396	36.7	1 260	13.6	1 684	18.2	2 373	25.6	172	1.8	369	4.0
2009	3 422	36.1	1 455	15.3	1 990	21.0	1 911	20.2	154	1.6	545	5.7

2. 年龄结构

上海民办中小学教师的年龄结构存在两头大、中间小的特点(见表 7)。"两头大"是指 35 岁以下的年轻教师和 56 岁以上的老教师所占的比例超过了 60%,其中 2007 年和 2008 年这一比例超过 70%,2009 年虽然有所改观,但变化仍不明显。"中间小"是指中青年教师所占的比例偏小。

表 7 民办中小学教师的年龄结构

年份	35 岁及以下		36—45 岁		46—55 岁		56—60 岁		61 岁及以上	
	人数	比例(%)	人数	比例(%)	人数	比例(%)	人数	比例(%)	人数	比例(%)
2007	4 377	44.62	1 905	19.42	758	7.73	1 065	10.86	1 704	17.37
2008	4 454	45.41	2 097	21.38	737	7.51	950	9.68	1 182	12.05
2009	4 631	47.21	2 301	23.46	840	8.56	821	8.37	1 128	11.50

2007 年上海市民办中小学教师中,35 岁及以下年龄的教师有 4 377 人,占教师总数的比例为 44.62%;36—45 岁之间的教师有 1 905 人,占教师总数的比例为 19.42%;46—55 岁之间的教师有 758

人,占教师总数的比例为7.73%;56—60岁之间的教师有1 065人,占教师总数的比例为10.86%;61岁及以上年龄的教师有1 704人,占教师总数的比例为17.37%。

2008年上海市民办中小学教师中,35岁及以下年龄的教师有4 454人,占教师总数的比例为45.41%;36—45岁之间的教师有2 097人,占教师总数的比例为21.38%;46—55岁之间的教师有737人,占教师总数的比例为7.51%;56—60岁之间的教师有950人,占教师总数的比例为9.68%;61岁及以上年龄的教师有1 182人,占教师总数的比例为12.05%。

2009年上海市民办中小学教师中,35岁以下年龄的教师有4 631人,占教师总数的比例为47.21%;36—45岁之间的教师有2 301人,占教师总数的比例为23.46%;46—55岁之间的教师有840人,占教师总数的比例为8.56%;56—60岁之间的教师有821人,占教师总数的比例为8.37%;60岁及以上年龄的教师有1 128人,占教师总数的比例为11.50%。

3. 学历结构

2008年上海市民办中小学教师中,具有博士学位的教师有9人,占教师总数的比例为0.09%;具有硕士学位的教师有314人,占教师总数的比例为3.31%;具有本科学历的教师有7 090人,占教师总数的比例为74.83%;具有大专学历的教师有1 734人,占教师总数的比例为18.30%;大专以下学历的教师328人,占教师总数的比例为3.46%(见表8)。

2009年上海市民办中小学教师中,具有博士学位的教师有11人,占教师总数的比例为0.12%;具有硕士学位的教师有531人,占教师总数的比例为5.80%;具有本科学历的教师有6 901人,占教师总数的比例为75.40%;具有大专学历的教师有1 469人,占教师总数的比例为16.05%;具有大专以下学历的教师有240人,占教师总数的比例为2.63%(见表8)。

表8　民办中小学教师学历结构

年份	博 士		硕 士		本 科		大 专		大专以下	
	人数	比例(%)	人数	比例(%)	人数	比例(%)	人数	比例(%)	人数	比例(%)
2008	9	0.09	314	3.31	7 090	74.83	1 734	18.30	328	3.46
2009	11	0.12	531	5.80	6 901	75.40	1 469	16.05	240	2.63

4. 具有中高级职称与未评职称的教师比例呈增加趋势

民办中小学教师的职称结构的基本特征可概括为"两个增加"。第一个增加是具有中高级职称的教师比例逐年增加。表9显示,自2007年至2009年,特级教师所占比例由0.35%上升至0.48%;中学高级教师所占比例由21.48%上升至32.73%;中学一级教师所占比例由30.46%上升至49.97%;小学高级教师所占比例由14.59%上升至20.49%。第二个增加是未评职称的教师呈增加趋势。2008年时上海市民办中小学教师中,未评职称的教师有772人,占教师总数的8.24%,至2009年时,未评职称的教师有835人,占教师总数的9.24%。

表9　民办中小学教师职称结构

年 份	教师总数	特级教师		中学高级		中学一级		小学高级	
		人数	比例(%)	人数	比例(%)	人数	比例(%)	人数	比例(%)
2007	9 786	34	0.35	2 102	21.48	2 981	30.46	1 428	14.59
2008	10 893	41	0.38	1 935	17.76	2 899	26.61	1 274	11.70
2009	9 489	46	0.48	3 106	32.73	4 742	49.97	1 944	20.49

二、成就与问题

（一）成就

1. 减轻了政府办学经费的压力，推动了义务教育的均衡发展

2005 年以来，上海市民办中小学基本上每年向社会提供了 10 余万个学位，为上海市财政节省了上亿的教育经费支出。如果说民办中小学发展之初解决了政府教育投入不足的问题的话，那么，现阶段的民办中小学的发展，其贡献就在于缓解了政府办学经费上的压力，使政府有更多的资金用于加强对薄弱公办中小学办学条件的改善。因此，民办中小学的发展，对于促进上海市义务教育的均衡化，特别是为实现优质、均衡的上海义务教育发展作出了积极的贡献。

2. 提供了众多的就业机会，缓解了社会就业的压力

2005 年以来，上海民办中小学（含民办随迁子女小学）聘用教师总数超过 7 万多人次，如果加上职工，累计聘用教职工人数超过 9 万人次。民办中小学的发展，每年为上海提供了超过上万个就业岗位。这在当前大学生就业压力重重，政治经济体制改革进一步深化的背景下，民办中小学的发展，极大地缓解了社会就业的压力，有力地促进了上海和谐城市的建设。

3. 扩大了教育的供给能力，满足了公民对教育多元选择的需求

民办中小学的发展不但有力地推进了上海义务教育的均衡发展，而且极大地扩大了教育的供给能力，为老百姓提供了更多的入学机会、提供了更多的选择。民办中小学发展到今天，逐步积淀了一批优质的民办学校，民办中小学不仅增加了教育的供给能力，而且可以提供多元的、针对性更强的、服务水平更高的教育选择机会。

4. 建立了相对完善的公共财政资助体系，促进了民办中小学的稳定、健康发展

从 2005 年第一次上海市民办教育工作会议召开以来，市政府每年拨款 4 000 万元作为民办教育发展政府专项资金，其中每年 2 000 万元用于民办基础教育。2008 年起，民办教育发展政府资金有了较大幅度的增加，增扩至 1.3 亿元，其中用于民办基础教育资金达到 4 000 万元。2010 年上海第二次民办教育工作会议把民办教育发展政府专项扶持资金增加到近 2 亿元，大部分区县政府也建立了相应的扶持机制。2010 年开始，上海按照本市义务教育阶段公办学校生均公用经费基本定额给予民办中小学补助，民办小学生均补助为 1 600 元、民办初中生均补助为 1 800 元。这些扶持政策和措施，促进了民办中小学的健康发展。

建立了民办学校学生同等权利的保障机制。近年来，公共财政用于学生资费资助的相关政策，都实行民办和公办学校一视同仁的做法。如在制定的义务教育阶段、高中阶段困难家庭学生资助政策覆盖了所有民办中小学。

5. 完善了民办中小学的管理机构，加强了对民办中小学的科学、规范管理

2009 年 6 月，上海市教委正式成立了民办教育管理处，使民办学校包括民办中小学在市一级行政职能部门中有了专门的管理机构。民办教育处负责制定上海民办教育发展的相关政策，承接民办教育管理的各项制度，这不仅有利于促进民办教育各项制度的完善，而且能使民办中小学在发展过程中遇到的问题得到及时、有效的解决。

2005 年 3 月，上海市民办中小学协会成立。至此，上海已搭建起由上海市民办基础教育专业委员会这一群众性学术组织和上海市民办中小学协会这一行业中介性机构组成的民办教育研究、交流、服务平台。通过上海市民办中小学协会的管理，可以使民办中小学更好地加强行业自律，促进民办中小学的健康发展。

（二）问题

1. 民办教育发展的指导思想不明确

与其他省市情况类似,上海民办教育主要也不是捐资办学,而是投资办学。大多数的民办学校都是在举办者投资的基础,通过多年的经营,逐步滚动发展、壮大起来的。民办教育的发展有力地弥补了政府财政对教育投资的不足,扩大了教育资源的供给,满足了民众对多元化教育的需求。但是,近年来,随着政府财政资金对教育投资的增加,对民办教育产生了不正确的认识:或视民办教育为可有可无,认为鼓励社会力量举办民办教育只是在政府办学经费紧张时的权宜之策,当政府办学经费充裕时,民办教育可以自行消亡;或把法律规定的民办教育享有与公办学校同等法律地位,理解为对民办学校实施与公办学校一视同仁的管理;有人甚至提出可以通过"规范管理",逐步控制和减少民办学校的数量。这些观点对于上海民办教育健康发展无疑是十分有害的。

2. 相关政策不配套,"瓶颈"问题没解决

当前制约民办教育健康发展的歧视性政策主要体现在四个方面:一是民办学校法人性质不明确,民办学校在现实中被视同企业对待。由于缺乏上位法的支持,上海市对此也未有明确规定;二是教师身份不统一。民办学校教师不仅与公办学校教师身份不同,即便在民办学校内部,老师之间也身份不一。这种不统一,不但造成民办学校教师在养老、医疗、保险等方面与公办学校教师不能享受平等待遇,也成为导致教师队伍不稳定的主要因素;三是税收政策不合理。民办学校的经费往往不在财政预算范畴,依据中华人民共和国财政部、国家税务总局的有关规定,便成为缴纳企业所得税的对象。尽管现在税务部门对民办学校税收给予了相当的优惠,但这是地方政府职能部门之间协调的结果,由于税收法规作了不利于民办学校的税收规定,因此,这种优惠带有极大的不确定性;四是奖励扶持举措不到位。缺乏落实《民办教育促进法》扶持奖励措施的地方性行政法规,使实施中的一些扶持奖励政策随意性较大。

3. 政府对民办教育的管理相对滞后

首先,民办教育管理机构不完善。政府对民办中小学的管理,在专门的机构设置上,只在市一级层面设立了民办教育管理处,但绝大多数区县至今仍未有对民办中小学的专门管理部门。尽管上海市民办中小学协会起到了民办学校之间及民办学校与政府之间沟通、交流、促进的平台作用,有利于促进上海市民办基础教育的健康发展,但民办中小学中出现的大量事情是协会没法解决的,需要由政府行政权力的介入。由于区县教育局内未建立处理民办中小学事务的专门管理部门,民办中小学出现问题时欲诉无门,造成民办中小学的正常权益难以得到及时、有效的保护。

其次,政府用管理公办教育的方式管理民办教育,一定程度上存在"错位"、"越位"和"缺位"的现象。如用政府功能取代或排斥市场功能:政府主要通过计划而非市场方式来完成民办学校的资源配置,将法律赋予民办中小学校的课程选择、招生和收费等办学自主权统统囊括到国家的计划之中。由于民办学校无法自主地进行资源优化配置,使得民办学校发展的内源性动力严重不足。

4. 教师队伍不稳定、流动性大

一方面由于市财政不断加大对公办基础教育的投入,公办中小学教师的收入水平逐年提高,这对民办学校教师队伍产生极大的冲击。因为,民办学校的收入来源主要是学费,而几年来,民办学校收取的学费标准基本维持原来水平,这就使得民办学校不可能跟随公办学校教师收入的增幅标准来提高民办学校教师的收入水平。另一方面,由于民办学校教师与公办学校教师之间身份不统一,加上民办学校内部教师编制情况复杂,这不但造成民办学校教师退休后无法享受到与公办学校教师一样的养老保险待遇,导致身份上没有归属感,而且造成民办学校内部教师之间的心理失衡。两个原因综合的结果就是只要有机会,民办学校教师就涌向公办学校。教师队伍的不稳定,不仅影响民办学校教育教学质量的提高,而且也影响民办学校特色的创建。可以说,教师队伍流动性大已成为影响民办学校发展的主要原因之一。

5. 民办学校财务运行超负荷状况突出

从2007年和2008年调研的情况看,全市有70%以上的区县民办中小学其总支出占总收入的比例高于100%,民办中小学人员经费支出占其学费收比例高于70%的区县有8个。根据常规,当民办学校的教职工人员经费支出超过了学费收入的70%时,学校的日常运转将会比较艰难。公办中小学绩效工资的实施,加剧了社会力量举办的民办学校的财务困境。

三、面临的挑战

随着经济发展方式的逐步转变和产业结构的优化升级、全球化和国际竞争的日益加剧、知识社会和信息社会的快速发展、城乡一体化的不断推进,上海城市现代化和国际化进程日益加快,人民生活水平的不断提高,市民群众对教育的需求,尤其对教育的选择性需求日趋旺盛,这对上海的民办教育提出了挑战,也为上海民办教育提供了巨大的生存和发展空间。当前以及未来一段时期内,上海民办基础教育将面临以下重大挑战。

(一) 如何坚持公益性办学的理念

在民办学校的办学中,仍然有些办学者一味追求利润,把学校产业化经营,忽视了教育教学规律,淡化了学校的特征;另外,一些办学者缺乏基本的办学经验和对基础教育的了解,对学校的发展空间和发展条件认识模糊,致使办学过程中出现了盲目性行为,这种只求经济效益,对教育效果的滞后性认识不足,仅凭一时对教育的热情的做法造成了民办学校生存的危险。

教育是社会的公益事业,人人都享有受教育的权利,无论公办、民办教育都是对人的培养,所以公益性是教育的本质属性。《中华人民共和国教育法》明确规定,教育活动必须符合国家和社会公共利益,任何组织和个人不得以营利为目的举办学校及其他教育机构。考虑到民办教育的发展特点,《民办教育促进法》明确"民办事业是属于公益事业,是社会主义教育事业的组成部分",强调教育"非营利"概念,不以营利为目的;同时从鼓励社会力量办学出发,"允许民办学历教育有合理的回报",但并不是追求营利分红。上海民办中小学的主要任务与公办中小学一样,都是为社会主义培养建设者和接班人。因此,培养人才依然将是上海民办中小学未来发展的第一要务。能否坚持公益性办学的理念,将影响到民办学校健康、可持续的发展。

(二) 如何以质取胜

上海民办中小学从恢复到随后的初期发展,主要是一种从无到有、从少到多的数量扩张,走的是弥补公办教育不足、补充社会教育资源、增加教育机会的粗放式发展道路。随着社会、家长对民办中小学的教育层次和水平需求的提高,民办中小学和公办中小学之间、民办中小学内部之间的竞争加剧,政府对民办教育规范管理的逐步加强,上海的民办学校在办学规模、办学水平、发展潜力方面已经并将继续呈现明显的两极分化现象。

目前上海民办中小学办学状态大致呈现三种情况:第一种,学校已经形成了比较明显的办学特色,达到了较高的办学水平,享有社会声誉,生源充足,办学前景很好;第二种,办学认真,管理严格,社会也比较认可,但是在教学上大都因循守旧,鲜有突破,办学特色还不明显,应对社会对民办教育新需求的能力还不足,需要进一步加大内涵建设的努力;第三种,社会声誉一般,生源不充足,艰难办学,面临生存危机。

为适应上海教育基本率先实现现代化的总体要求和建设国际化大都市的要求,满足社会选择性教育需要,上海市教育行政部门将会采取多种手段,促进学校改善办学条件和提高办学水平,优胜劣汰的态势已经出现。

《上海市中长期教育改革和发展规划纲要(2010—2012年)》中指出,政府要"整体规划民办教育事业发展。对民办教育的功能、类型、层次、结构及比例等进行合理定位",要"稳定发展选择性、高质量的民办中小学"。从民办中小学自身发展而言,教育市场需求和品牌质量竞争,迫使民办中小学必须通过特色创新来提供个性化的多样教育服务。民办学校越来越重视形成个性化的办学理念和人才培养模式,自主选择办学方向、办学目标、课程内容、教学方法、教学手段,充分发挥办学的主动性、积极性和创造性,开始走上特色发展的教育创新之路。总体上,上海民办中小学发展由量的扩张进入以质取胜的阶段。不能顺应这一趋势的民办学校,将会逐渐被淘汰。

(三)如何从同质化走向多元化

上海民办基础教育发展初期,办学的切入点和模式具有相当程度的趋同性。即使现在,民办学校单一性、同质化的弊病还很严重,学校发展水平参差不齐。我们知道现在学生家长的诉求是多元的,他们对教育的期望是多样化的。不是说有钱就能办好教育,出了钱以后,你办了这个教育,不代表就能满足家长对教育选择的需要。一些民办学校在办学过程中,依靠规模扩张完成原始资本积累,不少学校完成这个积累后没有发展起来,走了下坡路,直至倒闭,在很大程度上就是由于教育的单一性问题使得民办学校的竞争力和生命力不强。

可以预见,未来上海民办中小学的发展将会继续遵循教育规律和市场规律。由民办教育的出资主体和运营机制决定,对民办教育的发展和办学行为应当减少指令性调节,加大市场化调节因素。这是依法落实民办学校办学自主权的主要体现,这是对民办学校与对公办学校管理方式的主要差别,也是保持民办学校活力之所在的原因。因此,随着市场化调节因素的加强,上海民办中小学办学形式和办学主体将更加呈现多样化和开放性,国际合作项目不断增多,国内外大公司、大企业对上海民办教育的注意力逐渐增强,公办和民办体制相融合的新型办学模式将充分体现出办学活力和创新能力。公办、民办中小学合作探索和发展、中外合作办学形式将实现新的突破,得到新的规范和发展。如何采取错位竞争的策略,找准自己未来发展的定位,是民办学校决策者需要思考的重要问题,也是必须去面对的挑战。

(四)如何从机遇型发展转向实力型发展

在民办基础教育发展初期,教育需求、政策、生长点以及竞争环境都提供了较多的发展机遇,善于抓住机遇就可以赢得发展。但在走向成熟的道路上,竞争将更多地依靠实力。上海民办中小学要努力增强实力,特别要理清内部关系、增强核心竞争力和树立良好社会信誉。民办学校要理清内部关系,包括明晰产权归属,选择出资方式,健全法人治理结构,要重视决策体制和制约体制,包括内部制衡和外部问责体制的逐步完善;民办学校要增强核心竞争力,包括要恰当定位,要和人才市场的需求保持零距离,不断深化办学理念,优化师资队伍,改进内部管理,提高教育质量,打造学校品牌;民办学校要树立良好社会信誉,要防止虚假宣传,防止盲目扩大规模,防止由于发展过程中的资金链断裂而出现办学危机。能否充分发挥民办学校灵活办学的优势,形成多样化和选择性的教育形式,把握教育发展脉搏,尽快实现自我更新和转型,是衡量民办学校发展实力的重要标准。

四、未来发展趋势

民办中小学已经站稳了在上海教育发展中的历史地位和战略地位,其主要原因和经验就在于民办教育能满足人民群众对教育质量的多元需求,这是民办教育不同于公办教育的立身之本。随着上海城市现代化和国际化进程的加快,社会对教育的多样性、选择性需求进一步凸显,在这样的背景下,当公办教育以满足基本教育公共服务为主要任务时,满足社会多元多样教育需求的任务就必然地落到民办教育肩上。面向未来,民办中小学在走内涵发展之路上,更加关注办学特色的创建,适应优质化、多样化、差异化的教育需求。

(一)进一步明确民办中小学教育发展的方向和目标

首先,必须明确民办学校仍然是社会主义教育事业的重要组成部分,因此,民办学校的办学理念首先必须是坚持国家教育教学的方针政策,要坚定不移地坚持社会主义性质和发展方向;民办学校的办学目标仍然是为国家培养德、智、体全面发展的人才,绝不能把民办学校看成是教育阶级性的产物和纯粹的贵族学校的化身。

其次,必须明确民办基础教育的本位价值在于其基础性,要强调的是人的基本素质的培养,而不是专业或某些专门人才的培养。基础教育的教学内容、课程体系、教育教学观念、方法以及评估等,都必须服从这个基本的价值目标。但是,也应该清醒地看到,目前这一教育观念还远没有深入人心、落到实处,校长和教师的专业素质还不能完全适应教育改革和转型要求。民办中小学需要率先转变观念、发展思路和发展策略,以满足人的发展需求为目标,以锐意教育改革为己任,率先回归基础教育的本位。

(二)充分发挥民办学校体制机制的优势,彰显办学特色

相比于普通公办学校,民办学校在特色创建和内涵发展上具有以下优势,民办学校要充分利用这些公办学校所没有的体制和机制优势,创新育人模式,办出水平,彰显特色。

1. 办学自主权优势

民办中小学虽然也要遵守国家的法律制度和地方政府的行政政策以及社会民众的一般要求,但相对于公办的中小学,有更大的办学自主权。学校对自身的办学理念、办学思路、学校管理、教育教学等方面有更大的话语权。这为民办学校的特色创建提供了广阔的权力空间。

2. 师资优势

民办学校师资的管理和任用比普通学校有更大的灵活性。一般采用聘用制,甚至全员聘用制,有利于激发教师的工作激情。师资来源广,有的学校面向全国招聘师资,有利于优质师资的引入。有的民办学校在管理上实行浮动工资制和岗位责任制,人员能进能出,职称能升能降,待遇能高能低,有利于教师的竞争与自我提升。

3. 课程优势

相对于普通公办学校,民办学校有更大的课程自主权,这有利于在开设好国家规定课程的基础上,开发出适合本校特色的校本课程。

(三)加强教师队伍建设,增强学校内涵发展和特色创建能力

加强基础教育阶段民办学校的师资队伍建设,是民办学校得以发展的关键,师资队伍的优劣直接影响到民办学校的办学质量和发展前景。民办学校教师队伍建设需要重点关注以下几个方面。

第一,需要解放民办学校教师的思想,转变其教育观念,使其能够从教育本质出发,合理地理解公办教育与民办教育的差异,理性地看待民办教育的特有价值。

第二,要稳定教师队伍,减少教师流动。教师的流动势必会打乱正常的教学秩序,扰乱学校的教学管理,给学校的发展带来消极影响。要规避这种状况的发生,就不能简单地将教师看成"打工人员",对其"招之即来,挥之即去",而要重视教师的发展需求,不断增强教师的归属感和安全感。

第三,需要加强校本教研和校本培训,逐步在学校建立学习型教师团队,不断提高教师的职业素养和教学技能。

第四，要明确树立学校品牌的重要性，逐步培养学校的特色教师，强化师资队伍。

（四）深化课程与教学改革，切实提升办学质量

民办学校自主发展机制的核心在于教育教学工作。民办学校的教学自主权主要涉及学校办学目标特色的决策权、课程设置的机动权、教材选用的机动权、课时安排的机动权、教学要求的机动权，也包括教学实验和教学改革的自主权。

随着简政放权改革的进一步深化，教育行政部门将从课程教学管理体制上落实民办学校在教育教学上的自主权，从课程和教学大纲上给民办学校留有一定的教学机动余地，并在政策上予以落实。民办学校在制定自己的课程框架和课程体系中，要贯彻国家和上海的课程改革精神和要求，符合学生成长规律与学段特点，关注学生全面和谐发展与个性特长发展，为促进学生终身学习、终身发展搭建平台。

民办学校可以根据自身的条件和特点，在课程和教学上开展形式多样的探索。比如，在教学模式上采用适宜学生个性发展的小班化教学；在课程选择和教学方法上，尝试各种新教材，并适当地编写校本教材，通过课程的多样性，培养学生的研究性学习、合作学习的能力；在教学管理上，让教师和学生都成为主体，共同参与管理。

（五）深化教师人事制度改革，建立身份统一的教师平台

当前，民办学校的教师队伍稳定问题已引起了各方关注，尤其是公办学校实施绩效工资，客观上对民办中小学形成很大的冲击，而这其中民办学校教师的"身份"问题是其核心所在，在身份的背后实际上是公办、民办教师待遇的不平等，这严重破坏了民办学校教师队伍的稳定，阻碍了民办学校的持续发展。因此，改革民办教师人事制度，对帮助民办教育走出困境，突破瓶颈，具有十分重要的意义。推行教育人事代理制度，不仅可以使学校真正建立起教师能进能出的良性机制，同时也可以割断教师以人事档案为核心的对学校的依附，变"学校人"为"社会人"，实现自主择业、合理流动，而且还可以使学校人事部门和管理部门从琐碎的具体事务中解脱出来，提高管理的规范性、科学性和整体水平。

可以试行在区县或以上行政区域建立民办学校教师人事代理机构，将辖区内所有民办学校教师的人事档案纳入统一管理范畴，在民办教师资格认定、职称评定等方面享有与公办学校教师同等的待遇；同时统一推行企业年金制度，逐步解决民办学校教师在社会保险方面与公办学校教师的差距。

（执笔人：唐晓杰）

民办高等学历教育发展状况

2005—2012年上海高等教育适龄人口数和高考报名人数都经历了一个冲高回落的过程,相应的民办高等教育也经历了一个由规模扩张向内涵发展转型的过程,在此期间政府主管部门、学校自身、社会中介机构都努力提升办学质量,促进学校发展。但与此同时,仍有一些因素也依然困扰着上海民办高等教育的健康发展,如师资队伍问题、办学资金问题、优质校匮乏等。民办高校自身在这几年中也经历了从初创到发展的过程,既有精彩,也有遗憾。如果以百年来计算,上海的大部分民办高校当前正像一个十来岁的孩子,正处在成长阶段,虽然很努力,但也很稚嫩。正是这样,一方面民办高校将来有无限多的发展空间可以想象,另一方面,在当前残酷的高等教育竞争市场中民办高校则还显得力量单薄,底气不足。

一、2005—2012年上海民办高等教育发展基本情况

2005年到2012年上海民办高等学历教育在规模上呈现一定的变化趋势。

(一)学校数

根据上海市教委教育事业统计,2005—2012学年民办高校基本情况(见表1、表2)。2005学年普通高校中民办高校为16所,至2009学年民办高校数增至21所,这个数量变化并非由于当年新成立了民办高校,而是教育部关于普通高校的统计口径发生变化,从2009学年开始民办的独立学院作为单独一所学校计入普通高校总数中,在此以前独立学院是不计算学校数,只计算学生数。因此,2009学年统计数据中新增5所院校是由于从该年起多计算了5所独立学院。2010学年上海民办高校数变为20所,减少1所,是由于当年教育部批复同意撤销复旦大学太平洋金融学院的建制,该学院停办。

表1 2005—2012学年上海民办普通高校基本情况 单位:人

学 年	学校数(所)	本专科学生数								教职工数	专任教师
		毕业生数	本科	招生数	本科	在校生	本科	预计毕业生	本科		
2005	16	12 526	113	26 299	4 580	66 941	9 424	15 142	676	5 037	3 041
2006	16	14 810	675	27 510	6 803	78 556	15 459	22 343	1 490	5 731	3 422

学 年	学校数（所）	本专科学生数								教职工数	专任教师
		毕业生数	本科	招生数	本科	在校生	本科	预计毕业生	本科		
2007	16	21 784	1 480	30 452	7 867	86 062	21 691	23 667	2 673	6 037	3 521
2008	16	23 242	2 650	30 775	8 062	92 516	26 886	24 931	4 513	6 108	3 626
2009	21	24 577	4 495	28 369	7 951	95 181	30 027	28 709	6 656	6 539	3 773
2010	20	28 293	6 531	28 166	8 923	93 961	32 168	29 873	7 701	6 591	3 906
2011	20	29 354	7 590	27 133	9 290	90 418	33 518	27 753	7 751	6 550	3 922
2012	20	26 905	7 518	25 852	10 602	87 805	36 153	26 739	7 933	6 525	3 968

数据来源：上海市教育委员会网站。

表 2　2005—2012 学年上海普通高校数　　　　　　　　单位：所

学　　年	民办高校数	公办高校数	普通高校总数
2005	16	44	60
2006	16	44	60
2007	16	44	60
2008	16	45	61
2009	21	45	66
2010	20	46	66
2011	20	46	66
2012	20	47	67

数据来源：上海市教育委员会网站。

　　因此，从2005学年到2012学年，上海民办高校的建制基本保持稳定，仅减少了一所，但2012学年，有2所民办高校虽然建制还在，已处于停止招生的状态，一所是同济大学同科学院，已经进入停办前的资产清算阶段，另外一所是中华职业技术学院是停止招生。

　　2012年上海市教委公布，20所民办高校是：上海杉达学院、上海建桥学院、复旦大学上海视觉艺术学院、上海外国语大学贤达经济人文学院、上海师范大学天华学院、同济大学同科学院、上海东海职业技术学院、上海新侨职业技术学院、上海震旦职业学院、上海民远职业技术学院、上海欧华职业技术学院、上海思博职业技术学院、上海立达职业技术学院、上海济光职业技术学院、上海工商外国语职业学院、上海邦德职业技术学院、上海兴韦信息技术职业学院、上海中侨职业技术学院、上海电影艺术职业学院、上海中华职业技术学院。

　　（二）在校生规模

表 3　2005—2012 学年上海普通高校学生规模　　　　　　　　单位：人

学年	公办高校招生数	民办高校招生数	本　科	公办高校在校生数	民办高校在校生数	本　科
2005	105 505	26 299	4 580	375 679	66 941	9 424
2006	112 938	27 510	6 803	387 777	78 556	15 459

续 表

学年	公办高校招生数	民办高校招生数	本 科	公办高校在校生数	民办高校在校生数	本 科
2007	114 125	30 452	7 867	398 811	86 062	21 691
2008	114 999	30 775	8 062	410 383	92 516	26 886
2009	115 128	28 369	7 951	417 628	95 181	30 027
2010	116 483	28 166	8 923	421 700	93 961	32 168
2011	114 003	27 133	9 290	420 865	90 418	33 518
2012	113 989	25 852	10 602	418 791	87 805	36 153

数据来源: 上海市教育委员会网站。

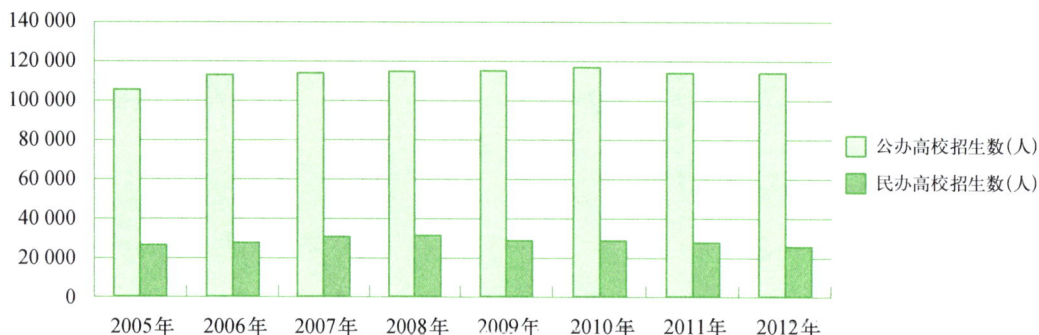

图1　2005—2012学年上海普通高校招生数

　　根据表3显示,在2005—2012学年间,民办高校的招生规模在2008年达到最高,以后逐年下降,2012学年的招生数为25 858人,甚至低于2005学年的26 299人,下降的趋势较为明显。相比较,同期公办高校招生数的下滑没有民办高校那么明显,公办高校招生数在2010年达到顶峰,以后也逐年下滑,但2012学年公办高校的招生数还是高于2005学年。

　　从在校生规模来看,民办高校在2009年触及顶点,此后呈现下滑的趋势。同期,公办高校是2010学年达到顶峰,然后逐年下滑。计算2005—2012学年民办高校在校生数占上海全部高校在校生的比例(见表4),2009学年最高为18.561%,2005学年和2012学年的占比分别是15.124%和17.332%。因此,民办高等教育在上海高等教育中的占比呈现逐步攀升又逐步下降的趋势。民办高校与公办高校此消彼长的发展趋势,说明在生源减少的前提下,最先受到冲击的是民办高校。

表4　2005—2012学年上海民办高校学生占比　　　　　　　　　单位:人

学 年	公办高校在校生数	民办高校在校生数	高校在校生数	民办高校在校生比例(%)
2005	375 679	66 941	442 620	15.124
2006	387 777	78 556	466 333	16.845
2007	398 811	86 062	484 873	17.749
2008	410 383	92 516	502 899	18.397
2009	417 628	95 181	512 809	18.561
2010	421 700	93 961	515 661	18.221

续　表

学　年	公办高校在校生数	民办高校在校生数	高校在校生数	民办高校在校生比例(%)
2011	420 865	90 418	511 283	17.685
2012	418 791	87 805	506 596	17.332

数据来源：上海市教育委员会网站。

（三）生师比

根据 2012 年上海教育统计中《普通高等教育基本情况表》，民办高校专任教师数 3 968 人，生师比为 22.13∶1。同年，公办高校专任教师数 36 150 人，本专科在校生 418 791 人，生师比 11.58∶1（见表 5）。民办高校生师比与公办高校生师比差异显著。

表 5　2005—2012 年上海公办高校、民办高校生师比对照表　　　　　　　单位：人

年　份	公办高校专任教师数	公办高校在校生数	公办高校生师比	民办高校专任教师数	民办高校在校生数	民办高校生师比
2005	28 774	375 679	13.06∶1	3 041	66 941	22.01∶1
2006	30 451	387 777	12.73∶1	3 422	78 556	22.96∶1
2007	31 959	398 811	12.48∶1	3 521	86 062	24.44∶1
2008	33 228	410 383	12.35∶1	3 626	92 516	25.51∶1
2009	34 361	417 628	12.15∶1	3 773	95 181	25.23∶1
2010	35 264	421 700	11.96∶1	3 906	93 961	24.06∶1
2011	35 704	420 865	11.79∶1	3 922	90 418	23.05∶1
2012	36 150	418 791	11.58∶1	3 968	87 805	22.13∶1

从 2005 年数据来看，当年公办高校本专科在校生 375 679 人，专任教师 28 774 人，生师比 13.06∶1；民办高校本专科在校生 66 941 人，专任教师 3 041 人，生师比 22.01∶1。对比 2005 年至 2012 年的统计数据会发现，8 年间，公办高校的生师比呈现缓慢下降的趋势，但民办高校生师比没有下降，反而呈上升趋势。在国家和上海教育财政经费不断增长的前提下，民办高校师资紧张或者说师资不足的局面几乎没有得到改善，这是掣肘今后上海民办高校进一步提升质量的关键因素。

（四）安全稳定

2005—2012 学年，总体上上海民办高校在安全维稳方面工作较扎实，学校中没有出现过重大安全事故和重大公共事件。对于安全维稳工作，民办高校各级领导在思想上都较为重视，行动上能做到依法办事，对于大学生的思想与大学生舆情能及时掌握并正确引导。对于校园安全能通过充实设备，增加人力来及时维护。对于学生网络舆情，各个学校也建立一定的机制来加强管理。

2009 年上海市第一次组织了面向高校学工部（处）干部的维稳专题培训，全部民办高校的学工部（处）干部都参与了这次培训。本次培训脱产 3 天，针对当时世界经济不稳，学生就业低迷，意识形态问题突出，社会矛盾交织的情况，通过专题培训帮助一线教育管理工作者理解维护高校稳定工作的形式，增进安全防范意识，提升应对突发事件的组织管理水平。

二、政府扶持与规范并举

2005年3月上海召开第一次民办教育工作会议,会上明确了本市民办教育发展的总体思路,并出台了一系列扶持民办教育的政策,如建立民办教育专项资金,扶持资金的数量每年递增;成立上海市民办高等教育协会和上海市民办中小学协会,促进民办学校积极、自主、自律健康地发展;向民办高校学生发放国家助学贷款和国家奖学金,落实学生的同等待遇;以及出台三个规范性文件的讨论稿。

2010年颁布《国家中长期教育改革和发展规划纲要(2010—2020年)》,同年国务院办公厅下发文件,决定在部分地区和学校开展国家教育体制改革试点,列出了十大领域改革任务、50项试点任务,425项改革试点项目,上海共承担了27项改革试点项目,专门涉及民办教育的是"探索营利性和非营利性民办学校分类管理办法(上海全市),完善民办学校财务、会计和资产管理制度,建立公共财政资助体系(上海全市)"。2010年上海召开第二次民办教育工作会议,提出"加大财政对民办教育支持力度,继续探索在民办学校建立年金制度"等九项措施支持民办教育加快发展。

聚焦民办高等教育,《国家中长期教育改革和发展规划纲要(2010—2020)》将民办教育定位为"教育事业发展的重要增长点和促进教育改革的重要力量",提出要"大力支持民办教育",要"支持民办学校创新体制机制和育人模式,提高质量,办出特色,办好一批高水平民办学校"。近年来,上海市贯彻国家部署,结合区域特点,坚持"分类扶持、提升质量、多元发展、依法管理"的发展思路,以国家教育体制改革试点为契机,推出了一系列政策措施,着力推进"高水平、有特色"民办高校建设,并取得了一定成效。

(一)初步建立公共财政资助体系,引导民办高校内涵发展

在2005年召开的上海市第一次民办教育工作会议上,确定在上海市级财政层面设立民办教育政府专项资金,每年额度为4 000万元。在市级财政的支持下,专项资金不断扩充,2012年已达7亿元。同时,各区县政府也都建立了民办教育政府扶持专项资金。

市教委坚持公共财政的公共性和公益性原则,对专项扶持资金分类管理,分类扶持。申请专项资金的民办高校必须达到以下五个要求:"坚持教育公益性,依法规范办学,财务管理规范,落实法人财产权,建立年金制度。"市教委根据每所学校在这五个方面的落实情况,核定资金拨付的内容和额度。专项资金主要用于民办学校的学科专业建设、师资队伍建设、国际化建设、信息化建设、安全技防建设、帮困助学、各项补贴等。

在加大对政府专项资金支持力度的同时,上海市还不断完善公共财政资助体系,加强财务监管,探索建立适合民办学校特点的财务会计管理制度。自2009年起,依据国家法律法规和教育部综合改革试点的要求,以及民办高校财务管理的实际情况,上海市以《民办非企业单位会计制度》为基础,在全国率先探索制定了《上海市民办高等学校财务管理办法(试行)》《上海市民办高等学校会计核算办法(试行)》等办法,旨在规范本地区民办高校会计核算行为,促使各校按统一标准编制和提供财务会计信息。

(二)实施"强师工程",切实提升民办教育质量

从"十一五"开始,上海将民办高校人事管理统一纳入全市高校人事管理范畴,民办高校教师在职称评定、奖励表彰、科研项目申报、教师培训等方面已完全享有与公办高校教师同等待遇。针对上海民办高校教师还普遍存在的待遇低、学历有待提高、能力亟需培养等问题,2012年上海市教委正式启动民办高校"强师工程"。"强师工程"旨在提高民办高校教师的职业道德素养,培养教师的专业发展能力,提升

教师的教学科研意识,把教学科研最新的研究成果和成功的改革经验及时融入教学内容之中,切实提高民办高校教学水平和人才培养质量。进一步提升民办高校的规范办学意识,完善日常运行管理机制,推动民办高等教育向加强规范管理、注重办学特色、重视内涵建设的方向发展。

"强师工程"主要包括三项内容。

一是政府投入专项资金开展民办高校教师培训。2012 年度,上海市教委在民办教育专项资金中安排近 2 000 万元,委托上海师范大学等师资培训机构加强对民办高校青年教师和管理干部的集中培训。培训内容主要包括教师资格证考试培训、财务管理人员培训、信息技术管理人员培训、人事管理干部培训、后勤保障管理人员培训,以及教师教育教学能力培训等。支持民办高校优秀青年教师开展海外研修和各种形式的产学研实践。全市各民办高校共有 800 多人次的教师参加了培训,在此基础上,结合民办高校发展的特点和需求,还开展了针对民办高校教师的专项培训和科研工作。

二是采取有效措施切实提高民办学校教师待遇。制订进一步提高民办学校专职教职工收入的指导性意见,将专职教职工收入与学校学费收入、办学结余挂钩,并设定比例要求,市教委拟将这一比例作为核定学校政府扶持专项资金的重要依据之一。同时,加强制度设计,发挥导向作用,通过多渠道(如企业养老金、企业年金、共享费等)提高民办学校专职教职工退休待遇水平。2011 年全市 20 所民办高校全年缴纳教师年金总额达 1 600 余万元,市财政相应给予专项奖励经费。

三是提高民办高校教师科研水平。从 2011 年开始上海市教育委员会开始设立上海民办高校科研项目,2012 年度上海投入 2 800 余万元专项资金资助民办高校教师开展科研。上海民办高校科研项目分为青年教师科研项目、重点科研项目、重大内涵建设科研项目三类。青年教师科研项目面向教师个人,主要目的是指导青年教师建立科研规范、围绕学校工作确立研究方向。重点科研项目和重大内涵建设科研项目是团队项目,主要目的是为学校学科与专业建设,提升学校内涵建设提供智力支持和研究保障。

这些综合举措对稳定民办学校师资队伍、提升教师专业能力、提升管理人员办学管理水平、引导学校形成特色专业与学科起到了积极促进作用。

(三)实施"强校工程",发挥民办高校特色

为促进民办教育内涵发展,上海实施民办教育"强校工程"。鉴于上海共有 20 所进行学历教育的民办高校,其中 5 所进行本科层次的教育,15 所进行专科层次的高等职业教育,并且各学校之间办学层次、办学方向、办学实力差异较大,十分有必要实施分类扶持。因此,涉及民办高校的"强校工程"主要有四个层次。

一是建设非营利民办高校示范校。引导民办高校公益性办学一直是上海市教委规范与扶持民办高校发展的指导思想。按照"公益性强、体制创新、特色明显、质量领先"的原则和国家所得税法对非营利机构的界定①,上海实施非营利民办高校示范校建设工作。主要对捐资办学或以国资为主出资办学,出资人和举办者不要求取得合理回报,并明确承诺学校资产为社会资产的民办高校进行重点扶持。对纳入示范校创建范围的民办高校,参照对公办高校的相关支持政策,给予政策和资源支持:民办教育政府专项扶持资金将给予重点投入;纳入本市高校基本建设事业规划支持范围,学校重大基本建设项目由市建设财力或市教委提供一定支持;协调本市财政、税务等部门,力争给予与公办学校同等税收政策待遇;民办高校"强师工程"培训项目、民办高校骨干教师科研等项目优先给予扶持;支持民办高等教育人事、

---

① 不以营利为目的,任何单位或个人不因为出资而拥有非营利组织的所有权,收支结余不得向出资者分配,非营利组织一旦进行清算,清算后的剩余财产应按规定继续用于社会公益事业。

财务、招生、收费和教育教学等方面的扶持优惠政策,优先在示范高校试点。

二是扶持建设若干所高水平的民办应用技术大学。支持民办本科高校走特色化和国际化发展道路,建设高水平的应用技术大学,支持有条件的民办高校申报专业硕士点,通过扶持建设高水平民办大学,树立上海民办高等教育品牌和扩大上海民办高等教育在全国的影响力。

三是支持探索建设1—2所小规模、高水平民办高校。支持个别学校建设小规模、高水平民办高校,满足社会对教育的多元化、个性化需求。例如,支持借鉴美国私立文理学院经验①按小规模(不超过2 000人)、高投入(生均投入不低于一流高校)、低生师比(8∶1)、国际化(引进国际课程)的发展模式,探索建设具有中国特色的博雅教育培养模式的文理学院。

四是引导建设一批高水平有特色的民办高职院校。引导民办职业高校发展与产业发展深度结合,积极进行专业调整,创新人才培养模式,建设一批服务上海城市转型发展的高水平有特色的民办高职院校。

(四)探索分类管理,创建非营利民办高校示范校

根据国家教育体制改革领导小组办公室对上海开展"探索营利性和非营利性民办学校分类管理办法"试点的要求,上海正在积极制订营利性和非营利性民办学校分类管理办法。对捐资办学或以国有资产为主出资办学且出资人不要求取得合理回报的完全公益性的民办学校,探索形成既能保持和发挥民办学校体制机制优势,又能享受事业法人相关权益的操作办法。对营利性民办学校,特别是营利性的非学历教育培训机构,则按照企业法人登记管理,依法纳税,按照市场规律经营,鼓励培训机构形成品牌效应,提供优质服务。

根据扶持公益性和扶强、扶优、扶特原则,上海正在着力完善分类扶持的公共财政资助体系,进一步确定民办教育政府专项资金的使用方向,完善民办高校财务、会计和资产管理制度,同时加强对民办教育政府专项资金使用情况的监督,健全对民办学校政府专项扶持资金的管理机制。

对民办高校拨付扶持资金时,政府明确拨付的原则包括:① 申请专项资金的民办高校要坚持教育公益性、依法规范办学、财务管理规范、落实法人财产权、建立年金制度。② 体现分类指导和分类管理,专项资金重点用于支持办学不要回报,坚持教育公益性的非营利性民办学校的发展,对于捐资举办及出资人不要求所有权和剩余财产分配权的学校予以更大力度的扶持和鼓励。③ 以资产过户情况作为衡量专项资金额度的重要指标。

2012年市教委制定了非营利民办高校示范校遴选指标,首批有上海杉达学院、复旦大学上海视觉艺术学院、上海东海职业技术学院、上海济光职业技术学院和上海新侨职业技术学院5所民办高校成为创建校。市财政设立了用于支持民办高校示范校创建的专项资金,重点扶持这些民办高校改善教育教学条件、加强重点专业和特色课程、师资队伍、信息化等方面的建设。目前,创建工作正在顺利开展。

下一步,上海将探索对民办高校政府扶持专项资金实施单一账户管理,建立民办高校专项扶持资金集中支付平台,对拨付至民办高校的专项资金进行零余额管理。市教委还将采取措施,加强对专项资金的过程管理和绩效管理,研究制定民办高校政府专项资金绩效评价办法。

---

① 文理学院是美国独具特色的一类高校,很多文理学院特别是一些历史悠久的私立文理学院,往往以培养地方和全国性的社会精英著称,学费也比较昂贵。据统计,美国215所文理学院中,只有22所是公立。私立的文理学院经费来源多元化,如争取科研经费、政府财政拨款、社会捐助、学生学费等,其中从公司、私人、社会团体基金和校友那里获得的社会捐助是其主要的经费来源。其办学特征主要体现在:a. 坚持博雅—文理教育传统,重视提高学生的基本能力和素质;b. 以本科教育为主要任务;c. 办学规模小,规模一般在2 000人左右,师生比在1∶13到1∶6之间,课堂规模更小;d. 强调优秀的本科教学;e. 实施住宿制;f. 选择性招生,非常注重个体差异;g. 学费较高,学生培养成本高,小班化精英式教育。

（五）加强调查研究,指导民办高校提高国际化水平

上海民办高校在国际建设方面已取得了一定的成就,如部分高校已经开始实现国际化交流的常规化运作,如开展合作办学,如师生的国际交流以及引进国外专业项目、国外课程、原版教材、双语教学、带薪实习、海外名师项目、海外攻读博士学位项目等。

为推动上海民办高校国际化建设,市教委专门成立了上海民办高校国际化建设研究课题组,通过大量的实地调查发现,上海市各民办高校已普遍认识到国际化建设对于学校长远发展的战略意义,并愿意为之投入一定的人力、物力和财力。但目前看来,上海民办高校的国际化建设还处于起步阶段,主要体现在各民办高校国际化建设差异性大,只有少数学校比较突出;民办高校从事国际化建设职能部门建设不健全;经费投入力度不大;校级合作以短期项目为主;人员交流层次低,多以境外考察为主,且接待境外师生数量和引进境外优秀人才数量较少。

针对这种情况,上海市教委着重研究支持民办高校国际化建设的政策,并研究成立民办高校国际化建设专家组,给予民办高校国际化建设相应的指导:如指导民办高校制定国际化建设规划,增加资金投入,完善职能部门和人员配置等;适应国际化需求调整专业设置,引进国外课程,加强与国际优秀院校、机构的合作办学;丰富多种形式的国际交流,引进或培养具有相应素质的教师等;培育高素质的学生群体,加强并提升国际合作的学位教育的水平;实现国际化建设的标准化考核,等等。

（六）积极改革创新,更多途径助推上海民办高校发展

为探索适应高等教育大众化特点,进一步深化高等学校招生考试制度改革,2005 年 3 月,上海市教委经过反复酝酿,按照最大程度降低改革风险的“小步探索”的指导思想,确定上海杉达学院、上海建桥学院、上海新侨职业技术学院 3 所民办高校作为首批高职依法自主招生试点院校,3 所高校当年自主招生共录取新生 858 名。改革减轻了学生考试负担,为学校自主挑选适合的学生打开了通道,以后这项改革逐步在民办与公办高职高专招生中推开,2012 年全市共有 31 所院校参加依法自主招生,共计招生 9 782 名,其中民办高校有 14 所。

2007 年为提高民办高校学生思想政治工作有效性,提升民办高校辅导员队伍职业素质,上海市教委确定上海建桥学院为上海市唯一一家民办高校辅导员培训基地,该基地也是全国第一家民办高校辅导员培训基地。上海市教委德育处、上海市民办高校党工委高度重视辅导员培训基地建设工作,上海建桥学院也尽其所能,在人财物各方面都对培训基地的工作给予全面保障。到 2012 年,在其他民办高校共同努力下,共举办民办高校辅导员岗前培训 6 次,开展“民办高校学生党建工作的理论与实践”、“民办高校职业发展规划与就业指导”以及“民办高校辅导员网络素养的培养和提升”等专题培训 12 次,共培训民办高校辅导员 1 212 人次,积极促进了全市民办高校辅导员专业化和职业化发展水平。

2010 年,在上海市第二次民办教育工作会议上,确定了九大举措扶持民办教育发展。其中包括探索建立民办高校和公办高校合作机制。确定了上海杉达学院、上海建桥学院、上海东海职业技术学院、上海思博职业技术学院、上海立达职业技术学院和上海中侨职业技术学院 6 所民办院校与上海大学、上海师范大学、上海第二工业大学、上海理工大学、上海应用技术学院等 5 所公办高校签订结对合作协议书,建立合作关系,促进民办高校在教育教学管理、师资队伍建设、学科专业发展、教育设施设备等方面与公办高校共享优质资源。

三、民办高校转型内涵式发展

上海民办高等教育的发展与高等教育大众化关系紧密,随着上海高等教育适龄人口数量的逐步回

落,民办高校也迎来了由规模发展向内涵发展转变的窗口期。2008年是民办高校招生人数最多的一年,从2009年开始生源不足的矛盾便逐步呈现。在2005年以后,部分学校已经开始未雨绸缪,强调加强内涵建设。2008年随着学习实践科学发展观活动的深入开展,各民办高校都以此为契机,初步确立了实现科学发展的总体思路:着力加强内涵建设,大力构建和谐校园,努力开创科学发展新局面。进一步明确了学校科学发展的总体思路并提出了发展的重要举措,如强调以师生为本,即坚持以育人为本,以学生为主体,以教师为重点,把师生关注的问题落实到具体的办法和措施上;加强制度建设,抓好对学校现有制度、文件的梳理,着力落实督查制度,确保学校工作规范有序。突出近期整改和长远发展相结合,结合"十一五"发展规划,解决发展过程的关键问题和重要问题。2008年也是民办高职院校开始准备迎接教育部第二轮高职高专院校人才培养工作评估的年份,在迎评前梳理办学理念,厘清发展思路,制订发展规划,明确发展目标等一系列举措都有助于民办高校走上转型发展之路。

东海职业技术学院在内涵建设过程中调整专业设置布局,例如,将法律专业、新闻与传播专业调整为文秘专业,将计算机应用技术和计算机网络技术合并成一个专业,将与国际航运有关的"报关与国际货运"、"物流管理"和"国际航运业务管理"专业,打造学院的品牌专业,进一步发挥人才培养的效益和增强人才的竞争力。

工商外国语职业学院2006年暑期干部研讨会以"加强内涵建设,促进学院发展"为主题,提出了"基础适度,以德为本,外语见长,突出技能"的人才培养方针,对"科学经营"的办学理念达成了共识。

邦德职业技术学院2009年3月以深入学习科学发展观为契机,明确了内涵建设的重要目标和具体任务,强调优化调整专业结构,加大"强、特、急"专业建设,创建邦德特色,凝练邦德品牌。

中侨职业技术学院同样以深入学习科学发展观为契机,把抓内涵建设作为不断提高学院办学实力的根本举措,把专业建设、教学改革、建立教学质量监控、评价体系和提高学校文明程度,作为学院发展的根本任务,并初步取得了一定成绩。

2012年2月,上海市教委组织召开了上海民办高校内涵建设工作推进会,全市20所民办高校中16所学校汇报了各自内涵建设的工作和思路,随后听取了反馈意见。此推进会为上海民办高等教育的进一步发展找出了问题,同时也指明了方向,将上海民办高等教育内涵建设推上了另一个台阶。

(一)政府扶持,教学条件获得较大改善

上海民办高校有的是企业投资,有的是个人投资,也有的是依靠积累滚动发展起来。在2005年之前,办学条件简陋、师资队伍不足、实验实训设备不全、教学质量不高是较为普遍的状况。从2005年起,上海市民办教育政府扶持专项资金以"民办高校教学高地建设项目"的形式对民办高校申报的教学建设项目择优支持,引导民办高校加强教学内涵建设,促进民办高校不断改善教学条件,使上海民办高校向着定位准确、教学优良、管理规范的方向发展,培养上海社会经济发展所需要的人才。此举极大地改善了上海民办高校教学环境和条件,尤其是实践教学环境和条件。

民办高校教学高地建设包括以下几方面基本内容。

——师资队伍建设:重点是专业(学科)带头人和学科梯队建设以及骨干教师的培养与培训。

——教学条件建设:重点是专业实验室和实习基地建设,教学质量保障体系建设、图书资料购置,教材建设,精品课程建设,教学内容、教学方法和教学手段改革。

——教学改革与研究:主要用于教育教学模式的研究与实践。

以2005年为例,市教委文件规定民办教育专项资金主要适用的教学高地项目有以下五项。

——实训基地建设项目。由于民办高校绝大多数为独立设置高职院校,因此鼓励民办高校建设与专业发展相关的实训基地,重点在先进制造业及现代服务业方面选择部分人才紧缺的专业领域,建成该专业类的职业教育公共实训基地。

——重点专业实验室建设项目。重点装备国家级、省部级重点专业。

——紧缺人才培养项目。扶持上海急需的"苦、脏、累"冷门专业的设备建设。

——精品课程教材项目。

——其他必需的建设项目。

民办高校教学高地建设的实施程序包括：院校申请、遴选、审批、项目检查与验收。项目实施的经费是由市教委、市财政专项资金承担,但学校提供不少于三分之一的经费配套(不包括土地或建筑)。所有项目完成后,项目学校须提供项目完成总结报告及委托社会中介机构所做的财务审计报告。市教委将委托专家对项目进行专门评估,并将评估结果对外公布。对项目的教育投资效益、社会效益和经济效益都比较高的民办高校将根据财力继续投入;对评估不合格的项目,责令整改,以此保证经费使用的合理与有效。

2010年上海市教委与市财政局共同启动民办高等教育政府扶持资金申请与拨付工作。教学高地项目停止,但扶持资金也还是主要用于:加强民办高校师资队伍建设,改善民办高校教育教学条件,扶持民办高校特色学科专业建设,支持民办高校进行教育教学改革。各民办高校根据学校发展定位规划和实际情况拟订相应的项目计划,并按照项目分别提出申请。获得扶持资金的项目,纳入上海市"085工程"的管理范围。同时文件要求学校开设政府扶持资金专户,接受政府部门监管,对政府扶持资金使用效率的要求更高了。各民办高校以项目来申请政府扶持资金的制度一直延续至今,在改善民办高校办学条件,强化民办高校专业建设,提高办学质量方面起到了非常明显的促进作用。

(二)改革人才培养模式,为学生提供合适的教育

上海民办高校实施职业教育及应用型本科教育。市场需求和职业岗位(群)以及职业岗位资格标准是专业设置和人才培养方案制度的依据。除了参照职业岗位要求外,参照相关的职业资格标准来构建课程体系和选择教学内容是民办高校的必然选择,因此课程设置重在培养学生职业素质和职业技能。另外,鉴于快速变化的职业市场需求,为增强学生职业变迁的适应性,各民办高校本着综合素质更高一点、岗位能力更强一点、职业面向更宽一点的愿景,着力扩大学生的职业岗位面向。在课程设置上,扩大了理论教学"必须"、"够用"的外延,适当增加专业拓展课程,拓宽学生的职业岗位面向,同时增加职业人文素质课,提高学生的职业核心能力和综合素质。而本科层次的院校则遵循专业基础课适当宽,专业方向课适当窄的"既宽又窄"的辩证原则设置课程。

近几年来,随着高职教育改革实践和研究的深入,重构以工作任务为主线、以工作过程为导向的课程体系和课程模块,并且在重构课程体系的基础上,以岗位工作过程分析和职业资格标准为依据构建教学内容,越来越成为上海民办院校改革发展的趋势。

另一方面,民办高校学生功课底子薄弱、学业水平参差不齐、缺乏良好的学习习惯、动手能力强、个性活泼等特点,决定了民办高校课程体系、教学内容、教学方法和教学手段必须要适应学生这些特点。因此,民办高校课程及其内容设计要求既能满足学生潜能开发和创新能力培养的需要,又要使学生能听懂、学会。教学方法上,尊重学生个性和兴趣,以学生为本,研究有针对性的教学方法和手段也是上海民办高校一直以来的做法。合理的人才培养目标设计,合适的课程和教学内容、教学方法,为学生提供合适的教育是上海民办高校持续不断的追求。

上海民办高校在人才培养过程中注重四个对接,即专业与产业对接(校企合作、实习、工学结合)、教学过程与工作实际过程对接(实习、工学结合)、课程内容与职业资格标准对接、学历证书与职业证书对接。各民办高校在办学过程中各有特色,具体实例如下。

(1)职业资格证书考试融入教学过程。职业资格证书考试融入教学过程是职业教育的基本特

征,具体实施起来有两种做法。其一是将获得职业资格证书作为毕业的条件,即双证书制度,学生毕业持有两本证书。另一种做法是将证书考试内容融入课程教学内容体系中,学校鼓励学生参加证书考试,但并不将获得职业资格证书作为毕业的条件,学生一般都会参加相应的职业资格证书考试。

(2)加强实践教学。实践教学是高等职业教育的重要环节,也是上海民办高校教育教学的重要环节。其目的是培养学生技术应用能力和工作实践能力,在高职院校人才培养工作评估指标体系框架要求下,各高职高专院校实践教学基本达到总学时的40%以上,作为民办本科院校的上海建桥学院要求实践教学学时占总学时的20%以上。

(3)职业技能竞赛融入教学过程。职业技能竞赛融入教学过程是根据培养目标,将竞赛部分训练内容纳入到课程教学大纲中,再就是从学生进校开始,就以工作室或兴趣小组的形式,开展竞赛教育教学活动,竞赛教学活动与教学过程并排进行,直至竞赛结束。竞赛培训及竞赛本身可使学生获得很扎实的专业训练,还可以提升学生毕业后找工作的竞争力。此种做法在民办高校中使用较多,大多院校也在各种职业竞赛中纷纷获得好成绩。

(4)尝试开展"以学生为中心的教学改革"。民办高校学生学习缺乏动力,上课听课不专心,不投入,课外学习氛围不浓厚是较为普遍的现象。这与高等教育大众化不断推进,并且越来越多学业准备不充分的学生进入高校有关系,同时也与有些高校教师落后的教学理念、教学内容、教学方法有关。针对这些现象,上海建桥学院牵头,上海本地5所院校参与进行了一项"以学生为中心的教学改革",即把过去老的三中心(以教师为中心、以课本为中心、以课堂为中心)改革为新的三中心(以学生学习为中心,以学习效果为中心,以学生发展为中心)。同年这项改革措施向长三角地区民办高校辐射。

(5)强化职业素养教育。"没有离开教学的教育,也没有离开教育的教学",在坚持以人为本,坚持育人为本,坚持培养"首岗能胜任,转岗能适应,升岗有潜力、具有较强的就业竞争力和核心发展力"的高素质技能型人才的过程中,思博职业技术学院把"职业素质"放在"职业技能"之上,在对学生的培养上凸显"加大人文,突出技能,力主培养职业素质和职业技能双高的高级技术应用型人才",在职业人文素质教育方面积极创新工作载体,特色活动模块化,实现职业素质教育、专业技能培养和职业发展教育相结合,在职业人文素质教育工作的有效性和实效性探索方面走出了一条特色之路。

(6)推动校企合作的深度化发展。校企合作、工学结合是高等职业教育的基本途径。上海民办高校发展过程中校企互动的合作越来越向深度发展。从形式上来说,人才培养过程和教学要素的合作依据深度的不同可分为提供学生毕业实习或顶岗实习机会、提供其他环节实践教学基地、共建实践教学基地、共建专业教学委员会、共同承担课程教学、订单培养、共建课程、合办专业、共建其他教学实践基地等。上海电影艺术职业学院坚持产学兴教,创造了大量的生产性项目,为学生实践技能的培养提供了真实的环境。2007年,在上海市劳动局和上海市教委的力促下,学校牵手企业,在校内尝试成立"技师学院"担当高技能人才培养的任务。

(三)从环节监控到体系建设,教学质量保障成为学校自觉

质量是教育的根本,它更是民办高校生死存亡的关键。上海民办高校自建校伊始,就注重对教学质量的监控,上海各民办高校在教学质量管理方面都采取了一些措施,这些措施也是高校常规的质量保障手段,主要包括:对"教"的监控措施即三段式检查、教学巡视制度、多层次的听课制度、教学研讨和集体备课制度、学生评教制度;对"学"的监控措施即作业检查制度,辅导员与教师联系制,师生沟通制、学情分析制。

在这些常规的质量监控环节之外,目前正有越来越多民办高校尝试建立本校的教学质量保障体系,从文化、理念、制度、实施等多个层面来加强质量保障工作。如上海师范大学天华学院自2007年开始,

经过全校的努力,尝试制订了《上海师范大学天华学院质量保障和监督体系文件》。该文件以教学质量为中心,学生管理、行政管理、后勤管理、党建工作各部门联动,根据教育部关于独立学院本科教学质量评估的检查点和本校教学管理工作的创新点,找出了关系全局成败的 109 个质量控制点,其中教学部门 24 个、学生部门 23 个、行政部门 20 个、后勤部门 20 个、党建工作 22 个。又以控制点为依据,进行要素分解,层层深入,设定优良、合格和不合格三个层面的质量标准,分别确定质量负责人、落实人和检查人,制订与之相配套的规章制度和工作流程。各部门依据各自职责,又制订了分部门的"质量保障体系文件实施手册",将岗位职责,考核标准及方法细化。学院质量管理办公室不定期地对各部门进行工作质量检查和考核,学院党政领导带领各部门负责人坚持每周一到两次在校内巡查,从而推动了各部门、各岗位工作质量的稳固提高。

东海学院也通过参照和引入 ISO 质量标准管理理念,编制了《教育服务质量的监视和测量控制程序》和《过程的监视和测量控制程序》等程序文件,开始了发展性质量保障体系探索之路。

尽管这些制度可能还有不够完善的地方,但学校在制订文件的过程中,提高了质量保障意识,梳理了质量监控环节,明确了学校自身是教学质量保障的主体。

(四) 合作办学取得一定成效,国际交流上台阶

作为对外开放的龙头,上海的目标是建成国际经济、金融、贸易、航运四个中心,在上海开展教育国际交流具有天然的地域优势。进入 21 世纪后,上海不少民办高校在中外合作办学上进行了有益的探索与尝试。各校都根据自身特点和发展需要,积极引进国外优质教育资源,加强专业学科建设,在国际合作交流中取得进步。以下是 5 所本科院校国际(含两岸)合作交流的情况。

1. 上海杉达学院

——始于 2002 年的上海杉达学院与美国瑞德大学的合作办学已走过 10 个年头,办学专业为本科国际经济与贸易、国际商务等,双方颁发毕业证。10 年中已招 10 批 600 多名学生,其中 8 批 200 余名学生赴美留学。在中国学习阶段由双方聘用中外教师,用原版英文教材组织 15 门核心课程教学。

——自 2004 年始,杉达学院已派送 50 余名教师赴美、日、英、澳等国家进修学习,学校的师资队伍得到有力加强。

——重视学生外语能力的提高,每年聘请 30 余名外教,为全校所有学生开设语言和商务类课程。

——充分发挥海归教师的作用,海外归来教师开设的双语课程达 19 门。

——2008 年,经市教委批准,被批准可招收外国留学生,已接收过的留学生有非洲马里留学生加入中美合作国际经贸班、日本惠泉女子学院、法国 CEFAM 留学生参加短期语言文化培训班。

2. 上海建桥学院

——2004 年开始与新加坡联合培养旅游专业学生,先后有 8 批 100 余名学生赴新加坡进行为期一年的交换学习和实习。

——2006 年开始与日本梅花女子大学、北海道驹泽大学开展专升本教育合作。

——2007 年与澳大利亚 Think 教育集团 William Blue 管理学院签订合作培养协议,派遣交换学生。

——2010 年与英国 Chester 大学签订合作培养工商管理学士协议,学生获两校学位证书,2012 年项目内学生开始赴英国进行后阶段学习。

——对中国台湾地区的交流起步早,发展快,成为学校对外交流一大特色。

从 2007 年始,发起并与台湾昆山科技大学共同主办四届海峡两岸民办(私立)高校校长论坛,取得很大成功,两岸高校除加深了解,更发展友谊。

2009年开启赴台湾高校交换学生项目,先后派出6批近60名学生赴台湾昆山科技大学、义守大学、中原大学、环球科技大学等高校进行为期一学期的交换学习。

——2009年暑期,由建桥学院牵头组织市民办高校英语教师赴美国北卡罗来纳州Wingate大学参加为期一月的EDP英语师资培训项目。

——2011年9月,由建桥学院牵头,组织全市10余所民办高校20名骨干教师赴北欧参加教学法培训项目。

——2012年建桥学院3名日语专业本科生入选上海市教委"上海大阪友城项目"赴日交流;9名教师获资助赴美国、新加坡、瑞典、丹麦等国进修学习。

——2012年,建桥学院作为民办高校第一个获批上海市教委海外名师项目,聘请韩国著名学者担任艺术设计学院教授,有效加强了学院的学科建设和人才培养。

——2008年以来,学校举办数期外国留学生中国文化培训班,留学生分别来自美国Rollins学院,美国华盛本大学,德国欧洲商学院和日中文化交流中心。

3. 上海外国语大学贤达经济人文学院

——学校与美、英、法、德、西、瑞士、澳、日、韩、埃及等10个国家和中国台湾地区的20所高校建立了合作关系,签订了学分互认协议。

——与美国耶鲁GISED研究所合作,每年选派优秀学生前往参加教育生态系统的实践培训。

——与美国西俄勒冈大学3+1本科双学位项目已正式启动,学生完成学业后,可获上海外国语大学贤达经济学学士学位与西俄勒冈大学经济信息管理学士学位。

——与美国圣路易斯大学、英国伦敦城市学院和瑞士酒店管理学院合作的3+1本科双学位和本硕连读项目正在积极洽谈中。

4. 上海师范大学天华学院

——学院计划安排60名干部赴美国进行为期1至3个月的对口学习,学习先进理念、方法,截至2012年底已花费250万元派出三批共33人到美国培训。

——学院投入1000万元,选送了35名青年教师赴太平洋大学攻读博士学位;还计划选拔40名辅导员赴美国学习学生事务管理,以打造有国际视野的辅导员队伍。

——全力开展学生交换交流。学校承诺天华学生在校学习期间都会有机会赴美国对口合作大学游学一年。

5. 复旦大学上海视觉艺术学院

复旦视觉艺术学院充分发挥学校国际专家咨询委员会的作用,不断跟踪世界艺术发展趋势,借鉴先进的人才培养理念、教学规范和评价标准,提升办学的国际化水平。学校积极参与国际艺术教育学术交流活动,在对外交流合作中,有针对性地选择国外院校,开展引进课程与教材、教师互访、学生交换等合作项目。

学校建立了由8所国际知名艺术院校专家、教授组成的SIVA国际专家咨询委员会。通过举办年度国际专家咨询论坛,推进教学、创作与人才培养。

2007年,设计学院200余师生到德国卡塞尔参加当代艺术展,2008年美术学院6位学生应米兰布雷拉美术学院邀请,赴意大利举办联合画展。

从资料可以看出,这些院校的国际交流包含学生短期交流、学分互认、教师交流、教师培训、合作举办学术会议等多个层面。合作办学的深度有所加深,这是民办高校在短期内集聚优质教育资源,跨越式提升办学水平的有效路径。可以预计,不久的将来,合作办学有可能逐步向合作办专业、合作举办二级学院、甚至合作办整个学校发展。

四、党建工作显成效

中共上海市民办高校工作委员会成立于 2001 年 10 月,市民办高校党工委成立 10 多年来,在上海市教卫党委的指导下,结合实际探索创新,逐步形成了许多具有上海特点、民办特色而且行之有效的做法和经验,主要体现在以下六个方面。

(一)积极推进"三个同步"

学校党组织与学校同步建立,党组织负责人与校长同步落实,党组织工作与行政工作同步安排。在"三个同步"指导下,上海民办高校党组织得到迅速全覆盖,并全面理顺了关系,实现了归口管理。

(二)建立"三项会议"制度

由于与公办高校管理体制不同,党组织作用定位不同,民办高校党工委在开展广泛的调查研究基础上,制订一系列既符合有关规定,又符合民办高校特点的党建工作制度。2003 年制订出台了全国第一份《关于加强民办高校党建工作的若干意见》。2010 年,根据新形势新要求,又制订出台了《关于新形势下进一步加强上海市民办高校党的建设的若干意见》。随后,以这两个《意见》为基础,陆续出台了关于基层党支部建设、党员发展和教育管理、党务公开、大学生思想政治教育、文明单位建设、党风廉政建设、工会和教职代会建设、党建带团建等一系列配套文件和制度。并建立了两年一次的"上海民办高校党建工作会议"制度,每月一次的民办高校党工委中心组学习会议制度,五年一次的各民办高校党代会制度。民办高校党建工作日益步入规范化建设轨道。

(三)开展"三个主题教育"

2005 年以来,按照中央和上海市委的统一部署,上海民办高校党工委推动各校先后全面开展了保持共产党员先进性、学习实践科学发展观、创先争优等一系列主题教育活动。通过这些活动,帮助民办高校党组织解决在董事会决策、校长负责制体制中,如何充分发挥政治核心作用,切实解决党员干部"打工"、"雇佣"思想,努力践行先进性等一系列问题,取得了明显成效。民办高校党工委以"凝聚力工程"为抓手,凝聚党员,凝聚群众,党组织在民办高校的号召力进一步增强。

(四)形成"三位一体"委派机制

根据《中共中央组织部中共教育部党组关于加强民办高校党的建设工作的若干意见》的要求,结合民办高校实际,党工委联合市教委主管部门,建立对民办高校委派党建督查员、政府督导专员和党组织负责人三位一体的工作机制。既体现上级党委和主管部门依据实际分类管理的思想,又增强了党组织负责人的工作底气,使其尽快融入工作。目前上海民办高校党组织负责人已全部实现委派。2009 年 6 月,经市政府同意,上海市教委正式成立"民办教育管理处",与民办高校党工委办公室合署办公,干部双向兼职,整合了工作资源,大大增强了民办高校管理和党建工作的合力。

(五)落实育人"三个举措"

一是构建育人格局。积极推进《中共中央国务院关于进一步加强和改进大学生思想政治教育的意见》在民办高校的贯彻和落实。畅通工作渠道,完善教育机制,努力构建党组织为主、党政齐抓共管、全体教职工积极参与的思想政治工作格局,形成以"育人"为核心的民办高校党的工作体系。

二是落实工作措施。推动各基层党组织广泛宣传和学习中央文件精神,形成强大的舆论态势;重点加强辅导员队伍建设,努力按比例配备人员,并加强上岗前培训,提高队伍的整体素质和工作能力,上海民办高校现有专兼职学生辅导员 750 人,与学生比约为 1:117,专兼职辅导员中党员占 88.5%;2005 年 5 月,上海正式成立了上海市民办高等教育协会,一方面为民办高校搭建校际之间沟通、交流、自律、促进的平台,另一方面增强协会的服务功能。以建立"民办高校系统思想政治理论课协作组"为载体,搭建育人平台,建立了民办高校大学生就业、心理健康教育、大学生体育和校园文化建设协作组,学生思想政治教育和师德建设出现了生动活泼的良好局面。

三是切实维护稳定。民办高校党工委加强对稳定工作的统一领导,重点加强处置突发事件的预案建设,组建一支可靠而有战斗力的维稳队伍。多年来,上海民办高校未出现重大政治事件,并能及时稳妥地处置好个别安全事故和突发事件,为确保全局稳定作出了努力。

(六)积极推进"三服务"

民办高校党工委从增强基层党组织的功能入手,积极推进"双结对"活动和"三服务"(上级组织服务下级组织、基层组织服务党员、党员服务群众),多为教职工和学生办实事、做好事,依法维护广大教职工和学生的合法权益,在利益调整、权益保证中充分发挥党组织的凝聚力、影响力和战斗力。目前,上海民办高校全部实现工会组织全覆盖,普遍建立了教(职)代会制度。从 2004 年开始,全市民办高校"文明单位"创建活动纳入上海市教育卫生工作委员会工作范围,在坚持基本条件和要求的前提下,制订了符合民办高校特点的文明单位评估指标体系。通过这个抓手,有力推进了民办高校教学科研、人才队伍、思想政治理论课、辅导员队伍、校园文化建设以及党的建设等各项工作,找到了学校董事会、行政班子和党组织工作的最佳结合点。各民办高校党组织与行政　起,积极承担创建文明校园的任务,抓住以评促建、以评促改这一关键,推动民办高校各项工作上台阶,师生的精神面貌有了很大的变化。

上海民办高校党建工作一直走在全国各省市前列,许多经验和做法得到中组部、教育部的高度肯定,2010 年底召开的第 19 次全国高校党建工作会议,上海民办高校党工委作为全国民办高校党组织代表在会上做了交流发言。2012 年全国民办高校党建工作座谈会在上海召开,上海民办高校在全国首届民办高校党的建设优秀成果评比中有 6 项党建成果获一、二、三等奖,市教卫党委在会上作经验交流发言。

五、民办教育协会积极发挥中介服务职能

上海民办高等教育协会成立于 2005 年,2012 年上海民办高等教育协会与上海民办中小学协会合并成立上海民办教育协会,在协会下设置了高等教育专业委员,与高校相关的工作基本都转由高等教育专业委员会承担。

协会作为社会中介组织发挥着连接学校与政府的桥梁作用,一方面服务于政府,另一方面也服务于高校。同时协会还是民办高校自发组成的行业组织,对外也可以代表上海民办高等教育的整体形象。

上海民办高等教育协会在成立之初就积极发挥作用。2005 年,在上海民办高教协会成立大会上,民办学校成员单位共同签署了自律公约,承诺维护受教育者的合法权利,要严格按物价局核准的收费项目和标准收费,实行收费公示;自觉遵守招生规定,提倡公平竞争。不做虚假广告和宣传,讲究诚信。

今年随着民办高校的转型发展,民办高等教育协会(高等教育专业委员会)的工作也更加着力于推进民办高校内涵建设。协会开展的工作包括:组织董事长校长培训,提升学校高层管理者战略决策能力;组织校长沙龙,围绕学校发展中的共性问题开展研讨;创建上海民办高校各类工作协助组,如招生协作组、国际交流协作组、后勤服务协作组等;发布课题,开展民办高等教育专项研究;开展跨区域与国际

民办高等教育学术交流,如承办 2012 年的"建设高水平民办高校长三角论坛"、参与主办一至四届的海峡两岸民办(私立)高校校长论坛。近年协会还积极推动跨校的教师教学技能竞赛,组织优秀民办高校教师境外培训项目,如赴丹麦瑞典的教学法培训、英语教师赴澳大利亚培训。

这些工作都在整体推进上海民办高校优质发展中起到了积极的作用。

六、问 题 与 展 望

上海民办高等教育在近十年保持了健康的发展势头,学生规模虽然经历了上升和下降的波动,但学生结构中本科生的比重在不断加大,从 2005 年的九千余人上升到 2012 年的三万六千余人。民办高校服务对象在不断调整优化,这也给民办高校提出了更高的要求。

当前阶段,上海民办高等教育发展面临的主要困难如下。

(1)高等教育学龄人口萎缩明显。目前不仅是上海这样的高等教育普及化程度较高的城市出现生源下降,在其他省市,这个现象也开始逐渐显现,因此生源不足将越来越严重地困扰上海的民办高校。

(2)各类高等教育竞争激烈。上海民办高校除了要在本土高等教育中占得一席之地,还要面对来自境外高等教育的生源争夺。目前有越来越多的中学生向往到海外接受高等教育,因此生源不足的矛盾将更趋激烈。

(3)受教育者对教育品质诉求越来越高。随着高等教育信息不对称的现象日益被消除,受教育者越来越理智地评判他们所接受的服务的质量,如果不能让他们满意,他们会用脚投票。因此,受教育者的质量诉求将越来越高。

(4)以国家财政经费为依托的公办教育优势明显。近年上海公办高校的生均运行经费不断上涨,教师收入不断提高,教师人数也不断增加,而民办高校的学费收入几乎没有增加,因此,在发展过程中公办高校与民办高校的差距日益拉大。

(5)办学规模偏小,办学效益不佳。由于上海区域特点,上海民办高校普遍规模偏小,导致学校办学效益不佳,因此,改善办学条件,吸引优质教师都很难实现。

(6)名校、名专业几乎没有。虽然上海民办高校也注重品牌专业与特色专业的建设,但往往只在上海本地有知名度,在全国范围来看,让人耳熟能详的名校、名专业几乎没有。

(7)师资队伍十分薄弱。由于教师身份问题始终无法解决,教师待遇长期偏低,退休保障与住房保障跟不上公办高校,目前民办高校教师队伍建设十分困难,优秀教师流失较为普遍。

(8)民办教育体制机制优势没有充分发挥,民办高校走公办高校发展的老路,发展愿景不清晰,建设路径有偏差,学校缺乏核心竞争力。

因此,在新的形势下,坚持育人为本,推动改革创新,以优化政策为抓手,以提升质量为目标,推进民办学校转型发展,不断提升办学水平,努力培育办学特色,已经成为民办教育发展的必然选择。

展望未来,上海民办高等教育要取得突破,其关键举措有以下六点。

第一,充分发挥民办高校体制机制的优势,落实高校办学自主权,在教育教学改革领域采取更为切实有效的举措,来积极推动民办高校创新转型。

第二,加大与海外优质教育资源的合作力度,以系科为依托,促进学校专业建设,促进教师专业发展,逐步提升院校教学质量,提高办学水平。

第三,依靠政府"强师工程"的有力措施来逐步提高教师待遇,稳定教师队伍,加快教师专业发展。同时依靠政府扶持资金来加大引进优质教师,逐步扭转上海民办高校教师队伍"三低"的局面。

第四,政府努力消除不利于民办高校发展的政策瓶颈,做到法律规定的民办高校各项同等待遇,不断优化民办高校生存的外围环境。

第五,政府积极支持探索建立混合所有制学校法人资产结构,鼓励各类办学主体通过独资、合资、合作、股份制等多种方式举办民办教育,尝试探索高校委托管理等办学形式。

第六,深化民办高校综合改革,在招生考试、培养模式、课程学制、内部管理等方面,在产权、税费、社保等政策法规方面加强统筹协调,形成合力,共同支持民办教育发展。

(执笔人:黄清云、忻福良、陈洁)

民办非学历培训教育发展状况

民办非学历培训教育是我国终身教育体系的重要组成部分。伴随我国社会经济的发展,人民生活水平的不断提高,终身教育理念的不断普及,民办非学历培训教育日益成为满足民众多元的、可选择教育需求的重要载体。民办非学历教育办学机制灵活,市场需求反应敏捷,办学方式灵活多样,在很大程度上弥补了我国现有教育资源的不足,成为政府提供公共教育服务、满足民众终身教育需求的有益补充。上海市民办非学历培训教育经过三十余年的发展,政策与管理体制逐步完善,培训机构数量平稳发展,培训层次与体系不断健全,已成为上海市建设终身教育体系和学习型城市的重要载体,已成为满足民众不同阶段、不同层次终身教育需求的重要力量。

一、2005—2012 年民办非学历培训教育发展概况

我国的民办非学历培训教育兴起于 20 世纪 80 年代末 90 年代初,21 世纪初期民办非学历培训教育进入快速发展阶段,民办非学历培训教育机构的规模与数量迅速增长。伴随各地非学历培训教育政策的不断完善,当前民办非学历培训教育正处于从规模发展向内涵发展的转型发展时期。上海市民办非学历培训教育的发展同样经历了兴起、快速发展和规范转型发展的大致阶段,呈现以下一些特点。

(一)民办非学历培训机构平稳发展

据教育行政部门的统计数据,2001 年,上海市民办非学历教育机构(经教育行政部门审核批准的机构)有 1 305 所,2006 年民办非学历教育机构达到 1 600 所。2012 年民办非学历教育机构共有 1 227 所。① 就 2001 年、2006 年民办非学历教育机构的数量而言,可谓数量增长迅速(见图 1)。2012 年民办非学历教育机构的数量从 2006 年的 1 600 所减少为 1 227 所,原因在于民办非学历教育机构在相关政策的规范下,进入了调整发展期。一部分民办非学历教育机构在市场中树立了品牌,赢得了消费者的肯定和依赖,规模得以扩张。也有一部分民办非学历教育机构在市场竞争中因为经营不善、无法提供质优价廉的培训服务等原因而被市场淘汰。因此,虽然民办非学历教育机构的绝对数量在减少,但一些优质的非学历教育培训机构通过兼并重组市场中的一些中小培训机构,规模迅速扩大,正在培训市场中脱颖而出。

---

① 数据来源于上海市教育委员会。

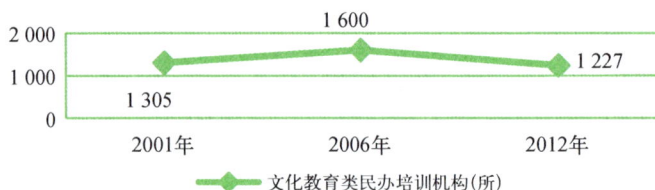

图1　2001—2012年文化教育类民办培训机构的数量变化

经过三十多年的发展,目前上海市民办非学历教育培训市场已经初具规模,成为满足人们终身教育需求的重要载体。截至2012年,经教育行政部门审核批准的民办非学历培训教育机构共有1 227所,经人力资源和社会保障行政部门审批许可和管理的民办职业培训机构约为550所,这两部分民办非学历培训机构在民政部门均以民办非企业法人登记;另外,在工商行政部门登记注册的教育咨询公司、教育管理公司等作为经营性民办培训机构共有4 000多家,以企业法人的性质进行登记(见图2)。因此,目前上海市民办非学历教育培训市场中各种类型的民办非学历培训机构总数已超过6 000所。

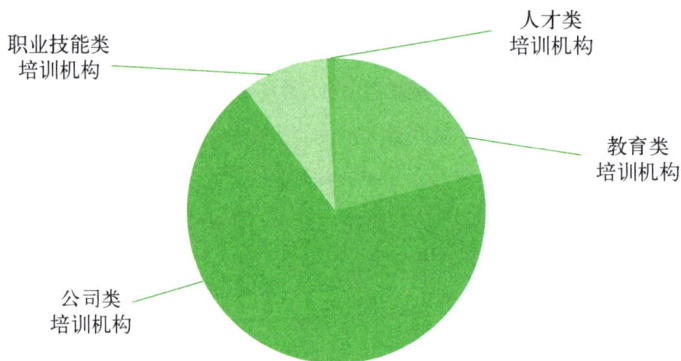

图2　上海市各类民办非学历培训机构的占比

(二)培训内容丰富多样

消费者需要什么培训服务,市场就会产生什么培训机构。目前上海市民办非学历培训的内容丰富多样,反映了市民的学习需求与愿望。培训内容可以分为三大类:职业需求类培训、文化教育类培训和提高生活质量类培训。职业需求类培训多是面向成人的教育培训,与职业发展需求密切相关,涉及职业技能类培训、外语培训、计算机培训等;文化教育类培训,主要有自考助学和成人教育类培训、中小学课外课程辅导、艺术类培训等;提高生活质量类培训主要是针对一些成年人以提高生活质量为主要目的的培训,如国学培训、传统文化培训等。市教委2013年关于民办非学历院校办学内容的调查显示,目前民办非学历教育机构的培训内容主要集中于外语类培训、艺术类培训、职业技能类培训和文化类培训(见图3)。

(三)培训层次和体系不断健全

上海市非学历培训市场已初步形成由公办和民办非学历培训机构共同组成的非学历培训教育体系(见图4)。公办非学历培训教育机构既包括了全日制学校、社区学校、培训中心等机构,也包括了企业内部所设的培训中心。民办非学历培训教育机构包括了由教育行政部门审核批准的文化教育类培训机构,也包括了人力资源与社会保障部门审核批准的职业技能类、人才类培训机构,还包括了在工商行政

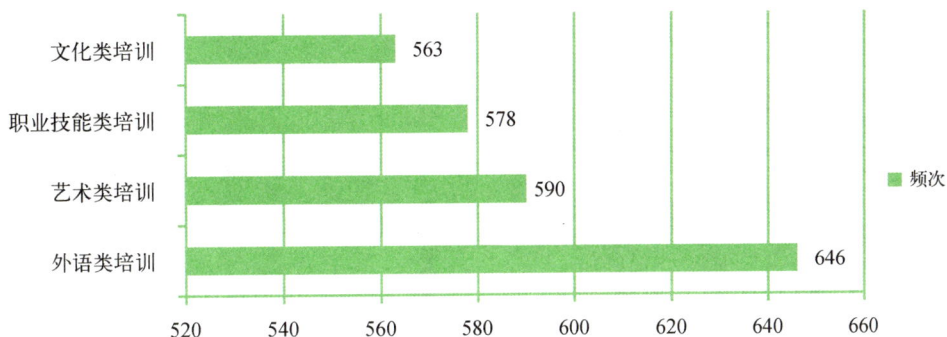

图3　1 239 所民办非学历教育机构培训内容的频次

部门注册登记的经营性民办培训机构。这些定位不同、举办方式不同的培训机构,更好地满足了人民群众多元的、可选择的、个性化的教育需求,成为上海终身教育体系的重要组成部分。

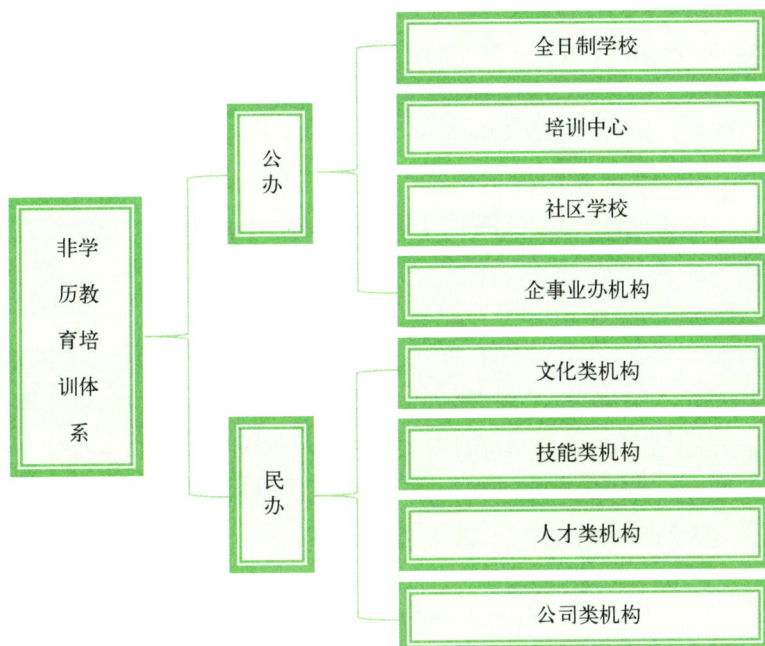

图4　上海市非学历培训教育市场的体系

(四)师资数量不断上升

　　教师是民办非学历培训教育机构发展的核心竞争力。伴随民办非学历培训教育机构的逐步发展,民办培训机构的教职工总人数和专任教师数量呈逐年上升趋势。据 2003 年至 2012 年《上海教育统计手册》对民办非学历培训机构的不完全统计数据显示,民办培训机构逐年稳步发展,从 2007 年开始,民办培训机构的教职工总人数和专任教师的数量均逐年上涨。截至 2012 年底,591 所民办其他培训机构中共有教职工人数 12 689 人,其中专任老师为 4 414 人(见图5)。

二、民办非学历培训教育政策与管理机制的演变

　　上海市民办非学历培训机构的发展经历了从无到有,从小到大的发展过程。而规范民办非学历培训机构办学的相关政策和管理机制也经历了不断完善、不断清晰和具体化的过程。

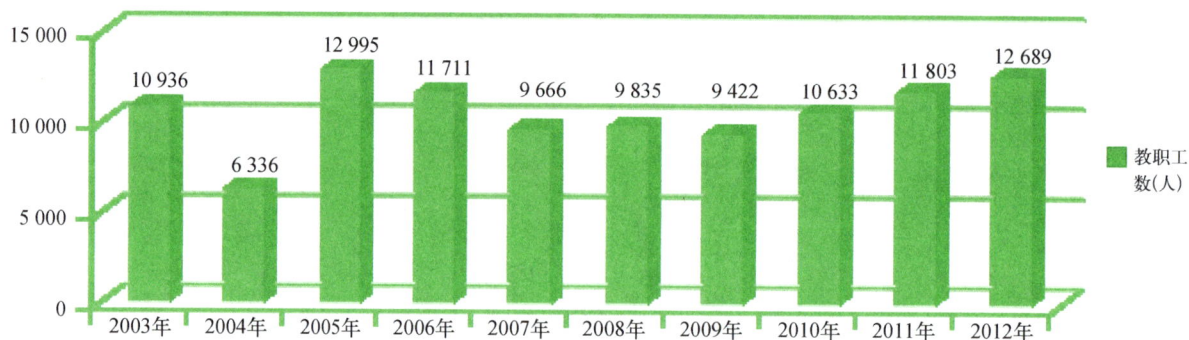

图5　2003—2012 年民办非学历培训教育机构的教职工的人数

（一）民办非学历教育的准入：拾遗补漏

民办非学历教育的产生与生长依赖于非学历培训市场中民众多元教育需求的产生与增长,民办非学历教育机构的健康发展依赖于政府为其提供一个规范、有序发展的政策环境。我国的根本大法《中华人民共和国宪法》明确规定:"国家鼓励集体经济组织、国家企业事业组织和其他社会力量依照法律规定举办各种教育事业"。但具体地以法律法规的强制性和权威性明确规定民间力量可以举办各种类型的民办非学历教育则始于 1997 年国务院颁布的《社会力量办学条例》。《社会力量办学条例》规定:"社会力量办学事业是社会主义教育事业的组成部分","国家对社会力量办学实行积极鼓励、大力支持、正确引导、加强管理的方针",标志着我国社会力量举办的非学历教育进入了依法管理、依法办学的新阶段。1997 年 12 月 12 日,《上海市社会力量办学管理办法》的出台,使上海市民办非学历教育进入了规范发展的阶段。但《社会力量办学条例》中明确规定,"国家鼓励社会力量举办实施义务教育的教育机构作为国家实施义务教育的补充",要求社会力量以举办"实施职业教育、成人教育、高级中等教育和学前教育的教育机构为重点",严格控制社会力量举办高等教育机构。由此可见,当时国家对于社会力量办学是有选择性的鼓励,民办教育在我国教育事业发展中主要定位于拾遗补漏。但政策某种程度上是市场发展的指路明灯,再加之庞大的市场需求刺激,20 世纪 90 年代末期,民办非学历教育机构迅速发展起来。

（二）民办非学历教育的规范有序发展

民办非学历教育的规范有序发展依赖于相关政策的不断完善。20 世纪 90 年代,学前教育、初等教育、高等教育、非学历教育等各类型和层次的民办教育机构如雨后春笋般迅速发展,以法律政策来规范各级各类民办教育机构的发展已势在必行。2002 年出台的《民办教育促进法》,确立了民办教育在社会主义教育事业中的地位和作用,确定了"积极鼓励、大力支持、正确引导、依法管理"的十六字方针,规范包括民办非学历教育在内的各级各类民办教育的健康发展,保护举办者、民办学校和师生的合法权益,促进民办教育的规范健康有序发展。《民办教育促进法》及其实施条例,成为民办非学历培训教育机构办学所应遵循的基本法律。但是《民办教育促进法》及其实施条例只是原则性地规定了各级各类民办教育机构的举办者、设立、组织与活动、资产与财务管理、扶持与奖励等方面。对于民办非学历教育机构而言,还缺乏操作性的政策与法规加以规范。21 世纪初期,上海的民办非学历培训机构迅速发展。2006年,民办非学历培训教育机构达到 1 600 所,民办职业培训机构达到 540 所。

2009 年 5 月,《上海市民办非学历教育院校(机构)审批和管理办法(试行)》和《上海市民办非学历教育院校(机构)设置标准(试行)》正式颁布。《上海市民办非学历教育院校(机构)审批和管理办法(试行)》适用范围是经政府教育行政部门审批的民办非学历教育院校。对民办非学历教育院校的管理实施市、区县两级政府管理,市教委负责制定规范性文件和政策,实施宏观管理和综合协调;各区县教育行政部门负责对本行政区域内民非院校的举办、实施规划、审批、管理、督查和评估等工作。而《上海市民办非学历教育院校(机构)设置标准(试行)》则具体规定了设置一所民办非学历教育院校在举办者、办学规模、办学经费、办学场所、教学设施设备、决策机构、办学机构负责人等所应具备的资质与条件。这两个部门规章的颁布,使上海市民办非学历教育院校(机构)的管理分工明确,设置标准明确,促进了民办非学历教育院校的健康发展。

在《上海市民办非学历教育院校(机构)审批和管理办法(试行)》和《上海市民办非学历教育院校(机构)设置标准(试行)》的规约下,教育类民办非学历培训机构运行规范有序。但市场中的经营性教育培训机构仍有待规范。为了进一步规范经营性培训机构的办学行为,2011年1月5日上海市通过的《上海市终身教育条例》中规定:设立经营性民办培训机构的,申请人应当向工商行政管理部门提出登记申请;工商行政管理部门应当将有关申请材料送教育行政部门或者人力资源和社会保障行政部门征求意见;工商行政管理部门应当在收到书面意见后做出是否准予登记的决定,并抄送教育行政部门或者人力资源和社会保障行政部门。"经营性民办培训机构未经登记擅自从事培训活动的,由工商行政管理部门会同教育行政部门或者人力资源和社会保障行政部门按照法律、法规规定予以处罚。"

2012年5月1日,为了保障教育培训机构收取的学杂费主要用于教育教学活动,维护受教育者和教师的合法权益,《上海市教育培训机构学杂费专用存款账户管理暂行规定》开始实施。在《学杂费专用存款账户管理暂行规定》中,将教育培训机构收取的学杂费纳入专用账户进行管理,并规定了"最低余额专用账户"。

专栏1 2012年《上海市教育培训机构学杂费存款专用账户管理暂行规定》开始实施

根据《上海市终身教育促进条例》中"本市建立教育培训机构学杂费专用存款账户监管制度"的规定,上海市教委会同市人保、人民银行上海分行等8部门制定了《上海市教育培训机构学杂费存款专用账户管理暂行规定》(以下简称"《暂行规定》")。

建立教育培训机构学杂费专用存款账户监管制度旨在为规范和促进教育培训市场的健康发展,保障教育培训机构的办学资金和法人财产不受侵害,维护保障教育培训机构收取的学杂费主要用于教育教学活动,维护本市教育培训机构中受教育者和教师的合法权益,促进教育培训市场的健康有序发展。

2012年5月1日,《暂行规定》正式实施。上海市教委会同市人保局等职能部门,对各县教育局和区县人保局职能科室负责人及相关管理人员、全市1800多所民非院校负责人和财务管理人员、学杂费专用账户开户银行各区县支行和营业所负责人及经办人员在内的相关人员(约2900人),开展了"关于建立和执行教育培训机构学杂费专用存款账户制度培训",全面推进了本市教育培训机构学杂费专用存款账户监管制度建设。

目前,全市近1800余所非经营性民办教育培训机构(经教育和人保审批和管理)完成了"开设学校学杂费专用存款账户"工作,占总数的70%以上。

资料来源:《2012年加强民办非学历教育院校(机构)管理工作情况》。

(三)民办非学历教育政策与管理机制不断完善

伴随上海市民办非学历教育的蓬勃发展,民办非学历教育对于建设终身教育体系和学习型组织、学习型城市的重要意义越来越得到认可,并在相关政策文件中得到了更多的体现和落实。《上海市中长期教育改革和发展规划纲要(2010—2020年)》明确规定:要"促进各类社会性教育培训有序健康发展。鼓励社会力量以适应社会需求和市场调节为原则,兴办各类非学历成人继续教育、职业技能培训、业余文化培训、教育培训咨询等机构和企业。鼓励扶持实力强、质量好的教育培训机构和企业加快发展,实施连锁经营,发挥品牌效应。健全监管体系,加强规范管理,建立学费监管机制,规范市场秩序,完善税收政策和鼓励政策。"

民办非学历培训教育机构的管理机制实施"谁审批谁管理"原则,由其审批部门负责管理。提供文化基础教育、艺术和社会生活等非学历教育服务的民办非学历教育机构,由政府教育行政部门负责审批和管理;提供职业技能培训的民办职业培训机构,由政府劳动与社会保障部门负责审批和管理。包括各类教育咨询公司、教育管理公司等各类经营性民办培训机构,由工商行政部门负责实施登记注册与管理。市、区县两级政府对民办非学历培训教育机构的管理实施以区县为主的管理,各区县政府的相关职能部门负责对本行政辖区内的非学历教育培训机构实施审批与管理。

从上海市民办非学历培训机构相关法规政策的发展演进来看,规范民办非学历培训机构的相关政策法规不断完善、更加具体化。《民办非学历教育院校(机构)审批和管理办法》、《民办非学历教育院校(机构)设置标准》、《终身教育条例》、《学杂费专用存款账户管理转告规定》等法规政策的出台,使教育类民办非学历培训机构的设置与管理、办学过程等方面更加规范、有序,做到了依法办学,有章可循,促进了教育类民办非学历培训机构的健康发展。

三、民办非学历培训教育存在的问题

政策不断完善使民办非学历培训教育机构的发展更为规范,但民办非学历教育培训市场仍存在以下一些问题。

(一)民办非学历培训教育相关政策有待进一步完善

在上海市民办非学历教育培训市场中,在教育行政部门审核批准的民办非学历教育机构办学行为较为规范,已形成一套相对比较完善的政策体系,诸如《民办非学历教育院校(机构)审批和管理办法》、《民办非学历教育院校(机构)设置标准》、《终身教育条例》、《上海市教育培训机构学杂费专用存款账户管理暂行规定》等。但现有的民办非学历培训教育相关政策仍存在以下问题:

第一,政策目标是规范,而不是扶持。《民办非学历教育院校(机构)设置标准》中规定:"申请设立教学点,需具有实际使用面积不少于300平方米的办学场所(其中教学用房不少于2/3)",申请学校,需不少于500平方米的办学场所;申请学院,需不少于1 000平方米的办学场所。而与台北市相比较,《台北市短期补习班管理规则》第十二条规定,补习班的班舍总面积不得少于70平方米,教室总面积不得少于30平方米。可见,上海对于民办非学历培训机构的准入门槛是较高的,政策的目标导向主要体现为规范培训机构的发展,而不是扶持其发展。

第二,目前的一些政策措施未能发挥预期的"规范"政策目标。比如,2012年出台的《学杂费专用存款账户管理暂行规定》为了保障教育培训机构的办学资金与法人财产不受侵害,维护和保障教育者和教师的合法权益,促进教育培训市场的健康有序发展,因此规定:培训机构上一年营业额的10%(最少为10万元)要冻结于最低余额专用账户中。但某项调研显示,该政策在实践操作中存在以下一些问题:第一,将营业额的10%冻结于账户中,缩减了中小培训机构的流转资金,不利于培训机构的发展运营。近年来培训机构的办学成本不断上升,正常办学所需的流动资金较大,将最低10万元的营业额冻结于账户中,对于许多中小培训机构而言,是一笔不小的数目。第二,冻结在银行中的资金,各区县的银行只支付给培训机构活期利息,而不是定期利息。而且这部分资金银行如何使用,无人监管。第三,存放在银行中的保证金,其根本目的在于防范办学风险,保障受教育者的权益。但当培训机构真正出现办学风险时,年营业额的10%不足以保障受教育者的合法权益。

（二）统一公平的民办非学历教育培训市场规则有待形成

在民办非学历教育培训市场中既有由教育行政部门审批和管理的教育培训机构,也有由人保部门审批和管理的教育培训机构,还有由工商行政部门审批和管理的教育咨询(管理)公司。处于同一市场共同竞争的不同类别的培训机构,各自适用的法规政策不一样,设立标准或审批程序也不相同,管理机制不同,客观上形成了同一民办非学历培训市场中不同类别培训机构之间的不平等市场竞争状况。

与工商部门管理的非学历培训机构相比,在教委登记的非学历培训机构的入门门槛更加高,政策规范和管理更加严格。按照《上海市民办非学历教育院校(机构)设置标准(试行)》规定,举办学校的开办资金最低不少于 50 万元,必须有实际使用面积不少于 500 平方米的办学场所(校舍可租借或自有,但校舍租借合同不少于三年),专职教师的数量一般不少于教师总数的四分之一。而在工商部门登记的培训机构,是以教育咨询公司、教育管理公司等注册的,按照《公司法》,只需要 10 万元注册资金,并且对于校舍面积、专职教师的数量等都没有明确规定。依照《学杂费专用存款账户管理暂行规定》,在教委登记的培训机构至少要将 10 万元放入最低余额专用账户,要将所有学杂费放入专用账户进行管理。处于同一培训市场,共同提供教育培训服务的、分别由不同行政部门分管的教育培训机构准入门槛不一致,过程管理有松有紧,客观上这些机构之间存在不平等市场竞争。因此,如何形成统一、公平的民办非学历教育培训市场规则,公平、有序地规范和促进各类培训机构的发展,成为目前存在的主要问题之一。

（三）民办非学历培训教育机构自身存在的问题

民办非学历培训机构发展的内外部环境正在发展变化。从外部环境而言,越来越规范完善的政策体系为民办非学历培训教育机构的发展带来了较规范有序的政策发展环境。但另一方面,随着人力、房租等成本不断上升,培训教育机构的办学成本正在逐步上升,培训教育机构正呈现分化发展的态势。从内部环境而言,教师队伍不稳定,以兼职教师为主仍是制约培训机构健康可持续发展的重要因素。

近几年来,民办非学历培训机构的分化发展日益明显。有的培训机构在市场中得到了社会和家长的认可,规模越来越大,逐渐在区域内形成一定的品牌优势。有的培训机构在市场中经营不善,正在或面临退出市场的办学风险。一位从事培训已有二十多年的培训机构负责人对本区域内的培训机构进行了一种感性的评估:"我们区大约有 200 所民办非学历培训机构,只有 10% 左右是运营较好的,大约有 10%—15% 还可以发展下去的,60% 左右的培训机构是可以养活自己的,有 20% 的培训机构濒临倒闭,但还没有放弃。"造成培训机构分化发展的因素是多方面的,办学成本逐年上升是原因之一。据一位培训机构负责人说,前几年一般教育培训机构的利润在 20% 以上,但这两年以来,利润 10% 都不到。伴随民办非学历培训教育机构的不断发展,培训机构正在进入从规模扩张到质量提升的发展阶段,做精、做细、形成培训机构的品牌优势和核心竞争力成为当务之急。

提高教师队伍的专业性和稳定性仍是民办非学历培训教育机构发展的瓶颈所在。民办民办非学历培训教育机构的教师队伍主要是以兼职教师为主。《上海市民办非学历教育院校(机构)设置标准(试行)》中规定:"民非院校应配齐配好合适的、具有相应教师任职资格和任职条件的专兼职教师队伍。其中专职教师数量一般应不少于专兼职教师总数的 1/4。"但在实践中,各民办非学历培训教育机构的专兼职教师的比例各不相同,专职教师往往达不到教师总数的 1/4。民办非学历培训机构专职教师人数较少的原因是多方面的。首先,由于民办非学历培训教育机构主要从事文化教育类培训,其中又以面向中小学生的课外辅导培训为主,培训时间主要集中于周六日、节假日和晚上的时间,因此,许多培训机构的教师主要来源于一些公办学校的退休教师、兼职教师;其次,对于民办非学历培训机构的专职教师或专职工作人员而言,专业或职业发展的通道不畅通,这成为制约民办非学历培训机构专职教师稳定的主要障碍。

专栏2　2012年上海市教委对民非院校进行了办学评估

依据《上海市教育委员会关于对本市民办非学历教育院校(机构)开展办学评估和专项督查的通知》精神,我委于2010年起对经教育行政部门审批设立的民非院校开展三年的办学评估工作。三年来,我委分三批针对全市涉及"高等教育办学项目,或跨区县设立办学场所的院校,或开民全日制(寄宿)办学"的355所民非院校开展依法评估,同时要求和指导各区县教育局完成了对其余1 100多所的办学评估。

2012年办学评估的主要特点有:一是市区联动,摸清家底,总结经验;二是加强对学校办学体制和办学规范、学校收费和财务状况、办学条件和校舍安全、学校招生和广告宣传等的日常监管;三是建立对民非院校的客观公正评价制度和办学信息公告制度,促进民非院校提高办学质量和社会声誉;四是防范风险,保障教职员工和求学者的合法权益,促进民非院校健康发展和维护社会稳定。

评估结果显示:本市民非院校的办学总体上呈现良性发展态势,在满足社会对教育多元需求方面作出了重要贡献,但仍存在着一些必须重点关注的突出问题:一是部分学校存在"经申报审核批准的专职校长未依法履职,实际举办者或办学负责人与办学许可审批不符"等问题;二是部分学校收费、办学经费使用和财务管理混乱,存在严重的办学风险;三是未经申报审核备案设立校外教学点(乱设点办学)现象依然存在;四是未经申报擅自开展超出办学许可范围的办学项目,特别是部分学校未经批准擅自以合作办学名义开设涉及学历教育的办学项目。

资料来源:《2012年加强民办非学历教育院校(机构)管理工作情况》。

四、促进民办非学历培训教育发展的政策建议

对于民办非学历培训教育机构而言,民办非学历培训教育机构向社会所提供的服务往往是多元的、可选择的,是民众的额外教育需求或差异教育需求,基本不属于政府提供公共教育服务的范围。但另一方面,在终身教育思想的普及与发展下,人们的终身学习意愿与需求越来越多,而民办非学历培训教育机构成为满足人们终身学习需求的重要载体。只有民办非学历教育培训的蓬勃发展,才能与其他公办非学历教育等共同形成多种办学形式的终身教育体系,更好地提高人们的综合素养。

(一)未来民办非学历培训教育的政策目标:在规范中扶持

政府对于教育培训机构的发展,规范是前提,但扶持应成为未来政策制定的目标。政策规范的目的是为了使教育培训机构有序、健康地发展。但政策的"规范"应按照培训机构自身的特点和规律进行规范与管理,而不是简单套用或照搬公办学校的管理机制。在教育培训市场中,政府应该思考的问题是:政府应该管什么,政府应该怎么管?是管理学校还是管理市场,是管办学主体还是管办学行为?是各审批管理部门各自管理下属培训机构,还是遵循教育培训市场的规律采用统一的市场管理原则和市场管理机制进行分工合作管理?民办教育培训机构中职业技能类培训机构与文化教育类培训机构培训服务的群体、培训的内容也不相同。因此,如何促进我国教育培训市场中各类培训机构的有序健康发展,形成公平有序的教育培训市场规则还需要进一步在理论上加以研究,在实践中进行探索。

在教育培训机构规范有序发展的基础上,如何促进和扶持各类教育培训机构发展也是需要进一步研究与探索的问题。对于在教育培训市场中满足公众个性化的、可选择性教育需求的民办教育培训机构则应视其提供的教育培训服务的正外部性、重要性等因素通过多种方式扶持民办教育培训机构的发

展。上海市教科院民办所的调研显示,对于民办教育培训机构的举办者而言,更加关注教育培训市场政策的完善和公平有序的市场环境,而不是政府给予多少资助。政府在民办教育培训机构办学中应承担的职能是,通过制定和完善政策来建立统一公正的培训市场,通过统筹规划、协调管理来对民办教育培训机构进行宏观管理,放手让培训机构在市场中成为独立的服务主体,利用市场机制、市场规律来调控教育培训机构的整体发展。

(二)多部门协调管理,经营性培训机构与非经营性培训机构分立

民办非学历培训市场的健康可持续发展及实践问题的处理解决,不仅涉及工商部门、教育行政部门,还涉及公安部门等。只有工商行政部门、教育行政部门、公安部门等多部门协调管理,各司其职,相互配合行动,才能真正解决问题。因此,在市级层面和区县层面,应建立由市级(区县级)分管领导领衔,教育行政部门、工商行政部门、公安部门等部门共同参与的民办非学历培训机构发展与管理领导小组,健全定期信息通报、问题沟通的工作例会制度,及时沟通解决民办非学历培训市场中出现的问题。

从民办非学历培训机构长远发展来看,将民办非学历培训机构划分为经营性培训机构与非经营性培训机构是实践发展的大势所趋。对于经营性培训机构而言,要通过前置行政许可后,到工商行政部门进行注册登记。教育行政部门作为经营性培训机构的行业主管部门,而工商行政部门作为经营性培训机构的一般管理部门。对于经营性培训机构而言,它的法人性质是公司法人,允许赢利;对于非经营性教育培训机构而言,其性质是民办非企业法人,是公益性的。上海市教委、市人力资源和社会保障局、市工商局于2013年7月3日联合发布《上海市经营性民办培训机构管理暂行办法》,将培训机构划分为经营性民办培训机构和非经营性民办培训机构,经营性民办培训机构进行企业法人登记,该政策的执行和实施效果有待实践检验。

专栏3 《上海市经营性民办培训机构管理暂行办法》的部分主要内容

上海市教委、市人力资源和社会保障局、市工商局于2013年7月3日联合发布《上海市经营性民办培训机构管理暂行办法》,对本市经营性民办培训机构管理进行规范。要求各经营性民办培训机构开设学杂费专用存款账户,建立学杂费专用存款账户管理制度。

文件规定,经营性民办培训机构取得《企业法人营业执照》等相关证照后,应在开展培训经营活动前,开设本单位学杂费专用存款账户。在办学过程中,应使用学杂费专用存款账户进行学杂费资金的缴存和收支管理。申请变更为经营性民办培训机构的公司企业,在申请变更时,应开设本单位学杂费专用存款账户。

经营性民办培训机构不得以加盟连锁经营设立分公司(分支机构)等形式,授权或变相授权其他单位或个人收取学杂费。经营性民办培训机构收取学杂费,须开具本单位的由上海市地方税务局监制的收费票据;所收学杂费须及时全额缴存本单位学杂费专用存款账户,保障所收学杂费主要用于教育教学活动,维护受教育者和教师的合法权益;保障教育培训机构的办学资金和合法收益不受侵害。

另外,经营性民办培训机构应按照《劳动合同法》等相关法规,与专职管理人员和专职教师签订《劳动用工合同》,保障教职员工合法权益。聘用外籍教师或外籍管理人员,应按国家和本市的相关规定,办理聘用外籍人员来沪就业的许可。

(三)通过多种政策措施扶持培训机构的发展

以培训券的方式,扶持一批品牌培训机构的发展。对于一些社会办学信誉好、办学质量高的教育培

训机构,并且这些培训机构所提供的培训服务是政府急需的、对于社会公众而言具有重要意义的,政府可以通过向参与培训的消费者发放培训券的方式,扶持民办非学历培训机构的发展。将培训券发放到消费者(学生)手中,消费者拿券自主选择培训机构,而培训机构凭券可以享受到政府相应的补贴。此举可以更好地激励培训机构更加注重教育培训质量,尊重教育教学的基本规律。同时也可以鼓励和引导消费者参与某些方面的培训。

实行民办非学历培训机构收费备案制。民办非学历培训机构作为培训市场的独立主体,它的收费应该是多少,是由市场资源的稀缺程度、提供服务的优质程度等多种因素决定的。应进一步放开民办非学历培训机构的收费自主权,实行教育行政部门备案制,进一步激发培训机构依靠市场办学的活力和潜力。

建议注册审批组织与行业管理组织能够共同协商对非学历培训机构检查的内容、程序、时间安排等,提高各自检查的针对性和实效性。审批行政部门和行业主管部门应突破对公办教育机构检查的框架与思维,健全与完善民办非学历培训机构发展的宏观政策环境,对民办非学历培训机构的检查应少、精、准。

建立上海市非学历培训网上平台,向广大市民公开各种类型教育培训机构的办学资质,办学历程、办学成绩等,使广大市民通过这个网上平台可以及时了解各培训机构的基本情况。及时更新非学历培训网上平台的信息,确保信息的有效性。市级政府及各区县政府每年对培训机构的年检结果、奖惩结果等公布于网上平台。在平台上设立对非学历培训机构的讨论专区,包括政府与培训机构的管理资讯平台,培训机构与培训机构的交流平台以及消费者(学生)对培训机构的讨论平台,做到政府、培训机构、社会、消费者几方之间的信息公开,以现代化信息技术手段督促民办非学历培训教育机构的依法办学、健康发展。

(四)建立行业组织,加强培训机构办学的自律意识

上海市民办教育协会下设培训专业委员会,作为教委类民办非学历培训教育机构的行业主管机构;上海市工商联民办教育协会下设培训专业委员会,作为工商类民办非学历培训教育机构的行业主管机构。行业组织在性质上是民间组织,是某一行业自我服务、反映诉求、行业自律和依法维权的重要载体。通过民办非学历教育机构行业组织的成立与健全,加强非学历教育行业的自律管理和自我约束,进一步规范民办非学历教育市场的市场秩序和办学行为。《中小学生校外培训机构自律公约》的签约就是在行业组织倡导下培训教育机构加强自律,逐步提高培训机构社会美誉度的例证和开始。2013年2月28日,学大教育集团、新东方教育科技集团、卓越教育集团、巨人学校、学而思教育等17家培训机构在中国民办教育协会培训教育专业委员会的倡议下,举行了《中小学生校外培训机构自律公约》的签约仪式。虽然仅仅是北京17家培训机构参与了自律公约的签约,但表明民办非学历培训教育机构正逐步认识到只有诚信办学才是生存发展的根本。

专栏4 《中小学生校外培训机构自律公约(试行)》的主要内容

第一条培训机构开展中小学学科知识类培训应当依照国家有关法律法规,在教育、工商等行政机关取得合法办学资质,并在获得许可的业务范围内实施。

第二条尊重教育规律和人的发展规律,尊重少年儿童个性发展和成长需要,坚持育人为本、立德树人,注重学生身心健康,注重学生实践能力和综合素质的提高。

第三条诚信招生,拒绝通过夸大宣传、虚假承诺、捆绑诱导、隐瞒欺诈等方式误导学生及家长参与培训。

第四条依法合理确定和公开收费项目和标准,制定公平、公开、公道的收、退费办法,实行收退费备案和公示制度。杜绝跨年度收费和不规范的收、退费行为。

第五条努力提供优质教育培训。积极开展自主创新,科学开发课程,编制优秀教材,不断提升核心竞争力。尊重和保护知识产权,自觉抵制各类侵权行为。坚持聘任具有合法合规从业资质的教师。

第六条明确安全管理责任,建立安全事故责任追究制度,定期排查并及时消除各种安全隐患和威胁,确保为师生提供有身心健康安全保障的场所和环境。主动预防对学生身心健康存在安全隐患的人员以任何方式接触学生。

第七条与其他从业者友好合作交流,互相尊重,公平竞争,抵制垄断行为,维护和谐有序的行业秩序。杜绝通过"占坑班"等形式,将课外培训与中小学校的招生升学挂钩;杜绝以招生等任何方式与中小学校及其教师建立经济利益关系。

第八条自觉坚守社会主义道德规范,切实履行社会责任,抵制"应试"教育,杜绝超越学生所在年级课程提前上新课行为,减轻学生过重课业负担。积极支持教育改革,注重培养学生良好学习习惯,激发学习兴趣,提升学习能力,促进少年儿童健康快乐成长和可持续发展。积极参与公益事业,坦诚接受社会监督。

(五)提高质量与不断创新是培训机构持续发展的内动力

教育培训行业面对巨大的市场需求,面对市场环境的日新月异,面对消费者对培训服务质量的高要求、精选择,民办教育培训机构必须做精、做强、做特,创新培训的内容、方式、管理模式等,推动教育培训机构的转型发展。

教育培训机构的上市或风险投资的注入,为培训机构带来了发展的资金支持与品牌效应,但本质上来说无论是上市或是风险投资都是一种工具性的支持,最终目的是为了促进教育培训机构的持续发展。对于教育培训机构而言,核心竞争力在于不断创新发展,向社会公众提供优质的教育培训服务。因此,教育培训机构发展的重心应逐渐从规模的扩张转向提供优质教育培训服务的内涵发展轨道上来。只有符合教育培训基本规律的灵活的、多元化的培训方式,满足不同公众个性化教育需求的丰富多彩的培训内容,在培训过程中使学生乐学、爱学,肩负起育人为本的使命和责任,才能树立起教育培训机构的良好信誉与形象,促进教育培训机构的健康、可持续发展。

五、结 语

2013年8月22日,国务院正式批准设立了上海自贸区。上海自贸区的设立为教育培训行业的发展带来了新的挑战与机遇。上海自贸区将在六大服务领域扩大开放,其中就包括在社会服务领域,允许举办中外合作经营性教育培训机构,允许举办中外合作经营性职业技能培训机构。经营性教育培训机构的逐步发展壮大,将使上海的教育培训行业发展结构更为完整,运行体制与机制更加灵活多样,将逐步形成经营性与非经营性教育培训机构共同发展,内容涵盖职业需求类、文化教育类和提高生活质量类等多层次的培训体系。非学历培训教育将成为上海建设终身教育体系和学习型组织、学习型城市的重要载体。

(执笔人:周翠萍)

专题报告

上海市民办学校分类管理研究

《上海市中长期教育改革和发展规划纲要(2010—2020 年)》明确提出"探索建立营利性和非营利性民办教育机构分类管理制度,制定相应的管理办法及各项政策",并要求"加大对非营利性民办教育机构的奖励资助力度"。为此,上海教科院民办所成立专题调研组,对上海地区 131 所民办中小学进行了普查,回收有效问卷 65 份,并对浙江(55 所)、广东(14 所)两地进行了对照性调研,共涉及学校 134 所。

一、基本情况分析

与浙江和广东相比,上海被调查学校对实施分类管理的接纳程度较高,这和调查对象以校长为主且上海民办中小学普遍接受政府资助有较大关系。认为时机成熟的主要理由是"便于政府管理"、"有利于厘清民办学校性质"以及"解决产权和税收难题";认为时机不成熟的主要理由是"重新分类可能引起民办学校不稳定"、"现行模式有利于调动社会办学积极性"。

从表 1 看,在对"分类管理时机是否成熟"的回答方面,上海地区 72.31% 的学校认为时机成熟,占被调研学校的 2/3 以上,远远高于浙江(21.82%)和广东(7.14%)。

表 1 对分类管理时机是否成熟的看法

选 项	上 海		浙 江		广 东		汇 总	
	数量	比例	数量	比例	数量	比例	数量	比例
成 熟	47	72.31%	12	21.82%	1	7.14%	60	44.78%
不成熟	18	27.69%	43	78.18%	13	92.86%	74	55.22%

造成这种情况主要有两个原因:一是上海地区参与问卷调查的对象主要是民办中小学校长(上海问卷填写者中校长占 78.46%,浙江和广东分别为 34.55% 和 7.14%);二是上海地区的民办中小学普遍为"不要求合理回报"的学校,同时几乎所有的民办中小学都接受了政府在生均公用经费或教师年金方面的资助。

在认为"分类管理时机成熟"的前 3 项理由选择中,上海地区有 56.92% 的问卷填写者认为"有利于政府对民办学校的管理";50.77% 认为"分类管理有利于明确性质";50.77% 认为"有利于厘清产权、回报、税收等难题"(见表 2)。

表2 认为分类管理时机成熟的理由

选　项	数　量	比　例
有利于政府对民办学校的管理	37	56.92％
分类管理有利于明确性质	33	50.77％
有利于厘清产权回报税收等难题	33	50.77％
有利于促进民办学校向公益性转变	26	40.00％
目前我国民办学校性质模糊	25	38.46％
有利于与国际私立教育接轨	19	29.23％

在认为"分类管理时机不成熟"的前3项理由选择中,有18.46％的人认为,"重新分类可能引起民办学校不稳定";13.85％的人认为,"现行模式有利于调动社会办学的积极性";13.85％的人认为,"现行民办教育办学模式和管理模式符合中国国情"(见表3)。

表3 认为分类管理时机不成熟的理由

选　项	数　量	比　例
重新分类可能引起民办学校不稳定	12	18.46％
现行民办教育办学和管理符合国情	9	13.85％
现行模式有利于调动社会办学积极性	9	13.85％
现有教育法等法规不允许办营利教育	6	9.23％

在对分类管理适合推进的教育领域进行调查时,赞成在学历教育(主要是中小学)、学前教育、非学历教育中进行分类管理的比例分别为89.23％、67.69％和84.62％,三个教育阶段的赞成比例均高于浙江和广东地区。

上海地区对三类教育领域推进分类管理的赞成比例均比浙江和广东地区要高(见表4)。例如,在回答"是否赞成对学历教育(中小学)分类管理"时,上海地区赞成的比例达89.23％,而浙江为54.55％;广东更是只有14.29％的人赞成,有85.71％的人明确不赞成。在"是否赞成对学前教育领域分类管理"方面,上海地区赞成的比例为67.69％,远远高于不赞成的比例(27.69％);浙江赞成(40.00％)与不赞成(41.82％)基本持平,但有18.18％的人未选;广东的情况正好相反,不赞成的比例为57.14％,高于赞成的比例(42.86％)。

表4 上海地区对分类管理推进领域的态度

选　项	学历教育		学前教育		非学历教育	
	数　量	比　例	数　量	比　例	数　量	比　例
赞　成	58	89.23％	44	67.69％	55	84.62％
不赞成	7	10.77％	18	27.69％	10	15.38％
未　选	0	0.00％	3	4.62％	0	0.00％

在回答"是否赞成对非学历教育分类管理"时(见表5),赞成的比例为72.39％,不赞成的比例为22.39％,另有5.22％的被调查者未选。上海和广东赞成的比例极为接近,均在85％左右,不赞成的比例都在15％左右;浙江赞成的比例为54.55％,不赞成的比例为32.73％,另有12.73％的被调查者未选。

表5　三地对非学历教育分类管理的态度

选项	上海		浙江		广东		汇总	
	数量	比例	数量	比例	数量	比例	数量	比例
赞成	55	84.62%	30	54.55%	12	85.71%	97	72.39%
不赞成	10	15.38%	18	32.73%	2	14.29%	30	22.39%
未选	0	0.00%	7	12.73%	0	0.00%	7	5.22%

在回答"强制推行分类管理之后学校如何选择"时（见表6），上海地区只有4.62%的学校选择营利性学校，其余均选择"非营利性学校"，尚未有明确表示"退出教育领域"的学校。在如退出教育领域希望如何处理学校资产时，选择"原有资产归出资人所有，增值部分按比例获得"的最多，占33.85%。相比之下，浙江选择"营利性学校"的占27.27%，选择"非营利性"学校的占60.00%，另有12.73%的学校选择"退出教育领域"；广东选择"营利性学校"的占28.57%，选择"非营利性"学校的占35.71%，选择"退出教育领域"的占35.71%，广东面临的形势不容乐观。但是，上海绝大部分选择"非营利"现象也不正常，未必是真实意愿的反映。

表6　推行分类管理后学校的选择

选项	上海		浙江		广东		汇总	
	数量	比例	数量	比例	数量	比例	数量	比例
营利性学校	3	4.62%	15	27.27%	4	28.57%	22	16.42%
非营利性学校	62	95.38%	33	60.00%	5	35.71%	100	74.63%
退出教育领域	0	0.00%	7	12.73%	5	35.71%	12	8.96%

考虑到实行分类管理后可能会有一部分学校退出教育领域，我们对学校终止办学后资产的归属问题进行了调研（见表7）。上海地区选择"原有出资归出资人所有，增值部分按比例获得"的最多，占到33.85%，但也有30.77%的学校回答作"作公益事业"，远远高于浙江（16.36%），而广东所有的被调查者分别选择了"原有资产归出资人所有，增值部分按比例获得"（占78.57%）和"全部归举办者所有"（21.43%），未有人选择"作公益事业"或"收回原始出资部分"。

表7　推行分类管理后学校的选择

选项	上海		浙江		广东		汇总	
	数量	比例	数量	比例	数量	比例	数量	比例
营利性学校	3	4.62%	15	27.27%	4	28.57%	22	16.42%
非营利性学校	62	95.38%	33	60.00%	5	35.71%	100	74.63%
退出教育领域	0	0.00%	7	12.73%	5	35.71%	12	8.96%

二、上海地区推进民办学校分类管理的政策分析

私立教育分类管理在国外有比较长的历史，这是在国外私立教育长期以来教会办学、捐赠办学的背景下形成的。我国近30年来，民办教育基本上是出资办学，与国外具有完全不一样的社会历史背景。因此实施分类管理的时机、办法，需要充分考虑我国的现实国情。

第一，推行分类管理的基本出发点是厘清两类民办学校的发展方向，为民办教育的健康、有序、规范

化发展奠定基础,最终的着眼点是促进民办教育事业的发展。因此,推行分类管理应秉持"大胆探索,积极试点;综合协调,配套管理;稳步推进,注重效果"的指导思想。

"大胆探索,积极试点"是指要端正和提升对民办教育的认识,正确对待"合理回报"、"营利"和"非营利"之间的关系,注重对民办教育发展的前瞻性思考,大胆探索顶层制度设计,通过积极稳妥的试点工作,在体制机制方面进行重大创新。"综合协调,配套管理"是指分类管理改革方案涉及教育、人事、财政、税收、资产等众多管理机构,每一方面都需要有相应的配套政策加以落实。因此,要特别重视在推进分类管理过程中的综合协调作用,通过完善配套政策,保证整体制度架构的完善。"稳步推进,注重效果"是指分类管理改革方案是对民办教育整体政策环境的重大调整,涉及所有民办学校的教师、学生、举办者、管理者,也涉及教育、财政、税收等综合性的行政机构,应当通过小范围的试点工作,综合考虑实施效果,稳步推进。

在秉持"大胆探索,积极试点;综合协调,配套管理;稳步推进,注重效果"指导思想的同时,应当充分认识到民办教育分类管理的探索性、先行性和示范性,应该着眼于促进民办教育做大做强做优,鼓励社会资金以多种方式实质性地进入教育领域;应该通过体制改革创新,大力支持非营利性民办学校的发展,同时为营利性民办学校的发展创设必要的空间;应该正视现实,承认贡献,维护民办学校、举办者和师生的合法权益,确保现有民办学校的稳定发展。

第二,在制定营利与非营利分类标准的时候,既要遵循国际通行的非营利组织的划分标准和依据,又要结合我国民办教育的实际,尊重和融合《中华人民共和国民办教育促进法》中关于"合理回报"的规定。

对营利性与非营利性私立教育机构进行分类管理,是许多国家通行的基础性制度。根据国际上的惯例及理论界通行的定义,营利与非营利两类教育机构的区别主要体现在"目的、利润分配、财产归属"三个方面。但是,上海地区民办教育普遍具有投资办学的特征,真正捐资办学的民办学校非常少。严格按照这一标准,大部分的民办学校就不能归入到"非营利性民办学校"中去,只能归入"营利性民办学校"。这会让大多数民办学校的举办者因对资产担心或发展前景不乐观而产生畏惧退出心理,使教育事业发展出现人为波动。因此,有必要在制定营利与非营利分类标准的时候,尊重和融合《中华人民共和国民办教育促进法》中关于"合理回报"的规定。

第三,建议将民办学校划分为营利性民办学校、非营利性不要求合理回报民办学校、非营利性要求合理回报民办学校三种。营利性民办学校以非学历教育机构为主,在学历教育阶段营利性民办学校的比例应严格加以控制;非营利性不要求合理回报民办学校主要以义务教育阶段的民办学校为主;同时允许在各个教育阶段开展非营利性要求合理回报类型民办学校的试点。

营利性的民办学校注册为企业法人,举办者可以追求利润回报,可以对办学结余进行规定范围内的分配,获得基于财产所有权的投资回报,举办者拥有民办学校财产的最终所有权、使用权、收益权和处置权;在确保受教育者和教师基本权益的情况下,学校享有招生、收费、办学等方面的充分自主权;基本参照公司、企业的办法管理,面向市场运作,依法纳税。营利性学校适用《企业会计制度》,在会计年度结束后,自行组织财务审计,并向社会公开。实施学历教育和学前教育的民办学校都应建立由社会人士参加的监事会制度和经费预、决算制度,报教育部门备案。

非营利性不要求合理回报民办学校注册为事业单位(公益二类,政府提供部分资助,主要通过市场进行资源配置),政府相关部门可以按学校的规模和办学层次配备一定的教师事业编制,不足部分由学校向社会自聘;办学不求利润回报,办学结余全部投入学校发展,不用于分配,各生产要素所有者(包括投资者)只能获得固定的合同收入;政府对这类民办学校等同于公办学校进行免税、财政资助等配套管理。非营利性学校适用《民间非营利组织会计制度》,建立由主管教育行政部门、学校董事会和银行三方共管的政府资助资金专户。学校收费实行政府指导价,并报物价部门审批,统一纳入到当地财政预算外资金专户管理,在招生、课程、专业设置方面应享有一定的自主权。举办方享有相应的社会荣誉。非营利性学校在会计年度结束后,应接受由政府主管教育部门组织的财务审计,并向社会公开。这类学校以义务教育阶段民办学校为主。

非营利性要求合理回报民办学校注册为民办非企业单位,办学不以营利为目的,举办者可以拥有学校的原始资产权,一定程度上享有资产的受益权和分配权,允许出资者保留投入资产的权属,在学校终止办学时原始资产返还举办者。举办者可以在规定范围内提取合理回报,具体比例由学校章程确定,一般不高于当年学费收入的 15%,且不得超过当年办学结余的 40%;为保证学校基本办学质量,学校用于教育教学的直接成本不得低于学费收入的 60%。学校可以在一定程度上享受政府对教师、学生的资助,学校收费实行备案制,在招生、课程、专业设置等方面享有较为充分的自主权,可以享受一定比例的同级同类公办学校等额生均教育经费补助。

第四,从促进民办教育发展出发,注重建立和完善与分类管理相关的税收、人事等配套政策,充分注意实行分类管理之后引起部分民办学校退出的可能性,对目前为出资办学但愿意转为非营利性学校的举办方,提供相应的补偿,实现平稳过渡。

支持成立具有捐赠扣除资格的民办教育基金会。个人和社会组织通过民办教育基金会向民办学校捐赠时,个人未超过个人所得税应纳税所得额 70% 部分,准予在税前据实扣除;社会组织未超过企业所得税应纳税所得额 50% 的部分,准予在税前据实扣除。捐资额高于当年免税额度的超出部分,缴纳的所得税可部分以税收返还形式返还学校。

考虑到现有民办学校多数属于投资办学这一客观现实,对转为非营利性的学校,建议采取基于“承认贡献、维护权益”的一次性补偿政策,以实现“分类管理”的平稳过渡。

对转为非营利性的学校,原以出让方式取得建设用地的,对征地时出让价与行政划拨价的差额部分,可在办学结余款中扣除,返还给举办者;对开办以来未取得任何回报,积累净资产超过原始投入的部分,可给予一定比例或额度的奖励;对举办者原始投入占现有积累净资产的比例达到 50% 以上的学校,可以政府购买的形式,置换举办者的部分原始投入。对正式转为营利性民办学校,原以行政划拨方式取得建设用地的,应对土地价值进行评估,征地出让价与行政划拨价的差额部分,可以由举办者补交,也可以计入民办学校国有资本部分。

实施分类管理时,举办者无资产投入靠滚动发展起来的学校归入捐资型民办学校,且开办以来未取得任何回报的实际办学者,可以一次性奖励的方式给予补偿。

(执笔人:方建锋)

上海市民办教育财政扶持研究

　　办学经费紧张、融资路径不畅,已经成为制约民办教育发展的主要因素之一;而民办学校财务会计制度混乱,财务会计监督管理困难也是一个不争的事实。为了缓解民办学校办学压力,构建适合民办学校实际的财务会计管理制度,自《民办教育促进法》及其《实施条例》颁布实施后,特别是在《国家中长期教育改革和发展规划纲要(2010—2020年)》和《上海市中教育改革和发展长期规划纲要(2010—2020年)》(下称《纲要》)实施后,上海市加快了探索扶持民办教育发展的政策建构和创新民办学校财务会计管理制度的步伐,出台了系列相关政策,经过多年的实践和完善,积累了许多成熟的经验。

一、完善政府扶持民办教育发展的政策体系

　　自上海市人民政府于2005年4月18日颁布了《上海市实施〈中华人民共和国民办教育促进法〉、〈中华人民共和国民办教育促进法实施条例〉若干问题的暂行通知》(下称《暂行通知》),上海市教委和相关职能部门相继出台了系列扶持和促进民办教育发展的政策,形成了具有上海特点的扶持民办教育发展的政策体系。

(一)确立鼓励民办教育发展的基调

　　《上海市实施〈中华人民共和国民办教育促进法〉、〈中华人民共和国民办教育促进法实施条例〉若干问题的暂行通知》是迄今为止上海市出台的最高级别的关于民办教育的政策文件,其第5条标题即为"政府鼓励",明确地表明了上海市政府对发展民办教育重在鼓励的基本态度。该条具体规定了鼓励民办教育发展的三项具体举措,一是每年对捐资举办民办教育表现突出的组织和个人以及为民办教育事业作出突出贡献的组织和个人予以表彰和奖励;二是规定市政府设立民办教育发展专项资金;三是规定各区县政府可根据本地区民办教育发展的情况,设立民办教育发展专项资金。

　　这一文件规定的三项措施虽然还不够具体,不太容易实施,但上海市教育委员会在以后出台民办教育政策时,却非常重视对这三项措施的细化和落实。

(二)健全专项资金扶持制度

1. 制定专项资金管理办法

　　为了落实《暂行通知》的鼓励精神,2006年4月28日,上海市教委和上海市财政局联合发布了《促

进民办教育发展专项资金管理办法》(下称《专项资金管理办法》)。

《专项资金管理办法》首先明确了专项资金的来源,规定专项资金列入市级财政年度教育经费预算。其次明确了专项资金的用途,规定专项资金主要用于资助下列项目,一是鼓励、扶持民办普通高等学校发展;二是促进民办中小学教育发展,支持全市性的重大教育改革;三是构建促进民办教育发展的公共服务平台;四是奖励和表彰为民办教育作出突出贡献的集体和个人。再次明确了具体的资助方式,规定专项资金采取补贴、贴息和奖励等多种方式对专项资金资助项目给予资助。同时规定,对第一和第四项用途主要采取项目申报制的方式确定。

《专项资金管理办法》实施后,上海市各区县相继出台了专项资金管理办法,具体见表1。

表1 区县扶持资金管理文件列表

区 县	文 件 名	年 份
浦东新区	浦东新区民办教育发展政府专项资金管理办法 浦东新区对开展义务教育及学前教育的民办学校(幼儿园)进行财政扶持的实施意见	2006
静安区	静安区促进民办教育发展奖励和资助资金管理办法	2007
杨浦区	关于民办中小学政府扶持资金使用的管理规定(试行)	2010
长宁区	长宁区教育局促进民办义务教育学校专项资金管理办法	2010
杨浦区	杨浦区教育局、杨浦区财政局关于民办中小学政府扶持资金使用的管理规定(试行)	2010
普陀区	普陀区促进民办教育发展专项资金管理办法	2008

2. 明确专项资金资助条件

为了营造公、民办学校公平、有序、共同发展的环境,上海市政府决定加大对民办学校的扶持力度。与此同时,也加强了对专项资金申报流程的管理。2010年3月18日,市教委和市财政局联合发布了《关于加强扶持民办中小学发展的通知》和《关于做好上海市民办高等教育政府扶持资金申请工作的通知》两个文件。民办高等教育政府扶持资助主要用于加强民办高校师资队伍建设,改善民办高校教育教学条件,扶持民办高校特色学科专业建设,支持民办高校进行教育教学改革。

民办高校和民办中小学申请政府专项扶持资金需要的共同条件有三项,即坚持教育的公益性,出资人不要求回报;依法规范办法,年度检查合格;建立教职工年金制度,改善教职工待遇。

民办中小学申请扶持还需的条件是,执行《上海市民办中小学财务会计管理办法(试行)的通知》和《上海市民办中小学会计核算办法(试行)的通知》,建立民办学校学费专户和政府扶持资金专户,接受政府部门监管。

民办高校申请扶持资金还需的条件有,一是执行《上海市民办高等学校会计核算办法(试行)》和《上海市民办高等学校财务管理办法(试行)》,并开设了民办学校学费专门户和政府扶持资金专门户,接受政府部门监管;二是法人财产权已落实(或启动落实工作)。

此外,还要求各区县相关部门要根据本区实际情况支持区域民办中小学发展。对符合条件且收费标准低于同级同类公办学校经费拨款的义务教育阶段民办中小学校按照本市义务教育阶段公办学校生均公用经费基本定额给予补助;将民办中小学教师培训和师资队伍建设纳入全区(县)统筹规划实施。

3. 调整专项资金扶持方向

2011年,《上海市中长期教育改革和发展规划纲要(2010—2020年)》颁布实施,把促进民办教育规范特色发展作为十大试点项目之一,为了保证这一试点项目目标的实现,2012年4月18日,上海市教委发布了《关于拨付上海市民办教育政府扶持资金的通知》,对专项资金的内容、用途及拨付原则作了相应调整。

首先,规定专项资金的使用原则。专项资金的使用要体现政府对民办教育的分类指导和分类管理原则。重点支持办学不要回报、坚持教育公益性的非营利性民办学校发展。对于捐资举办以及出资人不要求学校所有权和剩余财产分配权的学校予以更大力度的扶持和鼓励。

其次,明确 2011 年政府专项扶持资金的用途。《通知》规定专项资金主要用于民办高校内涵建设、示范性民办高校建设、民办高校师资队伍建设、特色民办中小学建设、民办教育公共服务平台建设和国家教育体制改革试点等。

再次,规定专项资金分配的依据。《关于拨付民办教育政府扶持资金的通知》把资产过户情况作为确定资助额度的重要依据。具体以过户到学校名下的土地校舍比例以及是否达到教育部设置标准作为确定专项资金额度的重要衡量指标。

(三)建立民办学校教师年金制

退休后养老保险待遇与公办学校教师不平等,是影响民办学校教师队伍不稳定的主要因素之一。为了提高民办学校教师的退休待遇,2008 年 12 月 5 日市教委下发了《关于推进本市民办学校建立年金制度的通知》,要求民办普通高校、民办中小学及民办幼儿园建立教职工的年金制度,为学校教职工购买补充养老保险。对于建立年金制的民办高校和民办中小学,市区民办教育专项资金给予奖励。

各区县也积极推进民办学校教师年金制。至 2010 年,已有黄浦、徐汇、闸北、虹口、杨浦、长宁、普陀、奉贤、松江、闵行、浦东、崇明等 12 个区县实施或开始启动民办学校教职工年金方案,缴纳年金的额度在 2 000 元到 12 000 元之间。

专栏1　上海市相关区县实行民办学校年金制的具体举措

徐汇区:区教育局人事部门规定各民办学校设定年金缴纳的上限,年金所需费用由学校和教职工共同缴纳。年金方案与年金制度由区民办教育联席会议和区民办教育协会协同各校共同商定。学校根据自己的情况制定自己的方案,通过教代会,报教育局。原则上学校之间基本平衡。教育局将对年金制度实施比较好的学校,在专项资金中予以奖励。

奉贤区:年金由单位和员工共同缴纳,基数为员工本人年度工资月平均收入的 4.5%,单位负担 3%、个人为 1.5%,工资标准上限为每月 8 000 元。

浦东新区:2009 年对缴纳年金的民办学校按其缴纳额度给予 100%的补贴;2010 年开始,对缴纳年金的学校,按缴纳年金的教师人数,每人给予 3 000 元的补贴。每年预留 450 万元用于促进教师年金工。

资料来源:上海市第二次民办教育工作会议政策情况调研汇总。

至此,上海市从设立民办教育发展专项资金、给予民办学校生均公用经费补贴、实施民办学校"强师工程"、完善民办学校教职工退休养老保险待遇等一系列方面,构建了较为完善的政府对民办学校扶持的政策体系。

二、上海市民办教育扶持政策的基本路径

(一)增加政府对民办学校的财政扶持力度

将民办教育纳入政府公共服务范围,逐年加大扶持力度,是上海市扶持民办教育发展的基本特点。

1. 逐年提高市专项扶持资金额度

自 2005 年"上海第一届民办教育工作会议"召开后,市政府每年拨款 4 000 万元作为民办教育发展政府专项基金,其中 2 000 万元分配给民办高校,2 000 万元分配给民办中小学。2008 年起,民办教育发展政府专项资金增加至每年 8 000 万元。2009 年,市级财政当年拨付民办高校各专项扶持资金达到 9 400 多万元,民办中小学扶持资金达到 3 000 万元。2010 年市级财政共安排专项资金约 5.47 亿元(其中民办高校约 2.27 亿元、民办中小学 4 000 万元、以招收随迁子女为主的民办小学 2.8 亿元),2012 年市级财政对民办教育的投入累计接近 7 亿。

2. 区县政府配套专项资金

嘉定区率先于 2005 年设立"嘉定区民办教育扶持和奖励基金",并将其列入区政府财政预算。同时设立民间民办教育奖励基金,2006 年筹集奖励基金 100 万元,委托学联公司经营,每年提取利息 10 万元,用于奖励做出突出贡献的优秀教师和教育工作者。普陀区从 2008 年开始,每年从区财政资金中安排不少于 300 万元的扶持经费,设立专项资金,用于扶持和奖励民办学校,支持民办学校课程改革、教学科研和教师专业化发展,建立促进区域民办教育发展的公共服务平台。杨浦区按照市专项补贴 1∶1.5 配比设立民办中小学发展专项资金,由学校每年年底提出次年专项资金申请,统一纳入区教育经费年度预算。2010 年后,又有卢湾、静安、浦东新区、长宁等 4 个区设立了专项资金。专项资金最高的是浦东新区(每年 1 000 万元),最低的是长宁区(每年 20 万元)。另外,静安、普陀、浦东新区还制定了专门的专项资金管理办法(见表 2)。

表 2 已经设立民办教育发展专项资金的区县情况

区 县	内 容	金 额
卢湾区	区和学校分别设立民办学校扶持资金专户	200 万/年
嘉定区	设立民办教育扶持和奖励基金	500 万/年
杨浦区	按市专项补贴 1∶1.5 配比设立促进民办中小学发展专项资金。主要用于学校建设、师资建设以及对民办学校的奖励和表彰	
普陀区	设立专项资金,用于扶持和奖励民办学校,支持民办学校课程改革、教学科研和教师专业化发展	300 万/年
闵行区	设立促进民办中小学发展专项资金	300 万/年
浦东新区	设立民办教育发展专项资金	1 000 万/年

注:卢湾区与黄浦区 2011 年合并,本表按合并之前计算。

其他未设立专项资金的区县,则以其他方式扶持民办教育的发展。例如,徐汇区支付投入大量资金修缮民办学校校舍,为民办学校添置设施设备(2009 年政府财政投入 2 335.25 万元、2010 年投入 600 万元)并大幅减免校舍租赁费;闸北区对办学经费有困难但办学质量好的学校推出减免租金的政策(2008 年前减免租金累积达到 2 000 余万元);宝山区对区域内民办学校的设施设备改造、基础建设、设备配置、义务教育学生书本费减免等立项预算(连续三年予以扶持,累计投入 1 879 余万元)。

(二)提高对民办学校生均公用经费补贴标准

给予生均公用经费补贴是上海市公共财政扶持民办学校的又一重要措施。2010 年 3 月上海市出台的《关于加强扶持民办中小学发展的通知》和《关于做好上海市民办高等教育政府扶持资金申请工作通知》两个文件,明确提出了民办学校生均公用经费补贴制度。

2011年,市级财政按照生均2 000元的标准给予民办高校补贴,对非营利性的民办示范性高校,则按每年生均3 000—4 000元的标准给予专项经费资助。区县方面,嘉定区从2005年始,政府就采取了补贴民办学校生均公用经费的形式,适度减轻民办学校的办学压力。从2005年至2007年,每年下拨500万元,2008—2009年,增加到每年600万元,5年间这类补贴达2 700万元。

继嘉定之后,卢湾、黄浦、静安、徐汇、杨浦、普陀、奉贤、长宁、闵行、浦东、宝山11个区也建立了对符合条件的民办学校生均公用经费补贴制度。在具体的补贴方式上,卢湾、静安、杨浦、浦东新区给予小学生均补贴1 400元,初中生均补贴1 600元;闸北区小学生均补贴1 200元,初中生均补贴1 500元;而闵行和嘉定的生均公用经费补助延伸到高中或幼儿园,同时,对非本区户籍学生给予一半的生均补贴;徐汇区将对民办学校收费标准低于同级同类公办学校生均拨款的差额,以生均公用经费定额为标准,补足差额。

2011年时,上海市调整了义务教育阶段公办学校生均公用经费基本定额标准,小学由1 400元调至1 600元,初中由1 600元调至1 800元,政府对民办学校生均公用经费补助也相应作了调整。其实,对于民办中小学生均公用经费的补贴标准,各区县也逐年提高,如闵行区和嘉定区。

闵行于2009年开始实施生均教育经费补贴,小学生均1 400元、初中1 600元、高中1 750元。2010年生均补贴经费达到1 110.25万元,2011年将达到1 900多万元。非本区户籍学生给予一半的生均补贴(2011年开始按照全额补足)。另外对本区民办普通高中学生学费给予每生每学期650元的补贴。

嘉定是上海市各区县中民办学校生均公用经费补贴机制最完善的区。嘉定区不但对具有本区户籍在民办学校就读的学生给予补贴,而且对非本区户籍在民办学校就读的学生也给予补贴,只是对这类学生按嘉定区公办学校生均公用经费定额标准的一半补贴民办学校。另外,嘉定区对民办学校生均公用经费的补贴额度也逐年提高(见图1)。

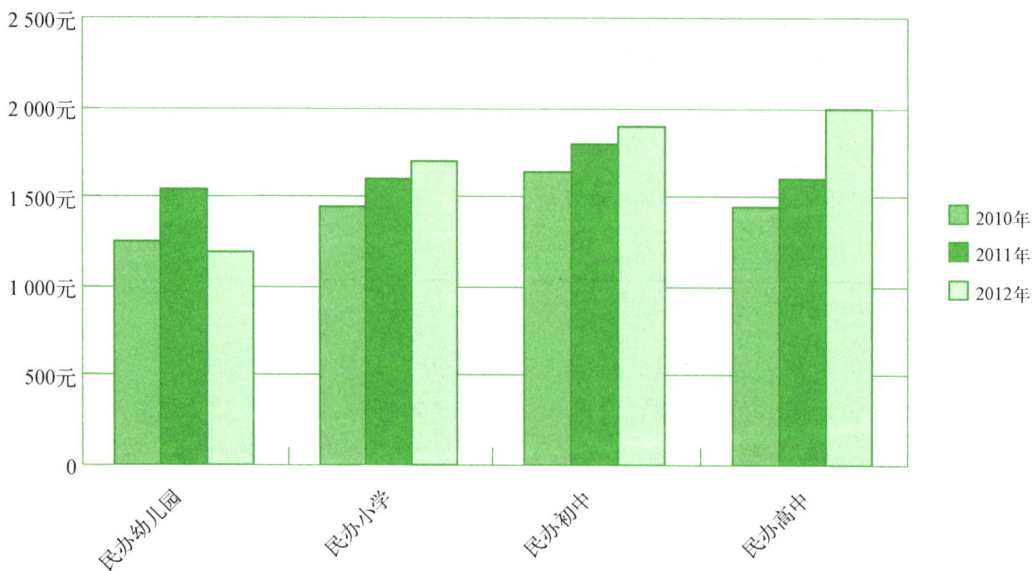

图1　嘉定区民办学校生均公用经费补贴标准

(三)加大对随迁子女小学的公共财政扶持力度

上海市一直重视来沪务工人员子女的受教育问题。然而,由于这类适龄入学人口众多,公办小学难以完全满足这群孩子的受教育需求,因此,有相当一部分适龄儿童在办学条件简陋的学校就读。2008年上海市把主要招收进城务工人员子女的小学纳入民办学校管理,为了保证各区县义务教育的均衡发展,改善这类简易学校的办学条件作为扶持的重点。采取的措施主要有两个方面。

1. 改善这类学校的办学条件

上海市教委从 2004 年开始,每年拨付 3 000 万元,用于改善农民工子女学校办学条件。2007 学年重点改善农民工子女学校食堂、厕所、教室照明、图书室等设施条件,240 所农民工子女学校完成改善工作,市和区县共投入资金 4 563 万元(其中市教委投入 3 000 万元)。从 2007 学年起,每年出资 50 万元,为农民工子女学校统一购买校方责任险。2008 年,上海市启动了农民同住子女义务教育三年行动计划。同时,上海市教委对社会力量按照基本办学条件举办的和符合规划要求并具备基本办学条件纳入民办教育管理的、以招收农民工同住子女为主的民办小学,一次性给予每校平均 50 万元的办学设施改造经费资助,由区县教育行政部门统筹安排使用。并要求区县也要筹措配套资金,以使这些学校达到基本办学标准。

2. 提高对随迁子女学校基本成本补贴标准

为了保证随迁子女小学的教育教学质量,提高教职工的福利待遇,上海市实行了对随迁子女小学的基本成本补贴制度。规定市区两级教育行政部门应当根据学校办学成本和实际需要,制订经费补贴标准,并随着事业的发展及时调整财政补贴标准,足额拨付教育经费,满足学校教育教学需求。根据专门调研的数据显示,纳入民办学校管理后,随迁子女学校教师的工资有了较大幅度的提升。纳入民办学校管理前,教师平均工资为月薪 800 元左右,之后,月薪平均提高到 1 200 元左右。从 2008 年后,市教委不断调整随迁子女小学基本成本的补贴标准,由 2008 年生均 2 000 元,到 2012 年提高至 5 000 元(见图 2)。

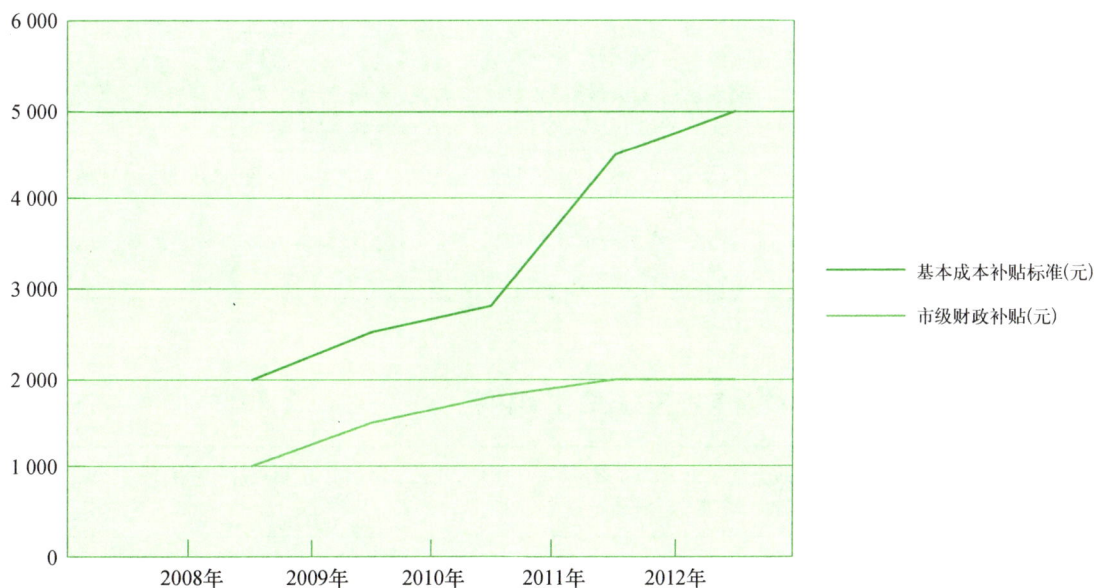

图 2 上海市随迁子女小学基本成本补贴标准

三、积极探索适应民办学校的财务会计管理制度

随着政府对民办教育扶持力度的加大,如何才能有效地保证公共财政资金的专款专用,提高资助资金的使用实效,便成了政府相关职能部门和社会广泛关注的问题。针对这些问题,近年来,上海市出台

了系列文件,加强了对民办学校财务会计制度的管理和监督。

(一)制定适合民办学校的财务会计管理制度

民办学校适用的财务会计制度较复杂,除了有非营利性组织企业制度外,还有事业单位的财务会计制度,甚至有企业财务会计制度,造成管理上的混乱。针对这种状况,上海市依据国家法律法规和教育部综合改革试点的要求,根据民办学校财务管理的实际情况,以《民间非营利组织会计制度》为基础,经过积极的探索和创新,在全国率先探索制定了《上海市民办高等学校财务管理办法(试行)》、《上海市民办高等学校会计核算办法(试行)》、《上海市民办中小学校财务管理办法》、《上海市民办中小学校会计核算办法》,并在民办高校、中小学、幼儿园实施。

专栏2 《上海市民办高等学校财务管理办法(试行)》主要内容

主要任务	合理编制预算,依法组织收入,健全财务制度,加强资产管理
财务管理体制	"实行统一领导、集中管理"的财务管理制度
预算管理制度	按照"收支两条线"和"量入为出、收支平衡、统筹兼顾、节约高效、规避风险"的原则,根据学校的综合财力编制中长期财务收支计划和年度财务预算。
资产管理要求	不得将学校教育事业收入、政府补助收入、科研事业收入等收入中的学费、拨款等经费从事企业债券、证券等风险较大的投资。固定资产应当计提折旧。
负债管理制度	以民办高校名义举债,必须由民办高校出资人担保,举债形成的资产归民办高校所有,债务由民办高校取得的收入在扣除正常运转资金后的部分偿还,无法偿还的,由民办高校出资人偿还,相应的债务转为民办高校出资人对民办高校的投入。 以出资人名义举债,则作为民办高校出资人对民办高校的投入,形成的资产归民办高校所有。
收入和支出管理	对于长期项目的收入,应当根据年度完成进度予以合理确认。民办高校取得收入为实物时,应当根据有关凭据确认其价值;没有凭据可供确认的,参照其市场价格确认。 从事各项业务活动发生的支出,应当正确予以归集;无法直接归集的,应当按标准和规定的比例在事业支出和经营支出中进行合理分摊。支出应当与收入相配比。
办学结余及分配	民办高校的结余,除专项资金按照国家规定结转下一年度继续使用外,必须按照国家有关规定提取学校公积金和发展基金。 在扣除办学成本,预留发展基金以及按照国家有关规定提取其他必需的费用后,出资人可以从非限定性收支结余中取得合理回报。

专栏3 《上海市民办中小学校财务管理办法》主要内容

主要任务	严格履行举办者投入财产的认定和过户手续,建立、健全财务管理体制,依法多渠道筹集办学资金,完善内部控制制度,定期进行财务分析。
财务管理体制	设置独立的财务机构,学校财务机构负责人(会计主管人员)由校长提名,经决策机构批准后任命,并报教育主管部门备案。学校财务机构负责人(会计主管人员)必须取得会计从业资格证书,并应当具备会计师以上专业技术职务资格或者从事会计工作三年以上。
预算、资产及负债管理	明确预算编制方法和审批程序;举办者必须在学校法人登记成立后一年内办理过户手续。对国家资助财产、出资人投入学校的财产、受赠财产和办学积累的财产进行分类核算和管理。应当进行固定资产折旧核算。折旧方法采用平均年限法,残值率为5%。
收入和费用管理	应当区分教育活动收入和非教育活动收入,教育活动支出和非教育活动支出;无法明确区分的支出项目,应按合理的标准分摊归集到有关项目。

续　表

结余及分配方式	民办学校出资人要求合理回报的,学校决策机构自做出向出资人支付回报决定起 15 日内,向社会公布初步决定、具体支付方案及与其办学水平和教育质量有关的材料、财务状况。
财务清算程序	学校因举办方变更或自己要求终止的,由学校组织清算;被审批机关依法撤销的,由审批机关组织清算;因资不抵债无法继续办学而被终止的,由人民法院组织清算。 学校财务清算时,首先应退学生学费、杂费和其他费用;其次支付所欠教职工的工资及社会保险缴费;最后偿还银行贷款及其他各种债务。学校清算后的剩余财产,返还或者折价返还出资人的投入后,由教育主管部门统筹安排。

在推进民办高校、民办中小学和民办幼儿园执行规定的财务管理办法和会计核算办法的基础上,上海市开发了统一的民办学校会计核算软件,并由公共财政专项资金出资为民办学校进行安装和培训(目前民办高校已全部使用,民办中小学和幼儿园已有 90% 使用)。

(二)加强对民办学校资金和学费的监督、管理

随着公共财政资金投入力度的加大,为了保障政府专项资金和学校学费收入主要用于教育教学活动,确保民办学校办学质量,上海市针对性地实施了政府专项资金和学费的监管措施。

1. 建立专户管理制度

为了加强上海市民办高校财力管理,规范民办高校学费及政府扶持资金收支管理行为,2009 年 9 月 16 日,上海市教委、财政局、国家税务局、地方税务局及民政局联合发布了《关于加强民办高等学校学费及政府扶持资金账户管理的通知》。其中规定了以下三方面内容。

首先,建立民办高校学费和政府扶持资金专户。

对民办高校政府专项资金和学费收入实行专户管理,民办高校收取的学费和从公共财政得到的专项资金应及时、足额地纳入银行专户进行使用和核算,学费专户与扶持资金专户仅用于核算学费和政府扶持资金的收入和支出,其他性质的收入和支出不得通过该专户核算。

其次,规范民办高校学费和政府扶持资金的收入和使用。

民办高校通过转账方式收取学校的,学费应直接转入学校学费专户;以现金方式收取的学费应于当日结算并存入学费专户,确有实际困难当日无法完成的,应于下一个银行工作日内完成。

民办高校的学费收入应纳入学校预算收入,并按学年度编制学费收入支出预算。学费实际收入应与预算收入大致相当,其使用应按支出预算执行,分批将学费收入从学费专户拨付至基本账户中使用。

民办高校申请政府扶持资金应同时提交扶持资金使用计划和支出预算,其使用必须严格执行相关部门批准的使用计划和支出预算。

最后,加强民办高校学费和政府扶持资金的监督与管理。

建立民办高校学费及政府扶持资金收支管理的各项监督检查制度,委托相关机构根据有关规定及学校年度财务预算,核对收支情况,加强收支监管,建立健全收支的监控机制,开展收支管理稽查工作。

民办高校应当在收费窗口醒目位置公示收费项目、收费标准及文件依据。

2. 建立民办高校学费收入信息管理系统

为了进一步规范上海市民办高校学费收支的管理,根据上海市发布的《关于建立民办高校学费收入信息管理系统的通知》,2010 年 6 月为民办高校统一安装了系统软件,并对民办高校专门人员进行管理系统的培训。从 2010 年 10 月起,民办高校必须在每月 6 日前将上月收费数据上传至管理系统,上传的学费收入数据须与本校学费专户收入数据、财务信息管理系统中学费收入数据相一致,如不一致,民办高校必须说明数据不一致的原因。

（三）加强对随迁子女学校的资产和财务管理

2008 年上海市把随迁子女学校纳入民办学校管理后,这类学校成为不再收费的学校,市、区县两级政府根据随迁子女学校的办学成本提供生均补贴,与此同时,也加强了对随迁子女学校的资产和财务的监管。

除了要求随迁子女学校落实法人财产权外,还规定了系列具体的监管措施。

1. 健全资产和财务管理制度

针对随迁子女学校财务管理制度不规范,主管部门难以对其进行有效监督和审计的状况,2010 年 1 月 27 日,上海市教委颁布了《关于加强以招收农民工同住子女为主的民办小学规范管理的若干意见》,规定了加强这类民办小学财务管理的一些措施。主要包括以下三个方面。

（1）规范学校的财务管理。由区县负责指导以招收农民工同住子女为主的民办小学严格执行财务会计管理办法和会计核算办法,并将这类学校的财务纳入区县财务结算中心统一管理,学校应建立教育经费使用的预算、决算制度,公布学校各类收费。

（2）加强经费使用的监督。学校必须对不同性质的资产实行分类记账;对学校财务进行定期财务审计。

（3）严格财产核实和财务清算。当随迁子女学校发生终止或重大事项变更时,由区县负责对学校进行资产核实与财务清算。

2. 制定随迁子女学校财务管理的具体措施

为了进一步规范以招收进城务工人员随迁子女为主的民办小学资产与财务管理工作,2011 年 2 月 23 日,上海市教委颁布实施了《以招收进城务工人员随迁子女为主的民办小学资产与财务管理若干问题的意见》。对这类学校的资产与财务管理制定了一系列具体的措施。

（1）规定学校财务管理的责任人。学校法定代表人是学校财务管理工作的第一责任人,学校不得在法定账户以外另立账户核算,不得设立小金库。

（2）财务人员的亲属回避制度。学校要配有具备会计从业资格证书的专职财务人员,持有非上海市会计从业资格证书的人员,需办理转入本市的相关手续。与学校举办者或管理者具有亲属关系的,不能担任学校财务人员。

（3）规定校长、教职工收入比例。学校应将所获得的政府补贴按照不低于 60％ 的比例用于学校人员经费支出,确保教师年收入逐年增加,并按规定及时为教职工缴交社会保险。校长取得的年收入一般不得高于上海市教师平均年收入的 2—3 倍。教师收入由学校直接拨付,逐步向财政国库集中支付方式过渡。

（4）建立学校食堂账户。学校有自办食堂的,要规范食堂管理,独立核算,开设食堂账户,师生分账核算,定期公布伙食费收支情况。

（5）建立资产定期评估和每年清查制度。学校应委托具有资质的资产评估机构对学校资产进行评估,资产的折旧、转让、租赁等要根据评估结果执行。应按照区县教育局的要求,定期对学校资产进行清查。

（6）规定学校会计核算制度。由区县教育局结(核)算中心负责随迁子女学校的会计核算工作。未建立核算中心的区县,由区县教育财务主管部门负责。

3. 区县教育部门对随迁子女小学财务的管理

根据上海市教委颁布的《以招收进城务工人员随迁子女为主的民办小学资产与财务管理若干问题的意见》,区县教育局相应制定了以招收进城务工人员随迁子女为主民办小学财务与资产管理的实施细则。如金山区教育局 2009 年 11 月 18 日制定了《金山区民办农民工子女学校财务管理试行条例》,奉贤区教育局 2010 年 5 月 11 日发布的《奉贤区民办农民工子女小学财务管理意见（试行）》，这些文件对随迁子女学校的财务管理提出了一些具体的规范措施（见专栏 4）。

专栏 4　奉贤区随迁子女小学资产与财务管理若干制度

学校财务统一纳入奉贤区教育事务受理中心财务结算部核算和管理。学校应于每月 5 日前向教育事务受理中心财务结算部提供完备、合法的原始凭证，进行会计账务处理。

学校须以法人名义开设银行基本账户，所有资金全部纳入账户统一核算管理。其中 60% 的注册资金与指定银行签订履约保证金协议，存入银行专用账户；其余 40% 的资金可作为学校日常运转资金。

学校实行备用金制度，备用金暂定为 5 000 元。常规支出以备用金支出，1 000 元以上的款项原则上应通过银行支付。严格遵守银行结算制度、现金管理制度，控制库存现金限额。

学校所有收费必须使用税务部门统一印刷的票据。实行收费公示制度。每学期以"多退少不补"的原则向学生进行代办费结算，学期末核算代办费的科目余额应为零。

合理使用教育经费。学校公用经费支出一般不少于财政补助总经费的 40%，其余部分用于人员经费。学校可按当年收入的 2% 计提风险保证金。

建立健全学校食堂管理制度和财务制度。食堂账务要有专人负责，开设食堂结算账户，师生分账，按照"专户管理，独立建账，成本核算，收支平衡"的原则进行规范管理。

完善学校内部控制制度。学校财务管理实行亲属回避制度和财务公开制度。财务人员不能和学校投资者、管理者是亲属关系。

健全学校预算决算管理制度。计划和预算编制遵循"统筹兼顾、保证重点、注重实效、欺勤俭节约"的原则。经费的经常性支出采取预算管理，1 万元以上的支出应报教育局民教科审批。

资料来源：《奉贤区民办农民工子女小学财务管理意见（试行）》。

四、完善民办教育财政支持及管理政策的思考

《民办教育促进法》颁布实施后，尽管上海市对民办教育的扶持和管理出台了系列政策文件，但仍存在不少问题，如规定的内容仍然过于原则，一些条文规定的内容与上位法不协调，资助额度的确定缺乏一套明晰的标准，对资助项目的过程监管薄弱等，针对这些不足，扶持政策需要在以下方面加以发展和完善。

（一）明确规定财政扶持专项资金的来源及增长幅度

近年来，虽然民办教育发展政府专项资助资金逐年有所增长，但这种增长不是法定的增长，而是政府相关职能部门协商讨论的结果。随着民办教育发展受到政府的重视程度的不断增加，应该说政府财政专项扶持资金会继续增长，但总的来看，与《民办教育促进法》规定的民办教育拥有与公办教育同等法律地位内容不协调。因为，公办教育经费的增长是由法律规定的，是一种法定增长，民办教育既然享有同等的地位，那么，体现在对民办教育的政府财政专项扶持资金上也应该是法定增长。

为此，应加快对《上海市促进民办教育发展专项资金管理办法》修改步伐，把民办教育发展专项扶持资金纳入市和区县两级政府教育经费预算，同时，根据公办教育经费在高和区县两级财政性教育经费中所占的比例及每年的增长幅度，相应确定民办教育发展专项扶持资金在市和区县两级财政性教育经费中所占的比例及每年的增长幅度。

（二）拓宽政策支持民办教育发展的途径与方式

从上海出台的扶持民办教育发展的文件看,更多的是重视对民办学校的直接财政扶持。直接扶持是最能引起现实效应的资助方式,直接扶持的常态化有利于提高社会资金进入教育领域的积极性。间接扶持的作用也非常突出,间接扶持更能反映出民办教育发展的政策环境的宽严程度。西方发达国家普遍重视间接扶持对发展私立教育的作用。

专栏5　美国政府对私立学校的学生资助情况

以美国政府对私立学校学生的资助为例,美国政府对私立学校学生的资助方式主要有奖学金制度和贷款制度。奖学金主要包括基本教育助学金和增补教育机会奖学金。前者每年由国会通过年度预算,各年度预算数额不等,学生每年有一次申请机会;后者的总预算数额基本相同,奖学金的评审和发放由各学校依照有关法律和法令进行,评审组织的人员构成和评审程序也是严格依法操作的,评审结果在学校报纸、网站或者告示栏公布,在异议期内接受教师和学生的监督。学生贷款包括国家直接贷款给学生、政府为学生担保向银行贷款、家长贷款和抵税贷款四种。其中抵税贷款比较独特:抵税贷款是指学生在读期间,其家庭每年收入中有 10 000 美元可以免交所得税,如果申请人在读大学的前两学年考试成绩保持在"B"等以上,其家庭享受 1 500 美元的抵税退款。1958 年颁布的《国防教育法》规定,由联邦政府"向非营利的私立学校提供贷款";1965 年通过的《高等教育法》规定,联邦政府要向公立和私立高校提供长期资助;1972 年,美国通过《高等教育法》修正案,第一次决定由联邦政府向包括私立高校在内的几乎所有高校不带任何附加条件提供资助,各私立高校可自主决定资助经费的使用。凡是符合条件的学生都可以申请联邦政府或者各州政府的奖学金和贷款,通过评估私立学校享受奖学金和贷款的学生比公立学校多,这些措施极大地缓解了私立学校高学费和贫穷学生支付能力弱的矛盾。

目前,一些省市非常重视采取间接扶持措施作用的发挥。如给予民办学校税收优惠、扩大民办高校专业设置和收费的自主权等待,在社会中引起积极的反响。应该说,直接扶持解决的是民办学校发展过程中眼前遇到的困难,而深层次的问题更需要诸如政策扶持、间接扶持的实施。

专栏6　部分地市政府给予民办学校建设用地优惠

广东省珠海市出台的《关于促进民办教育发展的若干意见》规定,民办学校用地可无偿划拨。四川省成都市制定的《关于大力发展民办教育的意见》规定,设立民办学校应与当地经济社会发展以及教育发展的需求和学校布局规划相适应。对民办学校新建、扩建所需用地,可按公益性用地采取行政划拨或协议出让等方式提供。对民办学校建设项目报建费的收取,按照与公办学校同等的优惠政策执行;涉及的其他经营服务性收费按国家和省、市规定的收费标准的下限收取。其中,山西省运城市政府出台的民办学校教育用地政策最具体也最优惠,其规定主要有:一是在土地使用上,政府以划拨方式提供用地;二是在融资上,民办学校以出让方式取得的国有土地使用权,可以通过校舍土地抵押形式,向金融机构申请贷款;三是在税费减免上,民办学校新建或扩建校舍的城市基础设施配套费用,城建部门征收时均按公益事业建设予以优惠,民办学校直接用于教学的房产、土地免征房产税、土地出让金,新征土地建校的免收旧城改造费。

据此,上海除了进一步完善公共财政扶持措施政策外,应在落实民办学校办学自主权和给予民办学校税收优惠等方面加以发展和完善。在省市政府权力许可的范围内,可尝试扩大民办高校的专业设置权,扩大民办学校收费的自主权,对民办学校新建和扩建所需用地给予政策优惠等政策。

(三)进一步明晰财政扶持的目的

随着政府对民办学校扶持政策的实施,资助的效益问题引起了各级政府和广大社会公众的关注。明晰资助目的有利于提高资助的效益。因此,今后出台扶持民办教育发展的政策时,可将财政扶持民办教育的目的定位在以下三个方面。

一是提高办学质量。学校教育应以为学生提供高质量的教育服务为终极追求。因此,政府出台政策资助民办教育发展,特别是利用公共财政资助民办教育发展,根本的目的就是为了提高民办学校的办学质量。国外的经验也证明了这一判断。如英国联邦政府加强对私立学校教学拨款的目的,就是为了促进教育质量的提高,满足学生、雇主和国家的需要。

二是提升师资队伍水平。只有拥有一支高素质、高能力的教师队伍,才能促进学校教育教学水平的提升,才能实现民办学校由重数量规模向重质量、内涵的转型。因此,帮助民办学校提高教师队伍的整体水平,将是今后政府扶持民办教育发展的又一主要目的。

三是减轻学生负担。政府对民办学校学生提供生均经费的财政资助,将会大大减轻他们的经济压力,使更多的家庭不会因为经济原因放弃对民办学校特别是优质民办学校的选择,从而可以极大改善民办学校学生的生源结构并扩大民办学校的生存空间。

(四)重点扶持民办学校内涵建设及特色发展

我国民办教育已经走过了兴起和初步发展的阶段,正向深化发展阶段转型,深化发展阶段的重要特征就是优质和特色。充分的办学自主加上一支稳定、高质量的教师队伍是提高学校办学质量和发展学校特色的关键。因此,围绕这个关键,一方面要继续增加公共财政对翼教育发展的扶持力度;另一方面,应将专项资助的重点放在学校的内涵建设和师资队伍建设领域。因为,公共财政扶持力度的加大和重点的转变,不仅有助于解决民办学校发展面临的现实困难,更有利于引导民办学校把学校建设的重点转到师资队伍建设和学科专业发展建设上来。

目前,不少省市已把民办学校"强师工作"的建设、民办学校青年骨干教师的培训作为民办教育发展政府专项资金支持的重点,如陕西、上海。可以预测的是,今后,民办学校重点学科专业的建设将得到政策更多的扶持。只有有特色的学科和专业的支撑,特色学校才能创建成功,创建了才能持久发展。在这方面,是有国际经验可借鉴的。如英国和澳大利亚对私立教育的科研拨款制度,就是有针对性、有选择性地对私立学校中一些有发展远景和潜力、又符合国家及地方社会经济发展需要的学科专业给予重点资助。同时也有国内相关省市的实践经验可吸收。

专栏7　北京市设立民办高等教育发展引导资金

北京市教委2007年以来,设立了民办高等教育发展引导性项目资助,每年拨付1 000万元左右的引导性资金,带动民办高校进行重点专业、实验室、实训基础和安防系统的建设。2011年,北京城市学院获批招收硕士研究生资格,北京市教委拨付3 000万元左右的引导性项目资金支持学校的发展。

(五)明确公共财政资助的标准

《民办教育促进法》及其《实施条例》颁布实施后,各级地方政府主管部门纷纷设立了民办教育发展政府专项扶持资金,并出台了《民办教育专项资金使用及管理办法》。对专项资金的用途、申请程序作了较明确的规定。然而,绝大多数地市出台的这类文件都未制定有专项资金分配使用的具体方法和标准。这就造成专项资金重设立轻结果的现象。分配不公现象时常出现,削弱了专项资金功能的有效发挥。上海市也存在这种问题,对专项资金的分配和使用未制定有明确的专项资金分配和使用标准。

目前,除了陕西省对民办高等教育发展专项资金明确提出了"因素分配法"外,浙江省近期出台的《支持市县民办教育发展专项资金管理办法》提出了"遵循市县为主、因素分配"的方法。它将省级专项资金的奖补资金与市县两级财政对民办教育的投入直接挂钩、与市县民办教育的发展规模直接挂钩、市县级政府出台的民办教育扶持政策直接挂钩。这一分配方法和标准的设定,虽然不是针对民办学校,但对市县两级政府有直接的正面引导作用。

专栏8　因素分配法中的八种指标

一是学校生均教育收入总额,指标系数20%。二是学校支持地方培养人才指标,指标系数20%。三是学校资产负债率,指标系数10%。四是学校经费总收入与经费总支出的比重,指标系数为10%。五是学校生师比与全省民办高校生师比平均值的比值,指标系数为10%。六是学校年生均教学经费支出额与全省民办高校年生均教学经费支出额平均值的比值,指标系数10%。七是学校生均教学设备资产值与民办高校生均教学资产值的比值,指标系数10%。八是综合管理水平,指标系数10%。并对每种指标的具体计算方法作了明确的规定。

资料来源:《陕西省民办高等教育发展专项资金管理暂行办法》。

上海市《促进民办教育发展专项资金使用办法》已出台七八年,七八年间,上海民办教育的发展发生了许多变化,因此,《促进民办教育发展专项资金使用办法》的修订是近在眼前的事,在修订时,应把明晰公共财政资助的分配、使用标准作为主要的内容之一。

(六)加强对扶持项目执行过程的监管

重设立、轻程序,重立项、轻监督,是扶持政策执行中存在的主要问题,其结果是造成项目进展缓慢、项目完成结果不能令人满意,扶持的预期目标无法实现。这种现象并非个别,而是具有普遍性。政府职能部门对审批立项的扶持项目,虽然有对项目执行的一些要求,但实际上是,到期未完成的,不管其导致延期的原因如何,都允许其延期完成;已经完成的,对完成成果的认定也时常走过场。这就不难理解为什么经常出现项目做完了,而预期目标未实现的情况了。目前,这种现象已经引起政府主管部门和社会广大公众的关注,因此,今后出台或修改相关扶持政策时,应明确规定对扶持项目执行过程的监督程序,并对每个过程的监督配备相应的奖惩措施,以加强扶持项目执行过程的监督力度。

项目执行过程应包括多专项扶持资金设立到项目申报审批、项目具体执行及对项目完成结果的验收等一系列的过程。因此,对其所进行的监管也应包括四个方面,一是对扶持资金设立的合法性的评价;二是对受资助立项项目的合理性的评估、论证;三是对受资助项目进展过程的监督检查,经常性地评估资助项目的达标程度;四是对项目完成成果的验收。

(执笔人:谢锡美)

上海市民办高校专业设置和就业状况

伴随 20 世纪 90 年代高等教育扩招,大学生就业难的问题逐渐显现并有愈演愈烈之势,与之相对应的则是用人单位反馈的应届大学生知识体系、基本素养等问题的较低满意度,可用之才乏善可陈,这其中的关键则是专业设置与社会人才需求之间的脱节。专业设置为高校人才培养设定了目标和方法,就业则是对专业人才是否"适销对路"的集中表现。因此对就业状况的分析将有助于对高校专业设置的调整,另一方面,专业设置的调整充分考虑社会对人才的需求,也将从根本上解决高校大学生就业难的问题。

一、民办高校专业设置现状

(一)2005—2012 年上海民办高校专业设置情况

经过近二十余年的发展,上海市民办高校大多经历转型,进入内涵发展阶段,突出表现在专业设置上,整体看来,2005 年至 2012 年,除了少数停办和限制招生的院校,民办高校的专业数基本上都有所增长,但专业的稳定性略显不足,亦反映了学校对社会需求变化的反应(见表 1)。

表 1   2005—2012 年上海民办高校专业设置数量表 单位:个

学　校　名　称	专业数(2005 年)	专业数(2012 年)	8 年未发生变化的专业数	比例(%)
上海杉达学院	17(本)5(专)	23(本)5(专)	15(本)	53.6
上海外国语大学贤达经济人文学院	10(本)	16(本)2(专)	10(本)	55.6
上海师范大学天华学院	6(本)	17(本)3(专)	6(本)	30
上海视觉艺术学院	7(本)	13(本)	4(本)	30.8
上海济光职业技术学院	22(专)	23(专)	11(专)	47.8
上海工商外国语职业学院	16(专)	21(专)	9(专)	42.9
上海东海职业技术学院	25(专)	27(专)	11(专)	40.7
上海新侨职业技术学院	25(专)	24(专)	12(专)	50

学 校 名 称	专业数(2005年)	专业数(2012年)	8年未发生变化的专业数	比例(%)
上海邦德职业技术学院	26(专)	19(专)	4(专)	21.1
上海中侨职业技术学院	23(专)	25(专)	10(专)	40
上海震旦职业学院(东方文化)	11(专)	15(专)	3(专)	20
上海立达职业技术学院	14(专)	24(专)	12(专)	50
上海思博职业技术学院	23(专)	18(专)	9(专)	50
上海民远职业技术学院	17(专)	21(专)	9(专)	42.9
上海电影艺术学院	8(专)	16(专)	5(专)	31.2

注：表中数据来源于2005年和2012年上海市普通高校招生专业目录。

(二) 专业设置的基本特征

1. 各高校特色专业不断涌现，专业整体的稳定性不足

由于改革开放后我国民办高校办学历史不长，专业设置雷同不可避免，但要在就业市场上占有一席之地，就不得不在专业方向上下功夫。例如，上海民办高校中有10所高校设立了计算机科学技术或者计算机应用与技术相关专业，但只有建桥学院的计算机科学与技术专业正式纳入全国高等学校特色专业建设点项目，因该专业以嵌入式系统服务外包专业方向为改革试点，创办教学试点班，在教学中强调实践能力和外向型服务人才的专业素质的培养，从办学成效上来看，该专业毕业生发生直接用工关系的比例高达98.44%，高出任何一所上海市开设计算机科学与技术专业的高校。又如上海市有11所民办高校设置国际商务或国际经济与贸易相关专业，但只有杉达学院该专业被教育部列为第三批高等学校特色专业建设点，同时该专业还与美国瑞德大学合作办学，引进国外师资、教学计划和教材和先进的教学方法，且核心课程全英文教学，努力实现了与美方合作伙伴的国际商务人才培养模式"对接"，最终合格毕业生可分别获得上海杉达学院和美国瑞德大学的学士学位证书。2011年杉达学院的国际经济与贸易专业毕业生达280人，同比上海24所开展此专业的高校，杉达学院的专业毕业生人数最多，且该专业发生直接用工关系比例达72.5%，高于24所平均比例69.31%。再以钢琴调律专业为例，目前上海市仅有五百名左右的正规钢琴调律师，而上海家庭共拥有五六十万台钢琴，对上海巨大的钢琴市场来说，钢琴调律师严重匮乏。正是在这种背景下邦德学院于2008年首家开设钢琴调律专业，迄今为止在上海市民办高校中仍具有很强的专业"垄断性"。该专业以上海超拔钢琴有限公司为实习实训基地，通过相关课程的学习和考核，考核通过的学生将获得钢琴调律与维修能力国家职业资格高级证书、钢琴演奏五级以上证书等，毕业生就业率高达100%。

新专业的设置是适应时代发展的表现，但在表1中，我们亦会发现民办高校的专业稳定性不足。2005年至2012年，除了少数停办和限制招生的院校，民办高校的专业数基本上都有所增长。通过对比两个年份的数据发现，相较于2005年的专业设置，2012年的专业在设置上，方向更加细化，未发生改变的专业数，即专业的稳定率则维持在30%—50%之间。专业稳定性不足，反映了民办高校专业结构调整幅度过大，办学资源势必要重新配置，这无疑给办学投入原本就不足的民办高校带来困难，实质上并不利于民办高校的持续发展。

2. 2010年后的专业调整更贴近上海地区经济发展的需要

随着经济的迅速发展，社会对专业人才需求的层次也发生变化，产生了一些复合型专业人才的需

求。如计算机科学技术在图书、情报、档案管理领域的广泛使用，使得社会迫切需要一些从事秘书、电子政务、档案管理及信息资源管理等工作的复合型专门人才。2011年东海学院顺势而为，新设计算机应用技术（图情档管理方向），将传统的图情档与新兴的数字信息有机地整合在一起，体现了图情档案管理鲜明的时代特色和整合交叉性特色。民办高校的办学定位是明确培养应用型人才，因此上海市各民办高校广泛采用校企合作、校校合作办学，使专业建设与行业实际紧密结合，在产学联合打造中发展。如东海学院为适应闵行区建设动漫港的需要，加强动漫专业建设，充分利用上海交通大学、华东师范大学等高校的教师队伍、工程实训基地进行教学活动，依托紫竹高科技园区、航空公司等单位的资源实施实习活动，同时进一步加强国际合作，开展与澳大利亚昆士兰大学、英国东伦敦大学、日本福井大学的国际合作，联合培养高水平技术人员。独立学院的办学优势更为明显，虽然独立学院专业的设置必须执行国家规定的本科专业目录，但在专业方向的设置上，各学院一般能根据自身特点，借助母体学校的师资、设备等条件，充分利用民办的灵活机制设置专业，或移植传统优势专业，以主动适应社会经济科技迅速发展的需要，显示出高起点、宽视角的优势。

据《教育部关于公布2011年度高等学校专业设置备案或审批结果的通知》，2012年上海建桥学院新设了网络工程专业、复旦大学上海视觉艺术学院新增公共艺术专业、上海外国语大学贤达经济人文学院新设数字媒体艺术专业。这些新专业都是适应上海市"十二五"规划中现代服务业的建设目标。

3. 专业设置更加细化，专业方向更加明确

相对于公办高校，民办高校的专业设置更加细化，专业方向更加明确，更适应当前社会经济分工不断细化的趋势。例如，建桥学院将文秘专业细分为司法秘书和涉外秘书两个专业，杉达学院将行政管理细化为电子政务方向和食品质量安全管理两个方向专业，东海学院航空运输系下设空中乘务、民航商务和航空机电设备维修三个专业，新侨学院的珠宝与艺术设计系下设珠宝首饰工艺及鉴定和应用艺术设计两个专业。这些专业的内涵更为狭窄，就业方向更加明确，不少是"订单培养"的模式，实行与某些企业用工需求挂钩的招生和培养，学生毕业后经过上岗培训，直接赴某一定点的企业工作。如新侨学院的珠宝首饰工艺及鉴定专业与华联典当连锁有限公司等签订"订单式"人才培养协议书，典当行派出有丰富经验的老总亲自为学生授课，该专业至今有60多名学生服务于各大典当企业。

随着我国工业化和信息化程度的不断提高，培养大批理论扎实动手能力又强的高级技能型人才已成为高等教育义不容辞的责任。上海市民办高校紧紧把握了这一专业建设的良好机遇，纷纷开始了一些新专业，这些专业定位非常明确，时代感很强，具有一定的适应性。立达学院2009年开设模具设计与制造专业培养制造业高级应用型技术人才；济光学院于2009年开始增设城镇规划专业来满足我国目前城镇化水平增速最快的时期对城镇规划专业人才的需求。另外，上海市为了提升整个城市的文明和市民的文化艺术修养以跻身于世界文化艺术领域的领先行列，于2005年成立了一所现代化、国际化水准的视觉艺术学院，设计学院、新媒体艺术学院、时尚设计学院、美术学院、表演艺术学院、基础教育学院，共细化为28个专业，满足了现代视觉艺术设计高层次人才的社会需求。

二、上海民办高校就业工作情况

（一）2006—2012年间上海民办高校的就业情况统计

在2006年到2012年间，每年的毕业生从15 000人增加到29 000余人。上海19所民办高等学校共有普通本、专科在校生9万人，占全市普通高等学校本、专科在校生总人数的18%。2006年至2012年的就业率显示，上海民办高校的就业率维持在与本市就业率基本持平，甚至略高于全市高校

毕业生就业情况(见表2)。在参加志愿服务西部和"三支一扶"方面,民办高校也做出了积极的贡献(见表3)。经过二十余年的发展,在国家、社会、企业、市民的热情支持下,上海民办高等教育已成为上海高等教育的重要组成部分,上海民办高校的毕业生在推进和参与上海的经济建设、社会发展中发挥了越来越重要的积极作用,上海的民办高等教育在促进上海高等教育大众化的征程中发挥了重要的积极作用。

表2 2006—2012年毕业生基本数据统计　　　　　　　　　　　　　　　　单位:万人

年　份	上海市高校毕业生情况		上海市民办高校毕业生情况	
	人　数	就业率(%)	人　数	就业率(%)
2006	12.9	94.27	1.5	96.15
2007	14.3	97	2.2	95.9
2008	14.9	97	2.3	97.36
2009	15.8	90.63	2.5	87.62
2010	16.8	95.12	2.8	96.66
2011	16.9	95.68	2.9	97.35
2012	17.0	95.95	2.7	97.17

注:数据来源于历年上海市教育委员会毕业生就业状况统计。

表3　民办高校毕业生志愿服务西部建设和参加"三支一扶"概况　　　　　　　单位:人

年　份	志愿服务西部建设毕业生数		"三支一扶"和村官	
	全市毕业生	民办高校参与	全市毕业生	民办高校参与
2007	189	13	/	/
2008	165	16	462	37
2009	295	32	893	93
2010	170	24	475	79
2011	180	20	247	18
2012	144	18	418	29

注:① 数据来源于历年上海市教委毕业生就业状况统计。
　　② "/"表示数据缺失。

(二)民办高校就业信息化建设

根据教育部提出建设国家、省(市)和高校三级高校毕业生就业服务网络体系的要求,上海市积极构建高校毕业生就业供需信息网络平台。2003年7月,上海市教委投资450多万元对上海市高校毕业生就业信息网进行升级,开始建设上海市高校毕业生就业供需信息网络平台,并于2004年5月正式运行。由于没有统一的规划,上海高校就业信息化建设存在一些问题:一是相互独立,没有统一的数据接口,信息不能共享,造成信息资源浪费;二是各个高校所建就业信息平台没有与学生事务中心的网站统一规划,也造成相互信息独立,网站分工不明确;三是许多高校就业信息网与本校的教务管理系统不兼容,不能有效利用本校的生源信息。

2010年,上海建桥学院就业办公室和上海甲鼎信息技术有限公司合作,共同开发了"甲鼎就业信息管理与服务系统平台",经过三年的建设、开发和运行,逐步形成了"一个就业信息服务网,两个技术平台,十一个应用平台",即 1+2+11 的总体框架。共同使用该就业信息平台的上海政法学院、上海应用技术学院、上海商学院、上海医疗器械高等专科学校、上海出版印刷高等专科学校、上海立达职业技术学院、上海中侨职业技术学院、上海工商外国语职业学院等多家公办民办本专科高校,已经实现用人单位的招聘信息共享,大大提高了信息的利用率,为学生求职和单位招聘提供了充分便利,惠及广大毕业生就业。

目前,切实加强就业信息化平台建设,发挥就业信息网在促进毕业生就业积极作用已在民办高校取得共识。上海杉达学院、上海师范大学天华学院、上海外国语大学贤达经济人文学院、上海东海职业技术学院、上海济光职业技术学院、上海欧华职业技术学院、上海震旦职业学院等民办高校也将在 2013 年使用"甲鼎就业信息管理与服务系统平台",参加共同使用该平台的民办、公办高校将达到 18 所,惠及共享用人单位招聘信息的学生也将达到几万人。

(三)民办高校创新创业基地建设

为贯彻实施《上海市中长期教育改革和发展规划纲要(2010—2020 年)》,健全高校职业生涯指导和服务体系,提升大学生就业和创业能力,上海市教委从 2010 年 10 月份起开展"上海高校毕业生就业工作创新基地"建设工作。工作目标是按照分类指导原则,通过在不同层次和类型的高校建设若干个"创新基地",形成一批适应高校特色发展、创新发展要求的,对上海高等教育事业发展具有引领作用的高校毕业生就业工作示范学校。同时,上海高校还可结合本校就业工作的特点和优势,申报"创新基地"特色建设项目,项目主要包括以下领域:职业发展教育和创业教育学科和课程建设、教师队伍专业化建设、就业服务信息化建设、就业指导和咨询案例库建设等。市教委根据各高校申报和评审情况,将分别评定"示范创新基地"5 个,给予每个基地 60 万元建设经费支持;"特色创新基地"7 个,给予每个基地 40 万元建设经费支持;"专项创新基地"11 个,给予每个基地 20 万元建设经费支持各若干个。

2011 年 11 月,上海市教委公布评审结果,上海思博职业技术学院被评为上海市高校毕业生就业工作示范性创新基地;上海东海职业技术学院、上海新侨职业技术学院、上海工商外国语职业学院被评为上海市高校毕业生就业工作创新基地;上海建桥学院、上海立达职业技术学院、上海中侨职业技术学院被评为上海市高校毕业生工作创新基地孵化建设学校。

2012 年 10 月,上海市教委公布第二批创新基地评审结果,上海建桥学院、上海中侨职业技术学院、上海视觉艺术学院、上海师范大学天华学院、上海立达职业技术学院被新评为上海高校毕业生就业工作创新基地。

上海思博职业技术学院和上海新侨职业技术学院等 10 所民办高校获批"职业生涯规划为导向的全程化人才培养模式研究与体验式课程教育实践探索"项目。上海东海职业技术学院获批"让最美民族之花在东海绽放——帮扶新疆喀什少数民族学生就业"项目。

(四)上海民办高校就业工作协作组

2009 年寒假,为缓解 2008 年金融危机的爆发给民办高职院校带来的严峻就业形势,民办党工委和民办高等教育协会筹备组建民办高校就业协作组,落实中央"关于努力解决就业难,维护社会稳定"的指导精神。上海中侨职业技术学院、上海工商外国语职业学院、上海建桥学院、上海济光职业技术学院、上海东海职业技术学院 5 所院校参与前期筹备工作。2009 年 4 月 8 日协作组在民办党工委举办成立大会,共有 21 所民办高校参加。

上海民办高校就业工作协作组开展如下工作。

(1)举办每月例会,各校在例会上沟通、交流就业工作计划和就业情况、推动整体进步。

(2)加强培训,聘请有关专家学者对民办高校毕业班辅导员培训,提升辅导员工作水平。

(3)举办"新形势下民办高校就业服务论坛",开展研讨,探索民办高校就业工作规律。

（4）组织辅导员撰写论文，总结工作经验，编辑出版就业工作论文集和大学生创业案例集。

（5）组织参观考察活动，学习借鉴外校工作经验和方法，提高上海民办高校就业工作水平。

上海民办高校就业工作协作组自 2009 年成立以来，通过 4 年来开展的卓有成效的工作和活动，对促进上海民办高校就业工作，增进各校间合作共赢、良性竞争发挥了积极作用。

（五）推进上海民办高校就业工作发展举措探讨

将就业纳入民办高等教育的系统中去探讨研究，对于改革上海高等教育管理体制，增强民办高校自我发展能力，提高教育质量，推进就业工作具有十分重要的现实意义。

1. 提高教学质量，培养适应社会需求的人才是民办高校提高学生就业率的根本出路

《国家中长期教育改革和发展规划纲要（2010—2020 年）》指出：要把适应社会需求作为衡量教育质量的根本标准。根据国务院 2012 年"关于批转促进就业规划（2011—2015 年）的通知"精神，坚持促进就业与经济社会发展相结合。将促进就业放在经济社会发展的优先位置，作为保障和改善民生的头等大事，依靠经济发展带动就业增长，以扩大就业来促进经济持续发展，为转变经济发展方式提供有力保证的原则。

高校的生存和发展越来越依赖于生源和学生的需求。生源的质量很大程度取决于学校的声誉，学校的声誉很大程度上也取决于毕业生在社会上的贡献、地位以及得到的认可度。麦可思调查也显示，核心专业课程设置和内容越贴近毕业生岗位需要，毕业生的基本工作能力越强、对职业的期待吻合度越高，大学培养的知识和技能需要与发展中的社会相适应。

开设有社会需求的专业十分重要。目前，高校毕业生就业存在着结构性的矛盾，专业设置上还是比较偏学科型的、学术型的，培养的人还是以知识体系为标准的，可能就跟岗位有较大的脱节，对文科毕业生的需求量不如理工科学生，也说明了针对结构性矛盾的突出，应该调整专业结构，市场需求大的专业应该加大招生力度，对就业差的，供大于求的专业应该有适当的调整手段。

2. 加强校企合作的力度，重视专业实习和技能培训的力度，使专业教学符合社会需求

教育部在 2005 年 1 月《关于进一步加强高等学校本科教学的若干意见》中就提出："大力加强实践教学，切实提高大学生的实践能力。高等学校要强化实践育人的意识，区别不同学科对实践教学的要求，合理制定实践教学方案，完善实践教学体系"。民办高校需要思考，在本科教育规模快速扩张的状况下，应用型本科如何调整适应社会需求，通过"产学研"加强校企合作，培养应用型本科生的实践能力、创新能力和科技素质的重要性。

在应用型本科教学体系中，实训实践教学是学生认知社会，熟悉职场环境，培养实际工作能力的重要途径，具有理论教学不可替代的作用。民办高校有条件的专业要建立校内实训基地和校外实习基地，最终达到毕业生的知识技能与岗位需求无缝连接。同时还需要解决课程设置和教学计划中缺乏实习和实践环节而造成与市场需求的脱节问题，专业课程的设置和内容越贴近毕业生岗位需要，毕业生的基本工作能力越强、对职业的期待吻合度越高，越受用人单位的欢迎，也才能提高毕业生的就业质量，使民办高校的毕业生在社会上有稳定的立足之地。

3. 加强职业资格证的培训力度

现在越来越多的行业都实行行业资格准入制度，过去只要有学历就可以就业，现在和以后的趋势是既要有学历，又要有与岗位相关的证明某项技能的职业资格证书才能更好地进入人力资源市场。公办高校十分重视双师型师资的培养，重视岗位资格证书的培训和考试的经验值得民办高校借鉴。民办高校应用型专业要根据专业特色，除了引导学生取得英语等级证、计算机等级证外，还要取得与专业相关的诸如法律职业资格证书、会计上岗证书、导游资格证、人力资源管理师、物业管理师、房地产营销策划师、劳动和社会保障岗位资格证书、上海市人事管理岗位资格证书等各行各业的资格证书，提高毕业生就业竞争力。

4. 建议将职业生涯与就业指导课程列入教学计划的必修课或选修课

发达国家以及我国台湾地区对学生的生涯教育和职业指导早在初中时期就已经开始,日本甚至将生涯教育贯穿于从幼儿园到成人的整个教育过程。对比之下,我们的学生缺乏系统的职业生涯指导教育,据有关数据统计,上海还有为数不少的民办高校尚未将职业发展课程列入教学计划。这对学生的就业和今后的职业生涯发展将受到一定的制约和影响。根据教育部办公厅"关于印发《大学生职业发展与就业指导课程教学要求》的通知"(教高厅〔2007〕7 号文件)精神,"职业发展与就业指导课程建设是高校人才培养工作和毕业生就业工作的重要组成部分,要认真落实国办发〔2007〕26 号文件关于'将就业指导课程纳入教学计划'"的要求。上海市文明单位创建项目Ⅲ - 15 - 3 也要求,将"职业生涯发展教育贯穿于大学教育的全过程,职业生涯发展教育教师队伍培养有计划、有措施"。各民办高校都应该将职业生涯与就业指导课程列入教学计划,配备专职或兼职的职业规划工作人员,负责学生的职业规划指导教育,引导学生合理、科学、客观和准确地评价自己,及早制定科学的职业生涯规划。

5. 完善民办高校就业指导机构建设、重视就业指导工作的队伍建设

各民办高校必须根据市教委对高校就业工作指标体系的要求,设立校一级的就业工作领导小组,院系主要领导应是领导小组成员。建议民办高校完善就业指导机构,有条件的要成立就业指导中心,在开展就业工作日常事务的基础上,加强职业生涯与就业指导工作的开展和落实。

重视就业指导课教师的培养和职业咨询师的培养,加强就业指导课程的大纲、教材、课件建设,加强对学生职业生涯的指导,创造条件使用专业软件为学生开展在线职业测评,使学生通过了解自己的性格、优势、劣势、动力结果,找到适合自己的岗位特质,使学生在就业时有的放矢地选择适合的职业类型,同时也有利于用人单位对毕业生的选择。

6. 民办高校就业率的提高需要社会全方位的帮助

国务院 2012 年《关于批转促进就业规划(2011—2015 年)的通知》要求,坚持促进就业与经济社会发展相结合。将促进就业放在经济社会发展的优先位置,作为保障和改善民生的头等大事,依靠经济发展带动就业增长,以扩大就业来促进经济持续发展,为转变经济发展方式提供有力保证的原则。民办高校就业的提高需要社会全方位的帮助,要以政府、用人单位、高校和大学生作为就业指导的主体,以"市场就业制度"或"自由就业制度"为基础,配备专职人员在大学生中开展内容全面、形式多样、方法先进的就业指导,帮助大学生及时了解就业市场的变化,培养学生的职业兴趣和职业定向意识,提高学生的就业技能和就业方法,提高学生对学习和择业的主动性,这对提高民办高校毕业生的就业率与就业质量具有积极的现实意义。

三、就业视角下民办高校专业设置存在的问题与对策

作为民办高校人才培养质量的最有效考核标准,就业现状对专业设置情况的分析有着极为可靠的参考价值。几十年来教育界关于如何设置和调整专业才能使毕业生更好地适应市场需要的争论不断,国家也先后四次对专业设置目录进行了大规模的调整,但专业设置的盲目性、滞后性等问题仍存在,对此,我们希望通过就业视角下对专业设置问题的探讨,能有效将人才培养的入口和出口进行连接。

(一)民办高校就业视角下专业设置存在的问题

1. 低成本专业设置较多,专业重复率较高

在专业目录中专业数是有限的,专业适度重复设置并不都会带来问题,适度范围内的重复设置有其合理性:在一定程度上反映了现实的市场需求,同时可以在一定区域内集中某一专业师资,有助于某专业领域内良好的学术氛围的形成,有利于促进各校相同专业的竞争,形成专业发展的规模效

应。然而重复设置某一专业,会导致有限的办学资源使用效率低下,进而影响到既有专业群的建设,降低整个专业群建设效益。另一方面,当市场上该专业人才需求萎缩,毕业生的就业难度将会凸显,亦会同时增加专业结构调整成本。所以,根据有关研究,在一定范围内高校专业设置平均重复率为3.5—4较为合适。

上海市20所民办高校中,除了兴韦信息技术职业学院专业设置有自己的特色以外,其他民办高校的专业设置都存在不同程度上的重复现象。专业分布来看,目前上海的民办高校专业趋同严重,甚至有很多专业的专业设点数超过10,在专业重复度高的专业中,多数专业为办学成本低的文科、管理类专业,如物流管理、会计、英语、旅游管理、艺术设计等,这些专业很多已被教育部列入预警专业。当然,从表4中也可以发现,有些工学类的专业如机电一体化、汽车服务类专业布点也很多,因为这些专业培养出来的中高级技术人才从目前来看社会需求较旺盛,就业率普遍较高。事实上,高校的理工科专业和文科型专业理想的设置比例应为7∶3,而据上海市教委学生处就业办主任田磊介绍,实际上上海高校一般只能做到6∶4,在上海民办高校,这一比例更是逼近了5∶5。具体情况如表4所示。

表4 上海市民办高校专业设置重复度情况

学 科 门 类	专 业 名 称	专 业 重 复 度
经济学类	国际经济与贸易(国际商务)	13
	金融学	6
	报关与国际货运(航运)	6
新闻学类	新闻与传播学	8
	文秘	4
	广告学	2
外语类	英语	15
	日语	14
	德语	4
	法语	5
	韩语	3
	西班牙语	4
法学类	法学(法律事务)	4
管理类	会计	11
	会展策划与管理	5
	电子商务	6
	物流管理	13
	市场营销	3
	财务管理	3
	工程管理	4
	信息管理与信息系统	2
	旅游管理	12
	房地产经济管理	3
	酒店管理	7

学 科 门 类	专 业 名 称	专 业 重 复 度
管理类	连锁经营管理	2
	工商管理	4
艺术类	影视动画	6
	艺术设计	16
	数字媒体艺术	4
	影视表演	5
医药护理类	护理学	8
工学类	机械设计	2
	机电一体化	10
	计算机技术类	13
	微电子类	3
	汽车服务类	10
	电气自动化	4
	数控技术	6
	模具设计与制造	3
教育类	学前教育	2

2. 单科性学校少，学科门类多、跨度大

调查显示，平均每个民办学校有 5 个院系，从资源配置的角度看，学科门类多意味着学科跨度大，学科跨度大会有很多不利影响，首先，势必加大学校的管理跨度，不利于高校提高管理效率；其次，分散了资源，未能集中力量促进学科的发展；再次，学科跨度大不利于学科之间的沟通，根据管理沟通理论，大学内部的沟通就如同生命线，是维持其生命活动的重要因素，高校内部的沟通不良将会造成学校最大的创造力无法发挥。与此同时，大多数民办高校也将多学科综合性高校作为自身的发展目标。麦可思调查发现，高职院校开办的专业大类较多，其培养的毕业生在毕业半年后的就业率有所降低。所以，各民办高校应该集中优势资源错位竞争。

3. 专业调整极端化，简单意义上的市场导向误导专业设置

民办高校出于生源市场竞争和自身生存的需要，在专业设置上紧跟市场需求，忽视了社会的长期发展趋势和需要，这无疑造成了专业设置的短视取向，加剧了专业对社会热点的迎合，使专业变动频繁。民办高校要适应市场需求无疑是一条重要的办学原则，但是，专业设置上不能完全以市场为导向。一是市场经济体制本身有着不可克服的盲目性和滞后性以及快速的变化性，一旦"热门"专业三到四年后不"热门"，如何保证这些专业毕业生的就业？二是民办高校的短期实用主义取向必然会使学校因疲于奔命而导致教育质量的滑坡和教育资源的浪费。因为专业的调整必然伴随着实训场所、实习基地的调整以及教学设施的更新，而这一切的背后必定是教育质量的难以保证及教学资源的浪费，从长远来看，这也不利于对民办高校的可持续生存与发展。事实上，这并不是真正面向市场办学，而是被动地适应市场需求，最终将会被市场规律惩罚。所以在笔者看来，民办高校专业设置不能过于被动，既要树立"你需要什么，我就培养什么"的市场导向思想，又要结合经济发展的新特点和未来走向，前瞻性地形成"我培养的人才，就是你需要的人才"的良性循环。

（二）民办高校专业设置的改革举措探讨

1. 转变专业设置与调整的理念

专业设置与调整不是单一环节的工作,需要以一定的理念为支撑,并且这些理念应与办学理念相融合,对此,建议民办高校专业设置与调整应遵循服务区域社会经济发展、开放式办学、特色化办学的理念。教学、科研、社会服务并称为高校三大功能,民办高校立足地方,与区域经济有着更为密切的关系。因此在专业设置上,应紧密贴合地区经济发展进程,为地方经济培育人才。另一方面,民办高校对市场反应较为迅速,通过率先设置一些有需求的新兴专业,或者是市场需求强烈的专业,来适应经济结构调整,因此,开放式理念对民办高校尤为重要。新兴专业设置方面,建议与海外有特色的同类专业联合办学,以迅速弥补新办专业的资源劣势。校企合作方面,可以采用学校、企业双主体合二为一的新模式,即学校自己办企业,或者学校自办工业园,企业进驻学校,进驻工业园等形式。

2. 以品牌专业、特色专业建设推进教育教学改革

鉴于越来越高的专业重复率、激烈的竞争性,以及有限的就业市场,上海民办高校清楚地意识到,唯有培育出具有特色的专业品牌,学校才能立于不败之地。上海民办高校以品牌专业、特色专业的示范作用,带动其他的专业改革和水平提升。

上海思博职业技术学院将其护理专业人才培养目标定位在为上海三级甲等医院为主,兼顾二级甲等医院和其他医疗卫生单位培养具有特点的上海护士和具有卫生护理知识与技能背景的医疗卫生工作人员,同时也使培养的人才适应涉外护理、特需护理、医院现代信息化管理的要求,办学过程强调对学生综合素质的培养要求,在关注就业问题的同时,也关注学生在职业生涯发展中的持续的后发力量,体现了专业人才培养较为完善的价值取向。课程融入现代国际护理学、国际护理模式、国际护理观念的内涵,除护理学基本理论知识学习,扎实的护理岗位技能训练外,突出了基本的临床英语沟通能力、跨文化沟通能力、护理美学,以及基础护理信息管理操作能力的训练。

上海视觉艺术学院借鉴、采用国际著名艺术院校实施的,以工作室和项目制为主体、学分制为特征的教学模式,从宽基础、前沿性的必备专业素养训练,逐步过渡到专业工作室教学,体现了"艺术与技术相融合"的人才培养特色,形成了课堂教学与实训工作室教学相结合、校内教学与校外实习基地教学相结合的"两个结合"的教学培养模式。结对拜师的教学模式使得学生得到经验丰富的前辈指导、训练与提高,取得课堂教学无法获得的教育效果。

上海东海职业技术学院"报关与国际货运"专业根据报关货代人才需求变化和岗位能力的最新要求,深入调研,进一步拟定专业培养目标,编制专业就业岗位能力分析表,以岗位能力为本位,以就业为导向,以职业资格证书考试为标准,重构新型课程体系与课程模块。根据各岗位对毕业生的能力要求,开设相关课程,形成了三个职业技能课程模块;加强实践教学,将实践教学学时比例提高到40%以上,实行"岗位认知实习—专业课程实训—轮岗实践—综合实践"的"滚动式"实践教学模式,取得良好的效果。

上海工商外国语职业学院以"专业平台＋职业模块"为基础,科学设置专业布局,专业之间互为基础、互为支撑,以任务引领、合作学习和情景教学为方法和手段开展教学,培养了一批批外语基础扎实、又有职业特长的毕业生。

3. 深化校企合作,增强专业的行业属性

由于各个民办高校在专业设置上类同趋势较为明显,部分院校在努力打造自己院校的特色时,已经开始有了些初步的尝试,其中较为明显的是深化校企合作,将行业企业引入,双方合作开设专业。如立达学院与台企合作开设连锁销售,思博学院与盛高置地合作开设建筑工程专业,邦德学院与华谊兄弟合作等。将行业企业引入办学过程,合作开设专业,一方面提高了企业用人单位在校企合作方面的积极性,避免校企合作流于形式的困境,另一方面能够将实际工作中遇到的现实操作知识引入日常教学环节中,大大缓解了学校知识在工作中需求度不高的尴尬局面,为学生毕业后顺利就业,尽快融入企业环境提供了基础。

（执笔人：陈洁、张歆）

上海民办高校落实法人财产权现状与对策

一、上海民办高校落实法人财产权的背景

早在1997年出台的《社会力量办学条例》,第36条已明确学校依法管理和使用办学资产,已有法人财产权之实,但尚无其形。《民办教育促进法》则第一次正式提出了民办学校法人财产权这一概念,其35条规定,"民办学校对举办者投入民办学校的资产、国有资产、受赠的财产以及办学积累,享有法人财产权"。第36条第1款规定,"民办学校存续期间,所有资产由民办学校依法管理和使用,任何组织和个人不得侵占"。

对于民办高校,从理论角度来看,产权问题是其法人治理制度建设的核心内容。落实法人财产权,是民办高校完善内部法人治理结构、建立现代学校制度、实现可持续发展的根本保障。从学校发展的实际情况而言,各校建校时均有按当时法规承诺,有相应出资用于办学。但在实际操作中,大多是除开办资金外,其他无新出资,都留在了举办者账上成为举办者资产。因此现时之资产过户实为补建校时之承诺。

落实民办高校法人财产权,已经引起各级政府的重视。无论是国务院的规定,教育部的有关文件,还是上海民办教育发展的实际情况,都明确要求民办高校的行政管理部门和举办者,妥善办理财产过户、真正落实民办高校法人财产权,做好民办高校法人财产权的落实工作。

1. 国务院和教育部要求落实民办高校法人财产权

国务院办公厅在2006年12月21日公布的《关于加强民办高校规范管理引导民办高等教育健康发展的通知》第2条规定:"民办高校要落实法人财产权,出资人按时、足额履行出资义务,投入学校的资产要经注册会计师验资并过户到学校名下,任何组织和个人不得截留、挪用或侵占。"

教育部于2007年1月16日发布的《民办高等学校办学管理若干规定》(25号令)第6条规定:"民办高校的举办者应当按照民办教育促进法及其实施条例的规定,按时、足额履行出资义务。民办高校的借款、向学生收取的学费、接受的捐赠财产和国家的资助,不属于举办者的出资。民办高校对举办者投入学校的资产、国有资产、受赠的财产、办学积累依法享有法人财产权,并分别登记建账。任何组织和个人不得截留、挪用或侵占民办高校的资产。"第7条规定:"民办高校的资产必须于批准设立之日起1年内过户到学校名下。本规定下发前资产未过户到学校名下的,自本规定下发之日起1年内完成过户工作。资产未过户到学校名下前,举办者对学校债务承担连带责任。"

2. 一些地方政府陆续推进民办高校落实法人产权工作

中央政府在强调"民办高校要落实法人财产权"之后,各省相继了发布了有关文件,推进此项工作。黑龙江省人民政府于 2005 年 4 月 19 日发布了《关于促进民办教育发展的若干意见》;山东省人民政府于 2007 年 1 月 9 日发布了《关于加强民办教育规范管理引导民办教育健康发展的意见》;中共江西省委、江西省人民政府 2007 年 2 月 15 日于发布了《关于进一步加强和改进民办普通高等学校工作的若干意见》;江苏省政府办公厅于 2007 年 3 月 20 日发布了《关于加强民办高校规范管理促进民办高等教育健康发展的通知》;海南省人民政府办公厅于 2007 年 4 月 3 日发布了《关于加强民办高校规范管理的通知》;浙江省人民政府办公厅于 2007 年 5 月 14 日发布了《关于进一步加强民办高等学校管理的若干意见》等。

在这些法规中都提到"落实法人财产权",如江苏省规定:"落实法人财产权。经批准设立的民办高校,必须依法取得土地使用权和校舍产权,土地使用权证、校舍产权证必须办理在学校名下。民办高校出资人要按时、足额履行出资义务,投入学校的资产要经注册会计师验资并过户到学校名下,任何组织和个人不得截留、挪用或侵占。"

3. 落实法人财产权的必要性

根据法人财产权的权利内涵,《民办教育促进法》关于民办学校对学校资产享有法人财产权的规定,从三个方面更为清晰地界定了民办学校财产的属性。

首先,明确了民办学校对自身所有财产的独立支配权。法人财产权保证了民办学校可以不受任何外来干涉,独立享有占有、使用、处分、收益等各项所有权权能,并在民事及其他活动中,独立承担相应的义务与责任,使之成为不同于仅享有对财产部分支配权的公办学校,而成为名副其实的法人组织。

其次,明确了举办者与学校之间的权利与义务关系。法人财产权是通过投资者权能转移而产生的权利。因此,举办者出资举办民办学校后,即将对出资财产实际的所有权,转化为一种虚拟的财产权利。按照一物一权的物权法原则,在法人财产权制度下,举办者的财产与学校财产相分离就不再是一种操作性、管理层面的制度规范,而成为权利的内在要求。据此,举办者对学校的财产没有直接的支配权,甚至不能以举办者的名义动用学校的一颗螺丝钉,而只能以直接或派遣代表参加学校决策机构的形式,通过决策机构实现对学校财产的管理和支配。否则,举办者任意挪用、侵占学校收入或财产的行为,都将构成对法人财产的非法侵占,严重的则可能触犯刑律。

最后,明确了民办学校与举办者的责任属性。法人财产权的规定,意味着民办学校在财产属性上的独立性,举办者对民办学校的债务不再承担无限责任,而应当以出资财产为限承担有限责任,同样,民办学校也仅以自身全部法人财产承担有限责任。

在上述背景下,上海市人民政府于 2010 年 3 月 4 日转发了市教委等七部门制订的《上海市推进民办高等学校落实法人财产权的实施办法》(以下简称《实施办法》),针对本市当时的 20 所民办高校,开展了法人财产权落实工作。

专栏 《广东省人民政府办公厅转发省教育厅关于促进民办教育规范特色发展的意见》

《意见》指出,要落实民办学校法人财产权。民办学校对举办者投入资产、国有资产、受赠的财产以及办学积累成果,享有法人财产权。民办学校出资人要按时足额履行出资义务。出资人以不动产用于办学,原有不动产过户到学校名下,不属于买卖、赠予或交换行为的,只收取证件工本费。《意见》明确,要加快民办高等学校资产过户工作,未完成资产过户的民办高校,应于 2018 年前基本完成资产过户工作。省教育厅有关负责人表示,这将加快推进民办高校的资产过户工作进度,更好地防范民办学校办学风险。

二、上海推进民办高校落实法人财产权状况及存在的问题

(一) 推进的现状

根据国务院、教育部的关于民办高校落实法人财产权的规定,结合本市的实际,上海制定了推进民办高等学校落实法人财产权的《实施办法》,其目的在于落实民办高校法人财产权,坚持民办教育的公益性,维护民办高校、学生以及举办者的合法权益。

实施办法对民办高校法人财产权作了界定:"民办高校法人财产权,由举办者投入资产、接受国家直接或间接支持形成的资产、接受捐赠形成的资产、学费收入、办学积累以及其他收入构成。民办高校法人财产的各投入方,均有权依法维护其法定权益。"

同时,《实施办法》对民办高校办理资产过户提交的申请材料,也作了相应规定,申请材料包括:民办高校资产过户方案、资产清单和相应权属证明、资产评估机构或验资机构的书面报告。还对民办学校的资产内容、资产过户的手续和程序、民办高校举办者的权益和责任等,都做了详细的规定。

民办高校应落实的法人财产权包括土地使用权、建筑物产权、其他固定资产权、现金所有权等多种资产,其中价值最大的为土地使用权。目前,以土地使用权的落实情况衡量,民办高校法人财产权落实工作开展状况如下:根据学校名下占地面积达到最低设置标准,本科层次院校要求 500 亩、专科层次院校要求 150 亩。19 所民办高校法人财产权落实状况可分为四种。

(1) 基本完成,即院校名下占地面积达到了最低设置标准,且占总面积超过 80%。此类学校共有 7 所,其中部分学校尚有少量校舍正在办理房地产权证。

(2) 大部分完成,即学校名下占地面积虽超过 80% 但未达到最低设置标准,或占总面积 50%—80%。此类学校共有 7 所,其中部分学校将通过扩建校区或迁址办学完成法人财产权的落实工作;部分学校将资产过户至学校已获区县人民政府同意,但因动拆迁问题暂未取得房地产权证。

(3) 部分完成,即学校名下占地面积未超过最低设置标准或总面积的 50%。此类学校共有 1 所。该校正以学校名义建设新校区,已建成第一期。

(4) 进展缓慢,即学校名下尚无土地使用权。此类学校共有 4 所,因各种原因房地产等主要办学资产暂未过户至学校名下。

(二) 存在的问题

据对市教委有关负责人和民办高校的调查了解,上海民办高校同全国的情况一样,部分学校存在法人财产权未落实的现象,主要问题集中如下。

(1) 部分学校自身存在问题。具体表现在:相当一部分学校的房产证、土地证在举办者名下,只有设备等在学校账上;虽然大部分学校最初的出资已经到位,但也发现有个别学校存在未依法提取合理回报而擅自以办学结余转作出资的现象;部分学校的资产在出资方名下,而贷款由学校偿还,这不仅加大了学校的办学成本,而且加大了学校的财务风险;部分学校存在出资方通过"其他应收款"账户长期借用学校办学资金的情况,个别高校数额较大;部分学校从办学结余中取得出资回报的方式不合法,且比例偏高。

(2) 资产过户存在现实困难。资产过户涉及旧有资产、资产变更程序等,存在诸多困难和问题。比如,银行抵押品的置换问题。已经将学校资产向银行抵押贷款的民办高校或其举办者,如何将抵押资产从贷款银行置换出来,是这部分学校能否顺利进行资产过户的前提。而要做到这点,只有两种可能,一是全额归还银行贷款,二是使用别的资产置换抵押资产。从了解的情况看,在学校资金普遍相当紧张的

情形下,除了少数具有产业支撑、实力较强的出资公司外,多数依靠银行贷款维持运转的民办高校或其举办者都难以完全做到这两点。其次,不同类型、规模的学校需要过户或落实的资产额度究竟是多少?如何对已有的资产进行有效切割?是办理财产过户需要研究的另一重要问题。此外,资产过户还涉及教学资产与后勤资产如何划分,租赁资产是否计算等问题。其他诸如相关债务及其利息的合理分担问题、财产变更登记及规费问题,涉及多个部门,需要协调好各方关系,统一政策,做好简化流程等基础性工作。

上述问题之所以产生,其原因是多方面的。

其一,办学资产产权的归属不清,而其源头则在《民办教育促进法》出台时对原始投入资产、办学积累资产以及剩余资产归属上没有明确的规定。这意味着学校存续期间,资产不再属于出资的举办者,而是属于学校、属于社会,且举办者对学校终止办学后的剩余资产不具有追索权。而民办高校难以引入战略投资,不能退出转让,也都是由于没有解决民办高校出资者的产权这个最根本的问题。国外非营利民办学校的资金来源主要是捐资,我国《民办教育促进法》则将民办学校界定为"属于公益性事业","不得以营利为目的",其资金来源主要是非捐赠性质的"出资"。这就造成了全国民办高校"法人财产权"普遍不落实的根本原因,这也是中央及地方政府从2006年底以来一直强调落实"法人财产权"的原因。

其二,营利性办学渠道的不畅通,造成不少民办高校举办者对落实法人财产权心存忧虑。调研中,有民办高校举办者提出,明确法人产权很好,但举办者的财产权谁来明确?投钱进学校后,变成社会资产了,举办者不再对其拥有财产权,有违投资的初衷。不少民办高校举办方还有更多的担心。一是担心公司资产过户到学院之后,失去了实质上的控制权;二是办理资产过户登记要缴纳资产评估费、土地增值税、土地使用税、契税、印花税、公告费、验资费等七种税费,资产损失甚至高达三分之一;三是一旦办理了财产过户登记,将会使得部分已经办理了银行贷款的学校或投资公司,由于缺少抵押担保资产、银行回收资金而陷入运转困境。可见,民办学校的出资者在让出了出资财产的所有权后,并没有获得类似于股权的权利补偿。追其根源在于,目前的法律法规只强调了民办教育的公益性与非营利性,但在实际情况中尚存有大量以营利为目的的办学者,而营利性办学渠道的不通畅严重影响到此类办学者的积极性,进而影响到法人财产权的落实。

今后,随着民办学校的进一步发展,在资金筹措方面可能采用更市场化的方式,但"是否市场化的关键在于资本能否通过这种活动增值,是否能够通过市场机制实现再生产"。由于在民办学校法人财产权的制度中,缺乏对股权的安排,并混淆了法人资本金与法人增值的关系,因而,实际上将阻断投入民办教育的资本通过办学活动增值以及实现再生产的可能。同时,法人财产权制度的不完善,也将直接影响其在实践中所起的作用,民办学校仍难以据此建立起稳定的法人产权结构和治理结构。举办者、出资者利用直接对学校的控制,以获得利益回报和权利保障的现象,还会普遍存在。

三、上海落实民办高校法人财产权的经验总结及后续工作

1. 统一认识,加强领导,成立专门的工作与协调机构

鉴于民办高校资产过户是一项牵涉面很广、政策性很强的工作,政府相关部门应按照国务院的总体要求,统一认识,协调行动。在前期的工作中,上海市教委成立专门的该项工作督导专员,会同同级财政、税务、工商、银监会、土地、房产等组成联合工作机构,对民办高校落实法人财产权问题进行专题研究,协调好各方面的政策,并制订统一的工作流程,以便贯彻执行和操作实施。

2. 与营利性和非营利性民办学校分类管理的改革举措相结合,推进法人财产权落实

民办高校法人财产权能否顺利落实,关键看其举办者和办学者的觉悟和态度。当前,多数民办高校

的举办者和办学者对于此项工作的意义还不是十分理解,对资产过户还心存疑虑。可以在梳理前期工作基础之上,梳理经验,查找不足,更好地完成后续工作。建议与营利性和非营利性民办学校分类管理的改革举措相结合,强调两条渠道均为通畅,由办学者自行选择。非营利的则放弃所有财产权,政府加大支持;营利的可以收回出资甚至分割增值部分,但政府支持力度有所差异。

首先,严格按照《实施办法》的有关规定,明确学校资产最终归属权。鉴于现阶段我国民办高等教育基本上是投资办学的实际情况,有必要在法律法规上对民办学校产权的最终归属做出更加清晰的界定,确保投资者存量资产以及相应增量资产的安全,从而打消举办者的思想顾虑。具体操作层面而言,要根据《民办教育促进法》的立法精神和本市《实施办法》规定,在民办高校终止清算时,对清偿债务后的剩余财产处理,可根据其来源差异分别采取不同方式。① 对捐资设立的民办高校,剩余财产应由审批机关统筹安排,用于支持民办教育事业的发展。② 国家对民办高校的投入形成的财产,由审批机关统筹安排,用于发展民办教育事业。这里可细分为两种情况:一种是对出资人不要求取得合理回报的民办高校,允许出资人从剩余财产中收回投资,如仍有结余的,也由审批机关予以安排,用于民办教育事业的发展;对于完全由企业或自然人出资举办、要求取得合理回报或带有营利性质的民办高校,应允许出资人按照出资比例分配全部剩余财产。③ 对于部分捐资、部分出资设立的带有营利性的民办高校,投资人只能按照出资比例分配剩余财产,其余部分应由教育行政机关予以安排。

其次,要进一步加强沟通,增进理解,确保民办高校法人财产权落实工作顺利进展。教育行政部门有必要通过各种管道,加强与举办者的相互沟通,在充分肯定成绩的基础上,讲清中央的政策,阐明政府的立场,同时尊重历史,分清责任,以取得广大举办者的理解和支持。切忌工作方式简单化,或单方面采取强制性行动,否则容易引起举办者的反感和抵触,造成工作的被动。

3. 继续坚持总体设计,分类指导,采取稳妥措施落实民办高校法人财产

为确保此项工作的顺利进行,民办高校资产过户应以不增加举办者负担和确保学校平稳运行为前提。在前期的工作中,采取的措施包括:

(1)对于银行抵押品的置换问题,教育行政部门应商请银监会从民办高校的实际情况出发,采取变通办法予以处理,如可先予返还土地证或房产证,待重新评估并变更登记后再收回权证;对于已有的贷款也应与举办者达成协议,适当予以延期,分期逐步收回,以确保民办高校健康运行、平稳过渡。

(2)对于已有的与学校直接相关的银行贷款,可作两种处理,一是由举办单位作资产担保,债务平行移入学校法人,其发生的利息费用由学校支付并计入办学成本;二是改由举办单位(投资公司)承担债务,但其发生的利息费用仍由学校支付并计入办学成本。

(3)对于资产重估与切割问题,由教育行政部门推荐资产评估机构,经银行和举办单位双方认可后,对直接与学校办学相关的资产进行评估;至于需要转入学校多少资产,可视学校的类型和规模,通过调整开办资金标准来确定。

(4)从有利于落实法人财产权、保护出资者积极性的角度考虑,在对学校相关资产进行评估和界定时,向举办单位或举办者个人作出适当利益让渡,对资产增值部分的处理,原则上应对出资方有所倾斜。

(5)凡是涉及民办高校资产过户和变更登记的(由公司资产过户到学校资产),由政府发文,予以免除土地增值税、契税、印花税、资产评估费及过户手续费等一切规费,同时最大程度简化相应手续,以鼓励和支持举办方办理财产过户登记。因为资产过户是民办学校取得办学资质的前提条件,非政府强制。现存各校资产过户的开展是弥补建校初期的工作,换言之是建校承诺未完成、至今才补救。只有这样,才能取得举办方的理解和支持。

4. 与正在开展的营利性和非营利性分类管理试点相结合,并出台相关税收政策

《民办教育促进法》规定,"民办学校在扣除办学成本、预留发展基金以及按照国家有关规定提取其他的必需的费用后,出资人可以从办学结余中取得合理回报"。但由于保证出资人取得合理回报的税收

优惠政策迟迟没有出台,以及有关合理回报的程序规定过于烦琐、无法实际操作,加上出资人害怕要求回报会被公众误认为追求营利、造成不良社会影响等原因,多数本想要求回报的民办学校举办者,在制订学校章程和进行办学许可登记时,都违心地选择了"不要合理回报"。这也导致《民办教育促进法》通过"设定合理回报条款,吸引民间资金,扩大教育投入"的立法本意未能得以实现。

当务之急,一是要在打消举办者思想顾虑的情况下,允许其按照真实意愿,重新选择是否要求合理回报,并同意其修改学校章程,变更办学许可登记;二要实事求是,区分不同办学类型,尽快制定可以操作的合理回报的办法与标准,并及早出台保护合理回报的民办学校税收优惠政策。就营利性学校而言,只有按照市场经济规律办事,让出资人取得合理回报,才能真正激发举办者投资民办教育的热情,充分调动其继续办学的积极性。旗帜鲜明地鼓励和支持民办学校举办者获得合理回报。对于非营利的学校,可以通过财政支持等予以鼓励。二者共同并存,各以不同方式予以鼓励。

5. 鼓励金融机构给予民办高校信用贷款,解决民办高校融资难问题

由于现有法律规定的限制,学校等社会公益事业的资产无法用来向银行抵押进行贷款,因此融资难一直是民办学校无法逾越的障碍。在民办高校资产过户后,如何从民办高校实际情况出发,帮助民办高校克服融资难题,已成为一个十分紧迫的课题。当前,一些地方在这方面已进行了很好的探索。如《湖南省实施〈中华人民共和国民办教育促进法〉》第15条就明确规定,"民办学校可以向金融机构申请贷款。鼓励金融机构对民办学校实行信用贷款。鼓励国有资产经营公司、国有投资公司以及其他企业或社会财团,为民办高校提供贷款担保"。湖南省关于民办学校贷款担保的规定,以及由此成立的担保服务机构,从法理和实践层面对民办学校贷款难问题进行了探索性的破解,其做法及经验值得借鉴。

6. 深入落实同等待遇和各项优惠政策,给予民办高校适当经费扶持

经过多年快速发展,民办高校已经成为上海市高等教育事业的重要组成部分。在现阶段乃至今后相当长一个时期,放手发展民办高等教育,仍然是加快推进高等教育大众化进程的一个重要战略。当前,切不可因为少数民办高校在运行中出现一些问题和偏差,就因噎废食,改变初衷。相反,要从战略高度,真正按照民办教育促进法和国务院办公厅文件精神,尽快全面落实民办高校的各项公平待遇,切实加大对民办高校的政策扶持力度,在"加强引导,规范管理"的基础上,继续"积极鼓励,大力支持"民办高等教育事业的发展。对于像上海等经济发达地区来说,在政府财政资金相对比较宽裕而民办高校办学经费普遍十分紧张的情况下,完全可以借鉴日本、韩国和我国台湾地区的做法,除了设立民办教育政府专项资金,在项目建设上给予民办高校一定扶持和奖励外,还可考虑在教育经费经常性预算中给予民办高校适当比例的经费补助,以帮助民办高校克服资金困难,改善办学条件,提高教育教学质量,确保民办高等教育事业健康、平稳地向前发展。

(执笔人:张继玺)

上海民办高校自主招生试验进程与展望

上海市在 2005 年,试行高职高专依法自主招生改革,《2006 年上海市部分高校专科层次实行依法自主招生改革试点方案》进一步指出:"上海市部分高校专科层次实行依法自主招生改革试点,是指获得自主招生改革资格的院校专科层次招生,由试点学校依法自主进行入学考试、自主确定入学标准、自主实施招生录取。凡招生专业必须是经教育行政部门审批或备案的专业。"上海在实施高职高专院校自主招生改革之初,先从民办高校开始试点,只在几所院校中开展相关的自主招生改革工作。随着上海高职高专院校自主招生改革的实施,每年参与试点的上海高职高专院校自主招生改革试点院校的数量越来越多,截至 2012 年,全市共有 31 所院校参与高职高专改革试点,其中民办高校 14 所,计划录取人数 9 782 名,民办高校计划招生 5 550 人。

一、上海民办高校自主招生的缘起

(一)上海民办高校自主招生改革的背景

1. 上海高等教育进入普及化阶段

根据马丁·特罗(Martin Trow)的"高等教育发展阶段理论"来看,高等教育毛入学率在 15%—50% 之间的处于"大众化教育阶段",高等教育毛入学率在 50% 以上的则是进入了"普及化教育阶段"。在 2004 年时,上海高等教育的毛入学率就达到了 55%,位居全国首位,远高于全国 19% 的平均水平,已经进入普及化阶段,有越来越多的人接受高等教育。进入普及化阶段后,高等教育的很多本质特征发生了变化。高校培养的主体不再是国家英才,而是应用型、职业型专门人才。进入普及化教育阶段后,高等教育进一步向所有想上大学的人开放,大学日益成为满足国民多样化需求的社会化设施。高等教育层次结构与办学模式的多样化也是新特征之一:政府积极鼓励探索新的办学模式,引导各类高校在职能方面合理分工,并在各自的层次和领域中办出特色。同时,大众化的高等教育体系还要满足公民终身学习的需求,为学习者提供越来越多的选择性和进出这一体系的灵活性,高等教育制度更具多样性和开放性。上海的高等教育在跨越了大众化阶段,进入普及化阶段后,高等教育改革与教育政策走向也应适应这种高等教育的内在变化。如高校人才培养目标转变为提供社会经济发展所需要的应用性人才,政府与社会共同提供更多类型的高等教育产品,鼓励高校办出特色,扩大学生择校权利,创造灵活的高等教育入学方式等。

2. 弥补统一高考制度带来的不足

关于我国现高考制度的利弊、存废及其改革的讨论已持续多年,人们众说纷纭,争论不休,实质上高考制度是一把"双刃剑"。高考制度以淘汰和选拔为目的,以公平竞争为准则,以统一性和规范性为其基本特征,这是高考制度之所以为人们所肯定的一面;但是,这种考试制度的根本弊端,即在于其与素质教育、创新教育理念及其模式之间存在着内在冲突。在高考这根"重知识,轻德、体、美、劳"的指挥棒作用下,广大中学师生被推向死记硬背、题海战术中。"一切为了高考"成了"教"与"学"的最高宗旨。面对差异大的学生,高考用同一试题去考察,用全国统一的标准代替各个高校不同的评价标准,这不仅无法照顾和满足各个高校对生源的特别要求,也无法考察和发现不同考生的真实才能和发展潜质,一些"鬼才"、"怪才"、"偏才"被埋没,大规模、统一性的考试模式下,以选拔人才为主要目的的高考制度,必然难以同时承担实施素质教育,实现培养全面发展人才目标的责任和功能。自主招生政策的推出,对于文化课基础薄弱、动手能力较强、偏科的学生来说是一次主动选择高等教育的机会,让更多的人接受与之相适应的高等教育,对于参与自主招生的院校来说,也给他们提供了自主确定招考方式的机会,以挑选出各所院校满意的人才。

3. 缓解招生压力带来的生存危机

在连续几年的招生录取工作中,高职高专院校出现了越来越多的考生要求撤销高职高专志愿的情况,以至于使得高职高专院校不能正常完成录取招生的名额。高职高专院校需要通过采取降低分数补填志愿的形式来录取考生。学校的发展需要生源的支撑,而在生源的来源上高职高专院校无法与重点高校进行竞争。自主招生渠道的开通,让更多的学生有更多的机会了解、选择上海高职高专院校

4. 民办高校综合实力提升,有能力为高等教育改革做示范

2005年上海高职院校自主招生改革工作首先在三所民办高校中试点,当时被媒体称为高校招生制度的一次"破冰之举"式的探索,引起了社会的广泛关注。由于试点取得了良好的效果,社会各界对民办高校的办学水平和综合实力给予了一致的肯定。这次试点从一定程度上改变了公众心目中民办高校"弱""差""乱"的形象,也激励民办高校自身把提高办学水平放到首要位置。长期以来,在上海高等教育领域中,民办高校一直处于边缘化的位置,在学者和研究者眼里,民办高校从未能真正承担起其创设初衷的教育改革领头羊的角色。但此次改革试点提供了鲜明的印证,民办高校有能力成为教育改革的示范者,民办高校通过对重要改革的课题立项研究不仅有助于提升自身科研能力,也能真正在理论领域对教育改革与发展做出自身应有的贡献。同时在民办高校开始进行高职高专自主招生试点工作,也是降低了高等教育进行自主招生改革的风险。

(二)2005—2012年民办高校自主招生改革进程

上海市高校专科层次依法自主招生改革从2005年3月份开始启动,依据国家有关法规以及《教育部关于进一步深化普通高等学校招生考试制度改革的意见》(教学〔1999〕3号)等文件精神,上海市教委经过反复酝酿,组织高校专家、中学校长、区县教育局长等开展反复评议,按照最大程度降低改革风险的"小步探索"的指导思想,最终确定上海杉达学院、上海建桥学院、上海新侨职业技术学院三所民办高校作为首批试点院校。三所高校选择了较受学生欢迎的专业开放自主招生,并及时通过媒体公布了各自的招生方案。4月份自主招生工作完成,三所高校自主招生共录取新生858名。

2006年上海市专科层次自主招生改革试点扩大到六所高校,新增上海第二工业大学、上海工商外国语职业学院、上海邦德职业技术学院。六所高校自主招生共录取3 406人,其中邦德职业技术学院把当年全部招生计划用于录取"自主招生"的考生,其他各校"自主招生"录取的新生只占当年招生计划的

一部分。该年度的专科层次自主招生有利于实现部分考生的合理分流,减轻了相当部分录取考生的负担,有助于素质教育的全面推进,改革试点取得初步的成功。

2007年改革在广度与深度上进一步推进,凡符合当年上海市普通高等学校招生报考条件的应届高中(含应届中专、职校、技校)毕业生;有上海市常住户口且在上海高中阶段毕业的学生;复员、退伍一年内持有退伍证明和高中阶段学业证书的退伍军人均可报名。报名方法由2005年、2006年的考生限报一所院校改革为招生院校按照自由组合的原则分成若干组,每个考生限报一组院校,考生可自主选择填报同一组内的若干所学校志愿,另设调剂志愿栏,考生不能跨组选择其他学校。各校自主采取不同形式的入学测试,考试时间统一规定。这样一来,考生通过专科层次招生院校的测试后无须参加统一高考就可进入大学,这使得自主招考和高校统考进一步分离。同时,改革还体现出评价模式多元、选拔方式灵活的特色。专科自主招考改革使学校与考生之间形成了有效的双向选择机制和良性互动,扩大了高校的招生自主权,使高校能以社会和市场发展为导向充分利用高等教育资源。

2008年市教委颁布的《2008年上海市部分高校专科层次实行依法自主招化改革试点方案》中,将指导思想定位在有利于高校招生考试安全稳定开展,由此上海自主招生改革逐步过渡到了在稳定中求发展的阶段。

随着改革的深入,上海市专科层次自主招生规模逐年扩大,招生院校也逐年增加,2009年共有21院校参与专科层次自主招生,计划招生人数占全市专科(高职)招生计划总数的37%,成为众多应届和往届考生升学的一种重要选择,真正实现了为考生提供多次高考升学选择机会的目标。2010年,上海市专科层次自主招生院校再次扩容,从上年度的21所院校增加到24所院校,招生计划数为1万多名,专科层次放开招生渐成大势所趋。由于高考报名人数的进一步减少,2011年招生数比上年度减少了近600名,但仍占到上海市全年专科层次招生人数的60%。2012年全市共有31所院校参加依法自主招生,其中14所民办高校,共计招生9 782名,试点院校增加,计划招生数却有所下降,增加了学生报考的风险。试点院校通过两种招考方式,即使用普通高中学业水平考试成绩的考试录用方法和不使用普通高中学业水平考试成绩的考试录用方法,实现高中生和三校生招生考试分离。与此同时,2012年度上海市依法自主招生考试依然分为四组进行,三校生自主招生将分为两种招考模式,AD组为同一类型的测试,BC组为另一类型的招生考试。2013年,全市共有33所试点院校参与依法自主招生,计划招生数为10 770人。

二、上海高校专科层次依法自主招生改革的初步进程与存在的问题

(一)上海高校专科层次依法自主招生改革现状分析

截至2012年,上海高校专科层次依法自主招生改革已经走过8个年头,现阶段专科自主招生改革措施在不断调整中,已经逐步完善,主要呈现以下几个特征。

1. 影响逐步扩大,规模扩大之后有所回落

2005年开始实行专科自主招生试点以来,试点院校和计划招生数都有明显的上升趋势,应该说自主招生已经成为民办高职院校招生本地生源的主要路径。具体来说参与专科自主招生的试点院校数量不断增加,2006—2009年期间招生规模呈迅速扩大状态,2009年招生规模达到顶峰,12 370人,2010年开始人数增长开始出现了明显的回落趋势,甚至出现了负增长。这个动态趋势与上海高等教育招生规模变化态势趋同,具体数据如表1所示。

表 1　上海高校专科层次依法自主招生改革历年数据统计

年 份	试点院校数 （所）	民办高校数 （所）	计划招生数 （人）	民办高校计划 （人）	备　注	同期增长 占比
2005	3	3	855	855	含 120 名退役士兵	/
2006	6	5	3 436	3 136	含 120 名退役士兵	75.12%
2007	11	9	5 660	5 160	含 120 名退役士兵	39.29%
2008	16	10	10 010	8 020	含 120 名退役士兵	43.46%
2009	21	12	12 370	9 390	含 80 名退役士兵	19.08%
2010	24	13	10 800	6 810	含 80 名退役士兵	−14.54%
2011	26	14	10 266	6 435	含 80 名退役士兵	−5.02%
2012	31	14	9 782	5 550		−4.95%

数据来源：上海市教育委员会颁发的历年关于部分普通高校专科层次依法自主招生改革试点方案的文件。

注："/"表示数据缺失。

2. 自主招生招录政策不断调整和改进

2005 年，上海市首次尝试专科自主招生改革试点，要求报考对象应是上海市应届高中阶段毕业生，且持有上海市户籍，并直接前往试点院校进行报名。未被录取的学生可参与当年的高考，录取而不选择就读的考生则不可参加当年的高考。2006 年，自主招生报名条件、报名形式、录取政策均与上一年保持一致。

2007 年起，招生范围有所扩大，报名条件由"上海市应届高中阶段学校毕业生，并持有上海市户籍"转变为"具有上海市学籍的应、历届高中阶段学校毕业生，持有本市户籍"。由此，上海高职高专院校自主招生范围扩大到了上海的历届高中毕业生，范围的扩大给更多的考生提供了机会。另一个变化是把11 所招生院校划分成了三组，考生可以自主选择院校报考，但是每个考生只能报考一组院校。在填报志愿时，考生可自主选择填报同一组内的 2 所学校志愿，不可跨组，志愿分为第一、第二志愿，另外设有调剂志愿栏。当考生在第一志愿名落孙山而第二志愿的学校尚有录取余额时，考生可以被第二志愿的学校录取。同组院校内填报两所院校，增加了考生自主选择院校和专业的机会。本年度开始，将前两年的报名方法从现场报名改成网上报名、现场确认。2008 年招录政策基本与上一年度保持一致，不同的是，考生可以自主选择同组内的 3 所院校，并且多增加了一栏志愿选项，考生可以填报三项志愿（第一、第二、第三志愿），也单独设置有调剂志愿栏。

2009 年起，首次将应届、历届"三校生"纳入自主招生考试改革范围中，扩大了自主招生的招考对象。另一方面，除三校生外，依法报考自主招生的考生，需参加当年度的"上海市普通高等学校统一招生考试报名"这与秋季普通高校招生考试报名工作规定相衔接，提高了院校对考生报考资格审查工作的效率。该年度，试点院校分为四组，并且新增加的 D 组实施新考试科目改革试点。2010 年、2011 年的招录政策与 2009 年保持了一致。

2012 年，首次将高中阶段学业水平考试与专科自主招生正式挂钩。高三应届毕业生可凭学业水平考试 10 门成绩申请入学。各招生院校将根据市教育考试院提供的考生成绩等第，对考生的高中学业水平成绩等第自主折算，并在此基础上加试素质技能测试，满分为 100 分，形成自高而低的排序名单。参与专科自主招生试点的本科院校都对申请学生的最低学业等第有要求。对于没有高中学业水平考试成绩的考生，则采用统一组织测试的形式，实现了高中生和三校生分开测试的录取方式。

3. 考试科目灵活多样

2007 年开始实行分组，上海高职高专院校实施的自主招生方案在考试科目方面，主要是考察语文、数学、英语（要考察英语听力）三门基础课程；"综合"是按照政治、历史、地理、物理、化学、生物这 6 门课程的基本知识要求扩展为10个方面的内容,包含科学常识、心智礼仪、艺术人文、法律道德、生涯规划、数学基础、时事政治、信息科技、团队管理和生活英语。这些内容基本上涵盖了社会中的方方面面,目的是为了考察考生运用这些知识解决问题的能力。然而,针对应届"三校生"采用的是"3+2"模式,"2"指代技能测试。

2012年,高中学业水平考试与专科自主招生正式挂钩。在对高中学业水平考试成绩要求的基础上,考试科目也有所调整,以上海建桥学院和上海商学院为首的A组和D组设置"技能测试",注重考察考生心智礼仪、时事政治等应该知道的知识外,还考察其操作方面的技能。以上海杉达学院和上海第二工业大学为首的B组和C组,加测"素质技能测试",且只针对普通专业考生,测试内容涉及健康与安全、道德修养与法律常识、人文艺术素养、基本科学素质。

（二）上海高校专科层次依法自主招生改革存在的问题

1. 对"三校生"选拔制度的设计欠周详

"三校生"是高职高专院校生源的重要组成部分,笔者通过研究发现,对"三校生"相关招生章程的规定主要分为以下两类:第一类,单列出每个专业具体招收"三校生"的名额;第二类,没有详细的各专业招收"三校生"名额分配表。虽然,每个学校对"三校生"的录取规则稍有不同,但是都强调语文、数学、外语的成绩,除此之外,一些院校加入了一门技能考试成绩来与招考"高中生"的录取办法进行区别,而有些院校则没有对两类考生考试与录取加以区分。对于历届毕业的考生,尤其是具有丰富的工作经验但是文化课成绩较弱的考生来说,制定适合于他们的选拔录取制度十分必要,而按照现行的招生程序和规则来看,这些考生就相对处于劣势,无法充分发挥他们的经验优势,展示自己的特长。对学校来说,也就错过选拔出一些符合学校定位的考生。

2. 考试成本大

上海高职高专院校自主招生主要分为笔试和面试两个环节,与高考相比这两个环节上的成本较高。对于笔试环节来说,各自主招生院校需要制定出不同的试卷并安排多场考试。从试题的遴选到试卷的印制、保管再到考试的举行,最后到试卷的批改,需要较多的熟悉高中、职高、技术学校所用教材的老师,这将耗费巨大的人力和物力。对于面试环节来说,组织面试需要单独安排出来的师资力量和时间,是很多民办高校难以承受的,对于院校组织的技能测试来说,亦是需要大量人力物力。这些环节组织是否成功与最后各自主招生院校是否成功选拔出适合学校自身发展的学生密切相关,而高昂的自主招生成本对高校财政来说是一个不小的挑战。

3. 考试存在公平的问题

自主招生本应该严格按照"公平竞争、公正选拔、公开透明"的原则进行,但在实际招生过程中却存在不少问题。其一,不同类型的考生在文化课程成绩上存在不小的差异。如果按照现行的录取规则来招生的话,文化课成绩仍然占了相当大的比重,这就会使历届生处在较为弱势的位置。另一方面,三校生具有良好的动手操作能力,但在文化课方面薄弱,现有的录取规则下,三校生处于劣势地位。其二,面试环节考生的得分受考官的主观影响比较大,因此很难用一些客观的标准去规范。

4. 社会效益不高

第一,没有切实减轻学生高考负担。有数据显示,上海市高等教育毛入学率达到了70%,绝大部分想接受高等教育的学生都可以进入大学学习,具有筛选性质的高考在高职高专的招生中意义不大,原来曾设想以高中学业水平考试成绩,实施注册入学,但目前尚未实施。2012年实施高中学业水平考试之前,高职高专自主招生是另行组织考试的,被称为"小高考"。

第二,没有真正为未考上本科院校的学生增加就读高职高专的机会。现在实行的自主招生是在高考之前,被录取的学生不能参加高考,对于那些有可能考上本科院校的学生而言,不会选择高职高专自主招生。

三、民办高校参与专科自主招生考试改革的意义与设想

（一）进一步认识上海高校专科层次依法自主招生改革的意义

高校专科层次自主招生制度不仅调节院校和生源的合理配置，而且昭示了人才培养体制的新思路。当然，扩大试点规模的成效如何，还需要实践来检验，但敢于走出破冰的一步，无疑对考生、对高校、对中学教育改革、对整个社会都已经具有非常重要的意义。

1. 对考生的意义

对学生而言，改革有利于考生的合理定位。部分学生文化课成绩不够，但动手能力较强、职业潜质较好，可通过定位接受专科层次教育，减轻高考负担，同时凭借自己的特长和专业潜质，选择自己喜爱的院校和专业。其次，专科层次自主招生未录取的考生仍可参加当年高考，这一政策意味着考生多一次升学的机会。选择和录取的机会增多了，自然缓解了部分学生的高考压力。最后，自主招生学生可以根据自己的爱好特长以及相关院校的办学情况，自主选择专业和院校，对院校认同度高，没有失败的感觉，考生实现"心甘情愿"的选择。

2. 对试点院校的意义

专科自主招生打破了长期以来专科层次与本科层次同一试卷的尴尬局面，有益于探索与职业教育、专科层次相匹配的人才评价和高校招生方式。院校可以按自己的需求录取学生，更好地体现高等院校在招生中的主体地位。政策的限定保证了高报到率，对大力发展专科教育、职业教育和民办教育、改善生源结构、生源质量意义重大。其次，高校专科层次自主招生可以突破以往录取批次的限制，与其他重点高校一样享有优先挑选优质人才的机会，将更多的考生纳入招生对象视野，通过自主选择招到专业适配度高的考生，更有利于招生院校培养专业人才。同时自主招生对办学成绩突出、办学声誉较好的招生院校来说，也是一种政策性的导向和鼓励。

3. 对整个社会的意义

人的个体差异客观存在，实施多元化评价方式将是教育考试招生改革的方向。高职院校自主招生录取与统一高考的完全脱钩对于高考制度的改革意义重大，实现了高等教育入学形式的多样化，其坚持德智体美全面考核、综合评价、择优录取，也有利于高校招生考试安全稳定开展，有利于促进高中阶段学校全面实施素质教育，有利于推动高校依法行使办学自主权，有利于体现考生与高校依法自主双向选择的平等权利。

（二）深化民办高校自主招生改革的建议

民办高校自主招生改革与重点高校的自主招生改革有着本质区别。后者是通过能力素质的考察给予考生一定的高考成绩加分，是属于高考的一部分；而前者则是高校招生方式的一种改革，与统一高考完全不同。因此，专科层次自主招生改革必须结合职业教育特色和学生特点，确立改革思想，制订改革方案，使改革真正成为广受学校、学生、家长普遍欢迎的"三赢"之举。目前这项改革还在摸索前进的过程中，有些环节有待细化完善。

1. 科学确定招什么人，怎么招

毫无疑问，自主招生是一种人才选拔考试，是根据多元智能理论对人才进行多元化评估的尝试，旨在为有志于职业教育的学生以及在某一方面有特长和专才的学生，提供升学和深造的机会，而不单是为所有考生增加入学几率，为学校增加生源，因此科学制定入学标准直接关系到自主招生的初衷能否顺利实现。根据有关文件精神，自主招生必须在高考前完成录取工作，被学校确认选录的学生不需要参加高

考,因此,自主招生的评价依据建议包括,高中阶段(三校)平时成绩、高中学业水平考试成绩、专业技能水平测试成绩、高中阶段(三校)综合素质评定材料。考虑依据是:第一,减轻学生考试负担;第二,三校生技能水平可作为高职高专录取依据;第三,关注学生高中(三校)阶段综合表现,含成绩、道德素养、专长、社会活动表现,对于有职业资格证书及有专业工作经验的学生也可适当加分或免试。

对部分专业可根据行业需求和特色实行校级加测。如对申请航空服务专业的考生,进行面试,按照面试成绩从高到低排序,择优录取。申请艺术类专业的考生,进行专业测试,按照专业测试成绩,根据招生计划择优录取。

2. 面向不同群体,提高社会公平度

高校专科层次自主招生是国家高考招生的一种重要形式,是国家高考制度改革的一次有益尝试。如何提高社会公平度,不仅事关政府形象和高考声誉,也对专科层次教育的良性发展起着举足轻重的作用。建议今后专科自主招生改革实施应重视将同等的机会留给不同的学生。不仅要面向体育艺术特长生、普通高中毕业生、中职毕业生及各类往届生,更要让偏远农村与穷困阶层的学生都能参与平等竞争,让专科层次教育与普高教育、中职教育、职后教育、终身教育真正地实现有效衔接。

3. 管理与研究并重,建立科学完整的自主招生制度

建议今后进一步开展对专科自主改革的研究工作,认真收集、总结其中的经验教训。比如各院校可对自主招收进来的学生进行跟踪调查,观察其表现与中学所提供的"综合素质评价"材料的相符程度,并据此对各所中学提供材料的可信度打分,积累中学的诚信档案;对入校的"三校生"和高中生跟踪观察,判断两者在高校的学习能力是否有显著差异,并据此调整以后自主招生时的评价手段和录取标准,以改进高职高专自主招生改革的整体工作。

4. 改革招考时间,实行注册入学方式

由于现阶段专科自主招生考试在普通高等学校统一招生考试之前举行,且被录取的考生不能再参加高考,因此会降低部分应届高中生报考的积极性,与此同时,面临招生形势日趋严峻的民办高职院校,自主招生业已成为其获得本地生源的重要途径。面对考生和招考院校之间的矛盾,有必要调整招考时间,将自主招生考试调整到高考之后进行,面向所有有志于接受高等教育的学生,可实行注册入学的方式,也可实行由学校自主确定的选拔录取标准,使得有愿望进入高等院校就读的学生,都能找到自己心仪的院校。

5. 退伍士兵实行统筹录取的方式来管理

退伍士兵是专科自主招生面向的对象之一,目前专科层次自主招生每年平均录取的退伍士兵大约在80人左右。录取的退伍士兵都分散至各个试点院校,少则2人,多则10人。由于各所院校接收到的退伍士兵人数较少,大多数院校都是将退伍士兵分散到各个常规班级,正常授课。然而,退伍士兵由于参与服役,文化基础较差,很难正常跟随高校里的常规班级进行学习,容易产生厌学、甚至退学的情况。因此,目前的退伍士兵招生录取方式不利于激发他们继续求学的愿望。每年上海市退伍士兵的总数,大约有4 000—5 000人,接受高等教育是他们今后人生发展过程中非常重要的转折点,因此,高职高专在退伍士兵的招生中还有很广阔的前景。建议改革目前的退伍士兵自主招生录取办法,希望由一至两所院校统一接收每年录取的退伍士兵,开设适合此类群体特征的专业,对于录取的学生实行集中编班,进行单独培养。

(执笔人:陈洁、张歆)

上海提升民办学校师资水平的举措

自 2005 年 3 月上海市召开第一次民办教育工作会议后，上海市政府积极推进民办学校办学体制改革，出台并实施了一系列促进民办教育发展的政策举措，推动上海民办教育又好又快发展。师资队伍建设水平是评判民办学校发展状况的重要指标，同时也是促进民办学校内涵建设的核心要素，本市两级教育行政部门为了进一步贯彻《国家中长期教育改革和发展规划纲要》精神，落实《上海市中长期教育改革和发展纲要》提出的"促进民办教育规范特色发展"要求，以满足实践需要为基础，在不同层面进行提升民办学校师资队伍建设水平的政策举措与实践探索。

一、2005—2012 年上海民办学校师资发展概况[①]

（一）规模体现发展

在民办基础教育阶段，学段发展特征能直接反应民办学校师资队伍发展的规模效应，即民办小学[②]规模增长迅速，民办初中规模小幅增长，民办高中逐年下降（见图 1、图 2）。

2005 年，全市民办小学仅为 19 所，但至 2010 年，已增长至 184 所，其中教职工数与专任教师数都随之有跨越式增长。2010 年后，上海的民办小学在数量上略有缩减，但专任教师与教职工人数依然稳定增长。在民办中学中，虽然高中学校数下降明显，2010 年比 2005 年时缩减了 25 所，但一些教育质量高、能满足社会多元需要的初中学校则规模有所拓展，在校生增长，相应的教职工、专任教师人数也有所增长，由此体现出民办学校由关注规模增长逐渐转向重视学校的内涵建设。

在民办高等教育阶段，截止到 2012 年，上海已有民办高校 19 所，其中本科学校 5 所（含独立学院 3 所），高职高专 14 所，本专科在校生 87 805 人，占全市高校在校生总数的 17.3%；民办高校专任教师近 3 968 人，占全市高校教师总数的约 9.9%，占地方高校教师总数的约 13.9%，其中专职专任教师约 2 600 人，占全市高校教师总数的约 6%，占地方高校教师总数的约 10%（见表 1）。

---

① 确切地说，有关上海民办学校师资的专项统计并不完善，本文数据一部分是采用了上海民办中小学协会的登记数据，一部分则来自上海市教委的统计年报。
② 这部分数据不包括民办随迁子女小学。

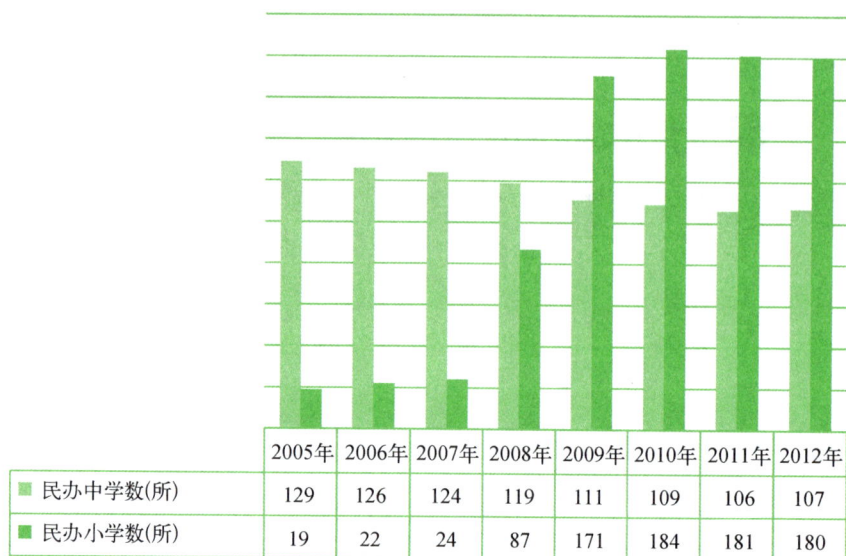

	2005年	2006年	2007年	2008年	2009年	2010年	2011年	2012年
民办中学数(所)	129	126	124	119	111	109	106	107
民办小学数(所)	19	22	24	87	171	184	181	180

图 1　2005—2012 年上海民办中小学数量变化情况

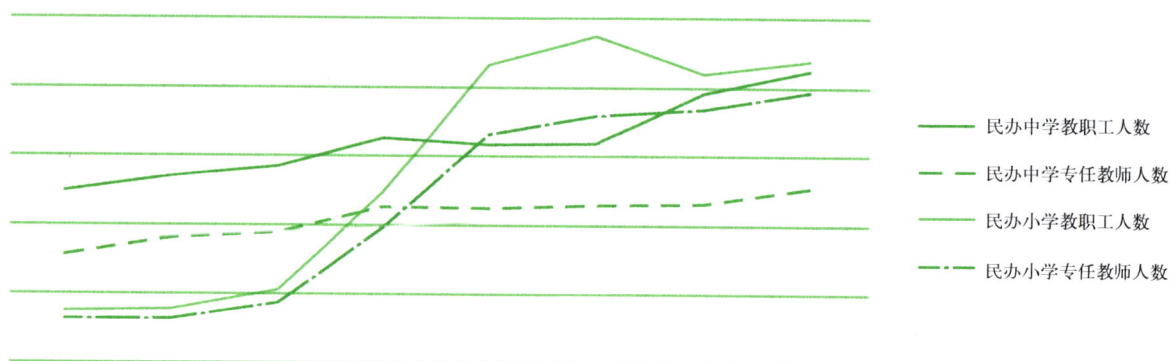

民办中学教职工人数

民办中学专任教师人数

民办小学教职工人数

民办小学专任教师人数

图 2　2005—2012 年上海民办中小学师资队伍发展状况

表 1　上海民办高校教师数量(2005—2012)　　　　　　　　　　　　　单位:人

年份 类别	2005	2006	2007	2008	2009	2010	2011	2012
教 职 工	5 037	5 731	6 037	6 108	6 539	6 591	6 550	6 525
专任教师	3 041	3 422	3 521	3 626	3 733	3 906	3 922	3 968
在校生数	66 941	78 556	86 062	92 516	95 181	93 961	90 418	87 805

数据来源:根据《上海教育统计手册》(2005—2012)整理得出。

　　如表 1,从 2005 年到 2012 年上海民办高校专任教师由 3 041 人增加到 3 968 人,增加了 927 人,增幅约为 31%;教职工人数由 5 037 人增加到 6 525 人,增加了 1 488 人,增幅约为 30%。从增幅看(见图 1),教职工和专任教师增幅比例相当,且都实现年均小幅度稳定增长。与民办高校在校生规模比较发现,民办高校在校生由 2005 年的 66 941 人增加到 2012 年的 87 805 人,增加了 20 864 人,增幅约为 31%,但其增长趋势并非线性递增,其中增幅最高的年份为 2009 年,增幅为 42%,2009 年之后在校生人数逐年递减,即 2009 年为上海民办高校在校生规模最高值。从在校生规模变动曲线与专任教师变动曲线对比发现,两者的变动并非同步,这会导致生师比变化同样体现出非线性变化趋势,即 2009 年以后民办高校生师比有所提高。

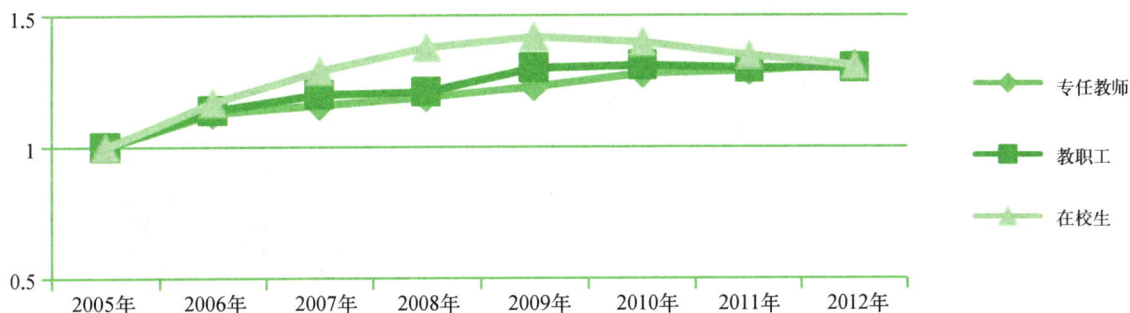

图3　上海民办高校教师规模增长曲线

（二）结构凸显问题

提升教师队伍建设水平是民办教育所面临的重要挑战之一,主要体现在民办学校师资建设水平整体不高,结构严重失衡。上海市民办学校教师队伍结构特点既带有民办教育的类别共性,也体现了发展中的区域个性,主要表现在以下三点。

1. 民办教师队伍的结构依然失衡,民办高校尤为明显

在政府大力扶持和民办学校的共同努力下,虽然上海民办学校师资规模得到扩大,其内部结构上的矛盾有了一定程度的缓解,但整体上民办教师队伍的结构依然失衡,民办高校尤为凸显。从2005年始,上海中小学专任教师中大专及以上学历的教师比例均在逐年提高,到2011年,小学、初中、高中大专及本科学历教师分别已达96%、95.93%、94.91%,虽然上海民办中小学教师的学历数据不全,根据现有的2009年以后的数据看,与上海市中小学教师整体学历水平持平。但根据2012年调研[1],上海民办高校只有3.36%的教师拥有博士学位,远远低于全市高校教师拥有博士学历平均水平41.71%,民办高校教师拥有硕士学位的比例为57%,高于全市平均水位32.98%。民办高校拥有较多硕士学历教师体现出民办高校提升教师队伍建设水平的努力,即通过大量引进拥有研究生学历青年教师来优化教师队伍的学历水平,但民办高校仍然面临难以引进博士研究学历教师的困难,而且由于民办高校教师待遇不高,职业发展环境不好等因素,所引进的青年教师不良流动率较大。

在职称结构上,公民办教师之间的差距还在进一步拉大。在民办基础教育阶段,根据市教委2009—2011年统计数据,公办小学教师中"小学高级"职称比例均超过50%,2011年已达53%,"小学一级"职称比例也超过30%。而在民办小学教师中,根据协会2009年的统计数据,"小学高级"不到20%,"小学一级"为22%,而未评职称的则高达30%。在民办高校中,教师中拥有副高及以上职称的比例仅为8.7%,其中还包括大量公办高校退休的返聘教师,而全市高校教师拥有正高职称的比例是16.9%,拥有副高职称的比例是41.43%,综合起来全市高校平均拥有副高及以上职称的比例是民办高校的5.5倍之多,这意味着民办高校与公办高校高级职称教师之间的差距十分巨大(见图4)。

从教师的年龄结构上看,上海基础教育阶段民办教师队伍的"杠铃型"[2]分布特征近年来发生了变化。根据2011年协会的调研数据,上海民办中小学中35岁以下的教师占62.5%,36—45岁的教师占比为21.2%,46—55岁教师为5.8%,56岁以上的10.6%。民办中小学教师队伍中的青年教师比例明显过高,变成了一头独大的"锤状"。教师的培养与稳定工作迫在眉睫。

---

① 数据来源:2012年民办高校教师队伍建设情况研究课题。
② 即青年教师和高龄教师比例高,中年骨干教师比例低。

民办高校教师职称构成

副高及以上
8.70%

中级及以下
91.30%

全市高校教师职称构成

正高
16.90%

副高
31.43%

中级及以下
51.80%

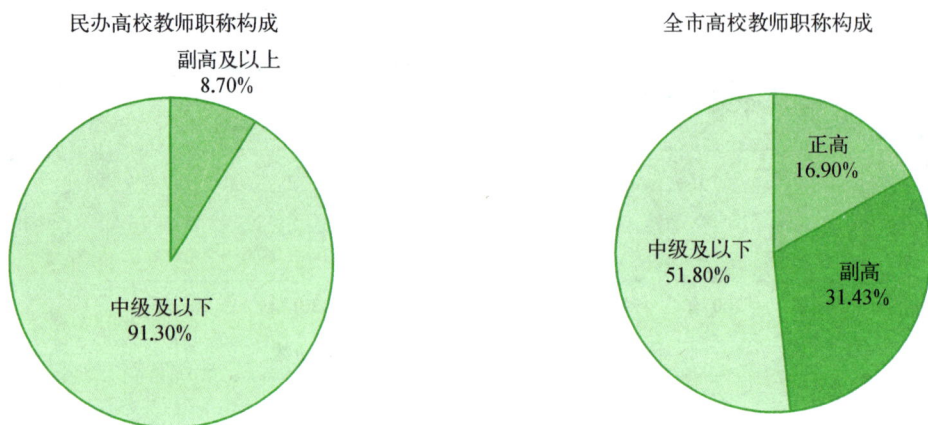

图4　民办高校教师职称构成

2. 民办教师队伍的流动性强,稳定性不高

在创办初期,民办学校的待遇具有较高吸引力,但最近5年随着绩效工资政策推行,市与区县对公办学校投入持续增长,这致使民办学校教师在待遇上的优势不仅丧失殆尽,而且与公办教师待遇出现逆差增长趋势[①]。待遇优势的丧失致使民办学校师资队伍稳定性面临巨大挑战。从2007年至2009年间,上海基础教育阶段民办学校由202所萎缩到134所,沪上个别民办学校的骨干教师流失率近50%[②]。民办高等教育阶段也不例外,与公办教师待遇差距更大,据调研市属高校教师的平均年薪收入是民办高校教师的两倍多[③]。

除了待遇不能留人,民办学校"重使用,轻培养"的现实举措加剧了队伍的不稳定。一方面,民办系统内的教师因为制度束缚,相对封闭,缺乏各种学习培训机会;另一方面,因为资金压力较大,学校为了考虑当前利益和办学成本,普遍只注重用人,师资培训投入严重不足。因此,民办学校教师流动性偏高。目前,上海基础教育阶段教师年流动率高达20%以上,民办高校教师年平均流失率则高于25%。

为了稳定师资,上海的民办学校也作了各种努力(表2),在基础教育阶段,比较普遍的是"公办挂编"及"人才中心编制",前者只是上海部分区县执行,且未从根本上解决民办学校教师的社保问题,存在政策上的不稳定性,在2010年比例有所下降,但该政策的"定心"作用极大,民办学校的中青年骨干教师基本上都是靠这类方式加以稳定的。

表2　2008—2010上海民办中小学教师编制情况

年　份	人数	公办挂编		人才中心编制		学校编制		退休返聘		外职兼聘		其　他	
		人数	占比(%)	人数	占比(%)	人数	占比(%)	人数	占比(%)	人数	占比(%)	人数	占比(%)
2008	9 254	3 396	36.7	1 260	13.62	1 684	18.20	2 373	25.64	172	1.86	369	3.99
2009	9 477	3 422	36.11	1 455	15.35	1 990	21.00	1 911	20.16	154	1.62	545	5.75
2010	9 489	3 174	33.45	1 437	15.14	1 957	20.62	1 839	19.38	152	1.60	542	5.71

数据来源:上海民办中小学协会数据库。

---

①　在上海,公办教师退休后,高级教师月薪为4 500—5 000元,一级教师月薪为4 000—4 500元,而民办教师退休金一律只有2 000元。特别是2009年1月国务院《关于义务教育阶段学校实施绩效工资的指导意见》颁布后,义务教育阶段公办学校开始实施绩效工资制,教师平均工资水平不低于当地公务员平均工资水平,对义务教育阶段公办学校的离退休人员发放生活补贴等。但义务教育阶段的民办学校则无法享受到绩效工资。

②　先锋网2010年3月18日报道。

③　根据上海市民办高校教职工收入情况统计数据结果,民办高校专职教师的平均年收入约为5.6万元,最低的一所高职高专院校专职教工年均收入仅为3.1万元,部分民办高校教师的工资甚至多年未有明显增长,而市属高校2011年统计数为11.6万。

可以说,上海民办师资队伍在稳定及持续专业发展上依然存在着障碍。

3. 上海民办师资队伍呈现区域性特征:高低两端快速发展

随着上海国际化教育的不断推进,2008 年开始的针对进城务工人员随迁子女学校的"纳民"工程有序展开,上海民办学校两极分化趋向也日益明显。"高端"以国际化学校为代表,"低端"以进城务工人员随迁子女学校为代表。随之带来上海民办中小学师资队伍也出现如上两极分化。这种结构性变化对上海在区域层面民办学校教师的管理提出了更多更大的挑战。

二、上海提升民办教师队伍建设的政策举措与实践探索

事实上,民办师资队伍建设中的很多问题一直悬而未决与法律法规和教育政策落实困难密切相关,如"一法一例"(《中华人民共和国民办教育促进法》和《中华人民共和国民办教育促进法实施条例》)对民办学校法人属性定位模糊、相关政策执行不到位衍生的师资建设困难。在修订法律法规相对困难或周期较长的背景下,区域性的扶持政策与实践探索就显得尤为重要,上海从市层级到区县层级对此均作出了相关努力。

(一) 健全民办学校管理的机构,夯实民办学校教师管理的组织基础

为了进一步推进上海的教育体制改革,加强对民办教育的发展扶持,2009 年 6 月上海市教委正式成立民办教育管理处,负责制订上海民办教育发展的相关政策,承担民办教育管理的各项职责。上海民教处在扶持民办学校教师队伍建设上的职责更多体现在科研、师资培训等经费上的支持。自 2005 年以来,上海市级财政设立了民办教育政府专项资金,每年额度为 4 000 万元,2008 年增扩至 1.3 亿元,2010 年市级财政共安排专项资金约 5.47 亿元(其中民办高校约 2.27 亿元、民办中小学 4 000 万元、以招收随迁子女为主的民办小学 2.8 亿元),2012 年预计将达 7 亿元。2010 年以后的专项资金使用旨在促进民办学校的内涵建设,其中包括师资队伍建设。

此外,上海市民办高等教育协会、民办中小学协会、工商联民办教育协会等民办教育行业机构也搭建起了政府与民办学校、民办学校相互之间沟通交流及合作的平台,通过会刊、论坛、互访、调研、托底评优、课题引领等方式不断促进上海民办学校师资队伍建设水平的提升,充分发挥协会的行业引领作用。

(二) 建立民办学校教师年金制度,完善民办学校教师保障体系

为缩小民办学校教师与公办学校教师退休后待遇的差距,2009 年 2 月上海市教委下发《上海市教育委员会关于推进本市民办学校建立年金制度的通知》(沪教委发[2008]123 号文),积极鼓励和支持本市民办学校建立年金制度。年金制度是指民办学校在依法参加国家法定的基本养老保险并履行缴费义务的基础上,根据民办学校的经济承受能力自愿建立的补充养老保险制度。而民办学校迫切需要实施年金制度的对象,主要是无法实现公办"挂编",但在未来的三五年内就可以成长为学校骨干的中青年教师。民办学校根据各自实际情况制定本校的年金方案[①],签订年金基金管理合同,报上海市人力资源和社会保障局备案。

为鼓励民办学校建立年金制,上海把民办学校建立并实施年金制度列入申请民办教育发展专项资金的条件中,并且民办学校为教师设立年金制后由上海民办教育专项资金给予相应的奖励补助。在区县层面,虹口区、普陀区、浦东新区还相继制定相关奖励性政策,以"先建立,多资助"原则鼓励并推进本

---

① 这笔钱的缴纳方式与公积金相同,按照工资的 5% 至 12% 缴纳,由单位及个人共同承担。教师退休后,这笔钱将全额返还给个人。这样既能保留民办学校的机制特点,又能保障教师退休后的待遇。

区域内民办学校建立教职工年金制度。2011年市财政对建立年金制度的民办高校拨付师资队伍奖励经费,当年全市民办高校全年缴纳教师年金总额达1 619万元,市财政相应奖励经费约2 000万元。至2012年,全部民办高校、大部分民办中小学、幼儿园已实施教师年金制度。

此外,上海市政府还积极采取其他有效措施切实提高民办学校教师待遇,制订进一步提高民办学校专职教职工收入的指导性意见,将专职教职工收入与学校学费收入、办学结余挂钩,并设定比例要求,市教委拟将这一比例作为核定学校政府扶持专项资金的重要依据之一。同时,通过加强制度设计,发挥导向作用,多渠道(如企业养老金、企业年金、共享费等)提高民办学校专职教职工退休待遇水平。

(三)保障民办学校教师同等待遇,开展民办学校教师专项培训

"十一五"开始,上海将民办高校人事管理统一纳入全市高校人事管理范畴,民办高校教师在职称评定、奖励表彰、科研项目申报、教师培训等方面已完全享有与公办高校教师同等待遇。2010年上海市在实施《上海教育规划纲要》"十大工程"之一的"教师专业发展工程"时给予民办高校和公办高校同等待遇,"教师专业发展工程"中教师出国进修、产学研践习等相关项目对民办高校实现全覆盖。

在民办基础教育阶段,为贯彻落实《国家中长期教育改革和发展规划纲要(2010—2020年)》提出的"支持民办学校创新体制机制和育人模式,提高质量,办出特色,办好一批高水平民办学校"的精神,在民办基础教育阶段,根据《上海市教育委员会关于开展上海市民办中小学特色学校(项目)创建工作的通知》的要求,在全区民办中小学(不含民办农民工子女小学)开展为期三年的特色学校(项目)的创建工作。特色学校的创建对象要求办学五年以上,特色项目的创建对象和民办优质幼儿园要求办学三年以上。分批创建,不挂牌、不命名。市教委将创建工作纳入上海市中长期教育规划纲要市级专项经费支持范围,给予每个特色学校创建校市级创建资助资金30万—40万元,每个特色项目和幼儿园市级创建资助资金20万元。同时,市教委与教育部中学校长培训中心签订协议,委托培训中心对列入创建校的民办中小学校长和民办幼儿园园长开展研修、培训,并对民办中小学和幼儿园的创建工作进行跟踪指导。

在民办高等教育阶段,针对当前民办高校师资队伍水平差、整体教育质量不高的现状,2012年本市结合民办高校办学实际,正式启动了民办高校"强师工程"。力图结合民办高校发展的特点和需求,开展针对民办高校教师的专项培训和科研工作,通过"强师工程"提高民办高校教师的职业道德素养,培养教师的专业发展能力,打造一支高质量的民办高校师资队伍,从而切实提高民办高校教学水平和人才培养质量。

此外,根据《国家中长期教育改革和发展规划纲要(2010—2020年)》第五十五条提出的:"国家制定教师资格标准,提高教师任职学历标准和品行要求。"这为民办学校教师队伍结构的优化提供了新的契机。尤其是2012年始全国开始逐步推行教师资格考试与定期注册制度[①],将成为优化师资队伍的重要推手。同年2月10日教育部下发"关于印发《幼儿园教师专业标准(试行)》、《小学教师专业标准(试行)》和《中学教师专业标准(试行)》的通知"。上海积极推行这项政策,并组织民办中小幼教师参与各级标准的学习培训工作。

此外,经过1年的试点,上海基础教育部门2012年在全市推行"中小学(幼儿园)教师规范化培训",提高入职教师的专业水平。闵行、浦东新区等区县开始尝试把民办教师也纳入了"规范化培训"覆盖范畴。

(四)区县以创新为驱动,实施"单兵突进式"教师扶持政策

为了稳定民办中小学教师队伍,上海各个区县根据自我区县实际对民办学校师资队伍建设进行了相关政策与制度设计。

---

① 2012年9月10日,《国务院关于加强教师队伍建设的意见》颁布,要求全面实施教师资格考试和定期注册制度。浙江、湖北两省已经在2013年启动了试点,今年如期推广至广西、河北、海南、上海4省市。

1. 闵行区的民办教师挂编探索

对于在民办中小学工作且表现优秀的教师,实行特殊待遇,比如解决教师编制与户口问题。闵行区人民政府 2009 年《关于进一步促进民办教育健康发展的若干意见》规定:"积极支持民办学校教师队伍建设,给予一定比例的事业编制,享有事业编制性质的教师,在民办学校服务期间,经费由民办学校承担,转入公办学校或退休后,由政府承担。"

2. 浦东新区的师资建设补贴

2006 年,浦东新区出台了《浦东新区民办教育发展政府专项资金管理办法》,明确在教育科研、师资培训、课程改革等方面对民办学校实施扶持。2011 年,新区在《促进民办教育发展的财政扶持意见》中进一步明确两项扶持中其中之一为"民办学校特色建设及师资建设补贴",规定"民办教师培训统一纳入新区教师培训计划,享受公办学校教师同等待遇。由浦东新区教育发展研究院承担培训任务。"

3. 普陀区的师资建设专项资金

普陀区自 2008 年开始每年从区财政资金中安排不少于 300 万元的扶持经费,设立促进民办教育发展专项资金,支持民办学校进行课程改革、教学科研和教师专业化发展;在教师地位和待遇方面,该区在资格认定、职称评定等方面,与公办学校同等对待。

三、对进一步促进上海民办学校师资队伍建设的思考

经过近十年的制度创建,上海的民办教育获得了健康稳定的发展,民办师资队伍建设虽然没有从根本上摆脱上位政策与制度障碍,但还是在不同层面取得了成绩与突破。如年金制度的推行、民办高校"强师工程"以及民办中小幼学校的特色项目与特色学校创建等举措有效地促进了民办学校师资建设水平。我们有理由相信,在未来 5—10 年上海的民办师资队伍建设会逐步走上良性循环的道路。

在现有基础上,上海要抓住国家综合教育改革试验基地的良好机遇,以体制机制创新为抓手,进一步地完善促进民办学校师资建设的相关政策举措,鼓励并支持若干区县的创新性实践,采取经验借鉴与本土融合相结合的方式,努力提升民办学校师资建设水平。综合理论探讨和实践借鉴,上海可在以下几方面有所作为。

1. 探索民办学校教师人事代理制度

由于在现行人事管理体制下,编制是享受各种待遇的基础,民办学校教师没有事业编制,必然在职称评定、养老保险、医疗等方面与公办教师不相一致,在获得与公办学校教师同等的法律地位和获得相对平等的权益保障上存在制度障碍。因此,在暂时无法变革国家现有人事体制的前提下,可以尝试并逐步推行在市、区(县)教育行政部门设立教师人才服务机构,专门负责区域内教师的招聘、民办学校教职工人事代理和管理工作。

专栏 1　上海闵行区民办教师人事实施统一管理

2009 年始,闵行区所有民办教师均由区教育人才交流中心实施人事代理制度,并给予一定比例的事业编制。享有事业编制的教师,在民办学校服务期间,经费由民办学校承担,转入公办学校或退休后,由政府承担。同时,鼓励民办学校实行年金制度,对于这些学校,政府给予一定奖励。民办教师的在职培训、职务评聘、评优评先、教学科研等与公办学校教师享受同等待遇。

---

2. 优化民办学校教师队伍建设财政扶管制度

目前上海已建立市区(县)两级民办教育发展专项基金,一般用于民办学校设备设施改善、学校内涵

项目建设等。虽然涉及学校师资队伍建设,但比例较低,且效用不明显。为了进一步优化专项基金的使用结构,建议单列民办教育机构教师奖励及培训的专项基金,促进民办教育机构师资队伍整体水平的提高。

专栏2　上海试点民办学校财务会计资产管理制度

上海市自2009年起,依据国家法律法规和教育部综合改革试点的要求,建立民办学校财务、会计和资产管理制度,完善政府公共资助体系改革试点实施方案:将民办学校财务会计资产管理水平和指标纳入政府公共财政资助体系,作为政府确定公共财政资助条件、方向和方式的参考,从而真正实现"扶管结合"。由此明确民办学校财政扶持的必要条件,量化各项扶持指标,制定扶持资金的申请、审批、使用、检查等的程序和标准,使之常态化、规范化、标准化,并具有明确的导向性。

该项制度进一步保障、规范并引导了市区(县)两级政府的民办教育发展专项基金的拨付与使用,促使其能更多地投入于稳定师资队伍、改善办学条件、提升办学质量等。

---

3. 建立公民办学校教师科学双向流动机制

为了促进民办教育发展,交流制度可以延伸到民办学校,从公办学校选拔优秀的公办教师组成民办教育助教团,规定这是教师的义务,明确助教时间为一年,待遇不变等。在助教期间,其工资由原单位照发,其他福利待遇不变;在职务晋升、职称评定、工资调整和年度考核等方面,与原校教师同等对待,在职务聘任时将优先考虑到民办学校助教并取得成绩的教师。被助单位要按照本单位教师工资、福利待遇和工作量,给予助教教师适当补贴。同时民办学校的教师也可以与公办学校的教师进行互相交流,民办学校选派优秀教师到公办学校交流学习,时间也是一年,交流期间,参与公办学校正常的教育教学活动,通过这种交流,可以进一步保证教育资源的均衡,提升民办学校师资建设效度。

4. 创新民办学校教师资格认定制度与聘用制度

民办中小学应当依法实行教师资格制度和教职工聘用制度。有研究者借鉴国外经验,提出建立专门的中介机构。通过这些机构对所有教师进行资格评估、认定,并颁发统一的资格认定证书,对教师的管理必须走上行业管理的正规渠道,具体做法如下:建立与政府行政部门脱钩的资格认定机构,由机构制定详细全面的认定条件与认定标准,资格认定具有统一性、唯一有效性及连续性,而政府则应保证认定的合法性和有效性。在此基础上,实行教师全员聘任制,只要是符合教师资格的教师,公、民办学校均可聘用,这是真正实现公、民校教师享有同等法律地位和权利的关键。但这必须与经常的正规的教师资格认定制、健全的人事代理制以及完善的劳动社会保险制相配合。民办学校要运用好用人自主权,把好聘任师资的质量关。同时,市或区县政府应制定政策,让民办学校招聘教师有章可循,主要解决好工龄(教龄)延续问题、职称评聘问题、流动手续问题。

5. 构建上海民办教师社会保障体系

上海在进一步构建民办学校教师权益保障机制时,需要厘清"同等法律地位与同等实际待遇的关系"。落实民办学校教师与公办学校教师同等法律地位,关键在于保障民办学校教师能够享受到与公办学校教师相同的权利。这就要求地方政府在制定相关政策时做到:第一,确保民办学校教师享受到作为专业人员的权利,如保障民办学校教师在业务培训、职务聘任、教龄和工龄计算、表彰奖励、专业发展上享有与公办学校教师同等权利;第二,打破体制障碍,确保民办学校教师享受到作为民办事业单位工作人员的权利,如保障民办学校教师在户口、事业编制、养老保险、教师在公办学校与民办学校之间合理流动等方面享有与公办学校教师同等权利;第三,为民办学校教师提供财政资助,逐步缩小民办学校教师与公办学校教师的收入差距。不过,同等法律地位并不意味着同等实际待遇,毕竟公办学校教师工资主要由国家财政保障,民办学校教师工资主要由学校保障,更何况即便是公办学校之间或者民办学校之间,教师收入也存在分化现象。作为政府,关键是要基于教师职业的公共性,为民办学校教师提供财政资助,逐步缩小民办学校教师与公办学校教师的收入差距。

　　民办学校师资建设水平的提升是一项烦琐而长期的工程,既需要政府制定实施利于民办教育发展的政策,创造良好的发展环境,也需要民办学校不断更新自身管理理念和经营模式。只要政府、学校、教师、社会各方面坚持齐心协力,遵循民办教育发展规律和民办学校教师职业发展规律,不断创新探索民办学校教师职业发展机制,切实提升民办学校教师待遇水平和专业能力,我们有理由相信一支师德高尚、业务能力过硬、结构合理的师资队伍将成为上海民办教育腾飞发展的重要助动力。

（执笔人：张璐、潘奇）

上海市民办中小学特色发展项目的实践与思考

为贯彻落实《国家中长期教育改革和发展规划纲要(2010—2020 年)》提出的"支持民办学校创新体制机制和育人模式,提高质量,办出特色,办好一批高水平民办学校"的精神,上海市教委于 2012 年 8 月启动了民办中小学特色学校(项目)创建工作,上海市民办教育协会也努力搭建平台,引领民办中小学特色发展。这些工作意在充分发挥民办中小学体制机制优势,提升民办中小学的办学水平,形成一批注重内涵发展和特色建设、在全市乃至全国有影响的高水平、高质量民办中小学。

一、发展的现状

由于政府的高度重视和大力支持,民办中小学的积极参与,目前民办中小学特色创建工作正在有序推进,并呈现出良好的发展态势。

(一)政策大力扶持,特色创建强劲启动

《2002 年中国民办教育绿皮书》较早关注到民办中小学特色发展的问题,书中提到"目前,大部分民办小学和初中,对学校的教学质量和办学特色给予了极大的重视,但实际效果难以尽如人意",因此,各级教育主管部门应注意引导民办中小学走"以质量求生存,以特色求发展"的办学道路。

2010 年,《国家中长期教育改革和发展规划纲要(2010—2020 年)》进一步提出要"鼓励学校办出特色"。而同年上海市颁布的《上海市中长期教育改革和发展规划纲要(2010—2020 年)》中则非常明确地要求民办教育走特色发展的道路,强调"促进民办教育规范特色发展试验","推动各级各类教育办出特色、争创一流","按照国家有关规定,在进一步规范民办教育管理的基础上,加大对民办教育的资助力度,鼓励民办学校特色发展和可持续发展。"这既表明了政府民办学校特色发展的高度重视和大力支持,也为民办学校的改革与发展指明了正确的方向。

正如原上海市教委副主任尹后庆主任在 2010 年上海市民办中小学协会年会上所说的:"上海民办学校地位基本确立,一定要关注特色与选择,一定要使得结构、比例、功能三者平衡;民办中小学的地位也是基本确立的。地位基本确立与凸显功能有关,如果目标唯一的话,就会产生一些问题;如果民办学校能应对老百姓不同的选择要求,彰显我们的办学特色,那么这样的民办中小学就会受到家长的欢迎和社会的认可。三是上海民办教育的制度创新值得期许。"

目前,上海民办中小学总体上已经进入稳定发展阶段,民办学校的存在已不仅仅是为了弥补国家教

育经费的不足,也不仅仅是公办教育的有益补充,而是促进基础教育改革与发展的重要力量。这就充分说明上海民办学校已经摆脱了最初的发展困难期,已经成为上海基础教育发展的重要结构性力量。

为了进一步落实中长期改革和发展规划纲要的要求,2012年8月,上海市教育委员会发布《关于开展上海市民办中小学特色学校(项目)创建工作的通知》,颁布了《上海市民办中小学特色学校(项目)创建实施方案(试行)》,规定"市教委将民办中小学特色学校(项目)创建纳入本市中长期教育规划纲要市级专项经费支持范围,给予经费资助。经区县审核推荐、市教委复核确定为创建学校(项目)后,给予每个特色学校创建校市级创建资助资金30万—40万元,每个特色项目市级创建资助资金20万元,区县根据办学规模和层次给予相应配套资助,经绩效评估合格后再由市、区县教育行政部门给予相应的支持"。2012年12月,上海市教育委员会发布《关于开展民办中小学特色学校(项目)创建校、民办优质幼儿园创建园校(园)长培训的通知》,正式启动上海市民办中小学特色学校(项目)创建校长培训计划。这一系列政策文件的发布,表明上海民办中小学特色创建工作已强势启动,政府将其纳入到中长期教育规划纲要市级专项支持项目,足见其起点之高,扶持力度之强,这就为上海民办中小学未来的特色发展营造了良好的政策环境。

(二)协会搭建平台,课题引领特色发展

上海市民办教育协会较早参与到民办中小学特色建设的创建工作中来,并努力搭建平台,通过课题形式引领和推动上海民办中小学特色建设工作。2010年,中国民办教育协会中小学专委会牵头进行民办学校的办学特色研究,上海市民办中小学协会(上海市民办教育协会中小学专委会前身)积极响应,鼓励15所学校申报课题并立项,成为民办学校办学特色研究实验校。当时,协会副理事长朱怡华提出了特色建设的愿景目标:"第一步目标是使上海现有的100多所民办中小学中,有1/3的学校有明确的特色建设目标和探索项目,以后再逐步扩展到1/2的学校,直至所有的学校,从而在上海进一步推动民办学校的内涵发展与特色建设。同时,协会也正在与政府沟通,由政府给予有课题立项的学校以一定的经费支持。"

2012年,上海市民办教育协会成立后,李宣海会长非常重视民办特色学校建设,"在多重竞争压力下,民办学校该走何种道路才能生存下来,并求得发展? 我以为,'以质量求生存,以特色求发展',特色学校创建是必然方向……目前,特色学校创建的政策环境已经形成,扶持资金也已就位,教委、学校和协会各方都在积极努力。未来几年,政策导向依然坚持扶优扶强扶特扶需,政府会加大扶持力度创建特色学校;学校之间在专业设置方面也会日趋整合,从而形成学校特色日益明显、设置布局更加合理的局面;在分类管理日益推进和教师保障机制不断完善的情况下,教师队伍也会日益稳定,从而为特色学校建设扫清最大障碍。在这种情况下,考验学校举办者和办学者智慧的,就是思考如何从学校自身出发,策马扬鞭,积极作为,逐步建成特色学校、品牌学校"。

上海市民办教育协会通过课题引领学校特色发展过程中,课题立项数逐年增加,经费投入不断加大。2010—2012年课题立项情况见表1。

表1 上海市民办教育协会课题立项情况一览表

年 份	课题立项数(个)
2010	15
2011	27
2012	39

数据来源:上海市民办教育协会网站。

从上表可以看出,课题立项数在逐年增加,民办教育协会通过课题引领,使广大民办中小学更深入地认识到特色建设的重要意义和特色创建的基本方向,从而更深入地思考学校自身的发展定位和发展目标,使民办学校特色达到更进一步地彰显。

(三)民办学校积极参与,特色内涵丰富

特色学校(项目)创建工作启动起来,在政策鼓励、经费支持下,民办中小学积极参与,热情高涨。2012年底,经学校自愿申报、区县教育局审核,市教育局共批准首批特色学校创建校34所,特色项目校30所。具体学校见表2、表3。

表2　2012年民办中小学特色学校创建校

序号	名称	序号	名称
1	上海市民办立达中学	18	上海市民办丽英小学
2	上海市民办明珠中学	19	同济大学实验学校
3	上海市震旦外国语中学	20	上海市民办阳浦小学
4	上外静安外国语小学	21	上海市民办兰生复旦中学
5	逸夫小学	22	上海市七宝外国语小学
6	上海市世界外国语小学	23	上海市民办复旦万科实验学校
7	上海市西南位育中学	24	上海市民办协和双语学校
8	上海市世界外国语中学	25	上海市民办桃李园实验学校
9	上海民办包玉刚实验学校	26	上海市同洲模范学校
10	上海市民办东展小学	27	上海民办和衷中学
11	上海培佳双语学校	28	上海市民办平和学校
12	上海市民办进华中学	29	上海民办新竹园中学
13	上海市民办新黄浦实验学校	30	上海民办张江集团学校
14	上海田家炳中学	31	上海市民办金苹果学校
15	上海民办彭浦实验小学	32	上海市民办尚德实验学校
16	上海外国语大学附属外国语小学	33	上海市松江九峰实验学校
17	上海市民办新华初级中学	34	上海外国语大学西外外国语学校

数据来源:上海教育委员会网站。

表3　2012年民办中小学特色项目创建校

序号	名称	序号	名称
1	上海市西南模范中学	8	上海市民办童园实验小学
2	上海民办爱菊小学	9	上海市民办新北郊初级中学
3	上海市民办新世纪中学	10	上海市民办宏星小学
4	上海市普陀区金洲小学	11	上海市民办瑞虹高级中学
5	上海市民办风范中学	12	上海市民办打一外国语小学
6	上海民办扬波外国语小学	13	上海外国语大学附属双语学校
7	上海市民办扬波中学	14	上海控江中学附属民办学校

序　号	名　　称	序　号	名　　称
15	上海闵行教育学院附属中学	23	上海民办浦东交中初级中学
16	上海市协和双语尚音学校	24	上海市民办中芯学校
17	上海教科实验中学	25	上海市民办丰华高级中学
18	上海市民办文绮中学	26	上海市民办师大实验中学
19	上海市民办嘉一联合中学	27	上海市民办交大南洋中学
20	上海市民办交华中学	28	上海宋庆龄学校
21	上海民办行知二中	29	上海民办奉浦学校
22	上海民办洋泾外国语学校	30	上海市崇明县民一中学

数据来源：上海教育委员会网站。

　　以上64所民办中小学,长期坚持内涵发展,努力探索适合自己学校实际和办学理念的特色发展模式,并已取得了一些初步的成效,在全市民办学校中处于领先的地位。34所特色学校创建校都具有5年以上办学历史,坚持公益性办学宗旨,教育理念先进,特色创建基础较好,方向明晰;课程体系完整且有特色,能满足学生多样化需求,支持全体学生全面而有个性地发展;教师队伍稳定,专业素质良好,有师资队伍发展规划和教师专业成长措施,形成支持学校特色发展的师资群体;同时,还要求这部分学校办学成效明显,在全市乃至全国有一定知名度和影响力。30所特色项目创建校则具有3年以上办学时间,同样也要坚持公益办学的取向,要注重学校办学理念先进,教育教学质量稳定,得到社会认可;特色项目指向鲜明,覆盖面广,在市、区有一定影响力;特色项目实施有方案,纳入学校课程体系,措施得力,责任落实;师资队伍稳定、结构合理,有确保特色项目实施需要的专业力量等。表4展示了部分特色学校(项目)创建校的特色主题。

表4　上海市部分民办特色学校/项目创建校的特色主题

学　　校	创建时间	创建类别	特　色　主　题
上海市民办东展小学	2003.8	特色学校	人品教育
上海民办包玉刚实验学校	2007.4	特色学校	全人教育、双语教育、家庭式寄宿教育、愉快教育
同济大学实验学校	2000.9	特色学校	校园因科技而更精彩
上海市世界外国语小学	1993	特色学校	国际化教育
上海市西南位育中学	1993	特色学校	关注成长轨迹激发成长自觉
上海市民办桃李园实验学校	2002.5	特色学校	围绕核心课程,建设课程群
上海市七宝外国语小学	2005.4	特色学校	新型家校共同体唱响"养成之歌"
上海市民办协和双语学校	2003.9	特色学校	中外文化融合的国际教育
上海市民办平和学校	1996	特色学校	世界公民教育
上海民办张江集团学校	2006	特色学校	科技创新
上海市民办尚德实验学校	2003.7	特色学校	以优质课程满足多元教育需求
上海市民办打一外国语小学	2005.7	特色项目	用艺术教育为学生插上灵动的翅膀
上海外国语大学附属双语学校	2001	特色项目	站在学生和世界之间的特色外语课程

数据来源：2012年上海市民办中小学特色学校(项目)创建申请表。

从表4可以看出,首批创建校中,涉及品德教育、公民教育、科技创新、双语教育、国际化教育等多种特色课程和项目,各个学校根据自身历史、区域特点、发展愿景,在努力探索自己学校的特色内涵,可谓百花齐放,表现出了丰富多彩的生命力和多元的追求。比如,具有德育优良传统的民办学校可以中华传统美德为基石,结合现代公民的素质要求,重视学生行为规范养成和优良品质的培养;理科较有优势的民办学校可以科技为特色,结合相关学科,紧密结合现代科技发展的趋势和现代生活的需要,开设科技探究校本课程,开发和培养学生运用知识解决问题的能力;艺术师资力量较强的民办学校则可以艺术教育为自己的特色创建方向,为具有艺术潜能的学生增开音乐、美术、绘画等课程,使这些学生能找到适合自己发展的方向;而对于那些具有体育特长的学校,则应充分发挥自己的长处,为有体育特长的学生创造条件,让他们的潜能得到理想的发挥。下面例举两所较为突出的特色学校创建校。

专栏1 注重中西文化融合的协和双语学校

上海协和双语学校是依托上海市教科院民办教育研究所、由协和教育中心(集团)投资创办,设有国内部和国际部的九年一贯制学校。学校创立伊始,就将其办学核心价值取向确实为:多元、平衡、包容、创新。根据这一理念,学校将学生的培养目标确定为:道德人格健全,具有社会责任感;具有国际视野与胸怀;学科基础扎实且勇于探究和创新;具有中英文双语能力、交往能力、解决问题的能力及终身学习的能力。

为了使来自不同背景、具有不同潜能的学生都能在协和教育得到适合自己的发展,学校大力引进国际上先进的课程,荟萃中西文化,促进学生多元发展,使其凭借在协和所受的教育,未来能在各自的生活环境和文化背景中游刃有余地工作和生活。学校在国内部和国际部开设不同的课程,国内部的基础型课程根据上海市教委要求制定;国际部课程则包括国际文凭大学预科课程和小学课程(IBDP&PYP)、国际中学会考证书课程(IGCSE)、全球评估证书课程(GAC)、英国国际小学课程(ICE)。这些课程的开设,促进了学校东西方文化的融合,也创造了一种适合自身发展的教育教学模式。

目前,协和双语学校已荣获全国优秀民办学校之称号,并分别通过了世界文凭组织和英国皇家课程的认证,成为一所致力于提供融合中西方教育精粹,为学生提供多元选择的课程和发展通道的双语学校。

专栏2 多元并举,特色丰富的西南位育中学

上海市西南位育中学创办于1993年,学校把"一切为学生的一生幸福着想,为学生的终生发展奠基"作为办学核心理念,把"求索教育"贯穿于教育活动全过程,坚持"中和位育"、"渐进积累"的思想方法,形成了"中华传统文化与现代意识结合的德育系列教育"、"双本双语双外语为特色的外语教学"、"以机器人与信息技术领军的科技创新活动"与"男篮女排为主体的高雅艺体活动"等四项学校特色项目。

其中,"弘扬中华传统文化,培育时代新人"德育主题教育,让学生从小感悟博大精深的中华传统文化的精髓,注重人文底蕴的积淀和熏陶,不断强化每位学生未来可持续发展的文化基因。"双本双语双外语为特色的外语教学"融合了"英语教学、双语教学、双外语教学"的外语教学特色,在初中通过牛津教材与SBS教材不断整合,形成了听说领先、小班强化的英语教学模式;在高中加强了课内外结合的听力与课外阅读的训练序列,开展了讲究实效、不图形式的双语教学,开设了双语选择课,积极推

进第二外语法语的选修。"以机器人与信息技术领军的科技创新活动"大胆对初一年级劳技课进行改革,在全市率先把大学信息专业的课程——单片机基础纳入课表,向全体同学普及,通过努力,西南位育学子多次在国际比赛、全国大赛中获奖。"男篮女排为主体的高雅艺体活动"着力点不在于少数尖子队员的培养,而是聚焦于全员性的普及,力图"让每个学生都有一项他热爱的终生健身体育项目"。

以上这些学校特色是从特色建设的某一个方面来说的,学校可从其中一个方面入手,创建学校特色,也可以几方面同时着手,并进行有效的结合。从目前上海市教委推进的方向来看,民办学校的特色建设分为两个层次,特色项目和特色学校。从总的发展趋势来说,学校特色建设有一个从项目特色向整体特色发展的过程,其中最关键的是学校的特色能否让绝大多数学生受益。要实现这一目的,学校就应对本校学生的需要有一个基本的了解,及时把握学生群体发展的特点。这个时代是一个迅速发展的时代,而中小学生又是最容易接受新生事物的人群,这就要求学校在特色建设方面要把握时代发展的脉搏,贴近学生的年龄特点,从而促进学生更加健康的成长。

(四)开展培训和督导,工作有序推进

特色学校(项目)创建工作启动以来,各项工作以政策为导向、以资金为抓手、以培训为途径,分阶段有序推进。特色创建工作分三步实施,包括初期培训、中期推进及后期总结。为了提高创建校的教育理念和办学水平,市教委委托华东师范大学教育部中学校长培训中心和上海市民办教育协会等机构开展相关培训、创建指导和互动交流等工作,并予以经费和资源上的有力保障,受到了首批参与学校的欢迎,取得了明显成效,民校品质日渐提升。

1. 举办校长培训,提升创建能力

受上海市教委委托,华东师范大学教育部中学校长培训中心从 2013 年 1 月至 2014 年 1 月举办了上海市民办特色创建学校校长培训班,培训旨在强化民办学校自身能力建设和特色的创建,帮助校长优化知识结构,拓展校长视野,分享上海市民办中小学特色创建的实践经验,进一步凝练办学思想,创新特色办学的思路。培训分为五个阶段,具体为通识培训、特色凝练、跟进指导、海外研修和成果展示。培训采取专题讲座、研讨交流、案例分享、思想论坛等形式。另外,还组织校长们赴美国、英国、澳大利亚等国以及国内杭州、广州、沈阳等地进行了参观考察,帮助校长们进一步提高了理论水平和管理能力,开阔了眼界,也明晰了学校今后发展的方向和思路。

专栏3　校长培训中心专家团队到和衷中学指导创建工作

6 月 8 日下午,和衷中学举行了上海市民办特色学校创建活动启动仪式。会上,领导与专家一同为空模联合体、无土栽培创新联合体揭牌。教育部中学校长培训中心刘莉莉博士后领衔的专家团队就特色创建的精确定位和价值取向与校长们做了深入细致地探讨,并提出宝贵意见。专家独特的智慧,为创建特色科学教育长效机制、构建科学教育校本课程体系、打造和衷特色的科学育人文化做了引领。

资料来源:上海教育新闻网。

2. 重视过程推进,强化督促指导

为了更好地帮助创建学校推进各项工作,在上海市教委的领导下,华东师范大学、上海市民办教育协会及中小学专委会、上海市教科院民办教育研究所等机构,协同配合,根据创建工作计划和民办学校的实际需要,加大对民办学校的支持与服务力度,做到规范管理与合理指导相结合,并与教育督导、年度

检查等相关工作匹配起来,以深入有效地推进学校的特色创建工作。为此,在与创建学校沟通协商的基础上,各方通力合作,为创建学校派出了专家组,指导学校修改创建方案,了解学校面临的困难,为学校特色创建工作出谋划策,提供指导性意见等,有力地推进了创建校的各项工作。

专栏4　上海市民办中小学协会领导莅临宝山区同洲模范学校指导

近日,上海市民办中小学协会常务副会长王世虎和高平副会长来到同洲模范学校研审特色学校三年创建中期推进工作。

两位领导首先听取了学校关于近期创建工作的阶段汇报,在随后的两场座谈会上,分别听取了学校小学和中学部教师代表的交流发言。发言中老师们针对在特色学校创建工作中的课程建设、人才培养以及自身的专业发展等主题畅所欲言,随后两位领导深入教师课堂听课,查看了东方行知钢琴学校和同洲模范学校新校,并饶有兴致地观摩了三位钢琴特长生的小型演奏会。一天的指导工作,两位专家对学校原有创建规划在教师专业发展方面的比重以及学校文化与特色课程方面的融合度提出了更高的要求,并从全市一流民办学校的层面做了具体的指导。两位领导还透露,根据市教委的统一部署,下一阶段市教委还将推进和统筹民办学校教师培训工作,为民办学校的发展注入新的动力。

资料来源:上海社会组织网。

在各项工作稳步推进的基础上,2014年上海市教委将组织评估组对所有申报学校进行中期检查,落实各校工作改进情况,并组织学校开展特色展示活动,促进学校之间的互动与交流,分享经验,共同提高。

二、面临的挑战

由于上海民办学校(项目)的特色创建工作刚刚开始,许多探索仍在进行之中,面临的困难和挑战也很多,主要体现在办学定位、管理机制、模式创新和队伍建设四个方面。

1. 如何结合城市发展需要,凸显上海民校特色

《上海市中长期教育改革和发展规划纲要(2010—2020年)》提到,"上海将着力推进'四个率先',加快国际金融中心和国际航运中心建设,加快经济发展方式转变和经济结构调整,大力发展现代服务业和先进制造业,不断增强城市的综合竞争力和国际竞争力,到2020年基本建成'四个中心'和社会主义现代化国际大都市"。但就上海教育发展总体情况而言,"在理念、服务、质量、体制等方面还不能很好地适应人民群众和经济社会发展的需要,存在诸多薄弱之处"。这就要求上海民办学校要结合上海城市发展的需要,准确定位自己特色发展的方向。

当前,我国民办教育发展面临着从补充型教育向选择型教育转型。上海民办教育发展处于全国前列,转型发展势在必行。沈晓明副市长说:"上海需要什么样的民办教育?需要体现公益性的民办教育,需要有质量、有特色的民办教育,需要充满活力的民办教育。"这就要求民办教育特色发展定位必须从关注学生数量增长,转变到关注办学质量提高;从追求扩大办学规模,转变到立足学科和队伍建设;从主要争取外部支持,转变到追求形成办学风格,实施品牌战略,走内涵发展、特色发展之路。但是,从上海民办学校特色发展的现状来看,与上海城市发展和市民的需要仍存在着较大的距离,民办学校仍以追求考试成绩和升学率为主,与公办学校在应试教育方面展开激烈的竞争,缺乏宽广的视野和战略的眼光,对素质教育的重要意义认识不清,难以为上海的未来发展培养出高素质的人才。因此,上海民办学校如何突破传统应试教育的窠臼,抓住上海打造国际化、现代化大都市的历史机遇,坚定走素质教育道路的决心,为民办学校特色建设闯出一片新天地,是目前面临的重大挑战之一。

2. 如何结合特色评价标准的制订和完善,优化过程管理

如何对特色学校进行评估,如何制订一个既科学又相对完善的评估标准,也是教育管理部门面临的一个重大挑战。目前,民办中小学特色评估还在初期推进阶段,其中有些学校特色仍不够突出、创建思路不够清晰,需要在评估实践中结合学校自身发展实际,根据评估标准进一步调整,因此,这就对评估标准本身提出了很高的要求,要既能明确一个统一的标准,又能照顾到学校间的差异,同时还要体现上海民办教育的特色。在市教委的领导下,集中上海民办基础教育领域专家的集体智慧,初步制订了上海市民办中小学特色校(项目)评价标准体系。

专栏5　上海市民办中小学特色校(项目)创建评价标准

　　上海市民办教育协会2012年重点课题"民办中小学特色学校评价标准研究"已顺利结题,民办中小学特色学校(项目)创建评价标准也已初步完成。它包括三大模块、十项指标,每项指标又细化为若干具体指标。三大模块包括:模块一创建规划(30分)、模块二创建过程(40分)、模块三创建成效(30分)。模块一中包含三项指标,分别为办学理念(5分)、创建目标(10分)、创建内容(15分);模块二中包含四项指标,分别为管理机制、课程建设、教师队伍建设、学校文化建设,各占10分;模块三中包含三项指标,分别为学生发展、教师发展、学校发展,各占10分。

　　各具体指标中,创建目标方面,分步实施有规划(4分);创建内容方面,传承学校传统,考虑区域文化、环境资源等因素(5分),适合绝大多数师生参与(5分);学校文化建设方面,校园特色活动内容丰富、形式多样(4分);学生方面,大部分学生潜能得到开发,兴趣爱好得到培养(4分);教师方面,形成有一定个性特长的教师群体(4分)等被赋予较大比重。

　　资料来源:对上海市教科院民办教育研究所副所长唐晓杰研究员的访谈,访谈时间:2013年11月12日。

指标体系分为创建规划、创建过程和创建成效三大模块,其中创建过程所占分值最高,体现了评估工作对创建过程的高度重视。另外,标准还重视学校特色在学生群体的覆盖面,重视特色创建对教师队伍的促进作用。随着特色创建工作的推进,如何在实践评估中运用好评价指标,比如,如何把握好一些质性指标的度、如何使量性指标做到客观科学等需要在实践中进一步思考。另外,如何根据初次评估反馈的信息对评价标准进行及时的调整和完善,也需要总结和反思。

3. 如何充分发挥民办学校的体制机制优势,创新特色发展模式

上海基础教育目前正处于转型发展的关键期,民办学校是促进教育改革的重要力量,那么民办学校如何利用好自身体制机制优势,创新上海基础教育的特色发展模式是一个值得思考的重大问题,但从总体的情况来看,上海民办学校的特色仍需进一步彰显。主要表现在特色发展的思路上,仍未摆脱原有的计划思维,缺乏市场意识,对社会发展和家长的需要反应不太敏感,与公办学校存在着较严重的同质化发展倾向,仍难以摆脱应试教育的老路,不能充分发挥民办学校的体制机制优势和办学自主权,比如,在价值追求、内容选择、学制设计、评价方式等方式,缺乏大胆的尝试和实践的创新,未能在素质教育、多元课程、教学模式等方面形成具有公办上海特色、国内知名的改革成果。

4. 如何加强校长、教师培训,促进民办学校教师队伍建设

民办中小学特色创建工作,核心是人才。目前,上海市教委委托教育部中学校长培训中心培训民办中小学校长,委托上海师范大学教师培训中心培训民办中小学教师,基本的培训机制已经建立、培训课程也已完备。但总体而言,民办中小学校长和教师队伍有待建设,水平亟待提高。

就校长而言,现阶段上海民办学校缺少专业校长。"校长职业只有走入专业化进程,才能顺应社会职业走向专业化的大趋势,才能提升自身职业的社会地位,才能提升校长群体的职业素养,才能提高教育管理水平和学校办学质量,才能满足社会变革和教育发展的需要。"民办中小学校长因其担任的多重

角色,如教育者、经费筹集者、职业管理者、发展规划者、社会活动家等,相比公办学校校长而言,需要面临更加复杂的环境,能力要求更高,因此,更加需要后期培训。

就教师而言,上海民办学校教师面临不公平竞争环境,民办学校要想留住好教师尚需多方努力。一方面,需要加强对现有教师培训,提高教师质量;另一方面,依靠上级主管部门出台相关政策,建立公民办学校间的教师有序流动机制,完善民办学校教师的社会保障体系,帮助民办学校建立安全、稳定的教师工作环境,全力为民办中小学发展提供一种优质的管理服务。因此,如何突破传统、完善环境,结合校长教师培训,建设一支稳定高素质的民校人才队伍,是中小学特色发展面临的又一重大挑战。

三、应对的策略

特色建设对上海民办学校未来的改革和发展来说,是一个重要的发展战略,上海民办教育目前正处于由外延发展向内涵发展转型的一个关键时期,民办中小学特色建设是能否顺利实现这一转型的关键所在。目前上海民办中小学特色建设已取得了一定的成绩,但在整体上来说,特色仍然不够明显,与上海国际化大都市建设、与上海老百姓对教育的多元需求仍然不相称,也与《国家中长期教育改革和发展规划纲要(2010—2020 年)》中将民办教育视作"教育事业发展的重要增长点和促进教育改革的重要力量"不符。因此,上海民办学校的特色建设才刚刚开始,需要勇敢面对存在的挑战,在解决问题中不断提升特色建设的水平。

1. 明晰价值追求,进一步突出特色发展的定位

上海正在建设成为一座国际化、现代化的大都市,而随着自贸区的成立,上海正日益成为中国对外开放的前沿阵地和外商投资的重镇,上海未来经济和社会发展需要一大批具有视野宽广、能力多元和知识丰富的高素质人才。这就要求民办学校应将自身的特色建设定位与上海城市发展紧密联系起来,体现出时代的特点和上海的特色。因此,上海的民办中小学在特色建设时,要有长远的战略眼光,立意要高,要将素质教育落到实处,真正在思想上和认识上解决为什么要进行特色建设、进行什么样的特色建设等问题,并与学校的培养目标有机结合起来,从而通过特色建设全面提升学校的办学品质。清晰特色建设的价值追求之后,则应围绕学校的办学理念与人才培养目标来开展特色创建工作,定位学校特色建设的发展方向。

专栏6 民办张江集团学校创建科技特色学校

民办张江集团学校依托浦东张江高科技园区,借鉴上海中学"拔尖创新人才"培养的经验,充分利用园区和学生家庭的资源,进行义务教育阶段创新人才培养的探索,以学生科技创意和创新点子的激发为突破口,大力推进以学生为主体的科学实验和课题研究。学校聘请张江高科技园区的专家学者、学生家长中的"专家型家长"来学校做科技专题讲座,指导学生课题研究。同时,与园区的高科技企业、研究机构建立了长期的合作关系,组织学生实地考察学习。学校以生物化学、信息科技、软件工程、新材料和新能源利用五个领域作为科技创新特色创建的重点领域,大力打造《机器人入门》、《神奇的物理世界》、《化学与生活》、《未来的新材料》和《基因工程与人类未来》等科技类校本课程。从 2008年下学期到 2010 年下学期,短短的两年间,学校共有 758 人次在区、市和全国的各类竞赛中获奖,其中获上海市级奖励 239 人、获全国奖励 87 人,近三年来先后有 20 余人次获得市区科技创新大赛奖和"明日科技之星"等荣誉称号,上海科技特色日趋明显,学生的创新意识和创新能力受到了社会和家长的广泛好评。

民办张江集团学校的特色发展定位既适应了上海城市发展的需要,也反映了上海教育未来发展的走势,特色建设定位准确,自然得到了社会的认可。但仍有部分民办学校未能明确自己的价值追求,因而导致特色发展定位不清,路径不明,这就需要民办学校深刻理解学校发展与上海城市发展的关系,将自身的特色建设更好地融入上海城市的发展之中,并选准其中一点作为特色发展的切入口,不断深化和拓展,从而逐渐形成自己的特色发展模式。

2. 锐意改革创新,进一步完善和拓展特色发展模式

民办中小学要充分利用上海教育改革综合实验区的优势,抓住特色创建的机遇,锐意改革创新,真正发挥民办中小学在教育改革和发展中的推动作用。首先,民办中小学要继续完善现有的特色发展模式。因为许多民办学校特色创建工作才刚起步,现有的模式并非十分成熟,还需要经过实践的进一步探索和深化,所以,这些民办学校应立足于学校发展的现实,在明晰学校特色发展定位的基础上,进一步思考现有特色发展模式所取得的成绩、优势和存在的问题,并通过专题研究、专家咨询、学习借鉴等方式不断解决存在的问题,使现有的发展模式不断完善和提升。其次,要努力拓展特色发展模式,随着特色建设的不断深入和经验的不断积累,民办中小学应积极尝试新的路径,不断提升特色建设的内涵品质,凸显民办中小学的机制优势,以丰富上海民办学校的结构和功能,更好地为老百姓提供多元优质的基础教育服务。

专栏7　上海市民办东展小学创建素质教育特色学校

上海市民办东展小学创建于 2003 年,学校将自己的发展定位于"多元化、高质量、高品位的精品学校"。在此基础上,学校确立了"让每一个孩子都有一个快乐的童年"的办学宗旨和"立人为本,成人于品"的办学理念,即将培养学生做人,作为学校的根本任务。学校还制定了富有东展小学个性的培养目标:"爱笑、会玩,爱学、会说,爱生活、会做人"。学校办学 10 年,从起初的 9 个班级,100 多名学生,发展到现在的 25 个班级,720 多名学生,学校已经取得了长足的进步,办学特色受到了社会的认可和肯定。近年来,学校所获得的办学荣誉也越来越多。2011 年 11 月,学校接受了长宁区"三个指数"中的"在校生活幸福指数、身心健康指数"两个指数的测评。东展学生学习生活幸福感得分为90.82 分,幸福感各项指标得分大部分在 90 分以上,32 个指标中有 30 个指标高于区平均分值。学生对"在校快乐度"和"在校生活有价值"评价较高。这些数据可以证明,东展的孩子是快乐的。2011 年5 月,学校获得了中国民办教育协会中小学专业委员会颁发的"特色建设先进学校"。

从案例中可以看出,民办东展小学实行的是一种绿色、健康的素质教育,立足于学生的生命质量和学校生活的幸福,其办学理念新颖独特,不同于传统学校的应试取向,从整体上提升学校的办学质量,而不是仅仅局限于学生智能的发展,走应试教育的道路。其特色发展实践生动说明了,一所民办小学只要定位准确,遵循教育教学的规律,充分发挥民办学校的体制机制优势,它就能在短短的十年内,迅速成长为一所受家长欢迎、社会认可的特色学校。学校未来如何深化特色创建工作呢?学校应进一步思考如何在现有基础上,拓展学校的特色发展模式,在促进学生快乐成长的同时,将人品教育与学校课程建设、课堂教学等方面有效结合起来,比如,利用学生浓厚的学习兴趣,鼓励学生自主开展一些适合儿童特点的微型课题探索;又比如,利用学生团队合作意识强,引导学生在课堂中在开展小组合作学习,使学生优秀的个人品质向学习领域迁移,从而使学生的整体素质得到更加全面的提升等。

3. 深化课程与教学改革,强化队伍培养,进一步提升民校内涵品质

上海民办中小学特色创建工作应与上海二期课改结合起来,积极探索和深化课程与教学改革,并通过课程与教学改革,有针对性地加强校长和教师队伍建设。上海二期课改已进入关键时期,许多民办小学通过校本课程建设来凸显学校的特色,部分民办学校则通过引进世界上先进的课程体系,实现了学校与世界先进教育的无缝接轨,充分体现了上海民办教育的前沿性和国际性,使上海的民办中小学在课程与教学等方面走在了全国的前列。

专栏8　世界外国语小学创建国际教育特色学校

　　上海世界外国小学在 2005 年转为民办学校以后,秉承"让学生走向世界,让世界走进学校"的办学理念,走教育与科研相结合的道路,取中外教育经验之长,融中西文化之优,承世界学校之特色,育走向世界之人才,大胆探索教育国际化特色创建模式,通过引进国际文凭组织小学项目课程(PYP),并对其进行本土化尝试,将教育国际化与素质教育紧密结合起来,为每个孩子提供适合其个性特点的教育。经过全校师生的共同奋斗,在不到十年的时间内就将学校办成一个具有教育国际化特色的、在社会上享有较高声誉的民办小学,2012 年被评为全国特色学校。

　　从世界外国语小学的特色创建案例可以看出,它的特色创建过程打破了原有的计划体制下的传统教育发展模式,不与公办学校在应试教育上进行竞争,而是瞄准基础教育发展的趋势和家长的需求,大胆在国际化方面进行探索,积极引进国外高端的先进课程体系,结合国内的素质教育理念,培养高素质的人才,从而在短短十年不到的时间里,就使学校成为一个内涵品质十分丰富、人才培养质量高的特色民办学校。在此基础上,学校应进一步拓宽视野,深化国际化教育的本土化探索,在借鉴和学习西方先进教育模式的基础上,加强中国传统文化的渗透,逐渐形成具有学校自身特色的课程体系。而这种特色课程体系的建设,对学校校长的课程领导力,对学校教师的课程建设、课程实施和课程评价能力都将起到有效的推动作用。

（执笔人：刘耀明、刘荣飞）

上海市民办优质幼儿园建设情况

儿童的幸福成长离不开学前启蒙教育。近年来（2005—2012年），0—6岁儿童启蒙教育的主要机构之一——民办幼儿园，不仅在数量和规模上获得了重大发展，更在内涵发展与优质建设上取得了长足进步。

一、上海民办优质幼儿园建设：背景与现状

（一）背景

1. 社会对学前教育优质服务的需求

当前，上海正在以国际经济、金融、贸易和航运作为核心产业体系，世界各地、各行业高端人才不断聚集，社会需求不断分化，社会对优质教育的需求逐步显现。学前教育作为一个城市生态、宜居服务的重要组成部分，必须满足社会多元、多层、多类服务的需求。同时，在全球化和信息化时代，整个社会对人的综合素质要求越来越高，不仅要有精深的专业知识，还需要悦纳多元文化、思想开放、心灵自由、思维活跃、勇于创新、人格独立等综合素质。家长对子女的教育理念和教养方式在不断进步，更期待能有专业、多元、满足个性需求、秉持先进教育理念和课程、提供优质服务的民办幼儿园。在这样的发展背景下，民办园势必朝着优质多元的方向发展，以求用更先进的教育理念和管理方式，更优质的保教水平，更周全的家长服务来适应城市未来的发展要求和社会需要。

2. 政府对民办幼儿园内涵建设的要求

随着上海的城市定位和社会发展，民办幼儿园已经从初期的规模扩大逐步走向内涵发展。《上海市中长期教育改革和发展规划纲要（2010—2020年）》明确要求："加强学前教育科学研究，推进幼儿园内涵建设和科学发展，为社会提供多样化、有特色、高品质的学前教育服务。"上海市教委提出"形成一批注重内涵、服务优质的民办幼儿园"的发展要求，即政府在保证基本公共教育服务广覆盖、公益性的前提下，对学前教育优质化、多元化提出的新要求，也是适应上海作为现代化国际大都市未来发展的必然要求。

3. 民办幼儿园对自身持续发展的诉求

改革开放以来，中国的民办教育事业逐步恢复，在20世纪末（1997年）达到规范化发展阶段。上海的民办幼儿园也在二十多年的发展历程中，不断探索先进的管理机制、方法和程序，持续研究新的办园理念、课程结构和教学策略，积极探寻城市不断发展和变迁下社会的多元需求，积累了丰富而有意义的

实践经验。"加强幼儿园保教质量"是《上海市中长期教育规划纲要(2010—2020年)》提出的学前教育重要任务,同样也是广大民办幼儿园追求自身持续健康发展的重中之重。

(二)现状

上海民办优质幼儿园建设的现状可以从两个方面考察:一方面,民办幼儿园规模不断扩大。幼儿园数量从2005年的277所增加到2012年的500所,增幅44.6%;幼儿入园人数逐年提高,从2005年42 174人增加到2012年的136 356人,增加了3.2倍;师资队伍迅速壮大,从2005年6 466人增加到2012年的18 312人,增加了2.8倍(见表1)。

表1 2005—2012年上海市民办学前教育基本情况一览表

	2005年	2006年	2007年	2008年	2009年	2010年	2011年	2012年
幼儿园数(所)	277	288	312	299	327	396	459	500
班级数(个)	1 691	1 999	2 324	2 550	2 881	3 584	4 204	4 655
幼儿数(人)	42 174	47 970	56 824	63 846	73 952	99 099	120 470	136 356
教职工数(人)	6 466	7 836	9 288	10 298	11 545	14 171	16 573	18 312
专任教师数(人)	3 139	3 840	4 637	5 078	5 762	7 161	8 073	8 785

数据来源:根据《上海统计年鉴》(2005—2012)和《上海教育年鉴》(2005—2012)整理得出。

另一方面,民办优质幼儿园数量相对较少。2012年全市有500所民办幼儿园(其中181所为主要招收随迁人员子女的民办三级幼儿园),但是据上海市托幼协会的统计数据,2012年全市优质幼儿园创建园所共40所,仅占民办幼儿园总数的8%(见表2、图1)[①]。

表2 2012年上海市民办优质幼儿园区县分布一览表

	闵行区	浦东新区	徐汇区	杨浦区	宝山区	普陀区	闸北区	虹口区	黄浦区	松江区	长宁区	嘉定区	金山区	奉贤区	崇明县	合计
优质幼儿园数	9	5	4	4	3	2	2	2	2	2	1	1	1	1	1	40

数据来源:上海市托幼协会。

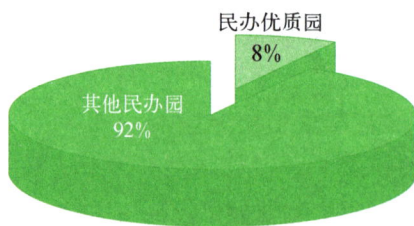

图1 2012年上海市优质幼儿园占民办园总数的比例

二、上海民办优质幼儿园建设:特点与问题

分析当前上海民办优质幼儿园建设的现状,可以看出,民办优质幼儿园总体数量较少,仅占民办幼儿园总数的8%。除此之外,我们也发现,近几年来,民办幼儿园在逐步优质化发展的进程中,也显现出以下

---

① 因首批优质幼儿园创建项目不包括181所招收随迁人员子女的民办三级幼儿园,故统计占比数未将其计入。

一些特点(或问题)。

(一)同质化现象依然存在

当前民办优质幼儿园的发展,依然存在同质化的倾向,即民办幼儿园之间在办学体制、管理机制、课程设置、家长服务等方面未能表现出园际之间明显的特色和差异,这也是造成同一地域内民办优质幼儿园同质竞争的根源之一。

(二)师资队伍建设亟待加强

据 2011 年 3 月上海市托幼协会的统计结果,上海市民办幼儿园中中级以上职称的只有 494 人,占民办幼儿专职教师总数(8 073 人)的 6.12%(见图 2);上海市民办幼儿园中大学本科以上学历的只有 2 012 人,占民办幼儿教师总数(8 073 人)的 24.92%(见图 3)。历年来,上海市组织的优秀青年骨干教师评选中,来自民办幼儿园的获奖者较为鲜见。因此,当前民办幼儿园优质发展过程中,师资队伍建设和专业水平是亟待解决的一大问题。

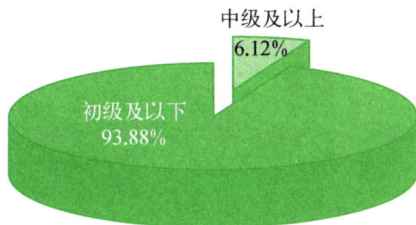

中级及以上
6.12%

初级及以下
93.88%

本科及以上
24.92%

专科及以下
75.08%

图 2 2011 年上海市民办幼儿园中级及以上职称教师比例　　**图 3 2011 年上海市民办幼儿园本科及以上学历教师比例**

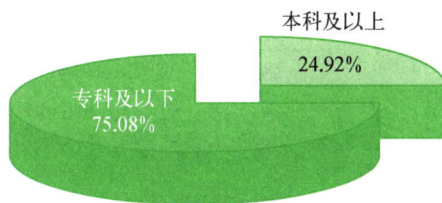

(三)多元化需求还需满足

1. 园所结构类型较为单一

从园所结构类型上讲,当前上海的民办优质幼儿园结构类型还较为单一,以国内园管理模式和课程为主,如实施上海市"二期"课改课程,但是满足不同需求的特色课程创建成效不明显。就上海本身城市发展的特点和趋势而言,社会和家长需要国际园、国内园等不同结构类型的园所,以满足不同文化背景、语言背景下儿童的入园需求。

2. 园所服务项目有待细化

从园所服务项目上讲,虽然近几年,民办幼儿园在家长服务上已经逐步做到照顾全体,关注个体。但是,在服务细节上尚需精进,特别在寄宿管理、校车管理、膳食服务、语言支持以及幼儿体弱、肥胖、过敏、缺陷等个别照顾等方面均需完善操作标准,明确职责,满足不同家长及个别儿童的特殊需求。

三、上海民办优质幼儿园建设:政策与举措

(一)依法办园与规范管理明显改善

上海市在全市民办优质幼儿园创建中,将坚持依法办园,体现学前教育的公益性和办园的规范性作为优质幼儿园创建的首要条件,[①]表明依法办园与规范管理是民办幼儿园内涵发展的基础和先决要素。

---

① 《上海市教育委员会关于开展上海市民办优质幼儿园创建工作的通知》(沪教委民〔2012〕14 号)。

2005—2012 年,上海市各区县从规范收费、合理定位等方面出台了一系列文件,为民办幼儿园优质发展奠定了有力基础(见表3)。

表3 上海市部分区县"针对民办幼儿园依法办园和规范管理的政策举措"简表

区　县	举　措
黄浦区	提出民办幼儿园是区学前教育的组成部分,要去优质的基础上实现均衡和发展,满足审核的多元化需求;对民办幼儿园收费进行动态管理,要求严格按照《收费许可证》规定项目和标准收费,试行收费公示制度;严格按照《民办教育促进法》及其实施条例,对民办幼儿园进行准入管理,统一纳入信息管理系统
徐汇区	重点引进具有优质管理经验和先进理念的办学机构,提升区域民办幼儿园的整体办学层次,形成资源布局均衡、公民办配置合理的学前部教育体系
闸北区	民办学前教育是新的重要增长点和办学力量,是学前教育事业的重要组成部分;通过社会评估,对办学具有特色的优质民办幼儿园给予分类扶持、指导和鼓励
虹口区	要求民办幼儿园招生简章对教育局备案,向家长和社会公示
闵行区	出台了《闵行区人民政府关于进一步促进民办教育健康发展的若干意见》,提出"积极鼓励、大力支持、正确引导、依法管理"的方针,加强管理,规范办学,提升民办学校的办学水平和教育质量,依法维护民办学校的合法权益,进一步明确"政府主导、社会参与、公民办幼儿园共同发展"的指导思想;2009 年出台了《闵行区民办幼托园所收费管理工作实施意见》,对收费范围、标准等做了明确规定,要求按标准收费并公示
浦东新区	建立完善的法人治理结构和自主办学、职责分明、权力制衡的办学结构,构建幼儿园、家庭、社区共同参与的评价机制,鼓励民办幼儿园探索有效的管理制度,营造有利于民办幼儿园优质发展的外部环境;根据《浦东新区学前教育阶段政府向民办幼儿园购买服务的实施意见(试行)》,规定地段生收费标准,在浦东新区学前教育网上公示民办幼儿园招生

(二)保教指导与质量监控持续推进

保教质量是民办幼儿园优质发展的基本保证。2011 年上海市教委出台《关于进一步规范幼儿园保教工作的实施意见》,要求幼儿园保教活动的质量,应体现在保育和教育的各项内容、一日生活的各个环节和师幼互动的全过程之中。要坚持以幼儿发展为本,树立科学的质量观,强化各级教育行政部门、教研部门和幼儿园园长、保教人员的质量意识,规范和完善幼儿园保教工作,引导各类幼儿园以及家长和社会形成正确的儿童发展观和教育观[①]。

同时,各区县在加强民办幼儿园保教指导和质量监控上采取了一系列有力措施,对民办幼儿园的优质发展提供了专业支持与外部条件(见表4)。

表4 上海市部分区县"针对民办幼儿园加强保教指导与质量监控的政策举措"简表

区　县	举　措
闵行区	建立课程园本化实施与管理的服务与监督机制,开展教学督导;实施项目驱动,通过与虹口区结对、区内各园对口联动互进项目等提高民办幼儿园保教水平
浦东新区	两年一次对民办幼儿园管理和办学质量进行评估;鼓励条件成熟的优质民办幼儿园争创市一级园
杨浦区	每年对民办优质幼儿园进行分级评估(A/B),对 A 级民办幼儿园给予奖励,民办教师与公办教师同等评优
黄浦区	每两年一次对民办幼儿园办学水平开展督导,对民办幼儿园保教质量进行诊断指导
徐汇区	开展不同形式的分类分层教研指导,成立专门的中心教研组,增强教研活动的针对性
普陀区	每年对民办幼儿园质量督导,对督导优秀者予以资金奖励

① 《上海市教育委员会关于进一步规范幼儿园保教工作的实施意见》(沪教委基〔2011〕2 号)。

（三）专业提升与家长服务有效落实

在提升教师的专业水平,稳定民办师资队伍稳定方面,上海市各区县均出台了具体的政策,采取了相应的措施,对加强民办师资队伍稳定性与专业性起到了极大的推动作用(见表5)。

表5 上海市部分区县"针对民办幼儿园加强教师专业提升的政策举措"简表

区 县	举 措
黄浦区	民办师资全免费240培训,各项教研活动、教学评比全覆盖
长宁区	2011年始,民办教师培训纳入"十二五"实训规划
闸北区	鼓励民办幼儿园参与全区公开研讨活动,将民办教师培训纳入本区职后培训系列
闵行区	出台《关于加强闵行区教育系统人才队伍建设的若干意见》,民办教师在职务评聘、在职培训、评优评先、教育科研等方面与公办教师同等待遇,优秀民办教师给予事业编制
浦东新区	确保民办教师在职后培训、评优评先等方面,享受同等待遇;搭建交流互动平台,通过举办沙龙、专题研讨、主题培训等形式,促进园际交流;开展公民办互动、教研联合体、帮教结对活动等增加教师的专业交流

针对家长服务方面,近年来,本市部分区县对公建配套园舍的小区生,采用政府购买服务的方式解决学区内学前儿童的入园问题,家长按照公办幼儿园的收费标准缴纳管理费,其余由政府出资购买服务,助力家长解决子女的入园及费用问题。如浦东新区颁布《学前教育阶段政府向民办幼儿园购买服务的实施意见(试行)》,各民办幼儿园优先招生公建配套内适龄儿童入园,以公办标准向家长收费,其他费用由政府买单。2011年制定了《关于进一步规范闵行区非沪籍人士子女申请就读幼儿园的实施办法(试行)》,提出用积分制的方法招收非沪籍人士子女入园的实施方案,解决了部分家长的燃眉之急。另外,市教委、市物价局在2011年出台《幼儿园收费管理暂行办法》,对各级各类幼儿园包括民办幼儿园的收费问题制定具体的管理办法,要求民办幼儿园的收费必须由物价部门备案,同时向家长公示,使家长对幼儿园的各项收费一目了然。

（四）奖励与支持加大力度

近年来,上海市对民办优质幼儿园建设的奖励与支持政策主要涉及校园维修改造、设施设备添置等硬件条件改善,同时更着重对民办幼儿园优质建设与内涵发展的奖励与支持,诸如对办学质量水平高的民办幼儿园给予资金奖励,减免校舍租金,对优质幼儿园的骨干教师给予事业编制、同等条件评先评优评职称等,鼓励优质民办幼儿园教研科研,以课题项目给予经费奖励等,通过软硬件各方面的奖励与支持来保障民办幼儿园的优质发展(见表6)。

表6 上海市部分区县"针对民办幼儿园的奖励与支持政策举措"简表

区 县	举 措
杨浦区	每年对民办优质幼儿园进行分级评估(A/B),对A级民办幼儿园给予奖励,民办教师与公办教师同等标准评优
普陀区	2009年开始制定《普陀区民办幼儿园办学评估指标》,支持民办幼儿园优质建设,总额预算145万元
徐汇区	为促进民办内涵发展,出台了《徐汇区幼儿园办学等级提升奖励条例》,普适民办幼儿园
闵行区	民办幼儿园参评"区文明单位";设立民办教师"园丁奖",给予资金奖励;给予民办骨干教师事业编制,与公办教师同等评职称;给予民办幼儿园零租金政策等
浦东新区	设立民办幼儿园专项课题奖励基金,用于民办幼儿园办学质量提高;每年集中教育经费支持民办幼儿园校舍改建
奉贤区	每年给予民办优质幼儿园资金奖励,对民办幼儿园进行设备添置、校舍维修,在2010年"校安工程"中给予民办幼儿园人员和设备支持等

续 表

区　县	举　　　措
宝山区	对年终考核合格的民办幼儿园园长奖励 4 000 元
嘉定区	设立嘉定区民办教育奖励基金 100 万元,用于奖励民办教育优秀教师
金山区	对优质民办幼儿园,用园舍租金作为奖励;给民办幼儿园添置教玩具;给予安全、卫生、消防等人员、资金和技术指导
崇明县	对民办幼儿园在 03 早教指导站优质建设方面进行奖励,共计 8.3 万元

上海市民办优质幼儿园创建实施方案(摘录)

一、指导思想

积极贯彻落实国家与上海中长期教育改革和发展规划纲要,支持和鼓励民办幼儿园创新体制、机制,坚持走内涵发展的道路,在保证幼儿健康、全面发展的基础上,提升民办幼儿园的办园水平,使其成为促进教育改革与发展的重要力量。

二、创建目标

充分发挥民办幼儿园办园体制机制优势,深化民办幼儿园教育教学与课程改革,提升保教质量;创造性地探索有利幼儿健康成长的培养方式,为幼儿幸福和发展实施快乐的启蒙教育,满足幼儿身心发展的需要;形成一批注重内涵、服务优质的民办幼儿园,进一步提升社会对民办学前教育的满意度。

三、创建要求

(一)创建对象(略)

(二)创建原则(略)

(三)创建内容

1. 幼儿园管理体制与资源配置机制创新;

2. 优质园本课程的构建与实施;

3. 教师与保育队伍的稳定与专业提升;

4. 与家长、社区的互动;

5. 有利于幼儿兴趣、个性健康发展的特色活动的开展;

6. 0—3 岁婴幼儿早教服务与指导;

7. 幼儿园、托儿所特色文化建设;

8. 其他优质服务的开展与推进。

(四)申报条件(略)

四、创建程序(略)

五、支持保障

(一)区县教育行政部门要加强对创建幼儿园的过程指导和支持,将创建工作纳入本区县学前教育整体规划,并与教育督导、年度检查等相结合,及时总结和推广成功经验。

(二)市教委组织有关专家学者和民办幼儿园代表,共同探索研制优质幼儿园的评估指标与评估办法,监测创建过程和绩效,委托相关机构全程指导和支持民办优质幼儿园的创建,并将优质幼儿园创建情况作为上海市幼儿园分等定级申报的基础条件。

(三)市教委将民办优质幼儿园创建纳入"上海市中长期教育改革和发展规划纲要"市级专项经费支持范围,给予经费资助。

摘录自上海市托幼协会

上海市民办优质幼儿园创建评价特色指标①

项　目	标　准	分　值
特色规划与方案	幼儿园规划有特色创建项目,创建指导思想正确,体现先进的办园理念,以幼儿园发展为本,有效推进幼儿身心发展;特色创建的规划与方案符合本园实际,操作性强。	11分
特色课程与内容	特色课程内容能与二期课改紧密融合,符合幼儿的年龄特点与认知规律,关注多领域经验的平衡与连贯,编制较科学的园本教材;形成了较完整的特色课程方案,园本教材及进度,建立了相应的特色课程的评价体系。	9分
特色师资与资料	推动教师的专业发展,形成了一个有一定个性特长的教师群体;幼儿园的设施设备能满足特色发展需要且利用率高;建立科学的幼儿园特色课程资源库。	9分
特色研究与成果	特色创建有园、区级以上的立项课题,有一定的研究成果,论文或教育经验在一定范围内获奖或发表;特色创建成效被教职工、家长、教育同行等认可,并产生积极的影响,有一定的知名度。	11分

摘录自上海市托幼协会

四、上海民办优质幼儿园建设：个案资料

（一）上海协和教育集团

上海协和教育集团是集产、学、研为一体的教育实验机构,下属若干研究室和四十多所中小学、幼儿园及业余学校。集团坚持理论和实践相结合,应用现代信息技术手段,通过课程改革试验、办学体制和机制创新及师资队伍建设,实施"中西文化融合、各学段有效衔接、培养和打造名校"的办学战略,形成了集团管理、规模运作、资源共享、持续发展的办学模式,为社会提供优质、愉快、融合东西方文化精髓的高品质国际化教育。

1. 整体规划,合理定位,促进多元发展

协和教育集团所属幼儿园分散于上海的七个区,不同的社区类型呈现出不同的入园需求,而不同的园所人文背景也反映出不同的发展基础,集团依据多元办学、多元发展的思路,规划各幼儿园的发展定位,使各所幼儿园在不同的层面上都能获得良性发展。

2. 拓宽渠道,全面管理,促进质量提高

协和教育集团制定了一系列管理操作文本,为园长提供最基本的实践参考。协和建构了园长、业务主管、骨干教师、潜力教师、新教师的分层培训模式,同时建立学分制和培训课程体系,为集团打造高素质专业队伍提供保障。协和集团制定园所质量评价标准,每年进行校园质量评估,坚持做过程性评价,即以校园督导、评价为手段,关注校园在发展过程中的问题、持续整改措施与后续发展路径。

3. 追求质量,关注细节,促进持续发展

协和教育集团通过加强课程建设、强化细节服务等促进办学质量提高,为幼儿园可持续发展奠定基础。协和实施以上海市二期课改课程和集团发展性课程相融合的共同性课程,同时又坚持各园各具特色的选择性课程,培养幼儿创造、想象、表现、表达能力和健康活泼的个性,满足幼儿个性发展需求。协

---

① 上海市优质幼儿园指标分基础部分(60分)和特色部分(40分),基础部分的指标参照上海市等级评定标准。

和强调关注服务、改善细节。从园所服务到父母学校，从亲子活动到教学展示、从家园合作到共同管理，不断改进和完善每一个环节，建立了一系列的规章和操作程序。

（二）上海徐悲鸿艺术幼儿园

上海徐悲鸿艺术幼儿园创办于1997年，2002年被评为上海市示范性幼儿园，2009年被评为全国优质民办幼儿园。幼儿园坚持"弘扬徐悲鸿大师精神，培养求真求美之人"为办园理念，在全面发展教育的前提下，坚持以艺术为主导，促进幼儿身心和谐发展。

1. 特色文化建设

从"求真、求美"理念出发，深化"爱教师职业、爱幼儿、爱幼儿园"行动要求，形成静态与动态的和谐文化。

2. 特色美术教育

从美术教育与创新素养出发，研究美术表现环境，形成引领幼儿主动创意的空间；研究美术表现过程游戏化，激发幼儿的艺术创作；研究美术创作与阅读相融，促进幼儿全面发展。

3. 特色家长服务

开展"家园合作伙伴关系"行动，形成家园关系一百问及建立长效互动机制；以0—3岁早教为抓手，建立社区服务网络和管理机制，开展公益活动，服务社区。

（执笔人：陈素萍）

上海市农民工同住子女义务教育
"三年行动计划"概况

一、"三年行动计划"的实施背景

(一) 在沪外来人口的背景与趋势

上海是一个国际大都市,是中国改革开放的前沿,由于经济发展水平相对较高,各行各业的快速发展需要大量从业人员,因此吸引了大量的外来人口在本市就业、经商和居住。根据第六次人口普查,2010 年上海市有常住人口 2 301.9 万人,其中外省市来沪常住人口 897.7 万人,与 2009 年第五次人口普查相比,外来常住人口增加了 591.96 万人,增长 193.6%,年均增长 11.4%。

伴随着大量的外来人口,本市的外来学龄人口数也随之激增。2000—2010 年,0—14 岁的外来常住人口占同年龄段的常住人口比重为 38.60%。外来人口大量进入上海,也带来了在沪出生的非上海户籍人口的大量增加。以 2012 年为例,在沪出生人口中非本市户籍的比例已经占到 46.43%。

在此情况下,在本市接受义务教育的外来人口随迁子女已达数十万人。2007 年,上海市接受义务教育的外来流动人口子女数近 38 万人(小学阶段 29.7 万人,初中阶段 8.3 万人),其中在全日制公办和民办中小学就读的外来流动人口子女数为 21.7 万人,占外来流动人口子女总数的 57.1%。全市共有 258 所农民工子女学校,主要分布在郊区县和中心城区的普陀区和杨浦区,接纳外来流动人口子女 16.3 万人,占外来流动人口子女总数的 42.9%[①]。

为贯彻落实国务院关于进城务工人员随迁子女义务教育"两个为主"的规定,上海市进一步提高了公办学校接纳随迁子女的比例,也取缔了一些不符合基本办学条件的简易农民工子女小学,并将一部分符合条件的简易学校纳入民办学校管理,但是,义务教育阶段的外来人口随迁子女数仍旧在不断增加。2010 年,在本市公办或随迁子女小学就读的随迁子女数达到 47.05 万人,2011 年则为 50.17 万人,呈现出逐年增长的趋势。

(二) 2008—2012 年随迁子女在沪接受义务教育情况

截至 2013 年,本市有民办随迁子女小学 157 所。2012 年,义务教育阶段的随迁子女在校生 537 975 人(见表1)。

---

① 根据市教委副主任尹后庆在上海市农民工同住子女义务教育工作会议上的讲话,2008 年 5 月 27 日。

表1　2006—2013年本市民办随迁子女小学情况

	2006	2007	2008	2009	2010	2011	2012	2013
简易学校数	/	258	/	23	0	0	0	0
"纳民"学校数	/	/	66	151	162	158	157	157
学生数	/	/	51 240	111 394	134 531	132 794	/	/

注：① 2008—2012年数据来源于上海市教育委员会，2013年数据来源于上海市民办教育协会。
　　② "/"表示数据缺失。

　　2013年，上海市纳入民办教育管理的随迁子女小学共有157所，其中松江区19所（含一所学校的分部），金山区10所，奉贤区16所，嘉定区14所，青浦区23所，宝山区16所，浦东新区41所，闵行区16所，崇明县2所。

二、"三年行动计划"的实施

　　2006年6月29日第十届全国人民代表大会常务委员会第二十二次会议修订了《中华人民共和国义务教育法》，新修订的义务教育法第十二条规定："父母或者其他法定监护人在非户籍所在地工作或者居住的适龄儿童、少年，在其父母或者其他法定监护人工作或者居住地接受义务教育的，当地人民政府应当为其提供平等接受义务教育的条件。具体办法由省、自治区、直辖市规定。"这样，非户籍所在地的居住适龄儿童义务教育的责任主体得到明确。国务院的有关文件也要求按照"两个为主"原则解决进城务工人员子女教育问题。

　　在此背景下，2008年，上海市启动了农民工同住子女义务教育三年（2008—2010年）行动计划（以下简称"三年行动计划"）。

（一）计划要点与主要思路："纳民"管理与成本补贴

　　"三年行动计划"实施前，上海的进城务工人员子女主要在500多所简易学校就读，这些简易学校存在的突出问题是缺乏合法身份，农民工子女学校基本上是临时备案，不具备法人资质，没有财产和资产管理制度，教师与学校之间没有用工合同，教育教学和管理制度严重缺失，学生和教师的权益得不到有效保护。很多学校举办者将学生视作赚钱对象，为了降低办学成本，招聘没有教师资质的人充当教师，更有办学者，收费后将办学经费挪作他用，严重干扰了正常的教育教学秩序。

　　上海市进城务工人员子女80％以上集中在城郊接合部和郊区集镇，这些地区原本的教育资源是以户籍人口为基础规划配置，在人口大量导入的情况下，公办学校难以接纳外来人口子女。为解决城郊接合部和郊区集镇教育资源不足的问题，上海一方面加强公建配套学校的规划、建设和交付使用管理，另一方面按照实际的常住人口及增长情况，重新配置教育资源，新建公办学校。但是，即使如此，公办学校接纳进城务工人员子女仍然有限。

　　为此，在"三年行动计划"中，上海市规定，在公办教育资源确实不能满足进城务工人员子女教育需求的城郊结合地区，将基本满足办学条件的简易学校经过办学设施改造后纳入民办教育管理，同时，政府鼓励社会力量申办以招收农民工同住子女为主的民办小学。对新审批的以招收农民工同住子女为主的民办小学，市政府给予50万元的办学设施改造经费，不足部分由区县予以补足。在此基础上，政府委托这些民办学校招收农民工子女，由市、区政府根据学生人数给予基本成本补贴，农民工子女实现免费就学。对纳入民办学校管理的学校，市、区县政府每年拿出一笔资金，不断改善这些学校的办学条件，规范办学行为，提高学校的教育质量。

（二）政策举措：市级教育主管部门颁布的主要文件

2008年1月17日，上海市教委发布《上海市教育委员会关于进一步做好本市农民工同住子女义务教育工作的若干意见》（沪教委基〔2008〕3号）。文件指出要合理规划和配置义务教育资源，确保在上海工作和居住的农民工同住子女接受义务教育的权力；义务教育阶段公办中小学接收农民工同住子女的比例"十一五"期间力争达到70％左右，初中阶段适龄农民工同住子女纳入公办学校就读；发挥社会力量在解决农民工同住子女义务教育中的作用，委托现有民办中小学招收农民工同住子女；加大扶持力度，逐步将符合基本条件的现有农民工子女小学纳入民办教育管理，到2010年，基本完成农民工子女小学纳入民办教育管理工作；对纳入民办教育管理的民办农民工子女小学提供服务和人、财、物方面的支持，帮助学校健全管理制度，改善办学条件，提高教育质量。该文件还附有《民办农民工子女小学设立的基本条件》《购买民办学校教育服务合同》，其中的服务合同分为"教育服务合同"、"教育教学管理承诺书"、"学校安全工作承诺书"和"财务管理承诺书"三种格式化文本，作为配套。

2008年，沪教委基37号文《关于2008年市政府实施项目完成60所农民工子女小学设施改造并纳入民办教育管理的实施意见》正式发布，提出工作目标并对"纳民"工作作出具体部署。这是"三年行动计划"正式启动的标志。文件要求全日制公办中小学接受外来流动人口子女的比例提高到60％。通过社会力量按照基本办学条件举办以招收农民工同住子女为主的民办小学，同时将现有符合基本办学条件的农民工子女小学纳入民办教育管理。年内批准60所以招收农民工同住子女为主的民办小学。接受政府委托并按规范的财务制度进行管理的以招收农民工同住子女为主的民办小学，在其中就读的农民工同住子女，免交学杂费、课本和作业本费，由政府向其实施基本成本补贴。文件部署了"纳民"的工作时间节点。2008年5月，市教委召开上海市农民工同住子女义务教育工作会议，部署做好完成60所农民工子女小学办学设施改造并纳入民办教育管理市政府实事项目工作要求。各区县自5月起启动社会力量按照基本条件举办以招收农民工同住子女为主的民办小学的审批工作和将农民工子女小学纳入民办教育管理工作。11月召开年度工作总结会议并部署下一阶段工作要求。

2010年1月27日，上海市教委发布了《上海市教育委员会关于加强以招收农民工同住子女为主的民办小学规范管理的若干意见》（沪教委基〔2010〕7号）。文件设定了工作目标：逐步改善本市以招收农民工同住子女为主的民办小学的办学条件，健全学校财务管理，加强师资队伍建设，规范教育教学常规管理，促进健康发展。到2012年，本市所有以招收农民工同住子女为主的民办小学成为办学行为规范、教育质量稳定、校园安全和谐、学生健康发展、家长社会认可的学校。具体目标是，到2012年，本市所有以招收农民工同住子女为主的民办小学，全部初步建立健全规范的财务会计管理制度和资产管理制度，图书室、体育器材、卫生室等设施基本满足教学要求，教师队伍中专科以上学历者达到80％左右，小学一、二、三年级全部使用上海版教材，教师培训、财务管理、教学研究、质量监测、学籍管理、安全卫生等工作全部纳入区县教育行政部门工作范畴，农民工同住子女的义务教育权益得到切实保障。文件提出的主要措施有，强化区县政府的管理责任，加强资产与财务管理，加强民办小学的师资队伍建设，加强课程与教学管理，完善对学校的常规管理，以及重视校园安全管理等措施。该文件还附有《上海市以招收农民工同住子女为主民办小学年检方案（试行）》。

2010年2月11日，上海市教委发布《上海市教育委员会关于加强持有〈上海市临时居住证〉人员子女入学工作管理的通知》（沪教委基〔2010〕8号）。该文件明确了持有临时居住证人员子女在上海申请接受义务教育的入学条件和程序。

（三）管理举措：区县教育局的管理措施

本市中心城区如黄浦区、卢湾区、徐汇区、长宁区、静安区、普陀区、闸北区、虹口区、杨浦区，已实现进城务工人员随迁子女全部纳入公办学校(少数学生进入正规的民办学校)就读,这些区没有以招收进城务工人员随迁子女为主的民办小学。从管理上来说,上述几个区的公办学校100%接纳符合就读条件的进城务工人员随迁子女入学。对招收的进城务工人员随迁子女,就读学校一律按照公办学生注册学籍,按生均公用经费标准拨付经费,配置教育教学设施。对这部分学生一律免除借读费、书杂费。有的学校还为家境困难的学生提供生活费补助或免费午餐,减免课外实践等活动的相关费用。

与上述中心城区相比较,一些区县由于属于人口导入区,本区的教育资源已经趋于紧张,外来人口大量涌入,让现有公办学校难以全部接纳进城务工人员随迁子女。因此这些区县都有或多或少的以招收进城务工人员随迁子女为主的民办小学。

1. 闵行区的区镇协同监管体制

闵行区由区教育局负责统筹规划、政策制定、摘掉服务以及督导评估,镇政府负责日常管理。对16所以招收进城务工人员随迁子女为主的民办小学,闵行区教育局将其中的11所转为由镇政府资产投资经营有限公司或区教育局校产管理部举办。由区教育局聘任已退休或即将退休的公办学校校长,全面管理学校各方面的工作,有效促进了学校规范化管理。

2. 宝山区设定准入门槛,赎买原私人举办的农民工学校

宝山区根据"区出规范,镇抓落实"的总原则,以"区整体规划,镇统筹协调,社会力量举办,镇教委办公室管理"作为"纳民"管理的基本模式。为保证政府财政经费投入和补贴机制的合法性,以及经费使用的安全性和高效性,宝山区设定举办方必须是国资或集体资产背景的公司作为准入门槛。各镇积极发动下属有经济实力的企业出资将原私人举办的农民工学校赎买过来,兴办以招收进城务工人员随迁子女为主的民办学校。截至2010年,已实现将全区16所办学条件符合规定、具有一定办学规模的农民工小学纳入民办管理。

区教育局将民办小学的招生、学籍、教育教学、人事、经费、安全、团队等业务工作全部纳入教育局各对口科室的管理体系,与全区其他民办学校同等对待。部分镇教委也创新管理模式,如月浦镇将两所学校实施联合管理,设立一个董事会、一个总校长、两个分校长;顾村镇成立顾教实业公司,设立党支部,加强对民办小学的领导;罗泾镇、罗店镇将民办小学与公办学校联合办学;大场镇成立兴教事实业公司,对镇域内的民办小学在教职工待遇、学校工作计划、教学管理制度、学籍管理制度、招收政策和计划等方面实行统一管理。

3. 嘉定区扶优撤差,有序推进

截至2010年9月,嘉定区有"纳民"学校17所,其中集体资产公司举办6所,个人举办11所。2008年启动农民工同住子女义务教育三年行动计划后,嘉定区在停办了11所农民工子女学校的同时,分阶段地有序推进纳民工作。对不合格的以及区域规划停办的农民工子女学校,嘉定区采用合理分流,同时,各街镇教委结合地区实际,制订相应的招生办法,最大限度地满足农民工同住子女的入学需求。对凡持有《临时居住证》人员子女在本区申请接受义务教育的,提供相关的证明材料,并要求各街镇、学校广为宣传并下发"告家长书"告知每位学生家长学校的招生政策。民办小学"纳民"管理后,嘉定区为同步推进规范办学和内涵发展,继续发挥各街镇的专管员作用,实施质量监控、开展课堂教学评比。2010年上半年,嘉定区教育局成立小学咨询组,以"点面结合,统筹兼顾,突出重点,注重实效"为原则,负责对民办小学的学校管理和教育教学方面的指导。

4. 先行先试,制度探索的浦东新区

浦东新区的农民工子女学校管理制度创新一直走在全市前列。早在2007年,浦东新区社会发展局印发了《浦东新区民办农民工子女学校申办暂行办法》,从办学目的、举办者资格到办学资金、教职员工、校舍场地,都做了详细规定,在全市率先推出农民工子女学校"转正"为民办学校的计划。截至2009年

底,浦东新区通过合并、关闭等手段,共清理简易学校近20所,41所符合办学条件的农民工子女小学转制为民办小学。对纳入民办学校管理的学校,浦东新区的民办学校委托会计核算中心代为核算,或聘请有资质的会计人员,由会计核算中心实施定期检查。教育主管部门每年对学校开展年检评估,主要就学校办学情况和财务进行评估与审计。学校办学情况评估主要依据协议约定内容及上海市教委的相关管理要求开展,包括学校行政管理、用工管理、教学管理、学籍管理等各个方面;财务审计依据《民间非营利组织会计制度》和学校年度预算,由浦东新区教育局委托专业机构组织财会人员对学校经费使用情况定期进行审计。学校在参加民非企业年检时也要递交审计事务所出具的审计报告,作为年检的检查内容。会计核算中心不定期对学校财务进行抽查,监督学校经费的规范使用。

《浦东新区民办农民工子女学校申办暂行办法》节录

4. 校长

配备政策观念强,熟悉教育业务,懂得教学规律,有组织能力,事业心强的学校领导班子。小学校长需大专以上学历,有5年以上教育工作经验,小学一级以上职称,并持有县级及以上教育行政部门出具的任职资格证明和校长上岗证书。男性年龄不超过65周岁,女性不超过60周岁,身体健康。

5. 教职员工

聘任教师应当具备《中华人民共和国教师法》和有关行政法规规定的教师资格和任职条件。每班不得低于1.8个专任教师,生师比不得低于1∶20。学校的专职教师不得少于教师总数的1/3。

6. 办学资金

学校有必要的开办资金和保证教育教学运行的稳定经费来源,有独立、合法的财务管理。有与办学规模相适应的办学资金,开办资金不少于50万元人民币,由举办者自行筹措,并经有资质的会计师事务所验资。向学生收取的费用不得作为举办者的出资。

7. 校舍场地

有能长期使用的独立、安全、相对稳定的校舍,若为租赁场地,必须签订租赁合同。不得租用转租的场所或租用民用住房、违章建筑、危房等不适合教育教学活动的场所申请办学。

有一定的运动场地和必备的教育教学设施,教室光照与通风状况不得有害于学生健康,有符合规定的卫生设施、消防设备、师生使用的安全通道和符合规定的预防设施,基本符合上海市建委、市教委制定的"中小学建设标准(90标)"要求。

8. 规章制度

有符合法律法规制度的学校章程、董事会章程,有完善的法人治理结构。学校各项规章制度健全。学校严格按照财政部颁布的《民间非营利组织会计制度》进行财务管理。

5. 金山区的民办农民工子女教育服务中心

金山区于2009年9月创立了民办农民工子女教育服务中心,负责全区11所民办农民工子女学校的日常管理指导工作。服务中心指导学校正确贯彻党的教育方针,规范办学行为,保障农民工子女接受义务教育权利。同时发挥牵线搭桥的纽带作用,促进民办农民工子女学校与公办学校结对,利用公办学校的优质资源服务民办小学发展。中心经常性对民办农民工子女学校进行检查评估,为教育行政部门提供决策参考。为规范各学校的财务运作,金山区将11所学校的办学经费纳入金山教育财务结算中心统一管理,服务中心则接受区教育局的委托,对各学校行使经费核拨、财务检查等职责,对学校经费预算予以审核。根据批准的经费预算拨付学校经费。开展对学校财务管理和资产管理工作的专项检查。为了加强了对学校经费的年度、学期、每月预算,区农民工子女教育服务中心设立专人负责对11所学校的会计报账审核工作,做到每月一报,上月报账通过再下拨下月经费。

6. 松江区探索多种办学模式

松江区农民工子女接受义务教育面临的形势是"数量多、资源少、条件差"。为有序开展农民工子女学校纳入民办教育管理工作,积极探索多种办学模式,努力保证计划顺利实施。2009 年松江区在原有公办学校吸纳、公办教学点吸纳、原简易农民工学校转为民办小学吸纳三种模式的基础上,创新办学模式,回收原有的国有村校资源、盘活公办中小学存量资源,由区教育局下属国有资产公司出资举办 11 所民办农民工子女小学,采用"六统一"的管理方式(人员配备统一、工资待遇统一、教学计划统一、日常制度统一、学籍管理统一、招生政策统一),有效解决了符合条件的农民工子女的义务教育问题。在市教委投入每校 50 万设施改造经费的基础上,区财政追加投入 700 多万元,用于改善此类学校的办学条件。全区有 11 所国有资产公司举办的民办农民工子女小学。值得一提的是,松江区还在民办农民工子女小学内安排教育视导员,每所学校安排一名视导员,主要检查学校校车是否存在违规使用,教学用房是否存在安全隐患,消防设施是否配置到位,门卫管理制度是否完善,卫生制度防治预案是否落实,人事管理是否按要求建立聘任制度并缴纳社会综合保险,学校是否建立和完善各类教育教学制度,招生及收费是否符合规定等。

7. 青浦区的集体举办与委托管理

青浦区对农民工子女学校的举办和管理基本模式是"集体举办、委托管理;董事会领导、校长负责",运行的基本原则是经费政府补贴、社团组织办学、市场机制运作。其具体做法是,由教育局下属社团组织"上海青教师生服务社"作为举办者,委托原来的办学者本人或其推荐的校长全权管理民办农民工子女小学。集体举办可以让学校资产属集体所有,政府投入仍然在集体(会计出纳由服务社指定专业人员),有利于学校资产和投入的有效监管。委托管理则兼顾了原举办者利益,实现农民工子女学校的平稳过渡。由私人举办过渡到集体举办,一般经历以下过程:一是收购私人资产。委托区国资委推荐的资产评估公司进行私人投资的资产评估,再由举办这类民办小学的集体按相关规定进行收购,确保学校资产的集体属性。二是检测校舍安全。聘请有资质的房屋质量检验部门对每所拟纳入民办小学的校舍进行安全检测。三是改造校舍和添置设备。每所学校由政府投入 50 万元,对校舍进行维修改造,并添置相应设备。四是聘任管理人员和教师。主要委托管理的原办学者负责,教育提出相应的聘任条件。五是进行设校评估。聘请有资质的教育评估中心对每所民办小学进行全面评估。六是审核领证。对符合条件的,经教育局领导班级集体讨论通过后,报市教委审核,并领取民办学校办学许可证。

8. 奉贤区的三项管理与三项服务

奉贤区的"纳民"管理过程中,注重强化三项管理。三项管理之一为财务管理,把下拨学校的办学成本补贴经费使用纳入区教育事务受理中心统一管理。之二是学籍管理,制定了《关于规范奉贤区民办农民工子女小学学籍管理的实施意见》,对民办农民工子女小学的新生入学、学生转学工作都做了明确要求,对办学规模和班额都有具体规定。每学期开学初和中期对学校的招生情况进行专项检查。之三是教学管理,区教师进修学院教研中心每学期组织民办小学教师参加公办学校的课堂教学观摩活动,教研员深入民办小学听课评课,开设专题讲座提升教师课堂教学能力和专业水平,每学期进行学科教学质量调研,并组织六年级毕业考试。奉贤区为农民工子女小学所提供的三大服务为:第一,开展结对帮扶服务、促进学校内涵发展;第二,增加经费投入,改善学校办学条件;第三,加强党建工作,提供发展动力。

(四)经费投入与管理

与"纳民"管理相配套的政策是"成本补贴"。在公办资源不能满足农民工子女教育需求的城郊结合地区,区县政府将符合基本办学条件的简易学校进行办学设施改造。对新审批的以招收农民工同住子女为主的民办小学,市政府给予 50 万元办学设施改造经费,不足部分由区县予以补足。在此基础上,政府委托这些民办小学招收农民工子女,由市、区县政府根据学校招收人数给予基本成本补贴,农民工子女免费就学。为此,市级财政对农民工子女学校投入专项经费,用于扶持与资助以招收农民工同住子女为主的民办小学。2004年到2007年,每年拿出3 000万元,2008年则安排了9 000万元。从2008年开始,对委托接纳的农民工同住子女免交学杂费、课本和作业本费,按接纳人数市教委给予每生每年1 000元基本成本补贴,余下部分由区县根据实际成本核算情况予以补足。2009年生均成本补贴增加到每生每年1 500元。2010年为1 800元,2011年为2 000元,2012年为2 000元。2008年到2012年间,每年给予民办随迁子女小学的生均办学成本基本达到了2 000元、2 500元、2 800元、4 500元和5 000元。此外,各区县对民办随迁子女学校还有其他专项补贴,用于学校的校舍改造和设施设备的添置。

三、"三年行动计划"的实施效果

实施"纳民"管理和成本补贴对民办随迁子女小学来说,具有极其重要的意义。

(一)基本保障了农民工子女免费接受义务教育的权利

"三年行动计划"实施后,在逐步加大公办中小学接收随迁子女入学的同时,通过扶持和资助"纳民"的随迁子女小学招收随迁子女,较好地贯彻落实了国务院关于农民工子女接受义务教育"两个为主"的精神。在推动"纳民"管理的同时,市教委关闭了一批不符合办学条件的简易农民工子女学校,将这些学校的学生安排到区域内公办学校或政府委托的民办随迁子女小学接受义务教育,保障了义务教育的基本办学要求。

(二)促进民办随迁子女小学提高学校规范管理水平

"纳民"管理计划实施之后,市教委于2008年暑假开始对批准纳民的随迁子女小学的举办者和校长实施培训。对民办随迁子女小学开展的年检工作,也推动民办随迁子女小学的行政管理、财务资产管理、师资队伍、教育教学、安全卫生等各方面建设,通过行政职能部门和专家的指导,民办随迁子女小学得到快速的提升。通过每年的财务与专项经费督查活动,民办随迁子女小学的经费管理越来越规范。从2012年开始,逐步将民办随迁子女小学的经费纳入各区县结算中心统一管理,做到资金管理和核算办法的统一。

(三)大幅度提升了教师队伍质量

"纳民"管理之后,通过清除原来学校中的不合格教师,要求学校严格按照教师资格证聘用教师,逐步提高教师队伍的整体水平。区县教研部门也对随迁子女小学的教研服务纳入工作范围,为学校教学工作开展指导和服务。办学条件改善以后,学校教师的工资福利待遇和学校公用经费也得到了保障。据调查,"纳民"前,学校教师的月薪平均在800元左右,2008年"纳民"管理后,教师的平均月薪已经提高到1 200元左右,到2010左右,相当部分学校教师月薪达到3 000元。由于学校具有法人单位资质,学校与教职工签订了规范的劳动用工合同,学校为教职工缴纳综合保险等费用,使教职工的合法权利有了基本保障。市教委和区县教育局将教师培训也纳入管理范围。如2009年,上海市教委发布《关于开展以招收农民工同住子女为主的民办小学教师培训的通知》(沪教委人〔2009〕60号),将民办随迁子女小学教师的培训工作纳入规划和管理。通过通识培训和学科培训,促使教师掌握教与学、心理学、教学法基本知识和课堂教学、班主任工作的基本技能,提高了把握课程教材能力和教育教学能力。这些政策使得学校教师队伍更加稳定,教师工作积极性高涨,教师的职业定位和专业追求更加理性。

（四）部分随迁子女小学办学质量提升明显

157所民办随迁子女小学在市教委和区县教育局的大力扶持下,在社会各界的资助和关心下,通过校长和全体教师的共同努力,学校的日常教育教学工作得以顺利开展,在校学生的九年义务教育能够基本保障。相当部分学校的教育教学质量较之以前有明显上升。部分学校不仅可以完成国家和上海市既定的各项基本教学任务,还编写了校本课程,开发了丰富多彩的活动课程,有的甚至形成了本校的校园文化特色。闵行区华星小学开展多样的德育活动课,如大家说、自编儿歌、男孩演讲比赛、家庭礼仪文明卡、寻找身边的美等,帮助学生养成文明、阳光的素养。嘉定区育红小学为学生开设了丰富的兴趣班,如古诗文诵读、舞蹈、器乐、美术、写字、文学欣赏、小主持人、鼓号队等,学校学生全员参与,培养学生健康、积极、向上的情趣。宝山区申华小学的足球特色、闵行区双江小学的心理健康教育等一大批随迁子女学校教育教学质量已经与公办小学差距不大,有的甚至在迎头赶上。

四、未来趋势：规范管理与质量提升

在满足随迁子女基本的入学需求之后,进一步促进义务教育权益保障和教育公平的实现是随迁子女小学面临的新的挑战。与公办小学相比,民办随迁子女小学在规范管理和教育质量提升方面还有很大空间。

（一）需进一步提升学校管理和教育教学水平

目前,还有不少民办随迁子女小学的学校管理者管理理念陈旧,管理方式落后。部分学校存在简单粗暴的家长式管理,管理工作不够系统完善,对教职工缺少人文关怀,不利于营造和谐友爱、积极向上的校园氛围。对学校管理还存在不少管理盲区,档案管理、学籍管理、家校联系、校园活动等方面管理存在漏洞甚至空白。对上级行政部门所布置的任务简单执行,缺乏深入理解。对别的学校的管理方式简单照搬,缺少实际针对性和有效性。要规范学校管理,提升管理水平,重点是要确保校长的任职资格符合一定条件,优化学校管理者队伍,让不合格的学校管理者退出学校管理工作岗位,提升管理者现有的知识水平和管理能力。

民办随迁子女小学教师队伍的主要特点是年轻、女性教师偏多,中年教师和骨干教师偏少,整个教师队伍结构不够合理,教师学历水平还有进一步提升的空间,部分学科的专业教师缺乏,普遍存在教师跨学科教学的现象。这些特点使得民办随迁子女小学的教育教学质量与公办学校还有一定的差距。要提高学校教育教学质量,必须着力改善教师队伍结构,淘汰不合格教师,更多地开展教师业务培训,提高课堂教学能力和教育理论水平。

（二）需要研究随迁子女学校的未来走向

"纳民"后,民办随迁子女小学名义上是民办学校,有举办者,实行董事会领导下的校长负责制,教师没有公办学校编制,属于学校聘用的一般雇员。但是学校接受公共财政的全额资助,在实质上更像是公办学校,举办者对民办随迁子女小学的影响逐渐下降。政府通过派出校长、督导员,出资购买学校资产,将财务管理纳入区结算中心统一管理等方式,实行与公办小学结对、托管、统一招生等方式,逐步接管了学校,使学校的公办色彩更浓。这种模式是一种民营公助的办学模式,不是纯粹的民办学校。从其优点来说,解决了随迁人员子女接受免费义务教育的问题,具有体制上的灵活性,政府可以较好地干预学校的内部管理,保证学校不至于沦为举办者的赚钱机器。但是,另一方面,这种体制也使学校面临性质模糊、定位不清,以及未来走向等问题。如果是公办学校定位,意味着政府要加大投入,确保外来人口子女享受同等待遇的教育公共服务,如果是民办学校定位,则意味着学校将拥有更多的办学自主权。民办随迁子女小学是发展成为真正的公办小学,还是更加纯粹的民办小学,这个问题值得提前思考。

(三)居住证管理制度的未来影响

2013年5月28日,上海市人民政府发布《上海市居住证管理办法》,新办法规定持有上海市居住证的外来人员,可以根据居住证的积分情况,享受子女教育等方面的公共服务。申办居住证必须具备在本市合法稳定居住,合法稳定就业,参加本市职工社会保险满6个月;或者因投靠具有本市户籍亲属、就读、进修等需要在本市居住6个月以上。持证人每满一年需办理签注手续。居住证实施积分制度,根据积分指标体系,对在本市合法稳定居住和合法稳定就业的持证人进行积分,将其个人情况和实际贡献转化为相应的分值。随着持证人在本市居住年限、工作年限、缴纳社会保险年限的增加和学历、职称等的提升,其分值相应累积。积分达到标准分值的,可以享受相应的公共服务待遇。

居住证已是本市外来人口在沪享受公共服务的重要依据。在客观上,相当一部分的外来人口子女因其父母的居住证的办理条件不够和积分标准不达标而无法进入本市的公办学校和民办随迁子女小学。2013年秋季入学招生过程,这种情况就已经显现。在部分远郊区的随迁子女小学,因家长没有正规就业或没有缴纳社会综合保险,办理居住证的条件不够,其子女无法进入学校就读。一些学校今年招生只有个位数。这些学校将面临停办可能。但越是靠近市区,家长正规就业数量越多,对随迁子女小学来说,招生仍旧不是问题。因此,新的居住证管理办法对随迁子女小学的未来影响可能对不同人群的影响是不一样的。

(执笔人:何金辉)

上海民办基础教育国际化实践

本部分主要讨论上海民办中小学校,顺应当前教育资源国际流动不断加剧、教育的国际交流日益频繁以及国际教育对一国教育的影响日益加大的趋势,应对本市国内外居民对国际教育的需求,探究国际教育对本土教育改革与创新的借鉴意义,试图回答上海的基础教育如何培养出具有国际视野、国际胸怀和国际交流能力的未来公民的实践过程、问题与反思。

一、上海民办基础教育国际化探索的时代背景

上海,以"海纳百川,兼容并蓄"为城市精神和文化传统。开放、交流本是上海的文化个性。20 世纪二三十年代,上海教育得风气之先,呈现出百花齐放、国际交融的特点;在邓小平同志关于教育的"三个面向"要求之后,上海更加快了国际交流、面向世界开放办学的实践探索。民办基础教育的国际化实践,可以说是上海城市历史与文化的传承与发展。

随着世界经济相互依赖程度的日益提高,信息技术的迅猛发展,教育资源在国际进行配置,教育要素在国际加速流动,教育国际交流与合作日益频繁,世界各国教育相互影响、相互依存的程度不断提高。研究和学习国际教育,已经成为世界各国教育体系内在改革的重要参照和推动力。"对国际教育的理解更多一些,认识更深一些,中国教育改革力度就更大一些,改革的步伐就更坚定一些。"上海教育不断经历着模式的转变与创新,而国际教育的实践与探索始终是推动上海教育现代化进程的重要力量,同时也是上海教育现代化巨大成就的重要体现。

"跨入新世纪以来,世界教育发展呈现出新的趋势,教育发展已不仅是教育家关心的事,国家和公众把教育与国际竞争力和人的全面发展更加紧密地联系在一起。无论是一国政府还是人民,都积极推动着教育变革。"上海教育的国际化发展,与中央对上海"四个中心"的发展要求,建设"现代化国际大都市",提升"后世博"发展的软实力密不可分。《国家中长期教育改革和发展规划纲要》中明确了"国际化人才"的培养目标,要求"培养大批具有国际视野、通晓国际规则、能够参与国际事务与国际竞争的国际化人才"。上海进一步加大教育开放力度,更积极地探索国际化人才的培养模式,对城市竞争力的整体提升,实现教育的发展对城市经济、社会发展的适应与促进。

近年来,上海本土居民及在沪居住的外籍人士对多元化、国际化的学校教育的需求不断增加,激发了民办中小学国际化的实践。本土居民对子女的外语能力、国际交往能力、国际视野及未来留学等方面的教育需求日益明显;工作和居住在上海的外籍人士不断增多,其子女受教育需求日渐突出,学校教育

的国际化成为必然趋势。相比于公办学校,民办学校在课程、管理、经费等机制上具有更灵活的特点,在探索国际化这个领域能够更迅速地响应市场需求。

二、上海民办基础教育国际化的实践历程

上海民办基础教育的国际化实践,于20世纪90年代末开启。最初的形式多为师生短期交流,加强外语教学,聘请少数外教等。到21世纪初期,渐有学校开始尝试为外籍人员子女就学提供服务,引进国际课程,开展交换生项目等。近年来,上海民办基础教育的国际化探索逐步进入"深水区"。越来越多的民办学校开始引进国际高中课程,建设国际化的师资队伍,借鉴国际课程经验改造和优化本土课程,获得国际教育认证,努力营造国际化学校氛围等。目前,上海市开展国际化实践探索的民办中小学20余所,约占上海市民办中小学校(不包括进城务工随迁子女学校)总量的15%。

上海民办基础教育的国际化实践历程,是学校立足本土,放眼全球、多元文化融合的过程;是探索把国际的维度或观念融入学校的各主要功能中的历程,包括学校的各种活动,如课程的改革、人员的国际交流、合作项目等;以及对学生、教师和行政人员的国际化知识、技巧和态度等方面的能力建构与提升;并在部分学校中形成和发展出独特的国际精神气质与校园文化。

(一)教育内容的国际化:多元并举,由浅入深

在过去十多年的实践中,民办中小学校在国际化内容方面,经历了从外延到内涵,从浅显到深入,从拿来到融合,从输入到输出等多元并举,逐步深入的实践过程。

1. 从"看世界"到双向交流

上海民办中小学通过与外国学校结成姐妹校关系,参加国际竞赛,参与国际项目,海外游学等途径,促进师生交流互访,交换学习,开拓师生眼界,促进学生的国际理解和友好。上海民办中小学的国际交流逐步呈现出常态化、双向化等特点。如尚德实验学校每年外事活动约20次,国际姐妹校13所,与部分关系密切的国际姐妹校每年有为期一个月的师生互访团等。

很多民办学校已经度过了出国"走走看看,开开眼界"的时期,进入有目的、有意识向海外学习的阶段。教师出访都带有学习对方国家的教育体制、课程、教法的任务,回来后向全校教师汇报学习成果。对于学生出访,学校事先有一定的礼仪和民俗培训,回来后也有汇报学习结果的任务。这样"有意识、带任务"的国际交流,让师生的受益更大。而且,学校已经从单纯"开眼看世界"进入到反观民族文化、树立爱国信念的阶段。在一些国际交流时间较长的项目中,教师在海外学校讲授中文,边工作、边学习,不仅向海外学习,也向海外传播上海的学校教育教学经验。如协和双语学校参与的英国文化交流协会"世界地理项目",通过中英两国的地理学科教师互访,互动,促进世界地理学科教学的互长。

2. 从学习外语到国际理解

作为了解世界的重要工具——外语是至关重要的国际化学习内容,也是很多民办学校的国际化探索之路的起点。学生的英语交流能力在学校重视英语教育、大力推动英语教学改革的影响下得到快速升级,学生逐步掌握了认知和理解世界多元文化的工具。但是,国际化人才的培养不应仅停留于语言的学习,更主要是对多元文化的理解和认同,具有国际视野和胸怀。在办学实践领域里,国际理解教育课程在一部分学校悄然兴起。如震旦外国语学校、平和双语学校、福山正达外国语学校等从引领中国学生学习外国语言、文化起步,到拓宽国际视野、培养国际素养,最终让理解、尊重、民主等国际教育理念深入学生心中,不能不说是上海民办基础教育国际化的一个方向。

3. 从引进模仿到融合创新

要深入推进教育国际化,课程改革是关键。近年来,不少民办学校通过引进国际课程,推进基础教

育国际化进程。自 2010 年 7 月上海提出"试点高中国际课程"以来,上海开设国际课程的学校不断增加,学生规模日益扩大,课程种类也有增多趋势。从学生规模来看,2012 年的统计显示在本市普通高中选读国际课程的学生达到了 6 000 余名,而 2010 年只有 3 000 余名,翻了几乎一番。从学校和区县分布来看,2012 年与 2010 年的数据相较,前者较后者均增长了 50% 以上。到 2012 年,上海已有 21 所普通高中学校(或依托学校的独立法人机构)开设国际课程,其中民办高中 8 所。引进的国际课程体系已近 20 种,主要包括:国际文凭大学预科课程(IBDP)、美国高中课程、英国高中课程、加拿大高中课程(BC 省课程或安大略省课程)、澳洲课程、日本等国家课程等。不同学校引进国际课程的方案各有不同,有整套课程引进,有部分引进。部分引进的学校通常是为了丰富学校的课程品种,拓展学生的国际课程学习体验,让学生满足更多个人需求。整套引进国际课程的学校,最初或多或少包含着一个功利主义的目的,即为学生出国留学服务。

上海市民办教育协会 2012 年立项课题"民办高中的国际教育实践与探索研究"统计显示:在 13 所民办学校国际部的课程中,以美国高中课程项目最多,达到 9 个,美国作为全球最受留学生欢迎的国家,是上海民办学校选择国际课程时考虑的重要因素;其次为 IBDP 项目,有 4 个;加拿大课程、非定向外国课程以及针对外籍学生的留学生课程各有 3 个(见图 1)。

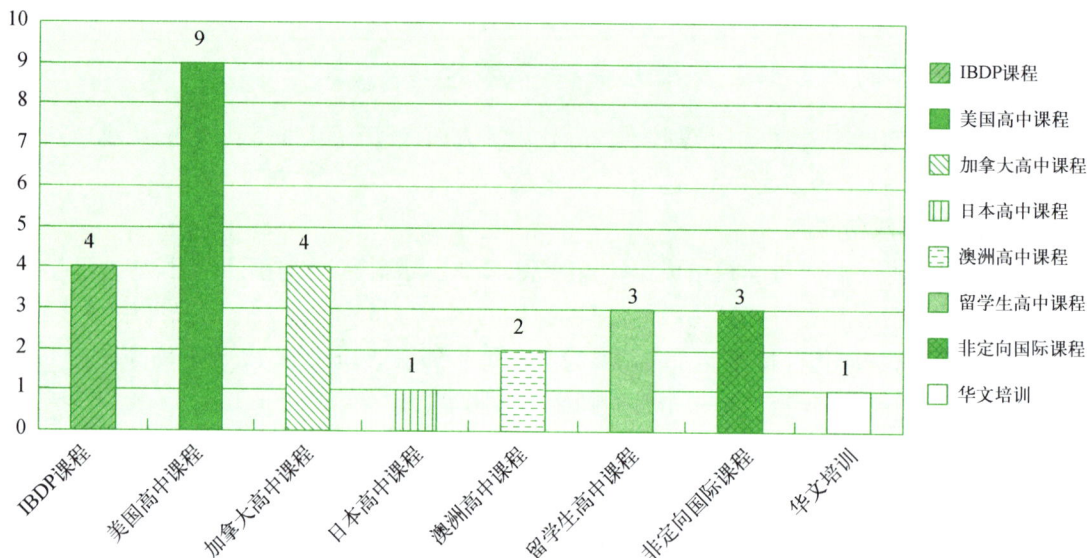

图 1　上海市 13 所民办学校开设国际高中课程种类及数量

截至 2012 年底,13 所民办学校开设国际高中教育项目的情况如下图所示。面向本土学生的完整学制的高中国际课程项目有 15 个,占所有项目的 54%;面向本土学生的非完整学制的国际课程项目有 9 个,占所有国际教育项目的 32%;另有面向留学生的高中项目及非学历的教育项目(以华文培训为主)各 2 个,占比达到 14%(见图 2)。

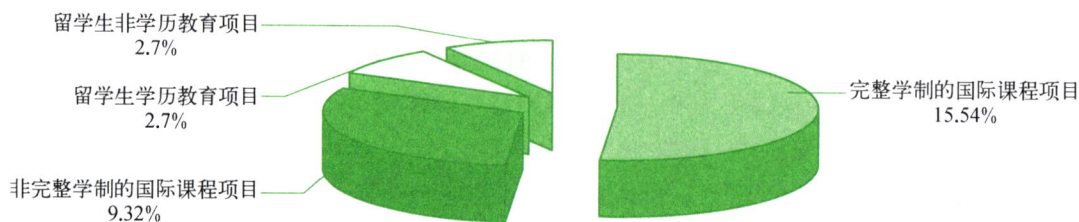

图 2　上海市 13 所民办学校提供国际教育项目的情况

从国际高中课程项目的运作模式来看,主要包括学校自主开设、中外合作办学和通过中介运作三种形式。52%的国际高中教育项目由学校自主开设，37%的国际高中教育项目通过中外学校合作的方式举办；还有11%的项目是通过中介运作。

对于基础教育而言，引进国际课程的意义和价值绝不仅限于提供出国留学的课程通道。很多民办学校通过引进国际高中课程，在实践中加强研究，将国际高中课程之精髓为我所用，用于本土课程的改革与完善。如以人为本的教育理念，课程的高选择性以满足学生的个性发展，小班化授课以满足学生的差异性需求，探究式教学模式以激发学生的自主学习与能力建设，过程性与终结性评价结合以全面科学地评价学生的成就与发展，师生关系民主等特点。

在将国际教育元素为我所用的实践探索中，学校更加清楚地认识到：没有本土参与的课程并非真正意义上的国际化课程，单方面适应本土或国际课程标准的课程方案也不能称之为国际化的课程。因此，研究中外课程的优势和融合方案逐渐成为一些学校国际化实践的重点。如协和双语学校致力于为本土学生提供融合国际教育精华要素的课程体系，为外籍学生提供融合了本土语言文化和学科优势的国际课程体系；世界外国语学校在IB课程框架基础上进行了本土化的改造；西外外国语学校自主研发的国际课程等。很多民办学校有意识地将中华文化精粹融入国际高中课程，如开设语文、中国历史、中国哲学、京剧、民俗、书法、武术、中华烹饪等课程，避免了本土学生在高中这个人生观、世界观、价值观形成的重要阶段，对本土文化缺乏认知和中华民族认同感下降。

综合来看，民办中小学在国际化课程建设方面，着力在课程目标国际化、课程设置国际化，保持和提升本土课程的国际比较优势，注重道德教育的实践性与综合性，加强外语教学以及在科学、音乐、艺术、体育、综合实践和探究学习等领域借鉴国际课程经验等方面探索国际课程与本土课程以显性和隐性的方式整合。

4. 从"输入"到"输出"

近年来，越来越多的境外企业和机构纷纷入驻上海，上海已逐渐成为全国境外人员最集聚的地区之一。"六普"资料显示，到2010年，居住在上海并接受普查登记的境外人员共有20.83万人，居住半年以上的常住境外人员达到18万，其中，0—14岁的青少年占20.4%。以学习原因来沪的境外人员为4.12万人，八成以上来沪学习的境外人员年龄为6—24岁，涵盖了基础教育、初等教育和高等教育的本科阶段等受教育年龄时期。

从20世纪90年代开始，上海开始出现第一批外籍人员子女学校。随着上海5所公办学校国际部的出现，一部分外籍人员子女进入上海的本土学校接受基础教育。21世纪初期，部分民办学校开始设立面向境外人员子女，独立编班的"国际班"或"国际部"，如新虹桥中学在2001年开设的韩国部、世界外国语小学开设的境外班等，针对外籍学生，主要提供华文培训、中国留学生课程以及国际课程。2004年，上海市教委发布了150所接收外籍学生入读的中小学校名单，其中包括民办学校。到2007年，上海所有的中小学都已向外籍学生开放，允许外籍学生以随班就读的形式就读。至今，上海民办中小学为境外学生提供的教育服务主要包括：① 设有国际部或境外班，对外籍学生单独授课与管理；② 境外学生单独编班，但是与本部在教学和管理等方面有部分融合；③ 没有设有国际部，外籍学生全部随班就读。

尽管在民办中小学校就读的境外学生并非在沪就读基础教育学校的外籍学生主体，但是，随着民办中小学的国际教育服务能力的不断提升，对境外学生的吸引力也日益增加。民办中小学开始从被动地输入国际教育理念、课程、师资等，逐步探索主动寻求向全球"输出"自己的教育服务，吸引更多的外籍学生的同时，提升上海基础教育在国际上的影响力。

(二) 教育教学形态：更积极地探究，更生动地学习

在开展国际化实践探索的民办中小学校中，教育教学的形态发生着变化：更小规模的班级人数，让学生拥有了更多个性化学习的机会；更丰富的课程选择，学习与体验的半径不断扩大，各种潜能获得开

发的平台;根据学生兴趣、能力和自主选择,制定个性化课表,实行走班学习;中外双语甚至多语言环境,帮助学生掌握与世界沟通的工具;跨学科的综合主题学习模糊了传统学科的界限,提升了学生从现实中发现问题和分析问题、解决实际问题的能力;目标驱动的项目学习任务激发了学生自主学习、合作探究的精神与能力;信息技术对教育教学的介入,让学生更轻松的学习,让学习随时随地发生。学习,不再仅是课堂中的几十分钟,也不仅是教师的耳提面命,更不是全班同学整齐划一的回答,而是随时可能发生的、个性化的、与现实世界充满互动的生动过程。

(三)师资队伍建设:重点提升本土教师的国际化教育教学水平

教育的成功关键在于教师,民办中小学校的国际化实践探索离不开有国际视野和国际化课程执教能力的师资队伍。上海民办中小学的国际化师资队伍建设包括外籍教师的引进与管理和本土教师的国际化教育教学能力的培养。

外籍教师是本土学校国际化实践探索的重要组成部分,是了解外国社会和文化,借鉴国际教学经验,提升外语教学水平,打造品牌化学校的途径之一。上海很多民办中小学校聘用了外籍教师。目前多数民办学校的外籍教师是作为文化符号存在的,主要职责是加强外语口语教学和让学生感受异域文化,也让学生对外国人和文化逐渐褪去陌生感。随着一些民办学校对国际化教育探索的逐步深入,外籍教师的定位发生了变化,从一种异域文化的"花瓶式"符号存在,逐渐对学校教育教学发生"实质性"影响,如作为校本外语课程的执行者与开发者,任教其他课程,承担部分学校管理职责等。

专栏1　上海市协和双语学校的外教角色

上海市协和双语学校办学纲领中有两条:①"中外教师合作",②"中外校长共治"。

外籍校长对国际课程内涵、课堂教学与评估、教师专业发展以及学生活动等方面的专业经验,与中方校长在本土课程管理、班级管理、后勤服务、家校沟通等方面的擅长优势,通过有效的"共治"机制,发挥出优势互补的作用。

学校的中外教师合作教学不仅限于英语课,还包括音乐、体育、艺术、探究、活动课程等。中外教师需要合作备课、合作教学、合作管理学生、合作评估学生。中外两名教师共同执教,让中外教师从专业知识、教学内容、教学设计、教学组织形式、教学方法以及教学评估等方面,互相学习,互相合作,最终让学生获益加倍。

资料来源:据上海市民办教育协会2012年立项课题"民办高中的国际教育实践与探索研究"调研信息整理。

相较于外籍教师的高稀缺性、高流动性和高成本,本土教师具有更稳定、更实惠、数量更充足等优势。多元文化背景的学生或者面对全新的国际课程,对本土教师的能力要求截然不同,打造一支具有国际教育能力的本土师资队伍尤为重要。

一些民办学校重视通过境外培训来提高校长和教师的国际交流能力,如派遣教育管理人员赴境外接受专业培训;在双语师资培养上,通过与国内培训机构联合培养,制定校内双语教师的体系认证制度,鼓励有能力的教师成为双语教师;有些单独设立国际部的学校,鼓励本土教师跨部兼课;有些学校搭建中外教师合作教学和研究的专业平台,在与外教的平等专业对话、互动过程中,提升本土教师在专业、综合素养和能力上的国际化水平;还有学校为本土教师获得国际教师专业资格认证提供平台(如 PGCE 等),从而提升本土教师实施国际教育的专业能力。

(四)学校经营与管理的国际化:多元平衡,包容创新

国际化的实践探索必然是一个开放的过程,也是需要兼顾、平衡多元需求,包容与创新管理机制的

过程。这对民办学校的管理和经营都是重大的挑战,体现在:学校对市场多元需求的感知灵敏度和迅速反应能力,学校的外事交流能力,对外教的聘用和管理能力,对国际学生和家长的服务能力,与政府、市场和国际组织的沟通能力,国际化的课程教学组织管理能力,各种资源的开发与调配能力,以及恰当的营销能力等。

对于民办学校而言,这些既是挑战,也是其优势。对市场多元需求的敏感度和迅速反应是民办学校的强项;民办学校在国际合作机构的选择、合作模式的确认、合作伙伴的选择等方面都有着更多的自主性与灵活性。在经营管理方面,如制定和实施广泛的资源策略,争取家长、社区、商业资源对学校教育教学的支持;重视为学生和家长提供学生学习相关的各项服务,如校服、校车、餐饮、咨询等;注重学校网络建设,着力于实现网络成为家校互动、学校宣传、招生等方面系统平台,通过相对广泛的途径,如报纸、电视、网络、海外媒体等进行市场宣传都是民办学校在国际化探索过程中积累的丰富经验。

(五)国际的精神气质与校园文化氛围:环境亦教育

探索国际化办学的民办学校非常重视校园多元文化氛围的营造与国际精神气质的培育。这并非是哗众取宠的装饰,而是与学校的办学理念、多元文化并存的客观现实、国际化的课程与教学要求,以及对学生行为道德修养有促进作用的精心设计的教育教学环境。

从校园物理环境的建设来看,这些学校在校园建筑结构、物理空间的功能布局、校园外立面及内部装饰色彩的运用、多语言与文化氛围的布置,如悬挂世界各国国旗,呈现中英文双语甚至多语指示牌、中外节日氛围的营造等方面,给人以开放、互动、丰富的感受。更重要的是,让每个学生的阶段学习成果在公共场合展示出来,让所有人观摩、分享、评价,更是一种对学生学习主体性的认定。

国际化的环境和氛围不仅是物理或物质环境的创设与营造,更是师生在面对不同文化时,能够理解、包容和处理差异。分析问题时从单一民族或国家来看和从国际的角度来看,结论就可能完全不同。在不同“环境”中表现出合适的态度和行为举止,也是一些学校刻意设计的“环境课程”。在这样的环境与国际气质的校园中浸润成长的学生,国际意识、国际胸怀与国际交往能力自然潜移默化地得到提升。

专栏 2　上海市平和双语学校的环境教育理念

上海市平和双语学校认为“环境意识”不仅是自然和环保的概念,更是人文的环境概念。在不同环境中应该有自觉意识和适应与生存技能,并与其他文化的融合。

例如,在实验室里对学生的提示是:请少说话,多做事,实验是需要用过程证明的,而不是夸夸其谈。在工作坊或辩论赛时,则鼓励学生用各种语言,包括中英文双语和肢体语言尽情表达自己的观点。

资料来源:据上海市民办教育协会 2012 年立项课题“民办高中的国际教育实践与探索研究”调研信息整理。

(六)学校质量的国际认证:按国际标准办学校

上海民办中小学的国际化探索经过十多年,已经逐渐赢得了居民和政府的认可,但是获得更广泛国际专业机构的认可也非常重要。这会为本土学校赢取国际社会的认可,也让本土学校有机会站在世界的专业平台上对话、交流。世界外国语小学是国内第一家通过 IBO 认证的本土学校,平和双语学校、协和双语学校、协和双语高级中学等学校都通过了 IBO 的认证,成为 IB 世界学校中的一员。这些本土学校通过定期参与 IBO 组织的各项课程和教师培训以及专业论坛,与全球 IB 学校在同一个平台上进行专业对话,逐渐在国际上有了一定的知名度。除 IB 认证外,学校积极尝试争取获得各类国际通行的权威的学校认证,如协和双语学校、复旦万科实验学校、西外外国语学校等分别通过了 AdvancED,CITA,

WASC 等国际教育认证机构的认证,按照国际标准办学校。还有学校通过参加国际教育竞赛或国际教育项目,如英特尔项目、国际头脑奥林匹克竞赛等方式,提升了上海民办学校在国际上的知名度和声誉。

(七)民办基础教育国际化实践的经验认识

民办中小学校通过实践,逐步对基础教育国际化有了更为清晰的认识:基础教育阶段进行国际化实践探索的目标在于培养有中国情怀,兼具国际视野、国际交流以及国际竞争能力的未来世界公民,吸收与借鉴国际教育的经验以推进本土教育改革,提升教师的国际化教育教学水平,寻求学生多元发展通道,在满足市民国际化教育需求的市场上占有一席之地。

(1)教育国际化要围绕"人才培养"这个核心。《上海市中长期教育改革和发展规划纲要(2010—2020 年)》提出"为了每一个孩子的终身发展"的核心理念,这着眼于学生长远的发展,更重视学生潜能激发、创新精神和实践能力培养。这个理念与当今世界的教育变革与发展趋势相一致。民办中小学在该教育发展理念指导下,开展国际化实践探索可谓如鱼得水。

(2)从培养目标上来看,多数民办中小学校明确了"根植中华,面向世界"的培养目标。事实上,这正是基础教育国际化的核心追求。民办中小学校顺应当前国际教育对 21 世纪公民能力素养的要求,强调学生掌握基本知识和技能的同时,具备创新能力、批判反思能力、合作能力、跨文化理解力等。更重要的是,强调对中华民族传统优秀文化的理解、认同与传承。

(3)国际化是推动基础教育改革与发展的重要驱动力。基础教育国际化可以有许多手段与载体,具有多种方式与途径。例如,在义务教育阶段实施外语教育,开展师生的国际访问与交流,引进部分国际教育项目作为拓展课与探究课的教育资源等;在高中阶段,以民办学校为主引进和实施国际课程,通过开展国际课程的实验,推动本土课程改革。

(4)国际化是民办学校满足社会多元化教育需求的有效方案。民办中小学校之于基础教育的重要意义,就在于满足了社会日益多元的选择性教育需求。通过国际化的办学实践,民办中小学校既满足了社会的多元化、国际化的教育需求,又形成了自身独特而内涵丰富的办学特色。

三、上海民办基础教育国际化实践的政策环境

近年来,上海的民办中小学的国际化探索实践初步体现出多赢的办学效益。一方面,民办中小学的国际化探索满足了不同社会群体日益多元的教育需求,为国际化大都市的建设奠定了相应的人才培养基础;另一方面,部分民办学校因国际化办学的实践,逐渐形成了特色引领内涵发展的模式。而这些离不开相关政策体系的建设与支持,政策是民办中小学进行国际教育实践与探索的保障。

(一)基础教育国际化的主要政策

1995 年颁布的《中华人民共和国教育法》第六十七条明确规定,"国家鼓励开展教育对外交流与合作",从法律意义上确立了教育国际化的地位。

1. 专项政策鼓励上海所有学校向境外学生敞开大门

1997 年,上海市教委颁布《关于鼓励境外儿童来沪接受华文教育若干规定的通知》(沪教委〔1997〕44 号);1999 年,教育部颁布《中小学接受外国学生管理暂行办法》(教育部 1999 年第 4 号);2000 年,上海市教委颁布《上海市中小学接受外国学生管理实施细则》(沪教委〔2000〕4 号),详细规定了本土中小学接受外国学生的资质、形式、入学的相关手续、办理流程以及考评和处罚办法等;2005 年,《上海市教育委员会、上海市人民政府侨务办公室关于华侨子女回国接受义务教育有关事项的通知》(沪教委港澳台〔2005〕16 号)出台;2006 年,《上海市教育委员会关于本市中小学、幼托园所接受外国学生(幼儿)若干

规定的通知》(沪教委外〔2006〕73 号)出台。一系列政策的出台,逐步打开了上海所有本土学校面向境外学生的大门,也为上海民办中小学校探索国际教育提供了支持。

2. 教育体制改革于战略高度积极引领基础教育国际化

各类专项政策的出台有效促进了基础教育国际化的规范发展,但专项政策只能解决各个具体问题,无法有力把握基础教育国际化发展的大局。这种缺乏统一规划和长远目标的局限,随着基础教育国际化程度的深化,表现得日益明显。2010 年,教育部颁布《国家中长期教育改革和发展规划纲要(2010—2020 年)》,对未来的教育发展进行了全局性教育改革规划。在这一改革发展的政策中,以专章对教育国际化进行了具体的规划部署:确立了"以开放促改革、促发展"为基本思路,以"提高我国教育国际化水平"从而"培养大批具有国际视野、通晓国际规则、能够参与国际事务和国际竞争的国际化人才"为目标。在基础教育国际化方面,在加强国际交流与合作、引进优质教育资源、提高交流合作水平等角度提出了要扩大教育开放的要求。

上海在《国家中长期教育改革和发展规划纲要(2010—2020 年)》的基础上,颁布了《上海市中长期教育改革和发展规划纲要(2010—2020 年)》(以下简称《纲要》),明确提出推进教育国际化是上海建设现代化大都市的必然选择。《纲要》对教育国际化提出三方面的要求:一是要扩大教育对外开放,进行中外合作的课程开发、学生交换项目等,鼓励本市中小学在海外办学,参与国际教育服务;二是要增加本国学生的国际交往和竞争能力,通过积极消化和引进国外先进课程资源,加强国际理解教育,培养具有国际视野、知晓国际规则并能参与国际交流的国际化人才;三是要大力发展留学生教育,加强外籍人员子女教育体系建设,整合上海现有学校国际部的教育教学资源,为在沪外籍人员子女教育提供完善的服务。2012 年,上海市教委发布了《上海市教育国际化工程"十二五"行动计划》,全面具体安排了上海教育国际化的战略部署。可以认为,教育体制改革进入了于战略高度系统引领基础教育国际化的新阶段。

3. 区域政府对民办中小学国际化实践的政策支持

上海的部分区县政府对于基础教育阶段的国际化实践给予了一定的政策鼓励和支持。如浦东新区在针对英语教师培训"三年滚动计划"之后,近年举办了英语教师剑桥大学英语教学国际证书(1CELT)和英语教师培训师(Teacher Trainer)培训班。长宁区政府为了提升国际化办学学校教师的专业水平,与区域内国际学校建立合作机制,委托长宁国际学校对区域内本地国际化学校教师进行专业培训。很多民办学校积极参与区域或市级相关部门组织的诸如"影子校长"培训、"全球华人园丁大联欢"等项目,通过"走出去"让他们了解世界最新教育理念,学习国外教育教学管理经验,并通过与国外同行的交流互动,向世界传递中国教育的正面影响。浦东新区、徐汇区、闵行区、长宁区、杨浦区等区域先后制定了本区域内中小学国际化的发展规划。

通过以上政策梳理,上海的基础教育国际化最初是以学校探索为主,政策导向并不明确,更不可能作为政策关注的重要问题。随着实践经验的积累与发展,教育国际化问题逐渐开始呈现出从边缘走向中心的趋势。

(二)民办中小学国际化探索的主要政策目标

综合来看,立足于拓宽学生视野,促进我国学生今后参与国际交流、竞争的能力,引入国际课程加以借鉴,推进具有中国特色的高中现代化建设,是政策引领学校实践追寻的价值和效应。上海市针对基础教育国际化的政策主要为了促进实现以下目标。

(1)引导学校以学生发展为着眼点,培养中西融通的未来人才,也就是有中华文化底蕴,又有国际胸怀与国际交往与竞争能力的国际化人才。

(2)通过引进和学习国际先进的教育教学理念,转化为推动本土基础教育改革的内驱力,推进与深化基础教育改革。

（3）通过广泛的国际交流与合作,拓展学校教育教学视野,促进学校进一步开放办学。

（4）通过为境外学生提供国际教育服务,提升上海涉外教育服务能力和实现汉语与汉文化的国际推广。

从民办学校的国际化实践来看,政策鼓励和支持民办学校发挥灵活的机制特点,义务教育阶段推进国际理解教育,高中教育阶段引进面向本土学生的国际课程,支持中外融合的校本课程建设,开展双语和多语学科课程教学实验,提供境外学生的国际教育服务,促进与国际教育机构的交流与合作等,引领民办学校走向特色之路。

四、民办中小学国际化实践的问题与挑战

教育国际化并不单纯是人员或资金的输入输出过程,而是要将跨文化、跨国界的理念与个体的具体实践相结合。当前上海民办中小学的国际化总体上还处于输入大于输出的发展初级阶段。总体而言,输入的情况好于输出情况。国际课程和国际化教学过程与方法虽然也是输入要素,但相比较于发达国家,还有较大距离。人员国际交流情况相对较好,但是教育国际化的社会联系与支持,教育国际化中的国际团体方面,与教育发达国家差距较为明显。

当前,上海民办中小学的国际化实践中面临的主要问题表现为:行政规划与政策尚不明朗,动因复杂导致国际化实践行为有所偏差,认识水平差异导致对待本土文化重心的失却,国际化内功尚浅致使国际教育质量较低,国际化的风险防范与应对机制有待健全等。

1. 行政规划与政策尚待明确

以国际高中课程为例,目前上海民办学校的国际课程基本由学校自行引进,社会中介参与,缺之政府的引导、统筹和规范。国际课程的准入门槛,课程教材的审查机制,多元文化的尊重与国家主流意识形态的维护之间的关系,国际课程的教师队伍建设等问题,尚处于学校自行摸索阶段。随着日益增多的国际高中课程项目的引进,掌握上海国际课程举办的实际情况,因地制宜地制订切实可行的政策,引导国际课程办学向着规范、有序、健康的方向发展,已经成为上海教育行政部门必须面对和解决的问题。

首先,管理部门不明晰。目前,几乎所有的民办国际高中课程项目的引进,均由区县教育行政部门自行审批或备案。上海关于国际课程的审批、管理究竟由哪一级的哪一个行政部门负责尚未明确。

其次,政策指导不明朗。对于国际课程,政府和教育行政部门处于两难境地。一方面,高中阶段属于国民教育阶段,是学生世界观、人生观、价值观形成的重要时期,国际课程可能削弱体现国家意识形态的国家课程对学生成长的影响。另一方面,高中教育阶段拒绝国际课程的进入不符合 WTO 承诺,与高中教育多样化发展的政策导向不一致。这样的矛盾增加了决策难度和决策风险。

最后,统筹规划不到位。目前,国际课程大多由学校基于家长和社会的强烈需求以及学校办学利益自行引进。这种状况可能会带来隐患。一是教育行政管理部门无法准确把握国际课程的整体情况和发展动态,出现管理的“真空”地带。二是学校盲目引进、无序竞争、教学质量无法保证等。三是可能带来意识形态领域的冲击,造成对教育主权的危害。政府对国际课程的引进、实施无明确规定和统筹指导。

2. 动因复杂导致部分学校国际化实践行为有所偏差

首先,部分学校以海外升学为主导,成为新的“应试教育”。目前,有些学校引进国际课程的目的就是为了满足学生接受与国际接轨的教育的需要,同时由于受师资、经费、办学经验以及学生学习能力等限制,开设的国际课程科目大多局限于与升学密切相关的科目,其他科目不开设或压缩时间。这催生了新的“应试教育”。这种国际课程班只为了赶“洋高考”。另外,少部分学校为了赚钱举办国际课程班,对学生、学校、社会造成不良影响。不可否认,少部分民办学校以高收费为目的举办国际课程班,追求降低办学成本,要求快速的经济回报。因此,在办学过程中,少开或不开国际课程内容,本土和外籍教师资质

差强人意,缩短国际课程学制,与留学中介机构合作,将学生送到低水平的海外学校就学。这些迎合市场需求,一味追求经济回报,代理式的低层次国际课程实践方式,学校对课程的自主实施和运营能力较弱,对培养学生国际化的视野和国际交流与国际竞争能力方面,长远意义有限。

3. 认识水平差异导致对待本土文化重心的失却

并非所有民办中小学校对国际化都有正确的理解。部分学校认为国际化就是"西化",缺少对本土情怀、本土文化传统的重视。特别是部分高中国际课程项目中,课程标准、课程内容、教材使用、课程实施、师资聘用、课程评估与监督、课程资源等几乎全部按照国外的标准与方式运作,俨然成为一所空投在上海的海外学校。在青少年人生观、世界观形成的关键阶段,关于本国的爱国教育、民族情怀培养、本土语言及历史文化教育几乎缺失的情况,明显有悖教育国际化的初衷。

引入国际课程要立足改革国内学校的课程,取长补短,中西融合,使本土课程提高质量、更有品位。对上海教育而言,引入国际课程的最终目的,是改革本地的高中阶段教育,整体提升上海高中的教育水平。封闭式的国际课程实践模式,国际课程与本土课程缺乏融合,难以达到通过课程引进,推动教育改革,丰富上海高中的课程体系,提升上海基础教育水平的目的。

4. 国际化实践内功尚浅,国际教育质量有待提高

总体来看,上海民办中小学的国际化探索仅处于初始阶段。从学校层面看,学校在师资、教学质量、管理等方面的实践内功尚浅,对在沪的境外学生就学吸引力有限。

因为国际课程对师资要求与国内课程不同,本土教师达到入门标准、胜任教学要求者不多;外教水平也参差不齐,流动性较高。尽管相关部门对聘用的外籍教师有明确规定,但普遍存在外教流动性大、专业水平参差不齐、本土文化适应难、师资成本大等问题。而本土教师能胜任国际课程教学要求的还不多。尽管多数民办学校都认同培养本土教师是唯一也是有效的途径,但是本土教师胜任国际教育的能力有待不断提升。目前,所有民办学校的双语教师无一例外以自培为主,教师通常是通过经验积累、同伴分享等方式自我成长。另外,从长效发展的角度来看,由于没有相关体制保证一支稳定的队伍从事教育国际化的系统推进,参与者只能是从兴趣出发,无法纳入教育专业发展平台,其绩效评估也缺乏指标。

民办中小学对于国际化的学校管理经验缺乏。从国际课程的引进与实施来看,这意味着学校将面对两种课程在同一时空并存带来的文化差异、教学组织、管理评价等新问题,对校长的课程领导、学校管理提出了新挑战。如何借鉴国际课程的积极元素、先进的课程理念和管理方式,丰富、优化学校的课程体系,逐步生长出融中西方课程文化之精粹的本土课程;如何提升国际课程的本土运营实施能力,培养一支融贯中西文化的管理团队,还缺乏成熟的经验和典型。

5. 基础教育国际化的风险防范与应对机制有待健全

目前,基础教育国际化的风险集中在高中引进国际课程。这涉及上文提及的课程中的意识形态风险,存在加重了学生家庭经济负担的风险,还包括学校引进国际课程质量参差不齐,运作国际项目经验不足,学生无法对接国际出口等各种风险。

据统计,2013年国内有近100万名考生放弃高考。有教育研究机构调查后表示,其中,出国留学的高中毕业生近20万人,而这一人数正以每年20%—30%的速度在增长。上海市教委国际交流处发布的留学调查报告显示,目前出国留学生当中,15—18岁占了近三成。2012年上海就读国际课程班的高中学生6 000余名,约占上海高中在校生4%,其中,在民办学校国际高中课程班中就读的学生2 000余名。

持续高涨的留学"高烧"不退,低龄化留学发展迅速,一方面,进一步催生了民办高中开设国际课程的热潮。随着上海高中国际课程的发展,生源也出现微妙变化,优秀学生主动选择读国际课程的现象呈增长趋势。部分民办高中国际课程班的入学分数超过区示范性高中录取线,甚至超过市重点分数线。另一方面,留学生为美国经济的贡献每年超过200亿美元,其中,中国留学生直接提供了超过44亿美元

的收入。一个中国留学生的花销,可以轻松地养活一个美国家庭。这意味着引进国际高中课程的办学模式不仅在经济上的现金流失,更包含着中国未来优秀人才流失的可能性。

即使进入海外高校,学生可能面临文化、学习方式难以适应等问题。据美国常青藤盟校公布的数据显示,进入哈佛、耶鲁、康奈尔等 14 所名牌大学的中国学生退学率约为 25%,他们的共同特征是曾经的高分生。而在当地的生活、学习方式等方面表现出严重的不适应性,被迫中途退学。对于学生家庭和学校而言,这都是在选择或引进国际课程时必须考虑到的风险。但是,目前上海的民办学校在引进国际课程中,常常因为信息不对称、经验不足以及本土专业建议缺失等原因,缺少对可能的风险预警及应对机制。

教育国际化推动着现代教育的演变,现代教育的一个基本特征就是自觉地开放与合作。但当前的教育国际化过程中,不可避免地存在着不平等的教育交流与合作。总体来看,上海的民办中小学国际化探索基本属于"教育输入—教育主义"的发展模式。其主要特点就是来自外在压力与全球化挑战而迟缓起步的追求现代化的社会发展阶段,决定了经济社会与教育发展的跳跃性与跨越性特点,一方面借鉴先进国家的经验采取优化的赶超战略,跳跃式地前进;另一方面借用先进国家的理念、技术和资源,提高自己的国际竞争力。这种教育发展特征,决定了上海必须积极主动参与到全球化与教育国际化进程,也决定了上海现阶段以教育输入为主的国际教育流动模式。但是,在中小学国际化的实践过程中必须结合本土的实际进行借鉴而有所创新,避免自卑崇外,冒进等负面效应。

五、提升上海民办教育国际化的政策建议

1. 明确目标:培养国际化人才

培养大批具有国际视野、通晓国际规则、能够参与国际事务与国际竞争的国际化人才,是时代、社会对教育的需求。基础教育国际化应注重培养学生成为未来世界公民应该具备的素质,在教育过程中增强学生的国际意识,培养国际视野,增强国际交往能力,培养学生在未来国际化大都市建设中发挥更大的作用。为此,基础教育的主导者与领导者更应培养自身国际交往的胸怀和技能,统一基础教育国际化是符合且服务于上海国际化大都市的城市发展定位的思想认识,全盘谋划基础教育国际化的目标、思路、工作策略和重点。

2. 完善政策:提升本土学校国际化水平

加强顶层制度设计,完善配套政策,鼓励和支持本土民办学校进一步加大国际化探索步伐。具体可进行如下实践尝试:加强对大量输入的国际资源的规范管理;积极推进本土学校国际化实践;建立和完善本土基础教育国际化学校的信息分享与交流机制,定期进行交流研讨,总结推广国际化教育的成功经验;改革高等学校特别是师范类院校的人才培养模式,支持国际化教学人才的职前培养,完善教师的职后培训机制,提高基础教育后备人才和骨干的教育国际化能力;完善对外汉语等具有国际输出资质的课程标准、教师标准,健全相关配套教材开发、人员培训体系、海外市场拓展方案等,形成有上海特色的基础教育国际品牌,逐步改变国际输入大于国际输出局面。

上海应充分利用 20 余所国际学校和本土国际化程度较高的品牌学校资源,积极研究和借鉴他们的理念和做法,作为上海基础教育改革的重要突破口。同时,充分发挥教育综合改革实验区先行先试的政策优势,以点带面,点面结合,有序推进基础教育国际化,鼓励各种类型和级别的研究机构和个人,开展针对基础教育国际化的专业研究,切实提升对国外先进理论与实践的学习与研究水平。同时,建立和完善上海基础教育国际化信息资料库,建立参与国际化试验学校的历届毕业生的跟踪机制,重点关注本土基础教育国际化的经验、成功模式、国际课程的本土化、国际化学校的教学与管理等课题,努力为学校提供有效的专业支持。

3. 积极探索：培养民办中小学国际化师资

要提高教育国际化水平,必须首先提高教师的国际化视野和教育教学能力。无论是改革课程设置,强化国际化背景,抑或是确立国际化培养目标,首先必须建立一支适应 21 世纪教育发展的师资队伍,需要具备现代化意识和国际意识,掌握和了解现代化的教育思想、教育技术和手段以及研究方法。

从国际化的教师培养角度来看,首先要重点关注教师观念国际化。要使广大教师从全球视角出发来认识教育的本质和作用,认识教育的改革和发现问题,使他们自觉做到把"培养学生的国际意识,使其能够在国际文化背景下充分沟通思想"和"培养学生具有国际市场竞争的能力,掌握将来在国际社会中工作所必备的知识和技能"作为自己的重要教育使命和教学目标。通过教师的国际交流与学习,参与国际项目合作,在教师培训课程中增加国际化内容等方式帮助教师具有世界知识和世界眼光,使他们在自身教育工作中更适应社会经济、科学技术的全球化发展需要。

4. 理智斟酌：建构本土中小学国际化的课程体系

一方面,应该端正对国际化的态度。在尊重和借鉴国际教育经验的同时,注意捍卫国家教育主权,重视本土内容。在我国境内,针对中国公民的基础教育应该以中国的法律法规为准绳,这是一个教育主权的问题。作为教育监管部门需要明确态度,严守原则,不容亵渎。既然是以培养具有世界眼光和能力的中国人为办学目标,那么民办中小学教学内容中必须包含作为一个中国人应知应会的知识,如中国语言文字、中国历史、中国地理、中国公民以及国学等内容。

另一方面,应该进一步解放思想,积极尝试将国际课程中的精华部分整合吸收到本土课程内容中。应将课程国际化理念纳入学校的总体发展纲要和人才培养目标之中,纳入到通识教育中。既可在核心课程体系中引入关于世界文明、世界史内容,又可增设跨国专题,也可在分科课程中增加有关国际性内容;在现有教学内容中补充国外先进的科学文化知识和科技成果,把最新历史事件引入学术领域,及时向学生介绍与地缘政治相关的知识;创造条件为学生提供国际化的学习环境,鼓励中小学生参与海外修读学分等,从而实现在推进基础教育改革开放的大前提下,充分学习与借鉴国际课程的经验与精华,兼顾深化课程教材改革和满足社会多元升学需求两个定位。

（执笔人：王毅）

上海市民办教育协会的创建和发展

　　协会是一个行业或团体团结和凝聚本行业或系统相关人士的民间的社会组织,也是民间单位之间,以及民间与政府联系沟通的中介机构,这样的组织性质也决定了协会的纽带和桥梁的作用以及服务至上的功能。无论是行业协会还是专业协会,都是代表参加协会的单位或个人就从事相关工作开展相关的协作交流活动,只是情况不同,发挥着不同的作用,有的还带有些管理方面的职责,从不同的角度配合政府行政部门,推动各项工作的改革发展。随着政府机构改革的深入和政府职能的转变,协会无疑将发挥越来越大的作用。据了解,经市民政局批准的上海教育的社会组织有 100 多个,大体可分为以下几种类型:一类是以学术性研究为主的,诸如上海教育学会、上海高等教育学会等;一类是带有行业全覆盖管理型的,如上海市教育仪器装备行业协会;一类是关注教育某一领域工作的中介组织,如上海市托幼协会、上海职业教育协会、上海市语言文字工作者协会、上海老年教育协会等;还有一类是基金会、校友会等。上海的民办教育协会正是由于民办学校与公办学校有着许多不同的特点和情况,在民办学校求生存、谋发展的情况下而产生的,是在民办教育兴起并不断发展情况下成立的,协会由上海民办学校作为团体会员及热心从事民办教育的人士、专家组成。在民办学校创办初期,由于民办学校是"新生事物",面临的客观环境与公办学校有许多不同的特点,就民办高校来说由于在管理体制上实行的是校理事会(董事会)领导下的校长负责制,与公办高校实行的在党委领导下的校长负责制不同,行政和党组织关系如何把握;在经费投入上,主要是集体或个人联合投资,投资人如何获取回报;从师资队伍来看,实行聘任制,如何确保教师的合法权益,如何体现教师的平等待遇,等等。由此而带来一系列的问题,当时既没有文件规定,更缺少政策指导,必然影响民办高校的健康和可持续发展。由于当时民办高校与上级组织联系困难,教育主管部门也没有专职管理部门,民办学校之间也存在门户之见,因此,民办高校强烈希望成立一个联合的组织,反映他们正当的诉求,协调民办学校之间的有些问题。在教育管理部门还来不及顾及他们的时候,协会的建立对民办学校的生存和发展起着特殊的作用,真正成为联系民办学校与政府、民办学校之间的纽带和桥梁。这也决定了协会的基本功能和任务。由于当时民办学校力量还很薄弱,各项制度和政策也在制订中,所以从某种角度来说,协会的工作都将带有开创性的意义。回顾民办教育协会的工作有助于我们更好地总结经验和教训,进一步推动协会的工作,推进民办教育事业健康和可持续发展。

一、民办教育协会的创建是上海民办教育发展的必然产物

（一）对民办教育的探索和民办学校的迅速崛起

新中国成立后，上海军事管制委员会接收了国民党时期举办的大中小学，对那些教会和私立学校经过改造，最终全部成了公立学校，结束了私人办学的历史。1958年，党和政府提出了"公办、民办同时并举"的方针，随着当时上海适龄儿童入学高峰矛盾突出，在"两条腿走路"的指引下，由徐汇区永嘉街道文教主任吴佩芳等三位同志发起，共同创办了民办建襄小学。对民办教育曾有过积极的探索。那时办学条件极为艰难，教育设施相当简陋，但她们克服重重困难，团结互助，刻苦钻研，虚心求教，努力提高教育教学水平。学校艰苦创业的事迹在报刊、电台报道后，以此事迹为题材，上海海燕电影制片厂拍摄成电影《春催桃李》、上海人民沪剧团赶排成现代沪剧《鸡毛飞上天》、电影纪录片厂拍摄《民办小学的一面红旗》新闻纪录片，这些宣传报道在社会上引起的极大反响，以至一些国家的外宾也来校参观访问。校长吴佩芳1960年还被评为全国三八红旗手、全国优秀儿童教育工作者，并出席全国文教群英会。

1985年，中共中央发出了《关于教育改革的决定》，动员和教育全党、全社会和全国人民关心和支持教育体制改革，发展教育事业。并鼓励各民主党派、人民团体、社会组织、离休退休干部和知识分子、集体经济单位和个人，遵照党和政府的方针政策，采取多种形式和办法，积极自愿地为发展教育贡献力量。同年，中国民主建国会上海市委员会和上海市工商业联合会积极响应党和国家关于将工作重心转移到"以经济建设为中心"上来的号召，为加快培养经济建设和经贸人才，联合创办了第一所民办性质的成人高校——上海工商学院，经市政府同意，并报国家教育委员会备案同意试办。

1992年春天，邓小平同志视察南方发表重要讲话，他指出，改革开放的胆子要大一些，敢于试验，看准了的，就大胆地试，大胆地闯。邓小平同志进而指出，经济发展得快一点，必须依靠科技和教育，科学技术是第一生产力，要提倡科学，靠科学才有希望。他的讲话极大地鼓舞了全国开展改革的积极性，以上海交通大学、北京大学、清华大学三所大学的教授利用捐资发起创办并以"三所大学"的谐音命名的上海杉达大学开始起步筹建，这是上海第一所全日制民办普通高校，从而开始了新中国成立后上海民办普通高校建设的破冰之旅。第二年，上海市政府先后批准了上海杉达学院、上海济光职业技术学院、上海东海职业技术学院、上海中侨职业技术学院、上海新侨职业技术学院、上海东方文化职业学院等6所院校正式筹建，播下了上海民办高校日后开花的种子。在社会主义市场经济的大潮下，20世纪90年代起，在上海市委、市政府的领导下，民办高校作为上海高校的一支新生力量，如雨后春笋，得到迅速的发展。上海的民办高校站在上海高等教育的"巨人"肩膀上迅速发展起来。据统计，从1993年起到2006年10多年里，上海市政府先后共批准了筹建民办高校达28所之多。从批准筹办起，一般都经1—3年的筹建期，多数学校在筹建阶段被批准参加了当时设立的国家学历文凭考试的招生。其中，上海民办树人职业技术学院（筹）、民办光启学院（筹）等6所学校因各种原因先后终止筹建。2004年起，教育部又先后批准了复旦大学太平洋金融学院、上海外国语大学贤达人文经济学院、上海师范大学天华学院、复旦大学上海视觉艺术学院和同济大学同科学院等5所独立学院（均系本科院校）。独立学院以其独立的法人、独立的校园、独立的经费、独立的招生、独立颁发文凭为特点，也列入民办高校系列。在中小学方面，民办的民主中学、新世纪中学、杨浦中学、新世纪小学、杨浦小学在1992年也相继建立。之后，民办高校和民办中小学在改革中又不断调整、发展，截至2012年底，上海共有民办幼儿园500所，在园幼儿13.64万人，占全市总数的28.4%；民办小学180所（其中纳入教委统一管理的以招收进城务工人员随迁子女为主的民办小学150余所），在校生16.98万人，占全市总数的22.3%；民办中学107所，民办初中在校生7.48万人，占全市总数的14.1%；民办高中在校生1.39万人，占全市总数的8.8%；民办高校

19所,在校生8.78万人,占全市总数的17.33%。经教育行政部门审批、核发民办学校办学许可证的非学历教育培训机构1 350余所。经过20多年的发展,无论在校园建设、办学规模还是教育教学质量各方面,民办教育的地位都已从开始的"补充力量"逐步成为上海教育的"重要组成部分"。

(二)民办教育协会应运而生

上海是我国重要的教育文化中心,在党和政府的领导下,上海教育一直名列前茅。但主要是公办的教育和公办学校,不仅学校规模大,教育质量高,改革的力度也大。民办教育虽然有所发展,相对公办来说毕竟是改革的产物,是"新生事物",不可同日而语。从管理上来说,公办学校的管理不仅制度完善,而且有成套的经验,对民办教育管理则缺乏研究,尤其缺乏制度性的建设。民办学校创建初期,由于投资者财力有限,人力不足,因此办学十分艰难,不少民办学校缺资金、缺教师、缺校舍、缺设备,有的学校甚至借了工厂厂房当教室等。民办学校虽然同样肩负着培养社会主义建设者和接班人的重任,但校长很难与上级教育管理部门联系,既看不到上级重要的政策文件,也不能参加有关教育的重要会议,不了解会议的精神,当时教育管理部门也只有兼管部门或人员,没有专门的管理机构和人员,更缺乏民办教育管理的有关指导性政策,由于学校条件不足,有的学校在改革中大浪淘沙"自生自灭"。随着民办学校求生存、求发展,要求上级领导帮助解决一些政策问题的呼声也日益强烈。在这样的情况下,民办教育协会的建立成为众望所归。2001年10月,在当时市教育党委的领导下,首先成立了中共上海市民办高等教育工作委员会(简称"民办高校党工委"),这也是全国第一个管理民办高校党建工作的机构。由于它主要管理党务工作,民办高校的行政方面的管理还需要有合适的机构承担,于是民办高校党工委即同时着手筹建市民办高教协会,以求改变民办高校那种游离在系统外的状况。但由于多种原因,当时未获市教委同意。2004年在新建的市科教党委的直接领导下,2005年经市民政局批准,上海市民办高教协会与上海市民办中小学协会终于同时成立,开创了上海民办教育工作的新的一页。

上海市民办教育协会从诞生起,工作中就面临很多实际问题和困难。那时的民办学校管理人员少,兼职多,条件差,学校自己的专任教师很少,大多是聘请退休的教师和干部,或请在职教师兼职,不少人是抱着临时"打工"的思想来发挥余热的。管理和制度建设还很不完善、不规范,教育教学质量受到很大影响,办学中问题很多。但协会明确自己的职责,坚持以为民办学校服务为宗旨,积极开展各项活动,凝聚民办教育的力量,打造民办学校活动的舞台,推动民办教育事业的发展。2005年起,市政府先后召开了两次民办教育工作会议,并拨出专项经费支持民办学校规范发展,2009年市教委正式建立了民办教育处,民办教育的各项政策也相继出台,给民办学校带来了希望和春天。

2011年上海市民办高教协会领导参加了中国民办教育协会的年会,了解到在全国只有上海是两个民办教育协会(高校和中小学),而且也没有涵盖民办幼儿、教育培训机构等,在协会工作中既有重复,也有不足,不利于工作开展。为此,提议两个协会合并,建立全覆盖的上海市民办教育协会,此建议得到了教委领导的同意,并立即着手筹建新的上海民办教育协会。2012年4月经市民政局批准,原上海市民办高教协会和上海市民办中小学协会正式合并成立了上海市民办教育协会,工作范围覆盖全市民办教育,包括民办幼儿教育和民办教育培训机构,不仅壮大了队伍,更加大了民办教育工作的力度。

二、民办教育协会在探索中扩展服务功能

民办教育协会作为民办教育的社会组织,也是民办学校自己的组织。协会的主要任务是促进民办学校更好地贯彻国家的教育方针、政策,坚持社会主义的办学方向,依法规范办学,推动民办学校自强、自律,同时,依法维护民办学校享有公办学校同等的法律地位和办学自主权。协会工作的宗旨是坚持为民办学校健康、可持续发展服务,着眼于提高民办学校的教育教学质量,积极开展民办学校之间的交流

和合作,进一步推动民办学校的改革和发展。协会在政府不断加强宏观管理、转变政府职能的同时,成为政府与民办学校联系沟通的纽带和桥梁。

上海市民办高教协会和民办中小学协会成立以来,不断创新协会工作形式,扩展服务功能,提升工作水平。

(一)协会始终坚持为民办学校服务的宗旨,搭建各种平台

把开展活动作为重要的载体,加强沟通和合作,通过各种平台组织民办学校领导学习,如学习贯彻《中华人民共和国民办教育促进法》,学习贯彻《国家和上海市中长期教育改革发展规划纲要》等,并向市教委反映民办学校的意见和问题。主要做法如下。

(1)着力端正办学思想,民办高教协会创办了民办高校董事长、院长研修班。民办高校如何建立和巩固学校正确的办学理念和指导思想,如何提升学校的办学水平、管理水平和教学质量,民办高校的董事长、校院长起着极其关键的作用。加强学习、提高认识、开拓创新、扎实推进民办高校健康、可持续发展是民办高校各级领导一项极其重要的任务。公办高校的领导与政府有许多沟通的渠道,而民办高校由于体制与公办高校不同,从"出生"后,就游离在体制外,无法参加各种活动。如何有效地把民办高校的董事长、校长组织起来,需要一种新的形式。2006年7月协会创办了"民办高校董事长、院长研修班"。当提出举办这类研修班时,立即得到了当时的市科教党委、市教委领导的大力支持和肯定,并表示研修班由协会与民办高校党工委和市教委民办教育处(当时与发展规划处两块牌子一套班子)联合举办。根据民办高校的特点,研修班不采取脱产集中学习方式,而是采取组合型分散在全年安排。研修班以灵活多样的方式,力求实效,采取报告会、"沙龙"式研讨、对话相结合,座谈交流与实例考察相结合。每次活动市科教党委(现教卫党委)或市教委的领导来参加,或是有关处室的领导到会交流或通报情况。在那几年里,先后开展了20多次活动,有请周远清、杨福家等领导、专家做专题报告;有市教委分管领导通报近期工作或有关政策;有市教委相关处室就制订有关政策直接听取董事长、院长意见;组织董事长、院长到上海商学院、本市的实训基地学习考察,还先后组织到浙江、山东、陕西、河南、黑龙江、吉林等地学习考察,外省市兄弟院校董事长现场介绍亲身的体会和经验,起到极好的效果。每次活动深受大家的欢迎和支持,董事长和院长都积极认真参加,成为民办高校之间,以及民办高校与政府之间直接沟通交流的主要平台,成为民办高校高层面交流的一道风景线。

(2)着力提升育人功能,建立各类专业委员会和协作组。为推动学校的内涵建设,充分发挥协会的作用,成立"民办高校海外联谊会"等。除了在民办高校董事长、校院长层面组织活动外,协会还将活动的触角向校园内延伸,更好地为育人服务。2006年5月首先成立了上海市民办高校体育协作组,由一名院领导牵头,各民办高校体育教研室主任参加,形成一个活动载体。当年在民办高校党工委和民办高教协会的策划下,由该协作组承办举行了首届"上海市民办高校大学生体育节",得到了市教委领导和时任副市长严隽琪的重视,并亲自出席体育节的开幕式。该协作组几年来连续召开了年会暨体育论文交流会,先后撰写了论文达数十篇,还组织了民办高校校长乒乓球等校际体育比赛,参加本市大体协阳光体育活动,有力地推动了民办高校的体育教学工作。

2006年6月,为进一步贯彻《中共中央、国务院关于进一步加强和改进大学生思想政治教育的意见》精神,加强和改进民办高校思想政治理论课建设,在原市科教党委和市教委支持下,由市民办高校党工委为主领导,协会配合,成立了民办高校思政课建设协作组。协作组坚持用马克思主义武装大学生,开展思想政治教育研究,推动民办高校思政课和师资队伍的建设。协作组连续三年组织《思想道德修养与法律基础》等课程的教学竞赛,发挥思想政治教育主渠道教育作用,有40余名思政课教师参加了比赛,此竞赛活动得到领导和专家的好评,后来此做法推广到公办学校,民办高校参加全市的比赛,也不再单独举办。2006年10月协会又成立了上海民办高校校园文化建设协作组,同年10月由协作组承办了

"纪念长征胜利70周年暨上海民办高校2006年金秋艺术季"开幕式,通过协作组推动高雅艺术进校园,促进民办高校的校园文化建设。2006年10月又成立了上海市民办高校校办主任协作组,开展校际信息沟通和校办档案等工作交流。2007年10月成立了上海市民办高校安全保卫协作组,积极组织和配合市委、市政府和市教委对安全保卫和维稳工作的要求,特别是在敏感期,加强学校安全保卫工作,落实各项维稳措施,确保民办高校一方平安。2008年4月成立了上海市民办高校就业指导协作组,交流工作经验,就业资源共享,使民办高校的就业率有较大幅度的提升。此外,协会还成立了上海市民办高校心理健康教育协作组,民办高校后勤工作协作组等。

(3)着力学习先进,开阔眼界,积极组织民办学校与外省市民办学校的联系和沟通。不仅组织民办学校参加中国民办教育协会组织的有关活动,还参加长三角地区民办教育高峰论坛、全国民办教育城市联盟组织的有关活动,组织各种暑期考察活动,民办学校相互介绍有关教育经验,研究和探讨民办教育发展中共同遇到的问题,并共献良策。

(二)加强师资队伍建设,对民办学校的教师干部开展各项培训

协会紧密配合民办教育管理处,组织落实"民办高校强师工程"和"青年教师培训计划"、"海外研修计划"等,开展教师干部各项培训。

(1)组织民办教师开展课题研究。从2010年起,在市教委民办教育处指导下,通过政府以专项资金支持的形式,协会每年确定有关民办教育研究的重点课题和一般课题,通过招标形式向民办学校先后发布了60多个研究课题,各校申报后经专家评审立项,开展研究。年终结题后还进行优秀项目表彰奖励。课题研究不仅为市教育部门提供决策参考意见,同时也提高民办学校教师和干部的教育教学研究的水平。

(2)2011年起举办了上海民办高校护理专业、酒店管理专业和商务英语专业教师双语教学技能培训与竞赛,先后共80多名教师参加了培训和竞赛。

(3)2011年协会组织上海民办高校教学管理骨干19人赴北欧培训,委托丹麦的罗斯基尔德大学和瑞典的龙德大学对教师进行了公共管理和教学法方面的课程培训;2012年组织到澳大利亚学习TEFE教学。

(4)由上海建桥学院与台湾私立大学发起组织的、后由协会主办的两岸"校长论坛",已进行了五届,每届都有明确主题,在两地轮流举办,开展了广泛的合作交流。两岸的协会还签署了交流协议。

(三)加强民办学校的自律建设,表彰先进

协会十分重视民办学校依法办学、规范办学,在成立大会上就通过了民办学校的"自律公约"。市民办中小学协会每年在招生工作开展前,都要召开会议,协调相关工作,明确规定,杜绝学校之间的恶性竞争。对依法规范办学的学校和个人给以表彰。协会组织了本市民办学校参加中国民办教育协会组织的评选活动,上海杉达学院、上海建桥学院等9所民办高校评为"中国民办高等教育优秀院校",上海杉达学院袁济、强连庆和上海建桥学院周星增等8人为"中国民办高等教育优秀个人"。中小学协会也组织评选优秀思想政治工作者活动。以此促进民办学校的自身建设,提高民办学校的管理水平和教育教学质量。

三、抢占时机,大力提升民办教育协会的服务质量

2012年4月成立的上海市民办教育协会是在2005年创建的原上海市民办高等教育协会和上海市民办中小学协会的基础上联合成立的,这是上海民办教育协会发展过程中一个新的里程碑,新协会的建

立对进一步推动上海的民办教育发展有着非常重要的现实意义,必将对上海民办教育的改革和发展产生重大的影响。

新的民办教育协会建立后,进一步健全了协会组织,加强领导,拓展工作范围,加强服务功能。特别是原市教育党委书记李宣海兼任协会会长后,进一步凝聚各方力量,大力支持协会工作,使协会工作更活跃和有效。在协会的领导下,健全各项规章制度,成立了民办教育研究院,加强了研究力量,以原来中小学协会工作的基础,创办协会的刊物,健全了民办教育协会网站,等等。可以预见,随着民办学校的发展,协会将如日中天,发挥更大的作用。

党的十八大三中全会决议明确指出,要"激发社会组织的活力。加快实施政社分开,推进社会组织明确职权、依法自治、发挥作用。适合由社会组织提供的公共服务和解决的事项,交由社会组织承担"。这个精神给协会的发展指明了方向,也是协会乘势发展的大好时机。

协会的生命力在于开展有效的活动,在于为民办学校服务的质量,在于推动民办学校的内涵建设,在于不断提高民办学校的教育教学质量,这样才能有效地凝聚学校的力量,提高协会的归属感和权威性。民办教育是整个教育体系的重要组成部分,在当今政府转变职能的大环境中,协会更应义不容辞地承担起各项服务工作。从服务层面上看,协会的工作必须坚持民办教育的办学方向,考虑民办学校的特点,充分发挥民办学校的优势,不断总结和推动民办学校的改革,特别是推动建设高水平的民办高校,引领民办学校健康、可持续发展。同时,也必须体现民办学校正当的诉求,使上海的民办学校有新的起色。

应该看到,当前民办教育已经有很大的发展,政府支持力度也很大,但还存在许多困难和问题有待研究和解决。一是上海民办教育的法制建设,特别是落实《民办教育促进法》的实施意见,急需解放思想,大胆创新,大胆改革,在实践中建设和完善;二是要从根本上研究解决教师的待遇问题,真正能留住学科带头人和优秀教师,确保民办学校教育教学质量的提高;三是要建立鼓励投资者继续投入资金的政策,推动学校发展,而不是单方面增加政府投入;四是要建设若干所高水平的民办高校和民办中小学,要成为民办学校的标杆;五是要推荐合适的人选任民办学校的校长,特别是公办学校的领导担任民办学校的校长要加强培训,总结和发扬民办学校的优势和长处,防止一切公办化。协会应积极推动以下方面工作的开展。

(1)协会工作必须明确服务方向,坚持以建设高水平的民办高校、做强民办学校为目标。坚持贯彻落实《国家和上海市中长期教育改革发展规划纲要》,要不断解放思想,开展工作。

(2)协会工作必须特别注重民办学校的内涵建设,发扬民办学校的特色,以特色求生存,以特色求发展,以特色取胜。推动学校创新教学模式,围绕提高民办学校的教育教学质量开展活动。

(3)协会必须紧紧围绕市教委确立的民办教育中心工作,并充分利用政府转变职能的良机,通过购买服务的方式,积极争取更多的本应可由协会承担的任务,做好服务工作,最大限度发挥协会的作用。

(4)协会必须始终抓住教师队伍建设这个关键,配合民办教育处持续不断地开展培训,提高教师的水平。

(5)协会必须继续建设好各种平台,开展各项活动。

(6)协会工作必须切合民办学校的特点,要发挥民办学校的"先天"优势,切忌照搬公办学校的那套做法,各项工作符合民办学校的实际情况。

(7)协会要始终围绕推动上海的民办教育法制建设,开展各项调查研究,提供实际情况,为政府决策作贡献。

(8)随着各项任务的增加,协会应加强工作队伍的自身建设。增强服务观念,提高工作能力和水平。

(执笔人:赵关忠)

区域案例

长宁区民办教育改革与发展状况

《国家中长期教育改革和发展规划纲要(2010—2020年)》中指出：政府应大力支持民办教育,依法管理民办教育。《上海市中长期教育改革和发展规划纲要(2010—2020年)》中也强调：上海将整体规划民办教育事业发展,在推动民办学校依法办学的基础上改善民办教育发展的政策环境。据此,《长宁区教育事业发展"十二五"规划》中明确提出,"十二五"期间,长宁教育的主要任务之一为促进民办教育特色发展。

作为上海市中心城区,长宁区教育以"为了每个学生更好地学习与成长"为理念,合理布局公办与民办学校,在注重民办学校内涵发展,发挥民办教育自身优势,优化民办学校发展环境,推进民办教育特色发展方面做出了一系列有益的探索和实践。

一、长宁区民办教育情况概述

自1992年7月上海市民办新世纪小学、新世纪中学作为上海市首批民办中小学被批准成立以来,长宁区民办教育已经走过了20个春秋。截至2012年,长宁区有民办中小学、幼儿园共9所,基本情况见表1。

表1 长宁区现有民办中小学、幼儿园一览表

学 校 性 质	学 校 名 称	设 立 年 份
民办幼儿园	上海新世纪虹桥幼儿园	2001
	上海市民办东展幼儿园	2003
	上海市民办格林菲尔幼儿园	2003
	上海长宁区贝尔幼稚园	2010
民办小学	上海市民办新世纪小学	1992
	上海市民办东展小学	2003
民办初中	上海市民办新世纪中学	1992
民办完中	上海市民办新虹桥中学	2003
民办九年一贯制学校	上海民办包玉刚实验学校	2007

从表1可见,虽然长宁区内民办中小学、幼儿园的总数不多,但办学层次多样,幼儿园、小学、初中、完中、一贯制学校均有所覆盖;从地理位置上看,分布也较为合理,比如,东部有上海市民办新世纪小学、上海民办包玉刚学校,中部有上海市民办东展幼儿园、上海市民办新世纪中学,西部有上海市新世纪虹桥幼儿园、上海市民办东展小学、上海市民办新虹桥中学等,基本满足区内适龄儿童家长的个别化教育需求。其中,上海市民办东展幼儿园、上海市民办东展小学、上海市民办包玉刚学校、上海市民办新世纪中学等更是在办学特色上独树一帜,受到了学生家长和社会人士的好评。2012年,在市教委启动的上海市民办中小学特色学校(项目)创建工作及市民办优质幼儿园创建工作中,上海市民办东展幼儿园被评为上海市优质民办幼儿园创建园,上海市民办东展小学、上海民办包玉刚学校被评为上海市民办中小学特色学校创建校,上海市民办新世纪中学被评为上海市民办中小学特色项目学校创建校,入选率在全市范围内居于领先。

二、长宁区对民办教育的管理和扶持

在区教育党工委和区教育局的领导下,教育行政各职能部门之间既有清晰的职责分工,又有良好的协作关系,形成了良好的支持民办教育发展的管理网络。

(一)以服务基层为理念,规范管理民办学校办学行为

依法管理民办教育,是法制社会的基本要求;为民办学校提供服务,也是转变政府职能的实际举措之一。作为业务主管单位,长宁区教育局始终以服务基层为理念,规范管理民办学校的办学行为。比如,对于拟在长宁区举办民办中小学、幼儿园的筹设、设立申请,区教育局均严格按照《民办教育促进法》《民办教育促进法实施条例》等相关法律法规要求进行审批;对区内已有的民办中小学、幼儿园,则依据法律法规和市教委有关规定,对其提出的项目变更等申请,进行审批或前置审批;对许可证即将到期的学校组织换证评估和审核,并通过"民办教育信息管理系统"及时将情况上报至市教委,帮助符合换证要求的学校顺利换发新证。另一方面,以年检为抓手,委托第三方机构对部分学校进行专业评估,内容包括董(理)事会履职、行政、教育教学、安全、财务等各个方面。第三方机构通过资料查阅、现场座谈等方式,全面评估学校在依法办学、规范办学方面的运行情况,发现学校存在的问题,提出整改建议。

近年来,区教育局还以广告备案为抓手,规范学校招生工作。在每年民办学校招生工作正式启动前,要求区内的民办中小学、幼儿园进行当年的招生广告备案,主要审核学校招生广告中宣传的内容是否真实有效、招生工作安排是否符合市教委当年的招生政策、收费是否符合其在物价部门的核价等。通过审核并备案的招生广告,不仅学校可以依法使用,区教育局也将同步上传至长宁教育网向社会公开。新学期开学后,区教育局还遵照国家相关物价、财税、教育督导等法律、法规的规定,对区内部分学校,包括民办中小学、幼儿园,就依法治校、依法办学等进行专项检查,及时发现问题,督促学校整改,保障区内民办学校学生和家长的合法权益。

(二)以支持鼓励为目的,多方面扶持民办学校健康发展

民办教育是教育事业发展的重要增长点和促进教育改革的重要力量。为此,长宁区教育局出台了多项办法,在师资培训、职称评审、课程建设和学校特色等方面,给予相应的政策和专项经费支持,多方面扶持区内民办学校健康可持续发展。

1. 租金优惠,为学校办学成本减负

为减少学校办学成本,由长宁区教育局租赁给民办中小学、幼儿园校舍租金收费相对低廉,每年50万元,上海市民办新虹桥中学由于包含高中学段,校舍租金为每年100万元,低于同类地区物业租赁费。

同时,租赁期间区教育局作为产权人确保租赁校舍处于正常的可使用和安全状态,确保教育教学正常进行,并承担相应的修缮费用。

2. 多管齐下,为学校补助多种经费

2009年底,长宁区教育局出台了《长宁区教育局促进民办义务教育学校专项资金管理办法》。同时,为贯彻《上海市教育委员会上海市财政局关于加强扶持民办中小学发展的通知》文件精神,结合长宁区实际情况,区教育局对民办中小学的生均经费等进行了专项补贴。2010年起,区教育局还设立民办中小学专项奖励经费。截至目前,区教育局对区内民办中小学、幼儿园的补贴经费主要包括中小学生均经费、中小学(幼儿园)修缮、义务教育书簿费、高中帮困助学、民办教育奖励经费等几个方面。除此以外,民办非义务教育阶段学校学生的体检也和公办学校学生一样,全部由区政府买单。

(三) 公平公正,为学校实力提升创设平台

根据"依法落实民办学校学生、教师与公办学校学生、教师平等的法律地位"的要求,长宁区的民办中小学、幼儿园在师资培训、职称评定、评优评奖、教育科研等方面,也享受与公办学校平等的待遇。以师资培训为例,做到"全员参与、公平公正、专人负责"。

1. 全员参与

自"八五"以来,区教育局将民办学校教师教育工作纳入区域教师教育管理体系,并深入了解民办学校和教师的需求,及时解决教育中存在的问题,努力提高民办学校校本研修质量和教师的课堂教学能力。

除及时了解民办学校和教师的需求外,区教育局还利用区域的教师教育工作引领民办学校和教师的发展。利用区域教师教育工作,及时将区域教育中的热点、重点、难点和焦点等问题的信息传递给学校和教师,让学校和教师及时了解区域教育改革的态势。如:2010年启动的小学课改项目"快乐拓展日",区教育学院相关的培训活动要求民办学校和教师全部、全程参与,保证了长宁区每一位小学生都能享受优质课程资源。

由于区教育局对民办学校教师教育工作指导和支持力度的逐年加大,民办学校参加教师教育工作的比例为100%,应培对象参加培训的比例为100%,校本培训开设率和参与率达到100%,且民办学校校本研修的质量和教师参加区域培训的积极性也逐渐提高。

2. 公平公正

民办学校教师与公办学校教师在教师教育工作的义务和权利均等,每五年完成一轮培训,培训的成果与职务评聘相结合。长宁区教育系统教师参加区域教师教育培训是完全免费的,民办学校与公办学校完全一致。

在区域学科带头人评审、市"双名工程"学员推荐、市"优青项目"学员选拔和区域骨干教师培养中,区教育局积极提供政策与机会,民办学校均能认真参与和把握机会。如在区域骨干教师培养中,中学学段的民办学校与公办学校一样推荐占教师人数15%的教师参加,小学学段的民办学校与公办学校一样推荐占教师人数12%的教师参加,幼儿园学段的民办学校与公办学校一样推荐占教师人数10%的教师参加。

在区域教师教育优质课程资源的分享上,民办学校与公办学校完全一致。如区域师德育德讲学团和微型课程讲学团的课程资源采用送教上门方式,主讲教师费用由区教育学院支付,学校不需支付讲课金,民办学校与公办学校完全一致。

3. 专人负责

为提高民办学校校本研修的质量和教师参加区域培训的效益,长宁区从"十五"起,要求所有民办学校专门设置教师教育专管员,还组织每学期两次的培训,帮助他们提高教师教育工作管理和指导能力。教育学院师训部还专门设置联络员,专门了解民办学校相关的需求,及时解决存在的问题。联络员对民

办学校教师教育校本课程的开设和参加区域培训的工作予以全程的指导和关心,也从一定程度上提高了民办学校校本研修的质量和教师参加区域培训的积极性。

师资培训的效果是显著的。据不完全统计,2005 年至 2012 年,共有 7 名民办中小学、幼儿园教师获长宁区"园丁奖",9 名教师获长宁区教育系统"好党员教师"、"优秀党员"。在三年一届的长宁区"教学年"、"德育年"、"科研年"研讨活动中,约有 80 多个教师个人、集体获得等第奖或先进称号,不少优秀教师和集体更是勇夺市级乃至全国级的奖项荣誉。

三、民办学校内涵、规范、特色发展颇见成效

公平、宽松的政策环境,立体、多维的扶持机制,孕育了长宁区民办教育自由、健康、特色发展的土壤。以正逢建校 10 周年的上海市民办东展幼儿园为例,在首席顾问、特级教师、全国劳模赵赫老师的带领下,十年来,幼儿园遵循儿童身心发展特点和教育规律,精心打造了一个设施齐全、环境优美、色彩和谐、富有童趣的"儿童乐园"。幼儿园坚持以"为家长提供优质的教育服务"为办园宗旨,着力培养"健康、文明、爱学、自信",全面和谐发展的幼儿,构建了一套以"激趣、健体"为特色的园本课程,科学、合理、有序地开展生活、运动、游戏和学习活动。同时针对生源构成来源广泛的特点,在"海纳百川"的基础上坚持"共通融合"的教育理念,坚持"两个培养"(对幼儿礼仪和基本自理能力),做到了"两个形成"(幼儿活动多、一支成熟的家长志愿者队伍),把家庭和社区作为共同的合作伙伴,通过"十项家园互动交流机制",努力使家园资源互补互融。阳光和绿荫、顺应与发展、欣赏和鼓励,让每一位东展幼儿园的孩子都拥有一个健康、快乐而有意义的童年。

同样在今年迎来建校 10 周年纪念的东展小学,在享受国务院特殊津贴专家、上海市首批十佳校长、上海市德育特级教师葛丽芳校长的带领下,提出了"让每一个孩子都有快乐的童年"的办学宗旨和"立人为本,成人于品"的办学理念,其含义就是学校应将培养学生做人作为学校教师和每个员工的重要任务,无论是教学,还是服务,都要牢记教会学生做人是学校的根本。结合学校"多元化、高质量、高品位的精品学校"的定位,东展小学提出了富有个性的学校培养目标:"爱笑,会玩,爱学,会说,爱生活,会做人",旨在培养乐观开朗、能说会道、热爱生活、懂得做人道理的学生。十年来,东展小学紧跟课程改革的步伐,根据不同孩子的学习方式调整教学,小心翼翼地保护着每个孩子独一无二的天资;十年来,东展小学不懈追求教育管理的境界,在坚持"规范、民主、人本、人文"的管理理念的同时,让变革的理念成为校长和教师内生的动机,使学生、教师获得真正的、长远的发展;十年来,东展小学精心锤炼学校发展的文化,凝练出"和谐、灵动、智慧、多远"为核心的课堂文化,营造了"开放、分享、尊重"的家校文化氛围,打造出一所能让孩子自由做梦的学校。

作为区内唯一一所民办完全中学,新虹桥中学也是上海市教委批准可以直接从境外招收外籍学生的学校之一,现有来自韩国、日本、英国、澳大利亚、意大利、墨西哥等近十个国家的初高中学生 80 余名。学校以"为社会提供优质教育服务"为宗旨,树立"一切为了学生的成功与发展"的办学理念,努力实现"高质量、有特色、争一流"的办学目标,致力于培养"会做人、会求知、会办事、会健身"的社会主义建设人才,确立"自信、自强"的校训,并积极倡导"尊重学生人格,关爱学生成长,倾听学生需求,指导学生方法,鼓励学生进步,启迪学生智慧,引领学生发展"的优质服务的教育行为,帮助每个中外学生在不同基础上获得成功。中外多元文化相融已成为学校的办学特色,不同民族、不同文化的中外学生在新虹桥中学美丽如画的校园里一起学习、和谐共处,拓展了国际视野,增进了国际友谊,加深了国际理解,受到了学生家长的欢迎,学校已朝着中外学生共存、多元文化相融的教育国际化方向迈进。

四、进一步促进民办教育发展的设想

民办教育是中国教育多元格局中的重要元素,能够在一定程度上满足公众对教育服务的多样化需求,推动教育体制机制的创新,增强教育的活力。只有公办教育和民办教育共同发展,才能为孩子提供可选择的、有竞争力的、适合的教育,才能办出人民满意的教育。

长宁区的民办教育将坚持走内涵、规范、特色发展的道路,在规范民办教育办学的同时,进一步优化对民办学校的扶持机制,促进其特色发展和优质发展。

1. 多渠道扩大民办教育的经费投入

由政府、社会和学校各方共同投入的促进民办教育发展的专项资金模式已基本建立。区教育局将进一步巩固、完善这一模式,用于区域内符合条件的民办中小学、幼儿园改善办学条件和开展教育教学改革试点,鼓励民办学校建立教师年金制度,提高民办学校教师的待遇。

2. 积极探索民办教育教师聘用制度改革建设

针对民办教育教师队伍不稳定、流动性大的问题,积极探索教师聘用制度改革,优化区域内教师资源的合理配置;进一步完善民办教育学校教师职务评审制度,建立民办学校教师在职培养机制,充分保证民办学校教师在职务职称聘任、奖励表彰、科研资助、培训培养等方面依法享有与公办学校教师同等权利,并为民办学校的教师深入参与全区教研活动、提高民办教师的课堂教学能力创造条件。

3. 各相关职能部门互相协调,将民办教育纳入全行业管理

区教育行政各职能部门分别围绕师资人员管理、教育教学管理、财务财产管理等进行职责分工,认真履行各自的行政管理职能:人事科分管民办学校教师的中级、高级职称委托评审等工作;基础教育办公室分管民办学校的年检、变更、换证等业务;计财科分管民办教育经费的下拨和管理;教育评估中心负责评估民办学校依法办学的各项指标,包括学校管理、师资、教育教学、财务管理等。各部门既有分工,又有协作,形成全行业管理机制,支持区内民办教育持续、稳定、健康发展。

下一阶段,长宁教育将继续根据"十二五"规划,进一步巩固推进民办教育发展,充分发挥民办教育办学机制活力,规范民办学校办学行为,促进民办学校通过改革和创新提高办学质量,引导民办学校差异化、有特色发展,注重品牌建设,为人民提供更多可选择的优质教育。

（长宁区教育局提供）

虹口区民办教育改革与发展状况

虹口区教育系统的民办教育事业从起步至今已走过了极不平凡的二十个年头。在区委、区政府的高度重视和直接领导下,虹口区教育局贯彻落实了《中华人民共和国民办教育促进法》《中华人民共和国民办教育促进法实施条例》的精神,本着"一盘棋,共发展"的大局意识和发展思路,把民办教育纳入虹口区教育系统的总体规划和发展目标中,极大地提升了民办学历教育的办学水平,使虹口区教育系统的民办教育工作稳中有升,快速发展。

一、虹口区民办学校的基本情况

目前,虹口区现有民办中小学教育学校共计11所。其中,小学3所,初中3所,高中3所,民办完全中学2所。其间,2005年以来,民办新华初级中学、民办新复兴初级中学作为公办转制试点学校正式转为民办,2007年和2009年民办白玉兰中学和民办新时代实验学校分别注销。学校情况见表1、表2、表3。

表1　虹口区民办学校基本情况

序号	类别	学校名称	成立时间	举办者
1	高中	上海市民办新江湾高级中学	2005.5	顾家梅
2		上海市民办汇民高级中学	1997.8	朱临芸
3		上海市民办瑞虹高级中学	2000.3	中国民主促进会上海市虹口区委、上海宏教经济发展有限公司
4	完全中学	上海外国语大学第一实验学校	1994.8	台州三立工贸有限公司
5		上海市民办迅行中学	1997.5	李传荡、陶薇芳、上海郑氏昌达广告策划设计有限公司、上海百扬印务有限公司
6	初中	上海市民办新华初级中学	2005.6	上海宏教经济发展有限公司
7		上海市民办新复兴初级中学	2006.4	上海市兴复教育信息咨询有限公司
8		上海市民办新北郊初级中学	2001.3	上海宏教经济发展有限公司、朱临芸
9	小学	上海市民办宏星小学	1996.9	上海宏教经济发展有限公司
10		上海市民办丽英小学	1998.5	上海宏教经济发展有限公司
11		上海外国语大学附属民办外国语小学	2005.4	万江置业有限公司、上海浦东新区公路建设发展有限公司

表 2　民办学校的教师构成情况

项　　目	人　　数	比　　例
教师总数	690	100%
退休返聘	148	22%
公办挂编	249	36%
中心挂编	130	19%
学校编制	24	3%
外聘兼职	2	0.3%
其　　他	137	20%

　　截至 2013 年 10 月,虹口区民办中小学在校人数为 9 090 人。其中,民办高中在校学生数为 643 人、民办初中在校学生数为 5 615 人,民办小学在校学生数为 2 832 人。

　　民办中小学校党建工作由教育局党工委具体指导的党支部共有 10 个,党员人数共计 221 人。

表 3　民办学校党组织建制情况分析

序　号	类　别	学 校 名 称	党组织建立情况	党员人数
1	高中	上海市民办新江湾高级中学	独立党支部	12
2		上海市民办汇民高级中学	独立党支部	11
3		上海市民办瑞虹高级中学	独立党支部	26
4	完全中学	上海外国语大学第一实验学校	党组织隶属关系在上外	
5		上海市民办迅行中学	独立党支部	22
6	初中	上海市民办新华初级中学	独立党支部	41
7		上海市民办新复兴初级中学	独立党支部	25
8		上海市民办新北郊初级中学	独立党支部	35
9	小学	上海市民办宏星小学	独立党支部	13
10		上海市民办丽英小学	独立党支部	22
11		上海外国语大学附属民办外国语小学	独立党支部	14

二、民办中小学的发展现状

(一)加大扶持力度,鼓励自主发展

　　多年来,虹口区教育局严格遵循《中华人民共和国民办教育促进法》以及上海市教委和虹口区政府的相关要求,把发展民办学校作为提升虹口教育整体水平的重要部分,对民办学校的各项工作均给予了很大的关注和支持。区教育局党工委会议、局长办公会议及相关会议中多次就民办学校教育教学、党建工作发展和管理等事宜开展专题研讨,对民办学校的进一步发展提出了具体指导意见,并在政策扶持、创造公平发展等方面加大了对民办学校的支持力度。在市教委对民办中小学专项资金扶持的基础上虹口区教育局按要求配套扶持,2007—2012 年对民办学校的扶持奖励达 11 676 万元,其中用于学校修缮、加固补贴为 3 686 万元。2011—2012 年,对民办中小学给予公办学校同等的生均经费基本定额补贴达 3 300 万元,用于鼓励民办学校的自主发展。

（二）积极调整布局、满足选择需求

根据市教委的相关规定,义务教育阶段的学生要求就近入学。可是一部分市民认为相对就近的学校教育质量不够理想,产生了选择教育的强烈需求。上海市民办新复兴初级中学周边实验中学、鲁迅中学、溧阳中学生源已显不足,退休教师高峰将要到来,再加上原复兴中学是一所具有百年历史和优良传统的名校,拥有一批具有丰富教育理念和教学经验的教师骨干的基础上,2006年转为民办,成立了公立转制上海市民办新复兴初级中学。每年招生期间门庭若市、车水马龙,六年级学生的报名数近十倍于招生数,学额供不应求,在一定程度上满足了市民的择校愿望,缓解了教育的供需矛盾。

（三）改善办学条件、加快场地置换

虹口区的民办学校,在其初始时期为缓解择校供需矛盾和高中扩招的需求,匆忙上马,以至于有些学校场地偏小,有些学校创始于校中校,办学条件达不到标准。为此,虹口区教育局通过合理配置与置换,先后让场地和校舍很不规范的上海市汇民高级中学以及校中校的上海市民办贝贝英语小学、上海市民办宏星小学等搬迁新址。除此而外,区教育局还结合区域改造,积极进行学校资源整合,调整学校布局,对民办学校的校舍场地进行调整,力求使民办学校的布局相对合理。区教育局也积极支持民办学校校舍修缮,对民办学校租用的校舍(国有资产)纳入每年暑假的大修计划。同时,成立了民办国有资产管理办公室,确保国有资产不流失。

（四）规划教育发展、引进优质资源

但虹口民办教育发展是不平衡的,这种不平衡主要表现在各学龄段之间,其中高中学龄段相比其他学龄段表现得尤为突出。为落实虹口区委、区政府建设教育强区目标,区教育局合理规划高中的教育发展,努力拓展优质高中教育资源。通过引进优质民办教育资源,在盘活利用现有的教育资源的基础上,进一步提升民办教育教学质量。2013年5月,上海爱立诚教育投资发展有限公司采用租赁形式使用虹口区教育局同意的所辖校区,举办"上海市同济大学附属存志高级中学"。学校以"科学发展观"为指导,依托同济大学附属存志学校(初中部)优秀毕业生进入高中,在全市范围内选拔优秀初中毕业生,同时结合同济大学"苗圃计划",选拔兴趣爱好特长突出,富有潜质的高中生,实施高中与大学互相衔接的培养,并选择适当的大学课程设置为附中的拓展型课程,安排学有余力的优秀学生选修大学的基础课程。

目前虹口区11所民办中小学办学效益日益显著,社会影响日益扩大,培育出了一批能够参与教育市场竞争,经得起家长评价和选择的民办教育资源。民办学校正成为虹口区基础教育事业不可缺失的有机组成部分。

三、促进民办学校发展的主要做法

（一）强化民办党建工作、着力提升队伍质量

虹口区教育局党工委高度重视民办学校党建工作,以党建促进学校的有序、高效发展。逐步做到了"三同步":即学校的建立与学校党组织的建立同步;教育行政部门对学校办学目标要求与党工委对学校党建工作的目标要求同步;党工委对基层党组织工作的布置、交流等,公办学校与民办学校同步。做到党的工作全覆盖,管理、服务全方位。

1. 加强领导班子队伍建设,积极扶持民办学校党建工作

努力建设一个办学方向明确、团结协作、以身作则、务实开拓的民办学校领导班子,对推进民办学校健康快速发展起着至关重要的作用。多年来,虹口区教育局党工委注重民办学校领导班子建设,组织他们参加区教育局举办的各类学习讲座等,努力提高其思想理论水平和管理水平,增强民办学校领导贯彻执行党和国家教育方针、政策的自觉性和坚定性,提高班子成员的综合素质,为学校的发展提供了坚强的组织保证。同时,民办学校党支部现有书记都是有经验的公办学校退休的党支部书记,平均年龄五十八岁。为进一步加强民办学校党组织建设,区教育局党工委还向学校推荐刚退休的优秀校级领导到民办学校担任书记岗位,一年以后再以公推直选的方式连任。同时,区教育局党工委非常重视培养民办学校党务工作者后备人才的培养,将其纳入党工委干部培养序列,还专门设立了专职副书记,进一步加强岗位培养。

2. 加强管理,促进民办中小学校党建工作不断规范

民办中小学校党建工作是一个全新领域,也是虹口区教育局党工委党建工作的重要抓手和新的课题。工作中紧紧围绕民办学校的自身发展特点和管理模式,积极探索民办党建工作的新思路、新方法,坚持做到"经常化、规范化和制度化"。

一是党员教育趋向经常化。民办中小学校党组织始终把党员教育工作作为党支部的常规工作来抓,利用近年来党内开展的"先进性教育"、"深入学习实践科学发展观"以及"创先争优"等主题教育活动为载体,针对教师流动性大,返聘教师、挂编教师多的特点,加强自学、交流、互动,健全完善各项教育学习制度,增强党员教育的针对性和实效性。尤其在创先争优活动中,10个民办中小学党组织,共有党员221人都做出了公开承诺,并全部到社区报到,亮明党员身份,建立了党员示范岗,报到率为100%。

二是党员发展逐步规范化。抓住源头,夯实基础,不断规范民办学校的党员发展工作。各所民办学校把党员发展工作向一线青年教师和表现优异的高中学生倾斜,积极为他们政治上的进步、发展搭建舞台、创造条件。2009—2012年10所民办学校党支部共发展党员11人,另有3名已列入2013年发展计划。

三是党建工作逐步制度化。各民办学校党支部的建设纳入区教育局党工委的领导,坚持以建章立制为重点,不断加强自身建设。每年要求民办学校根据区教育局党工委的要求制订党建工作计划,对党支部全年的活动进行合理安排。2010年,上海市民办迅行中学和上海市民办新华初级中学都作为党工委党建督导试点单位接受党建专项特色督导,形成党建特色,并完成《民办学校党支部融入社区党建工作初探》、《民办学校党组织制度建设的探索和研究》两篇党建论文,得到上海市党建研究会好评。

3. 搭建平台,不断增强民办中小学人才队伍建设

虹口区教育局党工委非常重视民办学校的人才队伍建设,将民办学校后备干部和青年教师的培养纳入日常的工作中。通过"理论引领、自主学习、导师带教、岗位锻炼、项目驱动、教坛引领、论坛展示"等多元、立体、个性的培养,为民办学校后备干部成长搭建舞台,进一步促其坚定理想信念、完善知识结构、丰富人文底蕴、提升教学管理能力。在新一轮学科带头人、骨干教师评选中,民办中小学共有24名教师被评选为区级学科带头人、骨干教师,占全区学科带头、骨干教师总数的10%。在优秀青年教师培养上,区教育局党工委将民办学校的优秀青年教师纳入了市、区"双名工程"、"优青项目"及"十佳青年"培养项目中,引领他们在"三个课堂"建设中发挥越来越重要的作用。这些举措,有力促进了民办学校人才的涌现,加强了民办学校人才队伍建设。

4. 知名校长引领,促进优质办学

为了对民办学校进行正确的引导和科学管理,促进民办学校规范办学、内涵发展,虹口区高度重视民办学校校长的选择。各级各类学校董事会配备校长时,要求他们综合考察校长的身体素质、思想素质、业务素质和教育管理经验以及办学业绩和资历等情况,选择各方面条件比较突出的优秀校长担任民

办学校的校长。例如,新北郊学校校长郎建中就是原市实验性示范性高中——北郊高级中学的校长;民办迅行中学校长陶薇芳就是原鲁迅中学的副校长、党支部书记;宏星小学校长许佩莉就是原四中心小学校长;丽英小学校长孙幼丽为全国劳动模范。在名校长引领和管理下,有效促进了各民办学校在较短的时间内走向正轨,并提升了学校发展的空间和层次。

5. 有效推动,不断增强民办学校党建工作的影响力

民办学校人员流动大、人员素质参差不齐,民办学校党支部的建设对增强凝聚力、推动"工、青、妇"等群众团体的建设具有重要的作用。

工会切实维护教职工的根本利益,组织教职工开展各项健康有益的活动,丰富全体教职员工的生活,促进民办学校形成团结向上的氛围,提高党组织的凝聚力。进一步完善校务公开的有关内容,增强广大教职工参与民主管理的主人翁意识,发挥好教代会的职能作用。

共青团各项工作及评优工作等均纳入统一渠道,与公办学校一视同仁,积极建设学生社团,积极在广大共青团员中开展各种各样的宣传教育、无私奉献活动,激发团员青年的政治热情,引导团员青年积极向党组织靠拢。

在虹口区教育局党工委的领导下,民办中小学各校全体党员的努力下,民办中小学各校党建工作取得了丰硕的成绩。上海市民办迅行中学党支部获得 2009 年、2011 年虹口区"两新"组织和"五好"党组织;上海市民办迅行中学党支部书记兼校长陶薇芳荣获 2009 年虹口区优秀党员称号;上海市民办新华初级中学陈剑波校长荣获 2011 年虹口区"两新"组织优秀党员称号;上海市民办新华初级中学党支部书记方霞琴同志还代表虹口区民办中小学校在上海市民办中小学校党的建设工作会议上发言;上海市民办新复兴初级中学党支部、上海市民办新华初级中学党支部及上海市民办新北郊初级中学党支部的党建案例被收入《实践与探索——上海民办中小学校党建经验材料汇编》。

6. 大力加强党组织建设,开创基层民办党建督导试点工作

为了进一步加强虹口区教育系统民办学校党组织建设,充分发挥区教育局党工委对民办党建工作的督查指导作用,建立完善民办学校党建工作的长效机制,经区教育局党工委研究决定,今年在虹口区教育系统民办学校中开展基层党建督导试点工作,党建督导与教育督导同步进行。

党建督导采取听取学校党建工作情况总结汇报、查看相关资料、实地察看、听课、访谈、问卷、召开座谈会等形式,并邀请市、区党建工作专家共同参与,对基层民办党建工作进行全面了解和督导评估,形成督导评估反馈意见,经党工委审核后,党建督导办公室将评审结果反馈学校。

党建督导除检查民办学校党组织的党建工作目标达成度外,更关注党建工作的展开是否围绕中心,服务大局。对于好的经验和做法及时总结并召开会议加以推广。

(二)强化政府政策扶持,着力提升教育质量

我们认为,民办教育要持续发展,没有让社会认可的教育质量就如同"无源之水、无本之木"。而要取得较高的教育质量,除了民办学校自身的努力外,离不开国家政策上的扶持。当然,仅有国家政策支持也还是不够的,因为国家政策只为民办教育的发展提供了一个大的制度保障,还需要各级政府在国家政策的框架之内,制定出台相应的具体政策和措施。

1. 以"十大举措"为核心的措施

虹口区为了确保民办教育有较高的教育教学质量和较大的发展空间,出台了的一系列具体措施。

(1)开通民办师资的引进渠道,实行人事代理制度。

(2)开通民办师资的教研渠道,与公办师资同等要求。

(3)开通教师干部的培训和培养渠道,与公办学校一同开展校本研修、参加培训等。民办教师的职业培训享受公办教师的同等待遇。

（4）开通民办教育的信息渠道，参加各类教育教学会议。

（5）开通民办教育的质量渠道，监控管理与公办学校同步进行。

（6）开通民办学校对名师专家的需求渠道，成立名师工作室。

（7）落实民办学校年检制度，规范民办学校办学。

（8）将民办学校纳入学校三年发展规划评审督导，形成指导、规范民办学校依法办学的机制。

（9）健全民办学校财务管理制度，加强对财务工作的指导。虹口区民办学校绝大部分的财务都纳入了区教育局财务中心管理。

（10）给予民办学校奖励，鼓励民办学校发展。每年，区教育局都根据相关政策和方案，投入数百万资金用于办学奖励和补贴民办学校发展。

2. 出台了十大民办学校发展意见

为了进一步推动虹口区民办中小学教育持续、健康的发展，鼓励民办中小学教育依法办学、规范办学，2012年出台了《关于加强虹口区民办中小学教育发展的意见》，从制度上确保民办学校稳步发展。

（1）建立促进民办中小学发展的专项资金。加大财政对民办教育的支持力度，设立民办中小学发展的专项资金，用于对符合规定条件的民办中小学给予公办学校同等的生均经费基本定额补贴、民办义务教育阶段学生的书本费补贴，以及支持民办中小学进行课程改革、教学科研、教师队伍发展和特色项目建设等工作，奖励和表彰在民办教育中做出突出贡献的集体和个人，鼓励和促进民办中小学的特色发展、内涵发展。

（2）建立民办中小学教职工年金制度。根据《上海市教育委员会关于推进本市民办学校建立年金制度的通知》文件精神，民办中小学应依法保障教职工工资、福利待遇，并为教职工缴纳社会保险费，建立教职工年金制度，改善民办中小学教师的退休待遇。

（3）加强民办中小学挂编教师经费管理制度。进一步规范民办中小学借用公办学校教师的行为，民办中小学借用公办学校的教师所支付的款项原则上由两校之间进行核算、拨付，该经费只能用于改善办学条件，不能用于教师奖金、津贴及有关福利的发放。

（4）加强民办中小学的财务管理工作。民办中小学应依法建立健全财务会计制度和资产管理制度，严格遵守市教委规范收费的相关规定。区教育局财务管理中心应按照有关规定加强对民办中小学财务工作的指导和监管，规范民办中小学政府扶持资金的使用程序、提高资金的使用效益，落实政府扶持民办中小学资金使用情况的绩效审计，监督检查资金的使用情况，负责资金的绩效评价。

（5）进一步规范民办中小学租赁国有资产办学的行为。民办中小学借用区教育局国有资产办学的，必须依法按时缴纳租赁的费用。区教育局按规定将民办中小学的校舍维护继续纳入十年大修范围之中。

（6）进一步加强民办中小学的安全管理工作。民办中小学要进一步完善安全工作管理体系，落实安全责任制，增强安全防范意识，确保责任到人、措施到位。民办中小学的校舍安全纳入区教育局整体安全工作规划、布局实施项目之中。

（7）进一步加强民办中小学党的建设工作。根据上海市教育卫生工作委员会党委《关于进一步加强上海市民办中小学校党的建设工作的若干意见》以及虹口区教育局党委《关于进一步加强虹口区民办中小学党的建设工作的实施意见》等文件相关要求，各民办中小学校要充分认识进一步加强民办中小学党的建设的重要性，建立健全民办中小学党组织，理顺党组织的隶属关系，明确党组织的地位作用和主要职责，进一步加强民办中小学党组织自身建设和思想政治工作。

（8）进一步加强民办中小学师资队伍的建设。进一步发挥民办中小学用人灵活机制的优势，加强对民办中小学教师的培训和培养工作，通过开展校本研修、基地培养等工作，提高民办中小学教师人文素养和专业化水平，促进民办中小学教师队伍的提升和发展。

（9）进一步发挥虹口区民办中小学协会作用。加强民办中小学依法、规范办学，发挥虹口区民办中小学协会的行业自律作用。鼓励和支持虹口区民办中小学协会开展民办教育的理论研究、学术交流以及校际间教育教学互动、师资交流学习等活动，促进民办中小学持续健康发展。

（10）进一步夯实民办中小学教育教学质量建设和学校文化建设。进一步开展对民办中小学的教育督查制度。民办中小学要着力明确自身的发展定位，形成自己独特的办学特色和理念，以科研引领推动民办学校的内涵发展，提升教育教学质量和办学水平，努力办成特色学校、优质学校、精品学校，满足社会对高质量、差异性、多样化教育的需求。

四、民办学校发展中存在的问题

1. 民办中小学面临师资队伍建设的困境

民办中小学教师年龄结构不尽合理，老龄教师较多。同时，由于民办教师无固定编制，造成师资队伍的不稳定，优秀教师纷纷流失。编制问题导致的教师流动性大，教师队伍不稳定依然是制约民办学校发展的主要问题。希望解决民办优秀教师的编制问题、保证民办学校有一定比例的骨干教师拥有教师编制，以利于师资队伍的稳定和可持续发展。

2. 民办中小学的特色发展还需进一步加强

民办中小学在追求多元发展、特色发展过程中，在借助外力、工作推进的灵活度、学校特色的创建上还需进一步加强；同时，各民办中小学校之间的上下联动、左右互动、资源整合上还存在一定的局限性，民办中小学校发展的系统性有待进一步加强，通过引进优质民办教育资源，实现区域内民办教育资源合并重组；教育局还需进一步加大奖励力度，解决资金的困扰，提升特色发展的水平。

3. 民办中小学党组织隶属关系不明确

虹口区教育系统民办中小学党支部的各项工作均是在虹口区教育局党工委的直接领导下进行的，但是他们属于民办非企业单位，注册于民政局，属于"两新"组织，同时又纳入虹口区社会综合党工委的管理范畴。由于隶属关系不明确，民办学校党组织工作存在管理条线多，有些工作存在多头布置、多头进行等状况。

4. 民办中小学的财务管理有待进一步加强

近几年，区教育局加大了对民办学校的资金扶持力度，激励民办学校自主办学，体现了政府对民办教育内涵发展的支持。但政府部门对民办学校在财务方面的指导力度和对资金使用的监管仍需进一步加强。

（虹口区教育局提供）

杨浦区民办教育改革与发展状况

杨浦区按照"建设上海基础教育高地、形成优质教育集聚区"的区域教育功能定位,在以教育现代化带动区域经济和社会事业发展中,全面提升"知识杨浦"的发展品质,积极体现政府公共服务均等化中教育普惠性和公益性的特征。履行区域教育公共服务的各政府职能部门认真落实主体责任,齐抓共管,整体推进,形成教育发展合力。全区在推进与区域经济发展相协调的现代化教育发展进程中,一直把民办教育作为区域教育中不可或缺的重要组成部分给予推动和发展。在国家层面的民办教育促进法规和上海市政府各项民办教育政策的引导与规范下,杨浦区民办教育得到健康、稳步发展,为推进区域教育改革、向人民群众提供满足多样化、选择性需求的优质教育,解决就学、就业等民生利益问题和适应区域经济社会发展要求,积极进行具有区域特点的探索,做出了成绩和贡献。

一、2005—2012 年杨浦区民办教育发展变化概况

2005—2012 年,杨浦区各类民办教育随区域城区发展进程和教育改革的深化与推进,得到显著的发展和变化。

(一)杨浦区民办学前教育发展变化

1. 民办幼儿园数量——由少到多,逐步稳定

从 1994 年杨浦区第一所民办幼儿园——大地幼儿园创办起,民办幼儿园在杨浦区的发展,总体经历了由起始发展到进入高峰再到逐趋平稳的过程。其发展高峰集中出现在 2003—2006 年间。其间民办幼儿园数由 12 所猛增至 23 所,当时约占全区幼儿园总数的 35%。之后经过了对学校办园水平分等评估的筛选及退出机制的实施,从 2008—2012 年末全区民办幼儿园基本稳定在 22 所,约占全区幼儿园总数的 25%。

2. 民办幼儿园在园幼儿人数——由人数不足到全部满额

随着上海市出生人口的增长及入园高峰的到来,民办幼儿园的招生数呈现出逐年递增的态势。2011 年后,各园所在自主招生的基础上,同时得到政府推出的招收地段生给予补贴的政策鼓励,吸纳辖区内享受政府补贴的地段生入园,各幼儿园的幼儿容纳量基本都已达到上限和饱和状态(见表 1)。

表1　杨浦区民办幼儿园在园幼儿数一览表(2005—2012年)

年　份	2005	2006	2007	2008	2009	2010	2011	2012
在园幼儿数(人)	4 395	4 531	5 106	5 610	5 677	6 206	6 437	6 590
地段生人数(人)	/	/	/	/	/	224	461	1 006

注:"/"表示数据缺失。

(二)杨浦区民办中小学发展变化

从2005年以来,由于上海市生育高峰逐趋走下,中小学生人数随之逐年下降,中小学校随之相应出现调整、减缩状况。杨浦区民办中小学也从最高峰时的17所,减缩为2012年年末的12所,总体数量明显减少(见表2)。但是,由于老百姓在政府满足民众"有学上"的需求基础上,日益增长热望选择"上好学"的利益诉求,因此民办学校的学生数量占全区义务教育阶段学生总体数量的比例没有发生很大变化(见表3)。

表2　2005—2012学年杨浦区民办中小学学校基本情况汇总表　　　　单位:所

	2005	2006	2007	2008	2009	2010	2011	2012
小　　学	1	2	2	2	2	2	2	2
初　　中	4	4	4	4	5	4	4	4
九年一贯制	3	3	3	3	3	3	3	3
完　　中	3	3	3	4	3	3	3	3
高　　中	4	5	3	2	1	1	1	1
总　　计	15	17	15	15	14	13	13	13

表3　2005—2012学年杨浦区民办中小学学生人数情况汇总表

年份	小学			初中			高中			合计		
	民办学校学生数(人)	小学学生总数(人)	民办小学学生数所占比例%	民办学校学生数(人)	初中学生总数(人)	民办初中学生数所占比例%	民办学校学生数(人)	高中学生总数(人)	民办高中学生数所占比例%	民办学校学生数(人)	学生总数(人)	民办学校学生数所占比例%
2005	1 794	29 635	6.05	6 705	29 526	22.71	3 640	25 499	14.28	12 139	84 660	14.34
2006	2 332	28 608	8.20	6 525	26 010	25.10	3 312	21 086	15.70	12 169	75 704	16.07
2007	2 833	27 749	10.00	6 447	25 492	25.00	2 143	17 985	7.00	11 423	71 226	16.10
2008	3 839	28 807	13.32	6 651	24 714	26.91	1 676	14 482	11.57	12 166	68 003	17.89
2009	3 486	27 499	12.60	5 164	18 828	27.40	1 167	13 849	8.40	9 817	60 176	16.31
2010	3 596	26 650	13.49	5 792	23 844	24.29	889	12 768	6.96	10 277	63 262	16.25
2011	3 644	26 888	13.55	5 979	23 487	25.46	682	11 946	5.70	11 305	62 321	18.14
2012	3 388	27 294	12.41	5 702	22 446	25.40	541	11 468	4.71	9 631	61 208	15.73

(三)民非教育机构发展变化

近几年区域教育培训机构呈现优胜劣汰的良好发展局面,培训规模、培训服务业对区域的经济增长贡献和解决就业民生问题出现较好的增长势头(见表4)。2011年,杨浦区各培训机构为2 289名员工缴纳了社会保险金,2012年为2 332名员工缴纳了社会保险金。

表4 2005—2012年杨浦区教育培训机构发展变化情况

年　份	院校数(所)	培训量(万人次)	学费收入(万元)	税收总额(万元)
2005	127	24	未统计	未统计
2006	112	23	未统计	未统计
2007	120	30	40 245	1 952
2008	128	31	55 973	3 732
2009	127	32	60 586	3 841
2010	138	35	78 076	5 747
2011	145	45	100 100	6 929
2012	132	53	117 747	8 702

　　总的来看,由于入园高峰的到来,杨浦区民办学前教育呈现较为稳定发展的态势,也为区域缓解幼儿入园高峰做出贡献;民办中小学的义务教育学校持续呈现招生火爆的择校热潮,同时也倒逼学校提高质量和水平以满足市民对优质教育的需求;民非教育机构在激烈的市场竞争中优胜劣汰出现分流格局,但校际办学差距较大,师资队伍总体的适应能力和稳定性还不够,不能很好适应民办教育优质特色发展的需要。区域民办教育总体态势和特点是:发展良好,方向喜人,政策激励尚须加强;办学自律加强,办学规范仍显不够,亟须加强监管和引导;办学水平提高,但管理和师资队伍稳定不够,需要有更具保障性、激励性的政策举措。

二、近几年杨浦区民办教育主要政策

(一)区域教育改革发展关于民办教育发展的总体和长远谋划

　　杨浦区于2011年制定了《杨浦区教育改革与发展第十二个五年规划纲要(2011—2015年)》,旨在深入贯彻落实科学发展观,坚持党的教育方针,坚持教育"三个面向",按照"主动对接、深化理念、准确定位"的总体思路,以提高质量、促进公平为重点,以解放思想、改革创新为动力,以教书育人、服务社会为使命,着力夯实基础、调整结构、优化布局、提升内涵,不断提高区域的教育事业现代化水平。

　　规划要求,主动对接《国家中长期教育改革和发展规划纲要(2010—2020年)》、《上海市中长期教育改革和发展纲要(2010—2020年)》、《上海市"十二五"教育改革和发展规划》和杨浦区推进国家创新型试点城区建设要求;突出杨浦区教育的核心理念——"为每一位学生的成人、成才奠基"。明确杨浦教育发展的功能定位要以推动创新试验为动力,以推行均衡发展为目标,以推进内涵发展为重点,"建设成为上海市基础教育高地,形成优质教育集聚区"。

　　本着到2015年,为"率先实现教育现代化、率先基本建成学习型城区奠定坚实基础"的杨浦区教育发展目标,并以"创新、优质、开放、多样、合作"为主要成就标志,更好实现公办学校和民办学校协调发展,非学历教育培训提供丰富多样的品种,满足市民日益增长的文化学习、社会就业和终身教育的需要。

　　着眼于区域的各类民办教育的健康、持续发展,既需要从区域的大教育和综合改革的总体思路上去建构运作,统筹兼顾,协调合作,共同推进杨浦区的各类民办教育,也需要民办教育机构自身开拓进取,恪守良知,坚守底线,提高形象,确保质量,创造效益,走出新路。

（二）民办学前教育发展的主要政策推出基于应对接踵而来的入园高峰和扶持、激励民办幼儿园健康发展的需要

1.《杨浦区民办幼儿园招收地段生管理暂行办法》的制定和完善

自2008年起，随着幼儿出生高峰的到来、区内公办幼儿园入园矛盾加剧，许多地段和幼儿园已经出现生源饱和，无法继续招生，而同时由于办园年限、设点布局、办园声誉等原因，大部分民办幼儿园却存在教育资源空置及利用率不高的状况，部分民办幼儿园甚至出现了报名生源相对不足的问题。

为了整合和利用区域内的学前教育资源，帮助民办幼儿园尽快解围，形成区域学前教育的均衡发展、良性循环态势，杨浦区在细致调研的基础上，及时进行区域宏观政策调控，果断制定了《杨浦区民办幼儿园招收地段生管理暂行办法》，开展民办幼儿园招收地段生的试点工作。2008年首先将一些招生困难的民办幼儿园作为第一批试点园，向社区居民公开；2011年该政策在分批试点和总结实践经验基础上扩大到全区范围内全面推开实施；2012年杨浦区再次细化了相关政策，将政府补贴的标准与招收地段生的比例及园所的办学质量直接挂钩（见表5），让政策更具发展激励性，体现了制度化与人性化的结合。

表5　招收地段生幼儿园政府补贴标准

补贴标准 ［元/（生·月）］	地段生比例	
	二级幼儿园	一级及示范幼儿园
700	30%以下	25%以下
800	31%—50%	26%—40%
900	50%以上	40%以上

2.《杨浦区民办学校租赁教育校舍基础设施维修暂行办法》的制定和实施

杨浦区内绝大多数民办幼儿园的校舍从建立到经过一段时间的办园，都已达到一定的年限，大多数园舍设施已较陈旧，有待修缮。为了扶持民办幼儿园完善基础设施建设，确保办园安全，保护师生权益，杨浦区对照公办幼儿园舍设施大修周期标准，制定政策措施，明确规定每所民办幼儿园舍只要达到维修周期，就可向教育主管部门、区教育工程设备管理站提出申请；经过主管部门实地勘察、审核同意后将其列入教育系统年度房修预算计划，并按公办学校大房修程序操作。

在保证资金落实的基础上，为达到资金利用的最大化效益，相关科、室、委派专人在改造前对申请报修单位进行实地走访，听取改造设想，在设计阶段便直接吸纳学前教育的专业化要求，保证园所硬件设施改建、改造符合规范化、标准化。为解决民办幼儿园改造期间可能产生的因施工导致"暂时性停办"带来损失的后顾之忧，教育行政部门预先做了计划安排和工作预案，联系和落实周边公办幼儿园所给予帮助支持，做好家长的宣传和解释工作，解决民办幼儿园孩子在园舍改造期间能够继续入园问题。

3. 杨浦区民办幼儿园分等评估奖励政策的制定和实施

为了提高民办幼儿园的整体办学层次，让民办幼儿园确立为了孩子健康成长而不断发展的正确办园指导思想，自2006年起杨浦区制定了《杨浦区民办幼儿园分等评估奖励实施方案》及《杨浦区民办幼儿园分等评估标准（试行稿）》（杨教〔2006〕136号），积极引导和激励民办幼儿园重视办园绩效，提高办园质量和群众满意度。

政策规定，凡办学两年以上的民办幼儿园依据《分等评估标准》对本园一年的办学情况自主申报办学等第，再由区教育评估事务所牵头，聘请区教师进修学院幼教教研室、区儿保、局审计部门等人士组成分等评估专家组开展评估。评估确定A、B、C、D四个不同水平和层次的等第标准。对获得A级的单位由区教育局一次性奖励3万—5万元，同时享受一年免检的鼓励；被评为B、C等级的民办幼儿园经过自

身努力次年可再申报升等评估。

2010年起,杨浦区又在"公办、民办同步发展"的要求指导下,将民办幼儿园全部纳入区教育局每年对全区所管辖学校的办学绩效考核,并给予和公办幼儿园一样的考核奖励。每年考核优秀单位民办幼儿园都占有一定的比例;连续几年考核优秀并有发展潜力的民办幼儿园还被指定成为"园际联盟"结对学校,定期与区域中的优质园结对合作,通过优势辐射扶持民办幼儿园向优质园、一级园发展。又对新获得上海市一级园办学资格的民办幼儿园作当年年终一次性5万元的奖励。目前已有2所民办幼儿园通过市有关专业机构评审获得"一级园"荣誉称号。

4. 强化每年对全区民办幼儿园规范化现场年检初审的做法

为了切实贯彻执行《民办教育促进法》、《民办教育促进法实施条例》等民办教育法规要求,监督和促进每一所民办幼儿园牢固确立依法规范办园的意识,守住办园规范底线,我们严格执行每年民政部门和市教委关于做好民办幼儿园年检工作的制度。多年来杨浦区教育局委托区教育评估事务所的专家团队,邀请市级层面的学前教育领域相关资深专家一起,开展联合年检初审活动。从2010年开始,又在年检初审后建立对有关幼儿园法定代表人和园长的年检约谈机制、年检初审后回访跟踪和民办幼儿园退出机制。通过跟踪调研,了解有关问题幼儿园的整改情况,促其规范和提高。对于极个别因办园不力两年年检未通过、长期拖欠租赁费的民办幼儿园,予以终止合同,停止办园,收回园舍,依法做出撤销其办园资格的处理。

5. 推动民办幼儿园重视内涵发展,提升办园水平

高度重视对民办幼儿园园长的"全纳培训"。为了加强办园骨干队伍建设,杨浦区高度重视加强园长队伍建设。除了对民办幼儿园任职园长资质依法把关外,特别重视园长的领导力和执行力建设,尤其是在内涵发展的管理、引导和组织能力的提升等方面。近几年在区域中所有的园长会议、园长业务学习、园际联盟工作等活动中,将杨浦区所有民办幼儿园园长全部纳入。与此同时,为体现按需培训的针对性,在每年的年检初检评估结束后评估组都会与举办者、园长进行面对面的指导性沟通,针对园所存在的实际问题进行个别化指导;为民办幼儿园园长开展专题培训。几年来,区教育局先后举行了《财务制度》、《教师评聘与教师加金制度》、《法人职责》、《章程》等办学规范的指导性讲座。

高度重视对民办幼儿园教师的"全纳培训"。区域将民办幼儿园教师培训纳入整个学前教育系统培训之中。积极鼓励民办幼儿园保教教师参加专业学历岗位培训和市区有关的研训学习活动。教研员有选择性、针对性地深入各园指导,提高园本培训的有效性。培训经费采用"三结合"方式,即"政府＋机构＋个人"自理,促进教师专业化可持续发展;引导学校参照公办幼儿园做法,建立教师业务档案,为教师学历提高提供条件,为教师的专业发展做好基础性服务;实施民办幼儿园教师职称评定机制,对部分外地大专院校毕业的幼教专业教师采用"区级指标"的方式予以评聘,提高民办幼儿园教师职称层次;将民办幼儿园的优秀骨干教师培养与"区级骨干教师"评定纳入整个区的师资工作建设和管理范围。目前,全区民办幼儿园中已有列入区培养对象的骨干教师2名。

(三) 民办中小学主要政策制定和贯彻实施

这些年杨浦区依据国家教育部和市教委颁发的关于民办中小学管理的一系列政策法规要求,结合区域实际情况,制定了一些依法规范民办学校办学的区域性规定和措施。杨浦区在2010年9月出台了《杨浦区教育局、杨浦区财政局关于加强扶持民办中小学发展的通知》、《关于民办中小学政府扶持资金使用的管理规定(试行)》、《关于民办学校租赁教育校舍基础设施专项维修的试行办法》等三个促进与扶持的相关政策与措施。

1. 建立促进与扶持民办教育专项资金

杨浦区教育局会同区财政局对杨浦区民办中小学校现状开展全面调研,针对制约民办学校发展的

瓶颈问题提出解决途径,出台符合杨浦区区情的扶持办法。根据市文件精神及杨浦区现状,设立促进民办中小学发展专项。按市专项补贴1∶1.5配比原则,设立民办中小学发展专项资金,由学校每年年底提出次年专项资金申请,统一纳入区教育经费年度预算。专项资金主要用于改善办学条件、加强师资队伍建设、开展教育教学改革试点及奖励和表彰为民办教育作出贡献的民办学校。

2. 实施民办中小学生均公用经费补助

2009年起杨浦区对收费标准低于同级同类公办学校生均经费拨款的义务教育阶段民办中小学实施生均公用经费补助,2009年、2010年参照上海市标准对小学1 400元/(生·年)、初中1 600元/(生·年)进行生均经费拨款;2011年、2012年参照上海市标准对小学1 600元/(生·年)、初中1 800元/(生·年)进行生均经费拨款。

3. 推进民办学校教职工年金制度

杨浦区在2010年10月召开的"贯彻落实市第二次民办教育工作会议精神的民办中小学校长"会议上,再次宣传了《民办中小学教师年金操作流程》,请中国太平保险股份有限公司介绍年金方案设计并进行了辅导。至今杨浦区民办学校都已实施了年金制度。

4. 建立教育系统校舍出借和基础设施专项维修机制

制定《关于民办学校租赁教育校舍基础设施专项维修试行办法》,对租赁区教育系统校舍办学的民办校,按公办校大修周期,对其校舍进行基础设施专项维修,统一纳入教育年度预算。

5. 实行公办、民办中小学教师进修同等待遇机制

将民办中小学教师培训列入全区中小学教师队伍建设范畴,区教进修学院对民办中小学学校教师的各类培训统一纳入年度教师进修工作计划,使公办、民办教师享受同等进修培训机会和待遇。

为了提高上述各有关专项资金的使用效益,区教育局在拨付有关学校资金后,重视规范对扶持资金的管理,从政府扶持资金的申报、核拨、使用、核算等方面全面规范操作流程,加强监督检查,确保政府扶持资金规范,有效使用。

(四)民办非学历教育院校主要政策制定及其贯彻实施

近些年,在上海市教委的统一部署下,杨浦区民非教育机构认真并严格贯彻市教委提出的全市性重大政策要求,如2009年市教委颁布的《上海市民办非学历教育院校(机构)审批和管理办法(试行)》和《上海市民办非学历教育院校(机构)设置标准(试行)》、2010—2012年开展的全市性民办非学历教育院校办学评估与专项督查、2011年关于民办非学历教育院校设立银行专用账户的规定等。区教育局及时转发了上述各项重要文件,召开专题工作会议,做好动员部署,提出工作要求和实施时间节点。职能科室全力以赴认真落实各项相关要求,参与全程管理,重视解决"疑难杂症"和突出问题,加强与市教委沟通汇报,确保按照市教委规定完成相应的目标任务。

1. 对区民办非学历教育院校开展办学评估和专项督查工作

自2010年下半年至2012年上半年,杨浦区先后分成四批对经区教育局审批、民政局登记的132所民办非学历教育机构,积极慎重地开展了全面的办学评估和专项督查工作。

区教育局下发了《关于对杨浦区民办非学历教育院校开展办学评估和专项督查的有关事项的通知》,并以会议动员方式作了全面部署和安排。

区教育局组织参与评估和督查的人员认真学习、领会本次文件精神,深入把握评估和督查指标的内涵要求和评定标准。采取先进行试评估的方式,统一基本判断和标准界定,保证分组开展的评估和督查能够在尺度把握上保持基本平衡。

在评估督查工作中加强过程管理,不定期地了解、分析评估和督查工作进程及需要协调处理的重大事项。每一批评估和督查开始前都有集体备课、研商;评估和督查后有集体总结回顾,并对下一批评估

督查工作的连续进行提出改进、完善的建议,做到既保持评估督查工作的前后一贯性,又在具体操作和评价的精准性上有所完善和改进。区教育局多次邀请市教委、市评估院等有关领导和市级评估专家对杨浦区的工作给予指导,以保证进行的评估督查工作与市教委文件精神相一致。评估结束后,又有选择地约谈了一批学校的法定代表人和校长;2012 年下半年再对约谈的部分学校作进一步跟踪性回访,督促有关问题学校落实整改。历时三年的民办非学历教育院校办学评估和专项督查工作总体比较顺利,不少单位表示通过评估督查提高了思想认识,得到了启示,并在以后办学中有了相应的整改行动。

2. 认真做好学杂费专用账户的开设及管理工作

为了贯彻执行 2012 年 4 月由市教委等八部门联合颁布的《上海市教育培训机构学杂费专用存款账户管理暂行规定》,杨浦区教育局通过开会布置、学校走访、集中受理、部门协调等方法,认真做好学杂费专用账户的开设及管理工作。至 2012 年末,在杨浦区 122 所民办非学历教育院校中,开户数为 116 所,开户率达 95%;学杂费存取专用账户已启用的有 110 所,启用率达 95%,最低余额专用账户启用的有 108 所,启用率达 93%,基本实现市教委等部门提出的目标要求。

3. 认真做好每年度检查的初审工作,重点加强日常监管

多年来,杨浦区教育局以年检初审作为抓手,形成完整的工作机制,加强对民办非学历教育院校的结果性检查与日常监管的有机结合:每年 3 月杨浦区在区民政局和市教委文件下发后,及时启动年检初审工作。召开辖区管理的民办非学历教育院校校长会议布置年度检查工作,明确具体要求;4 月和 5月委托区教育评估事务所对区内各院校递交的年检材料进行预先审核,再对存在问题需要进一步核查的部分院校进行实地检查;5 月和 6 月待形成年检初审基本意见后,立即对不合格和基本合格的院校,以约谈、下发《整改通知书》等方式要求限期整改;9 月召开全区院校长会议,向全体院校通报年度检查结果,并提出改进要求;10 月和 11 月对部分院校整改情况进行实地复查。

在日常行政管理工作中,杨浦区重视做好行政审核和备案工作,着重关注和加强四项变更(举办者的变更、办学场所的变更、决策机构的变更和院校长的变更)和三项备案(专业(学科)备案、招生简章和广告备案、收费项目和标准备案)的管理,正确引导院校增强依法规范办学运作和主动就重大办学变更事项向行政备案、报批的意识,确保在办学许可范围内实施办学行为。

对于有关举报、投诉事件,杨浦区严肃认真彻查,摸清实际情况,分析主要原因及相关责任,做出相关结论及处理意见,按时向上级部门和领导汇报。对性质严重、情节恶劣、造成很坏社会影响的事件,严格执行相关法规,依法予以严肃处置。前几年中,已经高度重视并严肃处理了原上海市英才进修学院、思源进修学院严重违规事件,并以通报形式在全区作为典型案例进行教育,这两所学院已分别经批准变更举办者或撤销办学。

4. 依法加强办学许可证管理,做好民办非学历教育院校的终止工作

目前办学许可证的发放与管理职责虽主要由市教委相关部门承担,但杨浦区也主动参与管理,以此作为规范办学行为管理的主要依据之一。职能部门根据市教委的相关要求,做好服务工作,其中包括:及时向学校提醒必须在办学许可证换发的规定期限内提前提出申请;通过做到先审核院校网上递交的许可证换证材料后再上报市教委;经市民办教育评估专家和市教委领导审核同意后,换发新的办学许可证。对申报和反馈材料有问题的单位,区教育局要求院校根据专家和领导意见及时进行整改,直至达到换证要求。此项工作总体执行和运转较好,得到市教委肯定。

为引导因举办者、生源、市场竞争等原因,无法继续办学的院校能够主动提出并完成终止办学申请手续而不至于"久拖不决",从实际出发,尽量简化审批手续。同时为院校申请终止办学提供服务上的便利,如给申请院校提供董事会决议文本样本、清算报告样式等。2007 年以来,杨浦区已先后注销了 51所民办非学历教育院校,并通过《杨浦时报》和《杨浦教育网》公告注销院校名称,保证了有关院校合法、合规终止,也大大降低了行政管理成本,规避了行政管理风险。

5. 通过《杨浦教育》平台,开设"教育培训"窗口,为民办非学历教育院校和社会各界有志从事教育培训工作的人士提供信息服务

在加强政府信息公开和充分运用信息化建设开展公共服务的大背景下,教育局于2008年在《杨浦教育》网站上开设了"教育培训"窗口,共设5个板块:通知公告、政策法规、网上办公、培训机构和培训协会。通过信息公开,使社会能够及时了解有关民办教育、民办非学历教育机构的政策规定和有关动态,行政职能部门与各民办非学历教育办学机构之间的联系得到加强,教育培训服务与管理效益得到提高,行政行为也更为规范、畅通。

杨浦区认真遵照并贯彻《民办教育促进法》要求,对接市教委有关促进和发展民办教育的政策法规,结合杨浦区实际情况,深入一线了解情况,紧紧依靠市教委和区政府,重视加强监管,依法规范行政管理和办学行为,促进和扶持发展各类民办教育,帮助指导解决实际问题,彰显亮点与特色。在完善管理,鼓励创新,培育优质,抬高底部,优胜劣汰等方面,不断有所推进。在区域范围内能够及时化解矛盾,并能举一反三,鲜有发生重大违法违规事故。民办教育发展态势总体可控、稳定、向好。

三、杨浦区发展民办教育的主要经验

(一) 依法履行公共服务职能,为民办教育健康发展尽职尽力

《民办教育促进法》的颁布,从上位法规层面,引导和要求我们进一步转变教育行政管理理念,转变政府教育管理角色地位,改革现行教育管理制度和政府管理行为方式,完善和优化政府对民办教育的"分级管理"体制,建立符合市场规则、面向市民大众的教育公共管理机制以及社会化评价和监督机制。为此,政府对民办教育的管理职能必须转到主要为教育市场主体服务和创造民办教育与公办教育共同发展的良好环境上来。

近年来,杨浦区教育局十分重视依法对民办学校实施各项管理,从设置审批、章程制定、制度实施、招生宣传、课程教学、财务、收费、安全卫生、队伍建设,直至学校终止,进行了全方位、全过程管理。

市教委颁布《上海市民办中小学校会计核算办法(试行)》后,杨浦区根据此法规要求,及时建立统一设账、统一会计科目、统一会计报表规范账务处理的指导制度:每年年初编制当年教育经费预算表时,预先引导学校合理安排和使用经费;到下半年对民办中小学校再进行一次预算调整;年底的全系统财务决算工作中也对民办教育经费的预算执行情况加以总结分析,以改进全区民办教育单位财务管理,提高资金使用效益。区教育局有一支财务常年检查组每年都会不定期地到民办中小学校进行财务检查与指导,发现问题及时提出,指导纠正。

在民办中小幼学校的师资、场地、教育教学等方面出现困难时尽可能提供信息,帮助解决困难。对于个别学校出现的突发事件、法律纠纷及与学生、家长的矛盾,区教育局职能部门深入一线了解情况,分辨是非,支持公道,及时指导帮助双方缓和情绪与化解矛盾,妥善解决发生的问题,维护了各方应有的合法权益,稳定了区域教育和谐发展局面。

杨浦区多次由分管局长牵头对区内所有民办中小学校组织实施专项督导和评估工作,并给予多方面的指导服务。如2004年和2008年两次在换发办学许可证之前对民办中小学校进行了专题检查和评估;2007年、2008年连续两年,开展了以巩固学校规范管理、提升内涵发展水平和提高教育教学质量、鼓励学校依法自主发展为主要内容的专项评估,引导学校以评估促规范、促完善、促发展,得到学校的认可和好评。

教育局的相关职能部门(杨浦区民办幼儿园由学前教育科作为分管科室,民办中小学由高中科作为分管科室,民办非学历教育机构由培训服务科作为分管科室)在人员编制紧、人手少的情况下,不断加强

民办中小幼教育专管员的岗位责任和职责要求,常年接待和受理来信来访人员,依法及时办结各类申请、备案和审核等事项,为各类民办教育机构提供大量的咨询服务和指导,处理了大量繁杂而具体的日常事务,为民办教育健康发展恪尽职守。

杨浦区多年坚持组织民办非学历教育院校管理人员学习、培训和提高的定期会议管理制度。通过每年两次院校长会议、每两年一轮举办教务人员和财务人员培训等形式,组织民办非学历教育院校领导管理人员学习和岗位培训,举办专题讲座报告,正面宣传民办教育的法律法规,剖析典型案例和事故教训,既给广大院校以正确方向引领,又有案例教训的警示。通过学习和培训,杨浦区培训机构的领导及管理人员依法办学的规范意识明显得到提高,大多数院校的实际办学行为逐步趋于规范,呈现良性循环的势头。在管理中,多做日常的指导、服务工作,比之单纯的处理突发事故,意义要积极得多,管理成效会更持久、更有力,更受广大民办教育机构的欢迎。

(二)在管理中坚持加强沟通和协调,建立有利于民办教育发展长效管理的合作联动机制

民办教育管理涉及多个行政职能部门和市区相互之间的纵横向关系,因此需要建立相互沟通、协同一致的综合管理系统。为此,杨浦区重视加强向市教委相关职能部门的请示汇报,主动争取市教委相关处室领导的指导和帮助。每年凡遇区内举行民办教育重大的活动和会议,必定主动报告并邀请有关领导莅临指导。也经常邀请兄弟区县参加有关民办教育的重要会议和活动,用好这样的平台,相互学习交流,借鉴其他区县的先进经验和成功做法,开拓工作思路和视野,改进管理水平。

教育局与民政局、财政局、税务局、人保局、工商局等部门,长期保持良好的沟通合作关系,加强协调合作力度,提高服务意识,注重发挥部门合力:与民政部门有沟通、联动;与公安有联合执法;与人保部门有合作与分工,形成了民办教育共同监管、服务和综合执法机制。多年来已经建立每年 1—2 次召开联席会议的有效制度,就年检、教育经费、民政登记、职业技能培训等重大办学事项及其管理,进行集体研讨和会商,取得共识,统一步调,形成有利于长效管理的联动机制。尤其是年检,教育部门作为业务主管部门高度重视、非常认真地做好初审的前期把关工作。由于双方重视沟通协调,相互信任和尊重,初审工作较为到位,因此教育局历年的年检初审工作都得到民政局肯定。在这一重要的政府监管行为方面,两部门能够密切配合,既依据和贯彻法规要求,又从区域和教育的实际出发,保质高效地完成法定的工作任务。

教育行政部门内部除分管科室担责外,还形成其他有关科室共同参与、关心的运作机制。2000 年以后,教育局已逐步形成规范:凡新设置教育机构必上局长办公会议集体审议;凡民办学校重要建设项目和大额资金投入必经局长办公会议集体审核;凡民办中小幼年终绩效考核奖励必经教育局党政联席会议集体审定;凡民办教育出台的重要政策举措必由局长办公会议集体讨论决定,有的还需首先报告区委和区政府后方予实施。每年局长办公会议都有专题研究区域民办教育发展的议程。

(三)在管理中充分依靠社会组织发挥积极作用,搭建共同参与和促进民办教育发展的有效平台

杨浦区多年来始终非常重视发挥社会组织作用,坚持政府购买委托服务,依靠和调动在全市率先建立的杨浦区内的教育评估机构的专业资源,以委托评估和检查形式,承担民办中小幼和民办非学历教育院校的各类教育评估服务业务,协助主管部门加强监管。评估机构能坚持依法评估、和谐评估,加强自身专业能力建设,评估双方互动、共同建构、形成共识,不断提高各类评估效率和质量,使各项评估成为加强杨浦区民办教育机构规范化建设的有力手段,引导院校自主、健康发展和内涵、特色发展。杨浦区师源教育评估事务所(原名"杨浦区教育评估事务所",2011 年由原教育局主管的事业单位转制为民办

非企业单位)于2011年被上海市教育评估协会认可为全市首批评估机构,在区内外享有较好声誉。

为了进一步加强行业自律,充分发挥社会团体的桥梁作用,杨浦区于2009年5月在全市率先建立体现民间自治的民办非学历教育培训机构教育行业协会——杨浦区教育培训协会。区教育局在管理中始终依靠和支持他们独立开展活动,协助政府抓好管理工作,缓冲了办学中可能产生又可以避免和化解的矛盾,提高了健康发展民办教育的集体认知。

近年来,培训协会会员数不断扩大,至2012年末,已有本区域内120所民办非学历教育院校加入协会,占全区登记批准办学院校数91%。培训协会每年主办杨浦教育培训论坛,有主题,有演讲,有交流,有互动。定期编印并通过网上刊载《杨浦教育培训简讯》,传递民办非学历教育的多方面信息。协会开设了基于网络的QQ平台,构建了行政部门与院校之间、院校校际之间的交流机制。协会为了提高民办非学历教育院校管理水平,举办民办非学历教育院校的管理专题培训班,有财务管理、教务管理等专题;还编印了《杨浦区民非院校财务管理指导手册》、《杨浦区民非院校教务管理指导手册》等系列指导手册,配合行政,强化院校自觉依法规范办学意识。协会还组织举办了邀请院校长自愿参加的人文类沙龙活动,提高领导管理者的综合素养,提供院校校长们相互沟通交流的机会和环境。民办非学历教育培训协会的建立和工作开展,有力地促进了杨浦区教育培训机构依法提高办学水平、增强校际资源共享水平。

在国家关于社会组织规范化建设等级评定的要求引导下,许多院校重视机构自身建设,积极创造条件提升规范化水平与相应等级。杨浦区至2012年末,已有一些教育机构申报评等,有的已通过评定并荣获3A以上等级,成为杨浦区民办教育机构优质发展的领头羊和骨干社会组织。

(四)加大扶持力度与依法加强监管并举,增强民办教育健康发展的正能量

杨浦区对民办教育的管理始终坚持凸显政府职能履行体现法治政府、服务政府和高效政府的理念,引导各类民办教育机构良性竞争,共同发展。

对于民办中小幼学校,依据市教委文件精神积极贯彻各项扶持政策,保障他们可以且应该享有的权利。同时又重视对实施这些政策措施的动态过程加强监督。特别是加强对政府扶持资金的管理,从政府扶持资金的申报、核拨、使用、核算等方面定期进行监督检查执行情况,督促有问题的学校及时整改,规范各项操作,以确保政府扶持资金规范、有效使用。

在民办中小幼特色发展和创优建设上,杨浦区已有上海同济大学实验学校、上海市民办复旦兰生中学、上海市民办阳浦实验学校等被批准为上海市创建特色学校单位。上海外国语大学附属双语学校、上海市民办打一外国语小学、上海控江中学附属民办学校等积极创建特色项目,举办了有关特色创建工作的市级展示活动,得到专家的认可。

杨浦区教育局重视对先进单位和问题单位两手抓:树样板,立典型;抓准问题,力促整改,不让违规违法的问题院校放任自流;宏观把握,放而不乱;态度鲜明,积极扶持;多引导、关心、支持、提醒,"堵"与"导"相结合,教育与检查相结合,形成一整套运作机制。2012年为维护法纪的严肃性,区教育局严肃查处了一所民办初中学校在财务管理等方面严重违规的事件,做出提请该校理事会对校长予以撤职的建议,并对该校当年的年检做出"基本合格"的初审建议。

2008年杨浦区制订的"三年教育培训行动计划"中,提出了一系列具有挑战性、激励性的追求目标,如力争到2011年争取在民办非学历培训机构的总量、门类、人次、整体实力上稳居全市前列,真正实现"学在杨浦"的愿望。搭建民办非学历培训机构信息互通平台;建立行业协会;采取扶持、奖励政策,引进大型培训机构总部落户杨浦;建立以五角场为中心的多点发展、发展具有集约化效应的、较为成熟的区域教育培训行业体系等设想。这些目标业已基本实现。

杨浦区教育局关注培训事业发展态势,从关注经济效益到关注社会效益,不仅统计每年的纳税率增长情况,还关注每年的就业人数增长情况;从重视严肃查处突发性、投诉性事故,到重视运用负面典型案

例,宣传教育、举一反三,建立补救、规范和引导机制,防止和杜绝再次发生类似事故;维护师生权益,尽可能做到合理的收费,教师能够获得与其付出劳动相符的工资待遇及社会地位。

坚持分类管理、分类指导、分类扶持的政策措施,体现差别化。优先扶持不要求取得合理回报、管理有序、为员工缴纳年金、办学规范、特色鲜明、社会声誉好的民办教育机构,如免于年检、许可证有效期一次性签订三年、拨付专项资金、给予地段生招生补贴等。以公共资源扶持政策举措为杠杆,撬动区域民办教育权利与义务结合、健康发展,让民办教育也实现惠及人民群众的公益要求。在审计监管上,推荐一批信誉较好的审计事务所提供院校选择承担年审任务,对参与对民办非学历教育机构的年度审计的单位事先提出要求,披露可用信息。

在教育行政部门的引导下,绝大多数民办教育机构能够自觉遵守法规和政策要求,做到令行禁止,诚信办学,在民办教育系统中形成了以遵纪守法为荣的好风气和正面舆论,能够认真配合行政部门共同加强规范化管理,提高办学的公信力。总体来看,杨浦区民办教育办学因违法违规原因而产生的投诉率有逐年下降趋势,反映了学校办学的规范性有了进一步提高。近年来还不断涌现一批办学优质、社会知名度高、影响好的民办教育机构。

四、下一阶段杨浦区民办教育发展面临的挑战及应对对策

杨浦区作为国家创新城区先行区域,担负着重要的历史使命和光荣责任。区域的民办教育发展也面临着一系列新的任务和挑战:以创新驱动为核心的经济发展方式加快转变对杨浦区民办教育提出了新的要求;以扩大优质教育为聚焦点的多样化教育需求对杨浦区民办教育提出了新的期待;以规模、结构加速变化为特征的人口发展态势对民办教育提出了新的挑战;以功能、形态和布局调整为重点的城市转型发展对民办教育提出了新的任务。这一切都需要区域的民办教育进一步加大对国家创新城区建设的支持、贡献和匹配度,进一步构建与学生个性化发展相适应的学校专业、课程体系、形成有利于师生科学发展、健康成长的环境和氛围,促进民办教育与基础教育、高等教育与终身教育等各级各类教育有机衔接、资源共享,深化管理体制改革,应对学前教育生源加速扩张的入园高峰态势,尽快对部分地段做好动态的布局调整,进一步增强民办教育的服务、交流和合作能力,加快教育国际化。

在新形势、新要求下,杨浦区教育局将进一步在国家关于民办教育促进和发展的大政方针指引下,发展好杨浦区的民办教育。

着眼于建设国民终身教育视角和提高全民素质的高度,进一步通过民办教育发展现状调研和全面总结,制定未来3—5年中区域各类民办教育发展的总体规划,提出具有前瞻性、区域性和创新性的发展目标。创新制度和创新措施,破解各类管理、资金投入、招生高峰、师资建设、专用账户等瓶颈与难题,加大对于民办教育的扶持性、激励性投入,更加有力地推进民办教育有新的发展,培训服务业有新的增长,为杨浦区经济社会大发展做出更多贡献。

顺应"管、办、评分离"的改革方向,转移政府部分职能,作为区域教育行政管理综合改革的组成部分。进一步做好购买优质教育服务工作,重视发挥评估结果对于教育管理的作用,发挥好评估的柔性导向;进一步优化监管工作,关注和敏锐察觉问题民办非学历教育机构办学的异动情况;进一步引导增强办学诚信度承诺和完善监管中的危机处理机制,构筑绿色"防火墙",有力、有效地规避、防范和控制风险。

探索区域实施民办非学历教育机构分类管理改革,边调研边试点,在改革创新过程中总结、完善,形成具有可行性、操作性的政策和措施;重视依法完善法人制度建设,重视民办学校的法人治理和权力制衡,更有效引导和更好鼓励民办教育机构加强现代社会组织制度建设,加强行业自律建设,遵循市场运行规则,维护市场公平秩序,办人民满意的民办教育;进一步以创新措施推动民办学校差异化、特色化办

学发展;培育一批适应性、先进性、技术性、绩效性、性价比俱佳的优质民办教育机构,发挥"枢纽型"、"龙头型"的示范带头辐射作用。

通过对民办非学历院校专业、课程设置、教学管理、师资资源配置等情况的调研,在区域范围进行培训资源整合、调整,引导院校主动调整乃至淘汰某些饱和与不适应当前和未来发展需求的专业、课程,研发新型专业体系、课程产品,加快培养具有较强执行力和发展后劲的师资队伍,让一些专业性、生长性较强的培训机构办得更具规模、更有特点和影响力;尝试建立相关专业院校之间的合作联盟,做精、做强、做大若干具有区域优势或特点的专业和培训项目。

结合现阶段民办教育机构的办学实际,有计划、有重点地加强对不同办学人员的岗位培训和继续教育,如分别对财务人员、教务人员、院校长、园长等,在完善规范性要求的基础上进一步提高内涵发展领导力、自主管理能力与品质,提高办学整体效益。

（杨浦区教育局提供）

浦东新区民办教育改革与发展状况

一、浦东新区促进民办教育发展的背景

民办教育不仅有利于拓宽教育投资渠道,转变传统教育观念,促进教育结构的调整,满足社会对教育日益增长的需求,而且还有助于促进教育管理体制的改革和提高教育的整体水平。《国家中长期教育改革和发展规划纲要(2010—2020年)》也明确指出:大力支持民办教育。民办教育是教育事业发展的重要增长点和促进教育改革的重要力量。各级政府要把发展民办教育作为重要工作职责,鼓励出资、捐资办学,促进社会力量以独立举办、共同举办等多种形式兴办民办教育。

(一)浦东新区仍存在教育资源供需矛盾,为促进民办教育发展提供契机

浦东新区有基础教育阶段学校575所,占全市基础教育阶段学校总量的1/5。其中,中学149所,小学165所,幼儿园261所。浦东新区基础教育阶段学生数为44.62万人,占全市基础教育学生总数的1/5,其中在浦东新区各类学校就读的农民工子女14.5万人,外籍学生1.4万人。在近十年里,浦东新区入学人数不断增加,虽然教育资源总量也在增长,但供需矛盾仍比较突出。以学前教育为例,2005年以来,新一轮入园人口高峰来势较猛,2005年入园幼儿为13 970名,2009年为15 023名,2010年迎来最高峰,达到18 560名,并且入园高峰还会持续8—10年的时间。① 此外,随着浦东新区新一轮开发开放的不断深入,大批内地的建设者不断涌入,非本市户籍适龄儿童数量持续增加。从2005年开始,由于公办幼儿园解决户籍适龄儿童入园问题已呈饱和状态,因而向非本市户籍儿童开放的程度有限,这将进一步凸显供需之间的矛盾。义务教育阶段除迎来新一轮户籍生源高峰之外,非本市户籍学生的人数也在持续增长,2011年为12万人,2012年为14.5万人。以常住人口作为规划基础建设的公办学校,未能消化和解决由于人口导入增速和流动性加大带来的区域入学需求。

从以上数据来看,当前浦东新区教育正处于高速发展时期,学校数量、规模和人数都有了显著提高。但随着入学需求的不断增加,上至教育主管部门,下至公办学校,都承受着极大的压力。不过,从另一个角度来说,公办教育资源总量仍显不足的现状为民办教育的阶段性发展提供了空间和难得的契机。

---

① 相关数据来源于浦东新区教育事业发展"十二五"规划基础教育专项调研报告。

（二）社会公众对多元、可选、优质教育的需求不断增长，民办教育前景广阔

在浦东新区成立之初，区内教育资源就呈现出较大差异性，既有黄浦江沿岸的优质教育资源集中区域，也有外环线以外基础教育较为薄弱的地区。最近十几年来，浦东新区经济快速发展，吸引了来自全球3万余人的外籍人士和上百万的国内建设者在此就业。此外，浦东新区人口构成较为复杂，各类群体由于文化背景和生活方式存在着较大差异，在教育需求方面也各不相同。在浦东新区教育由外延向内涵发展的关键期，如何满足社会不同阶层的不同教育需求，体现公平，成为新区政府面临的重要问题。

从浦东新区政府定位来看，公办教育的目标在于保基本、保公平和促均衡，主要为社会公众提供基本公平的教育公共服务产品。民办教育的优势在于办学自主，可以及时根据社会需求提供特色鲜明的个性化教育服务产品，丰富教育服务市场。所以，政府可以通过促进民办教育的发展来满足社会公众的多元、可选择的、个性化的教育需求。

（三）综合配套改革试验先行先试的政策优势为民办教育发展提供政策保障

作为综合配套改革试点的重要组成部分，浦东新区教育肩负着先行先试的重大使命，必须努力推进体制机制创新，不断探索教育发展的新空间。为此，浦东确立了"公平、普惠、完备、优质"的教育公共服务体系目标，并通过各种努力顺利完成城乡二元体制并轨，在区域内实现了统一硬件配备水平、统一拨款标准、统一信息平台和统一提供教师培训与发展机会的"四个统一"，完成了从"差异发展"到"均衡发展"的转变。此外，新区还创新了农民工同住子女义务教育关系，实现从"关注户籍人口"向"关注常住人口"的转变。其主要做法是扩大公办学校接受农民工同住子女的比例、通过制度设计支持申办民办农民工子女学校、购买学位。最后，以"管、办、评"联动机制为载体，实现教育产品提供方式从"单一"向"多元"转变，初步形成"政府宏观管理、学校自主办学、社会优质服务"的教育管理格局。

随着教育改革向纵深推进，浦东新区教育发展需要从全局性和系统性上进行制度设计，必须摒弃"头痛医头，脚痛医脚"的局部变革，探索新的教育管理和服务机制。为此，浦东新区教育行政部门把"小政府、大社会、大服务"作为工作目标，并致力于新的教育管理和服务机制及供给方式的探索。为此，2007年3月确立了"浦东新区教育公共治理结构与服务体系研究"课题，以如何合理解决保障基本教育需求与满足多元需求之间的矛盾为核心，主要围绕地方公共治理的治理需求、治理模式与治理方式等问题进行研究。提出了构建"有限的政府、规范的市场、专业的社会组织、自主的学校、自觉的公民"共同构成的教育公共治理格局。

从职能上来看，市场作为教育公共治理主体之一，可以与政府合作参与教育产品提供与公共服务，为公民提供优质的、多元的、可供选择的教育产品与教育服务，满足社会公众的多元需求。而目前正在积极探索实践的民办非营利制度，正是为了形成"规范的市场"而研究设计的。不难看出，浦东新区综合配套改革试验先行先试的政策和"浦东新区教育公共治理结构与服务体系研究"成果为浦东新区教育，尤其是民办教育的发展奠定了坚实的基础。

二、浦东新区促进民办教育发展的主要举措

自1993年浦东新区建区以来，经过近二十年的持续发展，浦东新区的民办教育规模由小到大，取得了长足的进步。截至2012年12月，浦东新区民办中小学已达67所（其中纳入民办管理的农民工子女学校有41所），民办幼儿园90所，非学历培训机构167家。民办学校的发展，特别是在办学体制、教育管理、课程与教学、学生培养模式等方面的大胆探索，无疑为浦东新区的整个教育带来了新的气象，也在一定程度上满足了人民群众日益多元化的教育需求，改变了原来单一的公办学校办学的局面，有利于形成富有生机和活力的多元办学格局。

（一）实施浦东新区特色的公共财政扶持政策，逐步形成民办教育发展的新内涵

在"积极鼓励、大力支持、正确引导、依法管理"的十六字方针指导下，浦东新区政府采用了专项补贴、减免费用、添置设备、购买学位等方式，为民办教育发展助力。

1. 出台促进民办学校内涵发展的一系列专项扶持政策

鉴于民办学校发展过程中出现的资金短缺和师资队伍困难等问题，新区政府推出了一系列政策：① 出台《浦东新区关于促进民办教育发展的财政扶持意见》，设立专项资金，明确对民办学校实行生均公用定额补贴和特色建设及师资建设补贴，同时明确将民办教师的培训纳入新区教师培训计划，享受公办学校教师同等待遇，彻底消除了民办教师和公办教师在培训方面的不平等；② 由新区政府印发的《浦东新区关于促进农民工同住子女学前教育工作的财政扶持意见》，把民办三级幼儿园和学前儿童看护点的师资培训纳入教育局师资培训经费预算；③ 每年通过购买服务方式，由新区教育局委托学前教育协会和成人教育协会对全区的民办学前教育机构和民办非学历培训机构开展教研、培训、指导等，促进民办教育的规范发展。

2. 切实加大对民办学校办学条件的财政扶持力度

由于办学经费的不足，不少民办学校的办学条件饱受诟病，直接影响民办教育的长期发展。为了解决该问题，新区政府采取各种措施，加大了对民办学校的各项财政扶持力度，为民办教育发展创设了良好的环境。这些政策主要包括：① 探索民办非营利制度设计，在财政扶持方面对非营利性民办学校给予支持，如提供教育局所属的闲置校舍供学校办学使用，帮助学校配置设施设备等；② 对租用政府教育部门闲置校舍或公建配套园舍开办民办学校的，实施优惠政策，义务教育阶段民办学校校舍租金减半收取；民办学校新区户籍在校学生数超过学生总数80％以上，租金三年内给予不低于50％的减免，超过学生总数90％的按70％减免，超过学生总数95％的按100％减免；③ 对租用政府教育部门闲置校舍或公建配套园舍开办民办学校的，其校舍维修费用按照公办学校同等标准纳入财政预算安排；④ 对民办三级幼儿园和学前儿童看护点给予安全和保教设施设备财政扶持；⑤ 对民办学校的设施设备添置给予专项补贴，包括为民办农民工子女学校建设多媒体教室、图书室等。

3. 不断提高政府购买民办学校学位的补贴标准

根据浦东新区教育的实际情况，新区政府购买学位主要集中在学前教育阶段地段生学位和进城务工农民随迁子女义务教育学位，并出台了《浦东新区教育事业发展财政专项补贴操作办法》，进一步明确了政府购买学位的补贴标准。其中指出，"为了调动民办幼儿园招收地段生的积极性，采用分段递差补贴方式，招生地段生人数在40％以下的，每生每年3 000元；40％以上的每生每年4 000元。义务教育阶段补贴标准也在逐年提高，从2009学年每生每年2 560元提高到了2012学年每生每年5 000元。"并且，以上资金均列入教育局每年财政预算加以保障。

据不完全统计，2009—2012年期间，浦东新区财政对各级各类民办学校的各项扶持经费总计如下（包括购买民办学校学位的费用）：2009学年约为3 323.9万元（不含原南汇区财政投入），2010学年约为11 052万元，2011学年19 097万元。

（二）深化实施政府购买民办教育机构学位，不断推进政府职能转变

近年来，浦东新区政府以建立健全政府购买公共服务机制为突破口，积极推动政府职能转变和社会组织发展，探索形成"政府承担、定向委托、合同管理、评估兑现"的公共服务方式，以满足社会多元化的教育需求。购买民办教育机构的学位，是浦东新区政府以购买方式保障学生平等入学权利的积极探索，具有转变政府职能、节约政府开支、保障社会公平等方面的作用，同时也有效推动了民办教育机构积极稳定地发展，与公办学校互为补充。

浦东新区购买民办教育机构学位的实践主要分为两种类型：一种是政府向民办幼儿园购买学位；另一种是政府向民办学校购买农民工子女学位。

1. 大力推行政府购买幼儿园学位政策,满足学前教育不断增长的需求

2005 年 4 月,浦东新区教育行政部门发出《浦东新区学前教育阶段政府向民办幼儿园购买服务的实施意见(试行)》,对招收 3—6 岁地段生的民办幼儿园,以招收地段生的人数及上年度新区财政生均水平的一定比例为依据,给予民办幼儿园地段生生均经费补贴。同时,《浦东新区对开展义务教育及学前教育的民办学校(幼儿园)进行财政扶持的实施意见》,明确了对招收地段生的民办幼儿园可根据其地段生比例享受"减免园舍租金"的政策,如果民办幼儿园地段生比例达到 40%,不仅可以得到来自政府的地段生生均补贴,还可享受"零租金"租赁园舍的优惠。

浦东新区现有民办幼儿园 90 所(其中 49 所普通民办幼儿园,41 所招收农民工子女的民办三级园)。2005—2011 年,浦东新区共向 33 所普通民办幼儿园购买学位(不涉及民办三级园),购买学位数从最初的 990 人扩展到 3 054 人(见表1),间接履行政府职能,部分解决了"入园难"的问题,使在民办幼儿园就读的地段生享受到与公办幼儿园(相当于一级幼儿园)同等收费标准的待遇,保障了地段生的基本权利。

表 1　2005—2011 年浦东新区政府购买学位的民办幼儿园学位情况

年　份	涉及购买学位的民办幼儿园(所)	涉及购买学位的民办幼儿园学生数(人)
2005	25	990
2006	30	1 343
2007	34	1 734
2008	34	2 245
2009	33	2 483
2010	34	3 110
2011	33	3 054

根据 2005 年《浦东新区学前教育阶段政府向民办幼儿园购买服务的实施意见(试行)》和《浦东新区对开展义务教育及学前教育的民办学校(幼儿园)进行财政扶持的实施意见》规定,浦东新区以招收地段生的人数及上年度浦东新区财政生均水平的一定比例为依据,给予民办幼儿园地段生生均经费补贴,并对招收地段生的民办幼儿园可根据其地段生比例享受"减免园舍租金"的政策。也就是说,政府为地段生的学位买单,或减免校舍租金,或直接补贴差额(见表 2)。除购买学位的补贴经费之外,浦东新区政府还承担这些民办幼儿园每年园舍修缮资金的 90%(其余 10% 由民办幼儿园承担)。

表 2　2005—2011 年浦东新区政府购买民办幼儿园学位的补贴经费(生均补贴+园舍低租金)

年　份	生均补贴费用(元/人)	租金优惠政策
2005	1 500	前三年的园舍租赁费为每平方米建筑面积 2.24 元/月;开办第四年起,园舍租赁费按每平方米建筑面积 5.85 元/月计算。在园地段生占幼儿总数 20%—30% 的(含 30%),其园所租赁费单价下调为 4.50 元/月;地段生占幼儿总数 30%—40% 的(含 40%),其租赁费单价下调为 3.50 元/月;地段生达 40% 以上时,可为零租金
2006	2 000	
2007	2 000	
2008	2 000	
2009	2 000	
2010	2 000	
2011	3 000—4 000(招收地段生比例在 40% 以下为 3 000 元,在 40% 以上为 4 000 元)	

可见,政府通过给予民办幼儿园各项资金支持和补贴,有效保障了民办幼儿园的发展资金,保障了地段生基本教育权利的同时,也调动了社会资源的积极性,促进了民办幼儿园的稳定健康发展。

2. 深入落实政府购买农民工子女学位政策,促进社会和谐发展

随着浦东新区开发和城市化进程的加快,进城务工农民工子女义务教育问题日益突出,在不断努力和探索中,政府逐步形成了解决农民工同住子女义务教育"以公办学校招收为主、购买民办小学教育服务、加强农民工子女学校规范管理"的途径。

2007年浦东新区教育行政部门印发了《浦东新区民办农民工子女学校申办暂行办法》,对办学目的、举办者资格、办学资金、教职员工、校舍场地等做了详细规定,在上海市率先推出农民工子女学校"转正"为民办学校的计划。2010年8月《浦东新区教育局关于加强以招收农民工同住子女为主的民办小学管理的若干规定》,细化了农民工子女小学管理目标分解方案,持续推进了其规范管理。

近年来,浦东新区政府一直以购买学位方式,委托41所民办农民工子女小学招收农民工同住子女,保障了农民工同住子女享受义务教育的权利。

根据浦东新区政府《关于促进浦东新区社会事业发展的财政扶持意见》,每年按学校招收学生数核定购买学位的费用,经财政局核定后下拨各民办小学,给予民办小学强大的财政支持和物质保证。财政支持包括逐年提高的生均办学成本补贴和改善办学条件的各项资金投入。2007—2009学年,浦东新区购买民办小学学位的财政投入经费达到6 372.35万元。2010年,为实施市政府"为民办农民工子女小学配置标准图书室及增配体育运动器材"实事工程,投入580余万元。2011年为41所民办小学配备电脑房及教室多媒体设备,投入资金近1 500万元。2012年实施上海市政府"为以招收随迁子女为主民办小学配置综合实验室"项目。

(三)以课题研究为契机,探索营利性与非营利性民办教育发展的新形式

2007年,在浦东新区公共治理结构体系研究的大框架下开展了"民办教育机构营利性与非营利性制度设计"的研究。通过该研究,基本确立了营利性和非营利民办教育机构管理制度的设计思路:首先,明确举办民办教育机构的出资性质,根据其出资性质确定民办教育机构法人性质和定位;其次,根据民办教育机构不同法人定位,架构相对合理完善的法人治理结构;再次,建立与民办教育机构法人性质相匹配的管理制度。设计框架为:营利性学校纳入企业范畴管理,实行企业法人登记,完全按市场化模式运行,自负盈亏,依法纳税;非营利性学校纳入民办非企业单位范畴管理,实行民办非企业单位法人登记,出资人出资不享有收益权、对学校资产不享有任何权利,学校可以享受税收优惠和政府财政扶持资助。

2010年,浦东新区教育局制定了《浦东新区开办非营利性学校的若干制度》,试点设立民办非营利性学校,利用闲置的公办学校校舍在未突破上位法律法规的前提下,探索试行非营利制度建设,培育优质、特色、精品的民办非营利学校。

该制度对民办非营利性学校的法人治理制度、准入制度、保障制度、评估监控制度、退出制度都进行了详细设计。

1. 法人治理制度

非营利性民办学校应该建立完善的法人治理结构,实行董事会领导下的校长负责制。学校董事会由举办者组建,可以由教育专业管理人员、举办者代表、教职工代表、社区代表等组成,董事会是学校决策机构,董事会成员不应以参与董事会为由享有薪酬。校长由董事会聘任,依法独立行使教育教学和行政管理职权。学校法定代表人由董事长或校长担任。

2. 准入制度

(1)通过招投标选择举办者。为了能够在充分竞争的环境下,公平、公开、公正地选择最优办学主

体,要采用招投标方式来产生承租公办学校校舍办学的举办者。每年政府将可以用于开办民办学校的公办学校校舍通过网站等相关渠道发布招标信息,并委托招标机构负责开展招投标工作,通过规范的招标程序确保最终结果的公平性。

(2)举办者履行出资义务。为了保证学校的正常开办和运行,举办者必须履行出资义务。用于学校开办的经费主要包括注册资金和开办资金。学校注册资金应以现金形式到账,参考目前浦东新区公办学校校舍用于开办民办幼儿园的注册资金标准,定为200万元。此项经费在学校完成法人登记后,可供学校正常运营使用。考虑到租赁校舍的民办学校对资产投入较少,抵御风险能力较低,为避免出现民办学校办学主体遇到办学风险后一走了之的情况,凡租赁公办学校校舍办学的,应每年从学费收入中提取风险准备金。提取比例为学校年学费收入的3%—5%,累计金额达到学校当年学费收入50%时及以后期间,可以不再提取。提取的风险准备金在学校无法继续办学时用作终止清算及分流学生使用。清算完成后结余的风险准备金无偿纳入非营利性民办学校发展基金。

(3)按照办学条件筹办学校。举办者履行出资义务后,按照办学条件开展民办学校的筹办工作。包括按照学校设置条件组建董事会、制定学校章程和各项规章制度,聘任校长、组建师资队伍,并完成学校申办和法人登记的各项程序。

3. 保障制度

(1)根据办学成本确定收费标准。非营利性民办学校的收费标准由学校根据办学成本和社会需求来综合确定,收费标准一旦审核确定后,学校不得以"优惠、打折"等名义随意低于核定标准收费,否则将要求学校按其降低后的收费标准执行,且两年内不得提高收费标准。

(2)合理确定教师薪酬。对非营利性民办学校,最重要的就是学校要有一支稳定的、优质的师资队伍。目前民办学校师资队伍不够稳定、质量不高的最关键原因在于和公办学校教师相比,民办学校教师收入偏低、社会保障制度不够完善。因此,民办学校应参照公办学校师生比确定师资队伍总量,教师年人均收入不应低于同类公办学校水平。

(3)政府予以财政扶持。对非营利性民办教育机构,政府可以进行多渠道的扶持和资助。包括生均公用定额补贴、特色建设支持、人员培训、租金减免、税费优惠等。

4. 评估监控制度

(1)加强财务管理。非营利性民办学校的办学结余不得用于分红,所有盈余应该再投入到学校办学中,用于不断改善办学条件,区教育局将重点加强对学校财务的过程管理和监控。学校应向教育局上报年度财务预算及决算,区教育局每年对学校进行财务审计。同时,学校董事会应按照合理的学校日常成本结构来制定预算,支付各项开支。非营利性民办学校每年接受上级部门的审计。

(2)加强评估监督。除了加强对非营利性民办学校的财务管理和监控外,区教育局每年对学校办学质量进行评估,促进其规范办学、不断提升办学水平。评估结果作为政府开展财政扶持的重要依据。评估方式采用年度检查、专项评审等,由政府组织专家或委托第三方评估机构开展。

(3)进行社会公示和行业自律。各民办学校的章程、年度检查结果(包括审计报告)、学校基本情况(校舍条件、师资队伍、设备设施、课程设置等)、招生信息要向社会进行公示,以体现公众知情权,起到社会监督作用。加强民办学校的行业自律自治,可以通过政府购买服务的方式充分发挥行业协会的信息沟通、政策宣传、自律管理、评价监督、交流服务等作用。

5. 退出制度

若学校因故无法继续办学的,由举办者、区教育局共同组成清算小组对学校资产进行清算。清算顺序为:退还学生学费和其他费用,支付所欠教职工的工资及社会保险缴费,偿还银行贷款及其他各种债务等。在结清所有债权债务的基础上,若学校资产仍有结余,举办者可以收回开办时投入的注册资金,收回注册资金后的盈余纳入区域民办教育发展基金,不归属举办者所有。学校资产全部用于结算后仍有债务未支付的或因非正常终止办学需要分流安置学生的,教育局按程序启用学校缴纳的风险保证金。完成清算后结余的风险准备金无偿纳入非营利性民办学校发展基金。

三、浦东新区促进民办教育发展的主要成效

(一)民办学校数量持续增长,办学质量逐年提高

浦东新区对民办教育的财政扶持体系已基本形成,在政府的大力扶持下,浦东新区民办教育整体发展稳中有升,这主要表现在学校的数量、规模和学校的办学质量和发展空间等方面。

1. 民办学校数量保持增长

近年来,浦东新区的民办学校数量保持稳步增长态势(见表3)。

表3 2009—2012 年浦东新区民办学校数量   单位:所

类 型	2009 年	2010 年	2011 年	2012 年
民办中小学	65	65	66	67
民办幼儿园	51	59	77	90
民办非学历培训机构	144	161	165	167
合 计	260	285	308	324

2. 民办学校发展空间拓宽

浦东新区在全市率先实践了向民办学校购买学位的做法,为民办学校提供了更宽的发展空间。比如以招收进城务工农民随迁子女为主的民办小学,依靠政府购买学位的政策设计,得到了规范和发展;以受生源减少影响最大的民办高中为例,浦东新区有4所民办高中在政府支持下成功转变办学定位,接受政府委托招收农民工子女开展初中阶段教育,由政府给予购买学位费用。

3. 民办学校办学环境改善

近年来,浦东新区财政部门加大了对民办学校的校舍维修和设施设备投入。比如凡是租赁区教育局校舍的民办学校,除常规维修费用纳入教育局预算安排外,还纳入"校安工程"。若是按照非营利制度开设的民办学校,区教育局还帮助学校配备必需的设施设备及安全防护装置。在民办学校自身和政府的双重努力下,绝大多数民办学校的办学条件都得以改善。

4. 民办学校办学质量提升

随着民办学校定位的转变,一批管理规范、注重内涵发展的民办学校,逐渐形成特色并日益凸显,社会声誉也日益提高,办学质量得到了家长和社会的认可。在浦东新区第九届教学展示周上,民办平和学校进行了教学开放展示,吸引了400多名校长、教师到校观摩学习。在上海市教委2012年开展的民办中小学特色创建工作中,浦东新区共有9所学校获得特色学校创建校或特色项目创建校称号(见表4)。

表4 浦东新区民办中小学特色学校创建校及特色项目创建校名单

类 型	学 校	类 型	学 校
特色学校创建校	上海市平和双语学校 上海新竹园中学 上海张江集团学校 上海金苹果双语学校 上海尚德实验学校	特色项目创建校	上海民办洋泾外国语学校 上海民办浦东交中初级中学 上海民办中芯学校 上海丰华高级中学

案例1 以特色项目建设推动学校发展——上海民办中芯学校工作案例

秉承学校开办之初确立的"中西合璧"教育思想,上海市民办中芯学校一直致力于中国传统文化,尤其是中国传统中医药文化在中小学阶段的推广和传承。学校从2006年就开始了一系列的中医药探究活动,将中医药探究活动作为特色项目起步实施。在特色项目的推进过程中,得到了浦东新区民办教育政府专项资金的扶持。目前学校初步开展了在学科领域渗透中医药知识和文化的实践。同时收集各科老师的中医药教案、学生标本、摄影作品和中医药膳等内容,准备整理改编《中草药教案集》,修订《中医药学生读本》。开设了探究课,鼓励学生参与中草药的栽种、识别、炮制以及药膳制作及功效等方面的学习。另外,在全校开展中医药系列展览,弘扬中医文化。课题研究取得了初步的实践成果,学生的人文素养得到了培养,学校的办学理念和教育思想也得到了家长的认可。2012年,学校被中国民办教育协会中小学专业委员会评为"特色建设先进学校",对学校在中医药方面进行的探究活动进行了表彰。

(二)创新公共服务政策,有效满足社会多元需求

1. 以政策创新为抓手,不断转变政府职能

为解决当下突出的"入园难"、"入学难"问题,浦东新区政府做出了购买民办教育机构学位的创新之举。从当下政府改革的趋势看,政府购买民办教育机构的学位既能提高服务水平,又能缩小政府办学规模。与政府直接投资兴建公立教育机构这一传统模式相比,政府通过购买,特别是以竞争性购买的方式提供教育服务,具有节约政府开支、保障社会公平等方面的作用。政府购买民办教育机构学位的目的不是为了推卸责任,减少财政拨款,而是为了满足公众多元的教育需求,履行政府服务社会和公众的责任,实现政府财政效力最大化和公共服务优质化。

为满足适龄儿童对学前教育多样化、优质化的需求,浦东新区在逐年加强公办学前教育建设的同时,将民办学前教育纳入政府管理和财政支持的范畴,有助于社会享受更多优质、多元的学前教育服务。同时,购买招收农民工子女的民办小学学位仍然是解决农民工子女义务教育的重要渠道,是教育公平的重要表现,也有助于吸引更多地包括农民工在内的外来务工者参与浦东发展与建设。

从购买学位相关政策的实施效果来看,浦东新区政府不仅节约了大笔的教育开支,而且还初步实现了政府保障教育基本需求、维护教育公平的行政管理体制改革目标。

2. 以政策创新为契机,逐步提升民办教育水平

浦东新区民办幼儿园良莠不齐,存在一些民办幼儿园设施条件好,教育质量高,生源过多,供不应求;而另一些民办幼儿园生源不足五成,个别民办幼儿园因生源不足而趋于停办。浦东新区政府向民办幼儿园购买学位,为民办幼儿园提供了稳定的生源,很大程度上缓解了一些民办幼儿园的生存危机,打开了发展民办学前教育的新的路径。如高桥地区民办小博士幼儿园每年招收地段生人数都超过80%,进而享受了政府给予的低租金和生均补贴,若没有政府购买学位的相关政策支持,该园的发展堪忧,因此购买民办幼儿园政策在某种程度上缓解了民办幼儿园的生存发展危机,从社会发展和人才培养的角度看,推进了整体民办学前教育的发展。因此,浦东新区借助购买学位政策,优化了政府和社会资源配置,实现落实政府职责和调动社会资源的"双赢",促进民办学前教育多样化和优质化的发展。

同时,购买招收农民工子女的民办小学学位的学校在一系列逐步完善的制度管理中行政管理逐步纳入轨道,内部管理网络逐渐形成,财务管理制度走向规范,师资水平不断提高,教育教学秩序趋于正常,并显现初步的办学特色。而这些方面的改善都是购买学位相关政策实施之前所难以达到的。

（三）营利性与非营利性民办学校分类管理初见成效

2010年,浦东新区教育局制定了《浦东新区开办非营利性学校的若干制度》,对利用区教育局所属校舍开办民办中小学的,试点设立民办非营利性学校。一方面为了充分发挥公办学校校舍的使用效益,同时也是在未突破上位法律法规的前提下,利用自有资源探索试行非营利制度建设,培育优质、特色、精品的民办非营利学校。

2010年9月,租赁浦东新区教育局校舍按照此制度设立的上海民办福山正达外国语小学正式开学,运行至今,取得了理想的效果。

案例2　量入为出——民办福山正达外国语小学工作案例

为进一步推进教育体制机制改革,促进浦东新区民办教育发展,帮助民办教育机构形成特色,获得新的发展动力,新区制定了民办学校分类管理的若干制度,明确对非营利性民办学校给予政策支持。民办福山正达外国语小学的诞生恰逢这一政策构思出台的契机。所以,从商议办学的指导思想到具体制定学校章程,学校首先明确了"非营利"的办学性质。

学校举办者的初衷在于兴办一所承载改革使命、实现教育理想的理想学校,而非谋求个人利益。所以,经董事会讨论,"非营利"明确写入学校章程修正案。

在办学过程中,学校确定了"量入为出"的指导思想,也就是根据教育局相关"准入"要求完善制度,计提风险准备金,确保"退出"有保障;根据实际运行需要确定"收入"来源,也就是合理制定学费标准,使用中确保"支出"合理,确保各项业务活动需要。学校完成了基本制度设计,落实了相关工作,主动接受监督检查,保障并落实了"非营利"。

一、学校运行

1. 根据办学成本确定收费标准。学校的收费标准根据办学成本和社会需求来综合确定。开办前两年收费标准为每生每学期人民币7 000元。两年后,根据实际运行的成本估算,经物价局审核批准,调整为每生每学期人民币9 200元,调价后,实行"老生老办法,新生新办法"。

2. 招生生源以浦东户籍为主。由于学校使用的是公办学校校舍,学校在招生中以浦东新区户籍生源为主。2011学年在校学生402人,其中浦东新区户籍学生327人,有人才引进居住证并在浦东新区居住的学生27人,有浦东新区房产证的学生29人,占学生总数比95.27%;2012学年在校学生617人,其中浦东新区户籍学生421人,有人才引进居住证并在浦东新区居住的学生46人,有浦东新区房产证的学生121人,占学生总数比95.3%。

3. 合理确定教师薪酬。民办学校要办成精品、办出特色,最重要的就是学校要有一支稳定的、优质的师资队伍。针对目前民办学校普遍存在的师资队伍不够稳定、质量不高的不利局面,学校坚持逐步提高教师收入,完善教师福利保障制度和专业发展制度来稳定教师队伍,加强师资力量。在教师数量上,参照公办学校师生比确定师资队伍总量;在工资收入上,教师年人均收入略高于同类公办学校教师年人均收入;学校从开办第一年开始就设立年金制度,为教师缴纳年金。至今,为符合条件的教职工缴纳年金累计金额114 266.47元。

4. 全面提高教师待遇。在专业发展上,学校创造展示评比的平台及交流学习的机会,为教师提供良好的发展空间;学校聘请专家以及优秀教师指导青年教师,促进其业务发展。每年做好教职工体检工作,开展教职工休假活动、文娱活动,充实教职员工的精神生活,为其工作和生活创造良好的环境。学校还对有家属患病或离世的教师给予补贴,积极营造温馨和谐的氛围,提升教职员工的归属感。

5. 建立风险保证金。学校每年从学费收入中提取风险准备金。提取比例为学校年学费收入的3％，从2010年开办至2011年底，共计提取风险准备金75 319.98元。

二、监督保障

1. 加强财务过程管理。非营利性民办学校的办学结余不得用于分红，所有盈余应该再投入学校办学中，用于不断改善办学条件。学校财务接受会计核算中心监管，教育局每年对学校进行财务审计。同时，学校董事会按照合理的学校日常成本结构来制定预算，支付各项开支。

2. 通过评估进行监督。除了加强对学校的财务管理和监控外，学校还接受行业主管部门组织的年检评估，并主动申办民办中小学协会的展示交流活动，对外展示办学特色，促进自身规范办学、不断提升办学质量。

学校开办以来，一直坚持"量入为出"的非营利办学方向，得到了社会、家长的认可。每年招生计划均能顺利完成，并逐渐形成了鲜明的办学特色，赢得了良好的社会声誉。

四、面临的挑战及应对举措

（一）结合新区实际，科学制定民办教育综合发展的整体规划

根据本地的实际，将民办教育纳入浦东新区教育事业整体发展中，合理布局和科学规划，分级管理、分类指导，坚持凡是有利于解放教育生产力、促进教育事业发展，有利于满足广大人民群众的教育需求，有利于提高国民的综合素质，各种办学体制、筹资体制、办学模式、政策、手段都可以探索，把促进民办教育发展和办学体制改革，作为推动教育体制改革、教育制度创新和教育事业发展的重要力量。

要明确区域民办教育发展的方向，科学合理的设点布局，引导民办学校与公办学校错位竞争，形成办学特色，为新区居民提供多元、个性、优质的教育服务。

政府应切实鼓励民办幼儿教育的数量发展，使民办幼儿教育在增量发展中占有相当比例。同时，政府应保证每个适龄幼儿均能享受基准的学前教育，在政府购买服务、提供资助的前提下，民办幼儿园对符合就近入园条件的幼儿应按公办标准收费。义务教育阶段，坚持以政府办学为主，在保证每个适龄儿童和少年享有足够学额和一定质量标准的基础上，发展一批优质、特色、精品化的民办学校，以满足部分家庭对特色教育的需要。高中教育阶段，鼓励社会力量对现有民办高中教育资源进行整合，充分挖掘现有民办高中的资源潜力，鼓励民办高中向多元化、多通道、多出口的方向迈进，扶持一批办学水平较好、已有一定社会影响力的民办高中平稳发展。

（二）实施对民办学校的积极财政资助政策，助力浦东新区民办教育内涵发展

教育公共财政供给模式既关乎政府治理理念的变革成功与否，也直接决定着民办教育的前途和命运。因此，应加大政府对民办教育的投入力度，不断拓宽投入渠道，优化支出结构，创新管理机制，提升资金的使用效率。

1. 加大对民办学校内涵发展和师资建设的扶持力度

在已经设立的浦东新区促进民办教育发展财政专项资金基础上，加大对民办学校的扶持资金量，扶持内容应逐步从硬件扶持为主转向对课程改革、教学科研、特色建设、课题研究、教师专业化发展等方面转变。

由政府资助民办学校教师购买补充养老保险，鼓励民办学校以缴纳年金等方式为教师购买补充养

老保险,此举对于稳定民办学校教师队伍、实现与公办教师同等待遇具有重大意义。

2. 加大对民办学前教育机构的扶持力度

目前,浦东新区在园儿童中,非本市户籍的适龄儿童已约占 30％。其中外来农民工同住子女的比例在不断上升,且主要集中在城郊接合部和郊区。当前正值新一轮人口出生高峰,学前教育资源不足的问题开始凸显。为有效缓解这一问题,为农民工同住子女接受学前教育或看护积极创造条件,应大力支持社会力量举办符合条件的民办三级幼儿园和学前儿童看护点。加强对民办三级幼儿园和学前儿童看护点的扶持、指导、管理,履行政府指导和服务职责;帮助民办三级幼儿园和学前儿童看护点改善办学条件,保障适龄儿童人身安全和身心健康发展。

3. 完善民办学校资助监管约束机制

在对民办学校进行资助的同时,必须确定学校是否有资质享受相应的资助。审批机关可以依法委托审计机构对民办学校进行财务审计,财务审计结果作为民办学校是否享受财政资助的参考。

(三)进一步完善政府购买民办教育机构学位的制度设计

1. 细化政府购买民办教育机构学位的准入制度

从源头上来看,准入条件的细化是保证教育公共服务质量的先决条件。一方面,政府应根据教育公共服务需求,将基本的、具体的教育质量标准及时地向民办教育机构公布;另一方面,民办教育机构应实行财务公开,向政府和社会公众公开经过审计的收入、成本和盈亏等财务信息、教师资质信息、办园条件和质量信息。所以,只有在保障双方信息对称、明确基本要求的前提下,才能进入公开招标的环节。

2. 确立合理的财政补贴制度

近年来,随着政府财政补贴逐年上涨,建立学前教育机构或义务教育机构成本计算和公开办法就显得尤为重要。首先,必须以规范的方法计算各种成本,将其作为确定财政生均补贴标准、民办教育机构收费标准、园舍租金减免标准、民办教育机构税费征收比例等方面的依据,并在此基础上有理有节地推进民办教育机构的运作;其次,应加大对民办幼儿园的支持与奖励,如扶持民办幼儿园教师队伍建设、支持民办幼儿园研究工作和特色建设等;最后,借鉴相关国家做法,加强对低收入家庭幼儿教育的资助。

3. 实施多元主体的评估监管机制

目前,民办教育机构的财政审计监督、教育过程的质量评估、师资质量评价、管理规范评估等都已被纳入评估范畴。今后要着力发挥多元主体作用,借助多种评估监管工具,推进多元主体评估和监管。

4. 建立民办教育机构退出购买的合理制度

对不能提供基本教育公共服务或经营不善的民办教育机构应引导其退出。一方面能将空出的园舍重新公开招标,引进更加优质的民办教育资源,充分发挥最大的资源效益;另一方面也不断引导举办者依法办学,提高办学质量,促使民办教育始终在良性循环中向前发展。

(四)稳步推进非营利性民办学校发展,探索科学的民办学校分类管理制度

1. 完善非营利性民办学校的配套优惠政策

研究制定非营利性民办学校的配套优惠政策,比如,打通对非营利性民办学校的财政扶持渠道,非营利性民办学校应和公办学校享受同等税收政策,进一步落实与公办教师的地位同等。用良好的政策环境来引导民办学校明确发展定位,去除摇摆和等待心理。当然,并不意味着对营利性民办学校就不再支持,只是支持的形式、内容有所区别。另外,给予教师和学生的扶持政策,不因民办教育机构性质不同而区别对待。

2. 建立健全规范严格的非营利性民办学校管理制度

对于享受政府配套优惠政策的非营利性民办学校,要有规范严格的监管制度。比如,学校要接受政

府相关部门对其经费收支情况的严格监管,不得分红;学校应加强对政府投入的公共经费的管理,对拨付的经费专户存储,专人审核,在专设的会计明细科目内独立核算,并按照拨付期限出具专项经费拨付的会计报表,确保专款专用;政府主管部门对民办学校年度经费实行审计制,加强对民办学校经费使用情况的检查监督,等等。

与此同时,在管理制度中还应注重加强对各类学校依法办学的规范管理,注重发挥行业协会的自治自律作用等。

(浦东新区教育局提供)

嘉定区民办教育改革与发展状况

一、区域内民办教育发展变化概况

(一)民办中小学发展情况

嘉定区以"三个代表"重要思想为指导,认真学习贯彻《中华人民共和国民办教育促进法》及实施条例,在嘉定区委、区政府的正确领导下,鼓励社会力量办学,完善和规范以政府投入为主、多渠道筹措经费的教育投入体制,到 2003 年,区域初步形成公办学校和民办学校共同发展的格局。

2005 年,为了进一步促进民办中小学的健康发展,本着"积极鼓励、大力支持、正确引导、依法管理"的方针,嘉定区教育工作会议下发了《嘉定区关于加强民办教育的若干意见》,坚持"政策扶持"和"依法管理"两手抓,取得了明显成效。全区民办中小学经历了发展、变化、稳定、优化的阶段。

2005 年嘉定区共有各级各类民办中小学 9 所,学生数 6 432 名,到 2012 年经过布局调整、优化整合,全区有各级各类民办中小学 7 所,学生数 5 854 名,占全区义务教育阶段学生总数的 8.5%。截至 2013 年 9 月,全区有各级各类民办中小学 6 所,学生数 7 019 名,占全区中小学学生总人数的 9.8%。民办教育成为嘉定区教育事业的重要组成部分,为促进嘉定区教育事业的发展作出了重要贡献。

(二)民办随迁子女小学的发展

随着嘉定区城市化进城及经济的快速发展,同时作为上海市人口导入区之一,嘉定区农民工子女学校从无序走向规范。从低层次的草根办学,经设施设备改造并纳入民办教育管理,从规范办学逐步走向内涵发展。整个区域的民办小学基本做到均衡化发展,与公办小学的差距不断缩小,同时从学校数量上得到有效的控制。

2005 年嘉定区农民工子女学校共有 27 所,学生 13 381 名。自 2008 年起实施"纳民"计划并于 2010 年 9 月完成,之后又经过几年的"合理布点、扶优撤差、减少数量、提高质量、规范办学"的整治推进,经过"停、撤、转、并",到 2012 年,全区有义务教育阶段随迁子女 36 795 人,其中 21 483 人在公办中小学就读,占总数的 58.4%(公办小学就读的有 14 976 人,占比 40.7%;公办初中 6 507 人,占比 17.7%);民办随迁子女小学 14 所,在校就读的有 15 312 人,占总数的 41.6%。

（三）民办幼儿园发展情况

近年来,嘉定区学前教育事业发展迅速,民办教育作为其中重要的组成部分,不断提升办学质量,以确保全区学前教育办学水平的均衡发展。2005年嘉定区民办幼儿园6所,幼儿数2 030名。遵循"择优办学、稳步发展"的原则,至2012年底嘉定区民办幼儿园已有25所,其中8所为各具办学特色的民办二级幼儿园,17所为以招收来沪随迁子女为主的民办三级幼儿园,幼儿数12 306名,占全区学前教育阶段幼儿总数的31.1%。民办幼儿园的设立既为学前教育入园缓解了压力,同时也是嘉定区学前教育多元化办学的充分体现。

（四）民办非学历教育发展状况

嘉定区民办非学历教育近年发展迅速。至2012年,嘉定区已有民办非学历机构51所,外区培训机构设立的教学点2个,每年培训成人及学生总人超过十万人次,招收对象既有成人也有学生。成人类的主要以技能培训、知识提升等方面为主,各级各类的等级工,各类特殊工种培训等,均出自各类民办非学历培训机构,对社会贡献突出。学生的培训主要是以课外兴趣类为主,分外语类、艺术类、职技类等,是学校教育的延伸与拓展。

二、近年来制定的相关政策

2005年出台《嘉定区关于加强民办教育的若干意见》,提前5年对嘉定区民办教育的发展目标进行了整体规划,明确了民办学校的发展规模,提出了一系列的保障措施,把民办教育纳入区域教育发展规划之中,并于2005年开始嘉定区教育局设立"嘉定区民办教育扶持和奖励基金",列入财政预算,给予民办学校实质性的财政支持。同时设立民间民办教育奖励基金,2006年筹集奖励基金100万元,委托学联公司经营,每年提取利息10万元,用于奖励做出突出贡献的优秀教师和教育工作者。

2008年4月出台了《嘉定区教育局关于进一步做好本区农民工同住子女义务教育工作的实施意见》,文件认真贯彻党的十七大精神,以邓小平理论和"三个代表"主要思想为指导,深入贯彻落实科学发展观和构建社会主义和谐社会的要求,贯彻落实《中华人民共和国义务教育法》,统筹规划,将农民工同住子女纳入义务教育体系。坚持以流入地政府管理为主,以全日制公办中小学接收为主;坚持推进体制改革和制度创新,健全保障农民工同住子女义务教育的政策体系和执法、监督机制;坚持以人为本,切实保障农民工同住子女接收义务教育的权利。

2009年9月制定了《嘉定区民办小学家长委员会章程》。章程充分发挥家长对学校教育活动和管理的参与、监督作用,为家长、社区支持参与学校管理提供了制度保障,增加学校办学的透明度,增强社会对学校办学的监督力度,提高学校的"公信"度,进一步提升学校的办学水平。

2009年随着政府对公办教育投入的增加,特别是对公办教师收入和公办学校生均公用经费投入的增加,民办学校生存压力越来越大。根据《关于增加民办教育扶持基金和奖励基金的拟办意见》规定,自2010年起嘉定区民办学校参考公办学校的生均公用经费进行补贴,并进一步明确"今后随着公办学校生均公用经费定额标准的调整,相应调整民办学校办学补贴"。

2010年3月31日,上海市召开了第二次民办教育工作会议,会议推出了加大政府扶持力度、促进上海民办教育内涵发展、充分发挥民办教育自身的优势、推进上海民办教育特色发展、优化民办教育发展环境、推进上海民办教育规范发展等九大举措。同时,上海市教育委员会和上海市财政局联合颁发了《关于加强扶持民办中小学发展的通知》。

2012年10月出台了《嘉定区人民政府办公室关于转发区教育局〈关于加强以招收进城务工人员随迁

子女为主的民办小学规范管理的实施意见〉》，文件以"规范管理提高质量"为目标，进一步加强对民办小学、民办三级园的规范管理，促进学校内涵发展，使之成为公众认可的安全稳定、学生健康发展的学校。

结合市教委提出的"规范管理上台阶，提高质量求实效"的要求，为扎实推进嘉定区教育均衡发展，加强以招收进城务工人员随迁子女为主的民办学校（以下简称民办小学、民办三级园）的管理，进一步规范管理，促进学校内涵发展，2012年10月出台了《嘉定区以招收进城务工人员随迁子女为主的民办小学财务管理规定》，文件进一步规范以招收进城务工人员随迁子女为主的民办小学资产与财务管理工作，促进民办小学健康发展。

2012年12月嘉定区人民政府办公室转发了区教育局、区综合治理办公室《关于进一步做好进城务工人员随迁子女学前教育管理工作的实施意见》的通知，强调规范民办三级园和看护点的保教管理，保障随迁子女健康成长。

2013年3月嘉定区政府出台《关于鼓励街镇增加和完善基础教育资源加大区级财政投入的若干意见》，明确对民办中小学、民办随迁子女小学、民办三级幼儿园及看护点的设备添置、校舍维修、师资队伍建设等专项项目政府补贴的比例。

嘉定区的民办非学历教育一直严格按《中华人民共和国民办教育促进法》和《上海市教育委员会、上海市民政局〈关于印发上海市民办非学历教育院校（机构）审批和管理办法（试行）〉和〈上海市民办非学历教育院校（机构）设置标准（试行）〉的通知》的精神，进行严格审批、管理。同时也结合区自身特点出台了适应区特点的相关地方性管理办法，如与工商、消防一起商讨经营性培训机构的登记管理工作，结合市有关文件出台了相应措施。

三、嘉定区发展民办教育的经验和成效

（一）民办中小学在特色发展中求品质

1. 出台政策，形成管理合力

2005年以来，嘉定区在贯彻落实国家和上海市民办教育政策的基础上，研究区域实际，制定并出台了一系列的民办教育政策。无论是从扶持奖励到规范管理，还是从政策引导到自主发展，指导思想是为区域民办教育的发展提供政策保障、制度约束和方向引领。政策的出台，充分调动各方面力量推动民办教育发展。一是坚持"分级管理，分级负责"，形成全区联动。按照这一原则，明确了各级政府的责任：民办中小学、民办幼儿园由区教育局管理，民办随迁子女小学由区、街镇两级管理，从而形成了上下联动、各尽其责的民办教育工作格局。二是加强部门配合，实行齐抓共管。各级各部门特别是财政、民政、劳动和社会保障、物价、卫生等部门按照相关法律和政策要求，落实具体的支持措施，齐心协力推动民办教育事业发展。

2. 设立基金，奖励补贴齐驱

从2005年起，在区财政的支持下，区教育局专门设立了"嘉定区民办教育扶持和奖励基金"，列入财政预算。采取政府补贴民办学校学生生均公用经费的形式，适度减轻民办中小学的办学压力。2005—2007年，每年下拨500万元，2008—2009年，增加到每年600万元，2011年、2012年合计超过1 300万。同时，区教育局为民办中小学积极向市教委申请专项扶持资金，2011年、2012年共申请565万元，区教育局也拨出500万元用于民办中小学师资队伍建设、设施设备添置及校舍维修。在资金扶持的同时，制订了相应的经费管理使用办法，做到合理开支、专款专用。

嘉定区民办教育的发展同时得到了民间企业和社会各界人士的关注和支持。2006年筹集了由企业老总和社会人士捐助的奖励基金100万元，把该项基金挂靠在区教育奖励基金会，委托学联公司经

营,每年提取利息 10 万元,用于奖励为嘉定区民办教育事业发展做出突出贡献的优秀教师和教育工作者。2006 年以来,共计表彰了民办教育先进个人 362 人次,集体 36 家。

3. 积极宣传,集聚发展正能量

着力营造有利于民办教育发展的社会氛围。一是注重加强正面舆论引导,宣传关于民办教育的方针、政策和法律法规,宣传民办教育的意义、地位和作用,宣传民办教育先进典型和推动民办教育发展的好经验好做法,为民办教育的发展营造了良好的舆论环境。二是建立民办教育专题网页,为进一步优化民办教育环境,搭建多元化办学的广阔舞台,开设了民办教育专题网页。网页设置了政策法规、招生招聘、教学聚焦、教师风采、新闻中心、教育教学公告、调查统计等栏目。为学校、社会、家庭提供了了解、支持民办教育发展,以及民办学校之间相互沟通交流的平台。

4. 评估考核,推进规范发展

在民办学校的管理中,加强了综合评估和年终考核。一是对办学满两年的民办学校开展办学水平综合评估。2006 年起制定了《嘉定区民办中小学办学水平评价指标》,每年根据市、区工作重点和学校办学的实际情况进行修改、完善。2009 年的评价指标包括依法规范办学、教学工作、德育工作、师资队伍建设、办学特色等 11 项一级评价指标,下设若干二级指标,依据综合评价的结果确定各民办学校的办学等第。综合评价的指标与公办中小学既有共同发展、提高的目标体系,更凸显民办教育个性化发展的特性。2008 年,5 所民办中小学全部被评为嘉定区办学先进单位,2009 年以来每年都有 3 所民办中小学被评为嘉定区办学优质及先进单位。二是开展专项检查指导。每年,区教育局组织相关科室人员对辖区内民办学校的办学情况、资产使用和财务收支管理进行检查指导,对检查中发现的问题及时反馈并要求限时整改,2009 年开始,要求辖区内民办中小学按照《上海市民办中小学财务会计管理办法(试行)》和《上海市民办中小学校会计核算办法(试行)》,加强财务制度管理,提高资金使用效益,保证政府补贴资金专款专用。2012 年民办中小学奖励和扶持基金的规范使用接受区财政局委托的第三方绩效评估,获得良好的结论。随着管理手段的完善,推动了嘉定区民办教育的健康规范发展。

5. 创新机制,显现办学品牌

近年来,在各级政府的支持下,嘉定区各民办中小学依托灵活的办学机制、先进的办学理念,以学生发展为本,不断变革与创新,提升办学品质,形成了各自的特色品牌。

上海市民办桃李园实验学校在国家新课程改革的基本要求下,经过几年的摸索实践,对基础型、拓展型、探究型课程进行整合,提出了"提升语言学科教学有效性课程群建设研究"的课题,并于 2008 年成为全国教育规划课题。2009 年又先后被评为上海市优秀民办学校和全国优秀民办学校。2012 年被评为上海市优质民办学校。

民办怀少学校秉承"少者怀之"的传统,提出了"励志、怀志、弘志"的教育主线,以"励志教育"为龙头课题,不断坚固这一德育特色,形成了新的特色品牌。

民办嘉一联合中学在英语教学方面逐步加大经费投入和教学改革步伐,努力营造生动活泼的校园英语氛围,构建具有学校特色的英语教学体系,开展英语系列活动,提高英语教学质量,全力打造学校的英语办学特色品牌。2012 年获评上海市特色项目学校。

上海市民办远东学校的教学理念吸引了众多来嘉定工作的台湾地区家长,他们的孩子在远东学校很快适应了上海的课程与教材,受到"台湾家长"的一致肯定,学校被上海市政府台湾事务办公室和市教委评为"涉台教育先进单位"。近年来在推进国际课程教育上做了有效尝试,品牌效应初步形成。

(二)民办随迁子女小学在规范管理中求内涵发展

1. "三完善"推进学校规范发展

(1)完善民办小学规范管理办法。学习领会市教委文件精神,进一步充实完善了《嘉定区民办小学年检评估方案》、《嘉定区教育局关于嘉定区初中、小学、幼儿园招生工作的意见》、《嘉定区民办小学规范管理实施意见》、《嘉定区民办小学财务规范管理办法》。同时建立民办小学学生电子学籍,办理社保学籍卡,完善六年级毕业登记……这一系列意见及措施的实行,保障了随迁子女的平稳入学,对民办小学的规范管理起到积极的推动作用。

(2) 完善民办小学内部监督机制。嘉定区教育局党委与街镇党委一起,指导学校开展党建工作,在嘉定区有条件的民办小学中成立党支部。现在,14 所民办学校中已有 8 所学校建立了党支部,6 所学校采用联合党支部和挂靠党支部的办法,使所有的党员能正常地参加组织生活。学校的工会组织也已建立。学校家委会在区家委会积极指导推动下,早在 2011 年上半年已全部建立,现在已建立家委会三级网络。民办小学内部监督管理组织的不断建立完善,对于加快学校内涵发展发挥了积极作用。

(3) 完善联合年检评估功能。每年,区教育局与区社团局、区物价局一起,同时委托区教育评估事务所聘请区教育、安全、卫生等方面专家,通过听取民办小学情况汇报、召开学生、教职员工座谈会、查阅学校有关资料、开展家长、学生、教师问卷调查等形式进行评估,形成较为全面、科学的得分和等第,于每年 6 月向社会公布评估结果。

2. "四落实"促进学校内涵发展

(1) 落实新的质量观。不断引导民办小学树立正确的质量观:① 课程设置逐步按照上海市课程计划,开足开好基础性课程,努力开设拓展性课程;② 提升教学质量,区域内进行质量测试,逐渐改变人们对民办小学质量低下的认识。虽然师生流动性大是提高质量的阻力,但是大多数学校质量在迅速提高;③ 扎实开展教研活动,全区在民办娄塘小学、民办沪宁小学建立了教师培训基地,各校还与结对公办学校展开教育教学互动,学习好经验,借力求发展。

(2) 落实凭证服务政策。按照嘉定区政府意见及区社会建设办公室、人口综合管理办公室人口管理办法。每年 3 月,区教育局对于来沪务工人员宣传凭证教育服务的政策,除了网上公示外,各街镇在人口集聚地、机关、学校的门口张贴告示予以告知,使务工人员知晓政策,务工人员及其子女的临时居住证备证率达到 98% 以上,为 5 月 18 日全区小学集中登记顺利进行打好了基础。在实际操作中,为科学地实施凭证服务,各街镇在具体招生中,凭借 POS 机读卡,清晰地了解进城务工人员及随迁子女的相关信息,便于为符合凭证服务的随迁子女提供教育服务。

(3) 落实网上申领办法。根据市民办教育处关于民办学校申领换证的相关要求,2011 年起,各民办小学换证必须进行网上注册,市相关专家来区教育局进行培训指导。网上申领换证工作有序实施,对规范民办小学管理起到了积极的作用。

(4) 落实扶持项目。① 落实实事项目。2009—2012 年在按时完成市政府实事项目(学校图书室、体育器材、卫生室、综合实验室)的基础上,区、街镇也不断加大学校专用教室设施设备改造与配置的力度,使民办小学教育教学设施设备逐步满足教学要求。2010 年暑期,除市政府实事项目投入 170 万元外,全区投入民办小学设施设备经费 403.58 万元。2011 年共投入 734.07 万元为所有的民办小学添置了 100 多套多媒体设备、400 台电脑、9 套音响等,更新了 4 000 套课桌椅。2012 年,嘉定区统筹资金 1 000 万元,用于支付学校校舍租金及学校的申请维修项目。2013 年暑期投入 558.1 万元用于学校教学楼的整修及塑胶操场的铺设。② 落实扶持项目。2011 年 10 月与英国救助儿童会建立三年合作项目。项目以学校健康教育为核心,为 14 所民办随迁子女小学的保健室配备了卫生器材,为 45 名学校保健教师和分管卫生工作的管理人员开展了儿童常见病的预防和治疗、急救、心理健康、传染病管理等培训,开展了 50 场以健康为主题的班主任能力建设培训,还为流动儿童开展了生活技能方面的培训,共有 6 000 多名流动儿童的家长参加了校园健康活动以及家庭教育和营养主题培训。③ 落实各项评优。区民办教育协会自 2010 年起把 14 所民办小学教师列入优秀民办教育先进个人评比的范畴,每年表彰 28 名,激励了民办小学教师的工作热情。街镇也组织各项评比活动,表彰先进,弘扬学校健康向上的正能量。

3.“五强化”助推学校健康发展

（1）强化属地管理职能。为了强化管理，全区实施以“条块结合，以块为主”的管理模式。在区级管理的基础上，突出镇级教委的属地管理职能。

（2）强化民办小学财务监管。继续完善推行并签订《教育服务合同》，采用各街镇财务核算分中心会计、出纳托管的形式。为了加强管理，区教育局制定了《嘉定区民办农民工子女小学财务管理办法》。区教育局审计室、街镇教委按照沪教委财〔2011年〕12号文的规定负责民办小学的财务运行及监督工作，尝试制订教师结构工资制度。

（3）强化民办小学教师队伍建设。教师学历及教师资格证书作为民办学校年检重要指标之一，列入每年的学校考核。各民办小学十分重视教师队伍的达标建设，现在全区14所民办小学共有教师654名，持证教师的比例达100%，其中大专及以上学历的有576名，占总数的88.1%。

（4）强化特色管理组的作用。为了进一步提升民办小学的管理水平，区教育局于2009年10月成立了由6位退休的公办小学校长组成的小学咨询组，借助其丰富的教育教学管理经验，采用“点面结合，统筹兼顾，突出重点，注重实效”的原则，以阶段性重点项目咨询方式，负责对民办小学在学校管理和教育教学方面进行检查、指导、督促、评比、服务，努力提高学校规范办学的意识，提高学校办学质量。2010年成立了嘉定区“民办教育协会民办小学分会”，构建自律合作沟通的平台。

（5）强化牵手结对制度。民办小学与就近的公办小学牵手结对的工作自2009年尝试推行，到2011年5月，所有的民办小学都有结对的公办小学。结对学校每学期都制订结对活动计划，学期中，两所学校教育教学活动展开互动，学期结束进行结对活动总结。牵手结对活动提升了民办小学教师的整体水平，使民办小学的办学质量有了较大提高。2012年区教育局下发《深化牵手结对指导意见》，探索完善学校互动、共同发展的模式和途径，最大限度地实现优质教育资源共享，提高民办小学办学质量，促进民办小学规范、健康、可持续发展。

（三）民办幼儿园在规范办学中创特色

1. 注重优质资源引进，推进民办学前教育特色发展

对于民办二级幼儿园，嘉定区十分注重优质资源的引进，在大力发展公办教育的同时稳步推进民办幼儿园的发展。现有的8所民办二级幼儿园积极开发具有本园特色的课程，已在多年办学中逐步形成鲜明的办学特色，得到了社会家长的认可，如上海育英幼儿园的蒙台梭利课程、上海马荣金地格林幼儿园的外教课程、上海青草地双语幼儿园的影视活动基地等。其中，上海育英幼儿园更是在2012年被上海市民办教育协会评为优质民办幼儿园。

2. 注重扶持指导，不断规范民办三级幼儿园办学

2009年起，为缓解随迁子女入园矛盾，区域内开始逐步设立民办三级幼儿园。5年间发展迅速，从全区仅有3所民办三级幼儿园到目前共有17所，接纳随迁子女入园数从1 889人到目前9 380人，增长396.5%。为提高民办三级幼儿园的办学质量，规范办学行为，嘉定区采取了一系列措施加以扶持与指导。

一是加大财政投入力度，保障办学质量。为了保障外省市户籍幼儿能有一个安全、健康的生活学习环境，各级政府不断投入经费，用于改善民办幼儿园和看护点的办学条件，其中2011年国家扶持民办幼儿园发展奖补资金146万；2010—2012年上海市教委下拨扶持民办三级幼儿园和看护点经费331.15万；2013年嘉定区财政局下拨扶持民办三级幼儿园发展基金44万，共计521.15万，为他们加装安全技防设施、添置教具、玩具、改建校舍等，整体提升办学条件。二是加强管理力度，规范办学行为。民办三级幼儿园的设立给学前教育管理提出新挑战，面对发展形势，区教育局以服务为核心，指导规范办学入手，成立了“嘉定区民办三级幼儿园和看护点保教指导小组”。在保教工作、日常管理等方面，加强过程

指导,不断规范办学,逐步提升家长的满意率。建立民办幼儿园年检长效机制,对所有登记在册的各级民办幼儿园办学情况做实地检查,以指导与督察相结合原则,不断促使民办幼儿园规范办学行为,提升办学质量,保障在园幼儿和家长的利益。三是增强互动交流,提升办学水平。在公办幼儿园和民办三级幼儿园之间开展牵手互动交流活动,分享管理经验。在 3 年内,嘉定区从公办幼儿园选派 20 名成熟管理人员,直接蹲点在民办三级幼儿园内协助管理,更好地融入这些民办幼儿园的日常管理中,给予及时地帮助指导。

(四)民办非学历教育在规范发展中形成特色

1. 严格把握审批关

近五年来,就新开办的没有特点优势和专业特色的培训学校在审批中严格控制,因而全区的培训机构的总量得以有效控制,避免了同一区域内培训内容相同的学校数量过多,而造成学校间的恶意竞争。同时每年对所有审批的培训机构进行实地年检,形成书面年检报告,评出优秀集体,进行表彰、宣传。对所有学校平时的教育教学管理工作进行不定期检查。

2. 注重优质品牌引进

在严格控制区培训机构数量的同时,对于品牌培训机构,有意向到嘉定区来设校、设点的,给予积极支持和帮助。近几年,成功在外语培训、艺术培训等方面引进了一些知名品牌,对嘉定培训市场做了有益的补充。

3. 鼓励、扶持本地有办学特色及认真规范办学的学校做大做强

上海嘉定武术学校、上海国际汽车城人才培训学院、上海天华进修学院等一批本土培养的学校在近五年的发展中得到了长足的进步。尤其是上海嘉定武术学校在全国都有一定的知名度,学员多次参加国内和国际的比赛和演出,弘扬了国粹和民族文化。

4. 创设交流平台

充分利用信息手段,建立嘉定民办非学历教育 QQ 群,为民办非学历学校间相互交流提供平台。举办嘉定民办非学历教育成果展示活动,宣传民办非学历院校的办学特色与办学成效。

5. 形成多方合力

结合市民办经营性培训机构审批办法,组织工商、消防、教育三方会谈,达成共识,形成嘉定区经营性培训机构审批流程。

6. 办学特色日渐显现

近年来,嘉定区教育局进一步规范各民办非学历教育学校的办学行为,鼓励其特色发展,已形成了一批具有社会影响的、特色鲜明的民办非学历教育培训学校。上海天华进修学院主要从事高等及高等以下非学历教育培训,设有视觉艺术传达、行政管理、中英合作商务管理等自考专业,以及空中乘务、航空地勤、模特和高级酒店管理四个高端技能培训项目,已形成了军事化管理、国学教育、实习就业指导等办学特色,深受学生的欢迎;上海嘉定武术学校办学特色鲜明,定位准确,管理到位,因此发展迅速,成效显著,参加国内、国际比赛共获得奖牌 684 枚,在第十四届上海市运动会上就取得三枚金牌、106 分的佳绩。

(五)嘉定区民办教育协会彰显活力

嘉定区民办教育协会是继上海市民办中小学协会成立后,于 2005 年 6 月 10 日成立,成立初始有成员单位 18 家,到 2011 年,成立嘉定区民办随迁子女小学分会,成员单位增至 31 家。协会由区从事和研究民办教育的企业家、教育部门领导、各民办中小学校长和幼儿园园长、教师等组成。

嘉定区民办教育协会坚持党的基本路线,遵守国家法律法规,紧紧围绕区民办教育事业大局,贯彻

国家教育方针,认真履行工作职能,精心组织各种活动,团结全区民办教育工作者,加强行业自律,沟通政群关系,反映民意,规划行业发展,维护学校权益,开展学术交流,提供服务,推动改革研究,分享改革经验,对推动区民办教育的发展壮大起到了重要作用。

第一,切实发挥协会的桥梁纽带作用。一方面把党和政府对民办教育的方针、政策和规定贯彻到民办学校,使民办学校保持正确的办学方向。另一方面,把民办学校对政府和各职能部门的建议、要求及时反映,使区域在出台有关政策、法规和工作措施时,能够充分考虑民办学校的合法权益和合理要求,确保决策的民主性和管理的针对性。

第二,加大区内民办学校之间以及与外区和外省市民办学校之间的交流,取长补短,共同发展。

第三,在加强民办教育行业自律和监督方面发挥重要作用,通过制定民办教育的行规来规范、约束民办学校,让学校自我教育、自我管理,自我约束,促进民办学校公平竞争,切实维护民办教育办学秩序。如嘉定区民办教育协会组织嘉定区民办学校考核标准的修订工作;组织区内部分民办初中和民办小学收费标准的协调工作;实施协会会员单位承诺制;教师年金的实施方案拟定等,促进了民办学校的有序发展。

多年来,嘉定区民办教育协会工作不断规范,服务功能不断增强,已经成为政府联系广大民办教育工作者的重要纽带。在区民办教育协会、区教育行政部门和全体民办教育工作者的共同努力,嘉定区民办教育事业得以迅速发展。现在,区民办教育幼儿园和民办中小学已形成一定规模,凸显了一批品牌幼儿园和品牌学校。

四、目前民办教育面临的挑战及应对的措施

1. 公办中小学生均教育经费高于民办中小学生均教育经费

近年来,随着公办学校教育经费的不断增加,到 2011 年,嘉定区公办学校教育经费超过民办学校,全区公办小学的生均教育经费达 18 000 元,中学达到 20 000 元左右,民办学校学费标准是小学 12 000元,初中 13 000 元,即使加上政府奖励和扶持经费,生均教育费还是低于公办学校。2011 年以来,民办中小学从设施设备到校舍情况,都出现了落后于公办中小学的窘境。面对这一问题,政府部门除了保证原有的奖励和扶持资金外,每年设立一定的专项,用于民办中小学校舍维修、设施设备改造和师资队伍建设。

2. 教师的高流动性困扰着民办中小学的发展

教师是决定学校质量的关键因素。从目前情况来看,由于民办学校和公办学校教师身份上的不一致,使得民办学校教师在事实上无法享受同等待遇。尤其是近年来,随着政府对公办学校的财政拨款越来越高,教师的待遇越来越好,而民办学校教师待遇相对递增较慢,并且退休工资领取是按照企业职工退休的标准,因此教师流失现象较公办学校来说比例更高。为了解决民办中小学教师的后顾之忧,嘉定区于 2011 年启动了教师年金,以此提高民办学校教师退休后待遇。

3. 民办随迁子女小学的学生流动性影响学校办学质量

对于民办随迁子女小学来说,由于进城务工人员工作的流动性,决定着随迁子女学习的不稳定性。虽然随着近年来民办随迁子女小学规范办学,质量不断提升,随迁子女的流动性得以控制,但是每年还是有 15% 左右的学生流动。由于上海市二期课改教材与全国统编教材的差异性,学生的学习成绩无法得到保证,民办随迁子女小学的教育教学质量与公办学校始终存在一定的距离。

4. 民办幼儿园专业教师的缺失阻碍了办学水平的提升

近年来,由于整个学前教育领域专业教师的缺口较大,造成幼儿园教师市场需求量猛增。由于民办学校的办学体制与公办学校的差异,因此在招聘本专业教师过程中经常遭遇"冷板凳"的尴尬局面,在园

教师稳定性更是无法保障,80％的非专业教师结构已成为民办幼儿园目前在园教师队伍组成的普遍现象,这对进一步提升学校的办学品质造成一定的阻碍。

5. 民办非学历教育院校的分布还不够合理

由于市场的需求,造成了嘉定区局部地区民办非学历教育机构过多,竞争激烈,为规范管理造成压力。职能管理部门,不仅是做好"管"的工作,还要对学校的发展、生存进行指导,对新设学校的地理位置、开设的专业类型等,都要有一个较为系统的指导。想学校所想,尽量让学校避免不合理投入,尽量引导同类新开学校不要在一个区域内密集出现。

五、嘉定区民办教育未来的发展规划

嘉定区实施新一轮民办教育资源布局规划,按照"做强核心区、优化两翼、提升北部"的策略,扩大优质民办教育资源覆盖面,盘活存量,加快增量,有效应对人民群众对高端民办教育的需求,优化民办教育资源配置。

嘉定区民办教育发展取得了一些成绩,但与人民群众对高质量的教育需求相比,与"教育质量市郊领先"的奋斗目标,仍有一定距离。相信在《国家中长期教育改革和发展规划纲要(2010—2020 年)》和《上海市中长期教育改革和发展规划纲要(2010—2020 年)》宏观政策的引领下,以区教育工作会议为东风,坚定不移地按照"积极鼓励、大力支持、正确引导、依法管理"的方针,进一步深化改革,落实民办学校的优惠政策。积极探索,力求突破,竭力为民办学校营造一个与公办学校公平竞争、共同发展的良好环境。进一步整合区域内公办和民办教育资源,优化资源配置,提高区教育整体竞争力。进一步推进内涵式发展,提高办学水平。坚持高标准、严要求,积极引导民办学校实施品质战略、特色战略、整体优化战略,走内涵式发展道路,促进嘉定区民办教育办学水平的整体提升。

(嘉定区教育局提供)

宝山区民办教育改革与发展状况

2005 年以来,随着上海城镇化建设的推进,处于上海市中心边缘的宝山区外来人口持续、大量导入,进城务工者与随迁子女人数急剧增长,大批适龄儿童要求进入本地学校接受义务教育。由于本地公办学校无力全面接纳所有的随迁子女入学,于是许多私立的农民工子女学校便应运而生。但由于这些学校场地狭小,设施简陋,办学条件恶劣,教师缺乏专业素养,教学质量低下,尤其是不能保证依法办学、规范管理,使随迁子女不能享受到优质的义务教育,这影响到了农民工后代的成长。因此,根据上级政府的要求,宝山区政府积极统筹协调,挖掘潜力,多管齐下,将以招收随迁子女为主的学校纳入民办教育管理体系,发展规范的、健康的民办农民工子女学校,保障随迁子女享受教育的公平。

一、宝山区民办教育发展概况

宝山区是人口导入地区,也是随迁子女较多的地区。据统计,到 2013 年 9 月为止,在宝山区正式注册就读的农民工子女已达到了 6.8 万人。其中约 39 788 名农民工子女进入民办学校接受教育,有 1.9 万名左右的农民工子女在 15 所以招收农民工子女为主的民办学校求学,有 20 669 名 3—6 岁幼儿进入 64 所民办幼儿园就读,其余的进入公办的学校接受教育。为了解决大量进城务工人员随迁子女的入学问题,宝山区十几所公办学校充分挖掘潜力,接纳了相当数量的进城务工者的随迁子女入学,有的公办学校中进城务工者的随迁子女人数已经达到了 70% 以上。

二、制定政策法规制度,引导"纳民"学校规范发展

宝山区政府的作用主要是制定相关政策制度、整体规划、提出标准。自从 2008 年以来,针对民办教育的发展,制定、出台了多个政策,扶持民办教育,规范"纳民"学校管理,推进民办教育的健康发展。在区政府主导下,镇政府主要负责具体实施,统筹落实。

2008 年 4 月宝山区政府教育局出台了《宝山区进一步做好农民工同住子女义务教育工作的意见》,规范和保障区域民办教育的健康发展。《意见》主要是针对大量进城务工人员流入,随迁子女急剧增长,农民工子女学校数量迅速膨胀,学校质地优劣不一,办学规范性不够等情况而制定的。文件明确了将农民工学校纳入民办教育管理范畴的条件、申报程序、管理要求,把民办学校办学引导到合法、合规的道路上,同时也明确了民办学校所在地政府的职责。

　　同年(2008 年)宝山区教育局又制定颁布了《民办学校规范财务管理条例》,规范民办学校的财产、财务管理。这一文件主要是针对部分民办学校资产管理混乱,财务制度不规范的问题而出台的。《民办学校规范财务管理条例》明晰了民办学校资产权限,确保财产安全的要求。同时明确了监管主体:区教育局、镇政府各司其职,教育局计财科进行财务监管和规范操作指导,镇政府则责成镇财务所制订具体的管理措施,负责对民办民工子女学校财务的托管,资产的监管。使民办学校的资产、财务管理走向了规范。

　　为了加强民办学校办学水平的评估和经验总结,2008 年底和 2010 年底,宝山区教育局两次发布了《宝山区民办学校(幼儿园)办学情况测评工作的通知》,开展自评、互评和行政评价,引导民办学校优质发展。为了鼓励民办学校和教师,肯定他们的成绩,提高办学质量,宝山区教育局早在 2008 年就发布了《评选宝山区民办(非学历)学校年度先进集体、个人的通知》,2010 年又一次颁发了同样的文件,评选办学优秀的民办学校和工作优秀的教师,对促进民办学校和教师发展起到了激励作用。

三、宝山区发展民办教育的主要举措及经验

(一)均衡配置教育资源,保障纳民教育优质发展

　　"纳民"学校要获得优质发展,政府对教育资源的合理配置和必要的教育经费投入是重要的保障,但它需要相关政策、运作机制作为根本保证。宝山区的主要经验是:区政府整体规划做好整个区域教育资源的均衡配置,规范监管,发挥好主导作用,区教育局贯彻落实,同时形成区、镇两级政府的合力,各司其职,再加上学校,多方协同,才能使区域内的民办教育健康发展。

1. 建立办学经费两级分担机制

　　民办教育的发展,必要的经费投入是基本的保障。但因为民办教育的经费是非国家财政经费支付,所以,政府的职责是重在做好协调和统筹。宝山区在民办教育经费投入上,采取"两级分担制度",即由区政府先制定标准,明确区、镇两级政府的责任,然后,各出一半,共同承担。提高"纳民"学校的办学质量,改善其办学条件、教学设施是重要的物质基础,区政府把它作为首要任务来落实。自 2008 年以来,区和镇两级政府共同分担,经费投入逐年增加,到 2012 年初,先后投入了 4 000 多万元,用于农民工子女学校的校舍维修、修建食堂、改造操场、装修教室、添加教学设备等,极大地改善了办学条件。

　　宝山区政府将"让每一个孩子都能接受良好的义务教育"作为庄严承诺,积极作为,发挥区政府主导作用的同时,还充分调动镇政府的积极性,上下联动,形成合力,逐年改善农民子女学校的办学条件、教学设施和教学质量,努力促进教育公平。农民工子女学校的教育经费采取区、镇两级政府共同分担的方式,确保投入逐年增加。2008 年农民工子女学生人均补贴 2 000 元,2009 年增加到 2 500 元,2010 年增加到 2 800 元,此时,全区民办农民工子女学校的学生补贴经费已经达到了 6 074 万元。2011 年起,民办学校生均补贴经费增加到了每人 3 500 元。仅此一项补贴经费,每年的增加额度就达 1 200 多万元。从 2011 年起,宝山区对民办农民工子女学校学生的学杂费、书本费等费用减免已经实现了全覆盖。

　　在保障民办农民工学校学生人均经费的同时,我们还对开办初期经费困难的农民工子女学校的教师发放补贴,对一些经费困难的民办学校给予扶持(见表 1)。

表 1　宝山区民办教育区财政扶持经费统计表　　　　　　　　　　单位:万元

	2008 年	2009 年	2010 年	2011 年	2012 年
民办教育总量	1 293.59	3 298.44	2 546.71	9 208.24	5 097.13
民办农民工小学	1 257.70	3 259.24	2 422.24	3 934.35	4 807.57

2. 规范第三方托管的财务监管机制,保障学校资产安全

曾有不少地方的民办学校出现过财务问题,关键是缺少应有的规范与监控,同时缺乏科学有效的财务管理制度。民办学校的问题往往出在财务和财产管理不善、经费使用不规范、账目混乱等方面,其主要原因是学校财务管理制度不健全,管理手段落后。为了保证政府投入的每一分钱都能用于教育教学,用在学生身上,区政府首先明确了规范化财务管理要求,镇政府财务所、教育局计财科和镇教育委员会联合组成监督指导小组,实施财务管理的指导。具体管理上各个镇政府大都采用了委托第三方管理的方式,即建立财务结算管理中心或由结对的公办学校代管,并加强年度审计,保证了民办农民工子女学校财务安全和规范管理。

区、镇两级政府对民办教育经费实施两级分担机制,一方面减轻了区级财政的压力,另一方面增强了当地镇政府的责任,保障了民办学校教育经费的来源,有利于学校实际问题的解决。

案例1　庙行地区进城务工人员随迁子女学校建设情况

为保障居住于庙行地区的农民工同住子女享受免费的义务教育以及优美的教育环境,宝山区教育局、庙行镇党委政府共同投入 1 400 万,给以接纳进城务工人员随迁子女为主的通河新村第四小学新建了一幢 4 000 多平方米的综合楼,并对原有的陈旧教学楼进行了全面大修,平整了操场,重新布局了校园绿化。学校现占地面积 13 186 平方米,总建筑面积 7 580 平方米。拥有 26 个班级的规模,8 个专用教室、200 米塑胶跑道、250 多平方米的多功能厅、规范的学校食堂以及两个篮球场、一个足球场、一间室内体操房。此外每个教室装有班班通设备,学生用电脑 70 台,图书馆藏书 12 000 余册等,宽敞的教室、先进设施设备让进城务工人员随迁子女兴奋不已,他们兴趣盎然地在电脑前学习打字、上网;快乐地在宽阔的操场上奔跑;好奇而认真地跟着英语老师学英语。良好的学习环境,先进的教学设施让孩子开心,家长满意。

(二)强化评估指导,引导"纳民"学校持续发展

发展民办教育,除了保障经费投入,为民办学校提供必需的物质条件外,加强民办学校的管理指导,通过评估引导学校规范、持续发展也十分重要。这也是教育高位均衡发展和教育公平的内涵之一。

1. 加强年检,持续提升"纳民"学校办学质量

作为政府的职能部门,宝山区教育局在实施规范化教育管理、提升民办农民工子女学校办学质量等方面具有义不容辞的责任。宝山区在推进民办教育内涵质量的提升方面出台了一系列的政策措施,区教育局都认真落实到位。在规范办学、提升办学质量方面,区教育局先后发布了《宝山区进一步做好农民工同住子女义务教育工作意见》的文件,明确了进城务工人员随迁子女义务教育的安置要求,民办农民工子女学校规范办学监管要求,制定了监管措施;《关于宝山区民办学校(幼儿园)办学情况测评工作通知》文件,形成了综合评价指标,指导民办农民工子女学校依法治校、规范办学,提升办学质量。2010 年起又建立了民办学校年检制度,发布了《关于开展宝山区以招收农民工同住子女为主的民办小学年检工作的通知》,具体明确了行政管理、财务资产管理、教师队伍、教育教学等 4 个方面、25 个年检评价指标,进一步明确了办学要求。区教育局还制定了关于民办农民工子女学校教师培训、进修制度,着力提升这些学校的师资水平、教学效果,促进内涵上的教育公平。

年检制度使民办学校对每一年的工作都有一个总体的评估,有利于发现问题,也有利于及时总结经验;有利于找准每一个年度工作的起点,也有利于明确新的工作目标,最终促进民办学校办学质量的持续、稳步提升。

2. 倡导公办、民办学校结对,促进民办学校内涵提升

根据国家和上海市中长期教育发展规划纲要的精神,我们日益认识到,教育的公平不仅是拥有相当的教育硬环境和先进的教育设施,教育资源也不仅仅是物质条件,还包括优秀的教师资源和高质量的课堂教学。所以,在办学条件已经改善的情况下,农民工子女学校的内涵发展成为核心任务,某种意义上说这是更大的教育公平。

为了提高农民工子女学校的教育教学质量,在区政府的主导下,一是充分利用退休的公办学校校长资源,委派管理经验丰富、教育思想先进、身体康健的公办学校退休校长到民办学校当校长。其次是教育局和各个镇政府积极探索,创新民办学校的管理和办学模式,建立了公办、民办学校结对制度,实行校级领导派驻制度和骨干教师限期支教制度,形成了民办学校内涵发展促进机制。所谓校级领导派驻是指由结对的公办学校派遣一名校级领导到农民工子女学校担任校长或主管教学的副校长,通过管理促进农民工子女学校获得内涵发展。骨干教师支教制度,是由镇政府协调安排,从结对的公办学校或附近其他公办学校落实几名骨干教师到农民工子女学校进行支教和指导教学、开展教研活动,帮助这些学校的教师提高教学水平。有的公办、民办学校还建立了联合教研制度,两所学校教师双向走动,参与对方的教研活动。实践证明这一机制具有实效性,如宝山区民办杨东小学、宝山区民办罗希小学等"纳民"学校的教学质量均得到了极大的提升。

案例2 公办学校参与民办学校的内部管理

民办罗希小学成立于 2008 年 9 月,建立之初,罗店镇教育委员会要求罗南中心小学与他们结对,以求一开始就走上规范办学、优质教学的轨道。罗南中心小学积极响应,尽力扶持,尝试联合办学的实践。

首先是参与了民办罗希小学办校前所有建章立制工作,包括成立董事会,罗南中心小学校长任董事长。学校通过几次会议逐渐建立了《民办罗希小学教师工资与奖金分配实施方案》、《关于民办罗希小学办学过程中若干问题的决议》、《聘用合同的制定》等规章制度,并很快建立了各级组织,如工会、党支部、教代会、团支部等。

然后是输出管理。罗南中心小学委派了一名具有村校校长工作经验的中层干部去民办罗希小学任校长。民办罗希小学在董事会的管理和校长的带领下,取得了喜人的办学成绩:一是落实服务理念,塑造良师形象,让每一名来校就读的外来孩子享受公平教育;二是不断改善办学条件,打造民办农民工子女学校特色,近年来随着各级政府加大投入,学校硬件设备不断改善,教师工作待遇逐年提高;三是吸取公办学校的管理经验并有所创新,特别是用人机制更灵活,确保师资队伍用心尽心投入教育服务。

最后是输出成熟教师支教。如罗南中心小学每年派出 5 名成熟教师去支教。坚持自愿服务、自愿支教,支教教师在待遇上略高于罗南中心小学在校教师。这批教师目前在民办罗希小学都担任一定的管理岗位和指导岗位,这样的团队带去了成熟的管理模式与执教经验,带动新教师们很快地成长起来。为民办罗希小学的快速发展作出了重要贡献。

案例3 建立公办、民办学校教师专业合作

宝山区民办顾教小学,开办规模达 32 个班,有教职员工 66 人,学生 1 725 人。自 2011 年 9 月起该校与菊泉学校启动结对仪式并签订结对协议,菊泉学校教师去该校指导备课、听课并参与评讲等工作。

民办顾教小学定期派教师到菊泉学校参加听取公开课、随堂课和评课等教学活动。学校组织语、数、英部分教师定期去菊泉小学听课,并参与他们的评课,听课教师回来后写出自己的心得,这在学校教师的队伍建设方面都起到了积极的作用,使教师们受益匪浅。

民办顾教小学与菊泉学校通过比较找出差距,改进教学方法,努力提高教学质量。如在2011学年第一学期期末考试时,民办顾教小学和菊泉学校的某个年级用同样的试卷,同样的评分标准来考查学生,考试的结果是民办顾教小学的数学、语文平均分比菊泉学校年级平均分低10.7分、12.3分。通过此次考试,教师统计出每道题的得分率,并通过分析找出差距。在数学学科上,教师分析得出学生的口算能力的训练不够,学生的学习习惯不好等问题,这些问题都会导致失分严重,所以在本学期中,教导处开设了口算天天练这个内容。在语文学科上,教师分析试卷后发现,学生在"整理句子"和"阅读"题型上与菊泉学校学生有差距,教师认为今后应该增加学生的口语交际能力,养成每天读两篇课外知识的习惯,培养他们的语感。

3. 建立指导性督评机制,引领"纳民"学校自我发展

提升农民工子女学校的办学质量,实行指导性的教育评价是不可或缺的手段。为了引领"纳民"学校规范管理、持续发展,宝山区政府推行年检制度,颁发了《关于开展宝山区以招收农民工同住子女为主的民办小学年检工作的通知》,区政府督导室具体制定年检评估内容与标准,采用学校校长述职自评、教师民主评议和同行互评等方式,对民工子女学校进行全面评价。年检由区督导室汇同区教育局、镇教委一起实行。年检主要以指导性评价为主,重调研,重指导,如帮助农民工子女学校制定办学章程和三年发展规划,建立教师考评奖励机制等,从机制上保证民办学校自我健康发展。

在区政府教育局的指导与监管下,民办学校在自我规范管理上不断完善,办学质量得到了保障。

案例4　民办肖泾小学管理经验

(1)民主制订规划　重视自评监控

校领导已经基本确立规划意识,《学校发展规划》的制订由全体教职工大会或教代会通过,民主意识普遍增强。已形成办学理念,能将办学理念融入学校工作的方方面面,制订出比较切合实际的具体办学目标。《学校发展规划》与学年度工作计划、部门计划联系、衔接较好。制定《学校发展规划》有群众基础,在教代会评议之前,发动全校教师参与讨论并下发"评议表"。学年度自评已经成为学校程序性工作,"自评报告"按《学校发展规划》要求,结构完整、内容丰富,对学年度达成情况进行了具体说明。建立了全面的规划实施自我监控机制,就《学校发展规划》落实情况与家长、教师、学生进行互动交流。

(2)健全管理机构　实施校务公开

党支部、校长室、教代会"三位一体"管理机构较为健全,学校主要领导干部以身作则,责任心和事业心较强。学校行政机构设置较合理,中层干部年轻化、专业化特征明显,学校工作秩序正常。领导班子作风民主,工作务实,任教本专业学科,深入教学第一线,密切了干群关系,且教学质量较好,充分发挥了示范榜样作用。建立了校务公开制度,每学期印发《校务公开》简报,校务公开的形式和内容与校内外对学校工作的需求相吻合。

(3)创设培育载体　加强校本培训

立足校本培训机制和制度的建设,立足教研组、备课组的建设,立足教师主动发展和青年教师、骨干教师的培养,认真落实校本培训。组建了教师沙龙和学习论坛,构建了交流互助型的学习组织,提升了教师综合素养,促进了青年教师的成长,创设了团队与个人互动的良好氛围;创办了富有特色的校刊校报,丰富了学习交流载体;广泛开展教育教学、教师基本功评比,促进了教师专业化发展;学校还将校本培训与课堂教育教学、"二期课改"、校本课程和学校特色项目建设等相结合,从而提高了校本培训的实效性;搭建了研训、交流、实践平台,提高了教师专业水平。

(4)建立师训保障　重视指导引领

学校成立了师训领导小组,明确了分管领导,制定了师训工作计划;积极创造条件,鼓励教师完成职务培训、学历培训及课改培训等;重视指导引领,成立专业指导部门,提升中青年教师教育教学水平,加快教师专业成长,表彰弘扬各类先进,发挥优秀教师引领作用。学校还选派教师赴名校跟岗学习培训,组织集中培训和师德结对;学校组织骨干教师示范、带教,强化对中青年教师培养。

（三）加强文化建设,实现"纳民"学校内涵发展

在有些人看来,民办学校只要能满足每个进城务工人员随迁子女接受义务教育的需求,学校能保证教学质量过得去,就已经足够了。但是,作为公办教育的必要补充,民办学校同样承担着提升教学质量,实现教育公平的任务。因此,宝山区政府在保障经费投入、优化管理监控、提升教学质量的基础上,也十分重视"纳民"学校的文化建设,追求民办学校教育的素质提升,努力实现内涵发展。

案例5　宝山区民办杨东小学以文化滋养童心

该校的前身是私立的"宝山区杨东学校",创办于2003年,2008年7月,"转制"为政府购买服务的纳入民办教育管理的小学,更名为上海宝山区民办杨东小学。现有22个班,1 100名学生,全是随迁子女,来自祖国的四面八方。在区教育局、杨行镇教委的领导和社会支持下,通过全体师生的共同努力,连续四年被宝山区教育局考核为"优秀",2009年荣获"全国民办先进学校"殊荣,2011年被评为"宝山区优良学校",并通过了市教委"优良学校"评估。

学校重视校园文化建设,注重学生的心理关怀,推崇班级文化建设,构建"家、情、景"的温馨乐园;利用节庆融合师生、同学间的关系;开展年级为特色的"雏鹰争章"活动;建立"关爱女孩咨询室"等。

学校开展了多彩的社会实践活动:组织"游上海看宝山"、世博心语启动仪式、赈灾募捐、组织小志愿者队伍、参加市、区大型演出、共建慰问等,时续不断的校会、班会、队会、演讲、展示、每周的升旗仪式等校内外活动的相互映衬和文化的共同渗透,让孩子们在异乡同样得到尊重,同样享受平等教育。学校以多彩的课外活动,张扬孩子们的个性,以多彩的读书活动,培养孩子们认真求学的态度。

（四）落实教师专业培训,为"纳民"学校培育发展内动力

在所有的教育资源中,教师是最活跃、具有决定性作用的资源,党的教育方针的落实、文化知识的传播、儿童成长的促进,都有赖于教师。因此教师是学校发展的原动力,教师的专业发展状态决定学校发展的水平。

由于种种原因,"纳民"学校的教师在文化水平、专业素养方面,与公办学校的教师存在着一定的差距。所以,重视并做好民办学校教师的专业培训是一种迫切需要,而培育民办学校优质发展的内动力,成为重中之重。

宝山区教育局为了落实农民工子女学校教师待遇,区政府转发了《上海市农民工子女学校教师师资培训条例》,并于2008年制定了《宝山区民办学校教师培训方案》,出台了相关标准,明确了工资水平和按月发放的要求。由镇政府对学校监督,保证教师待遇的落实,也明确了农民工子女学校教师任职条件

和享受业务进修的权利,区教育局对民办学校教师录用进行把关。

宝山区教育局与宝山区教师进修学院合作,连续几年,利用暑假对全区民办学校的教师进行全员业务培训,把民办学校的校长、书记纳入每年暑期的校长、书记大培训。对民办学校的新教师列入公办学校新教师培训计划,一同考核。这些举措较好地提高了民办学校教师教学水平,为民办学校提高教学质量,持续发展培育了内动力。

四、主 要 成 效

宝山区教育局在区、镇两级政府领导和高度重视下,根据上海市政府和市教委关于落实好农民工子女义务教育的要求,在解决"纳民"学校办学条件差、教学质量低、办学不规范等问题上,积极探索有效途径与机制,经过五年多的实践探索,取得了初步的成效。

在政策制定、落实和财务、教育管理等方面调动了两级政府的积极性,形成了区政府主导、镇政府落实、区教育局监管的"三位一体"的运作机制,形成了合力,保障了区域教育资源均衡配置的具体落实,极大地改善了区域民办学校的办学条件,也保证了民办学校的规范、健康发展。

在办学经费的统筹、使用、管理上,实行办学经费两级分担机制和第三方托管的财务监管机制,规范了民办学校的财产、财务管理,保障了民办学校财产安全。宝山区所有民办学校在财务管理、经费使用上没有发生违规、违法事件。

在教育管理、提升民办学校的办学水平方面,形成了区政府领导、镇政府合作下的区教育局实施机制,有效缩小了民办农民工子女学校与公办学校教育质量上的差距。民办学校的教学质量普遍提升,如民办罗希小学、民办杨东小学等学生平均成绩达到或超过了宝山区的平均水平,其余学校的教育质量也获得了持续提升。

在教育评价方面,形成了指导性督评机制,完善了民办学校评估指标,促进了民办学校自我规范发展。

建立了公办、民办学校结对的内涵提升机制,有效提升了民办学校的教学质量,得到了社会的认可。如宝山区民办杨东小学始终坚持"外塑形象,内练素质",在2005年11月接受了国家教育督导团的督查,得到了充分肯定。

五、反思与后续推进的对策

发挥区、镇两级政府积极性,由区政府主导、镇政府落实的机制,对整体提升宝山区的"纳民"学校办学质量产生了良好的作用,在较大程度上优化了教育资源均衡配置,促进了教育公平。但实现教育均衡发展是个长期、渐进的过程,不是一蹴而就的,由于宝山区外来的农民工子女人数众多,分布面广,随着城市化建设的推进,还将引来大量的人口导入,会有多所新建学校诞生,师资严重缺乏,合适的校长人选也相当紧缺,校与校之间发展不够平衡,民办学校的教师整体水平与目前教学的要求还有较大落差,还有少数公办学校对于招收农民工子女存在种种顾虑,教育公平的观念有待加强,诸如此类问题都是现实的困难,有待解决。

基于上述现状和困难,后续推进区域教育资源均衡配置的基本对策如下。

1. 由集中的硬件投入转向持续的内涵提升

引导镇政府加强区域内教育资源共享平台建设,和区教师进修学院合作,构建教师专业培训的平台,促进专业发展。在培训方式上可以采用分片培训、暑期集中培训、平时分散培训等多种方式,强化农民工子女学校师资培训,构建与公办学校接轨的培训平台。

2. 完善校长派驻和骨干教师支教制度,采用双向渗透

从外部"输血"改变为内部"养血"。比如在公办学校向民办学校输出校级领导的同时,也可以让民办学校的校级领导或后备领导到优秀的公办学校跟班学习,当"影子校长",进行体验式学习。结对学校的教师也可以互派,即公办学校的骨干教师集中一段时间到民办学校任教,带教他们的老师,而民办学校的青年教师可以到公办学校任教,由带教老师在日常教学中直接指导,大面积提升民办学校教师的专业水平。

3. 加强"纳民"学校教师培训,从根本上提升教育质量

结合正在开展的"十二五"教师专业培训,教育行政部门与区教师进修学院合作,对区域内的"纳民"学校的教师进行全面的专业与职业道德培训,切实提升这些教师的学历水平和德业水平,使他们较好地适应教育转型的要求,通过提升自身的德业水平进而整体提升民办农民工子女学校的教育质量。宝山区现有16所民办农民工子女学校,其中有大批教师需要学历进修和专业培训,面广量大,所以拟采取日常分批培训和暑假集中培训的方法,在3—5年中争取完成这些学校教师的培训任务。

4. 改进年终考评,优化奖励机制

为了密切结对学校的关系,促进公办学校和民办学校双方的积极性,设想实施"捆绑式"评价,对结对学校进行两两对应的评价。在评价上,考虑学校原有的客观差距,实施发展性评价,注重在原有起点上的新发展,比谁提升更快,进步更大。对公办学校积极吸纳农民工子女入学的,给予必要的优惠政策和奖励。提高"纳民"学校办学水平,为农民工随迁子女享受义务教育的权利提供保障。

(宝山区教育局提供)

参考文献

包心强. 2012. 对上海市民办非学历教育机构的政策引导政策研究. 电子科技大学硕士学位论文. 成都: 电子科技大学.

蔡金花. 2007. 美国州政府对义务教育阶段私立学校的资助: 原则、内容及特点. 外国教育研究, (4).

曹向东, 刘颂, 朱小虎. 2003. 国外私立教育评估: 经验与借鉴——兼论南京市民办教育评估体系的构建. 教育学研究, (10).

陈立, 刘华. 2012. 美国政府对私立学校的责任述评. 宁波大学学报(教育科学版), (7).

陈萌. 2009. 政府对行业协会的双重管理模式研究. 山东大学硕士学位论文. 济南: 山东大学.

陈强, 程好. 2013. 上海教育国际化: 服务贸易的视角. 上海: 同济大学出版社. 65.

陈如平. 2007. 台湾地区家长参与教育的发展趋势及其启示. 河北师范大学学报(教育科学版), (7).

陈武元, 薄云. 2006. 试析菲律宾私立高等教育的政府资助体系. 高等教育研究, (12 期).

陈一楠. 2007. 我国行业协会管理模式研究. 首都经济贸易大学硕士学位论文. 北京: 首都经济贸易大学.

陈英泰, 李晓康. 2005. 新加坡私立学校教育的发展. 教育发展研究, (2).

陈永明. 1996. 日本私立学校. 山西: 山西教育出版社.

程倍元, 项秉健. 2007. 上海非学历教育培训市场发展与思考. 教育发展研究, (11A).

程方平, 刘民. 1999. 国外民办(私立)学校的特点及管理问题. 教育研究, (5).

褚宏启. 2005. 对校长专业化的再认识. 教育理论与实践, (1).

戴国宝. 2012. 民办非学历高等教育机构发展模式创新研究. 职业技术教育, (31).

郜辉. 2003. 美国私立中小学认证制度浅析. 教育科学, (8).

何颖. 2012. 教育体制改革促进与规约下的中国基础教育国际化. 教学与管理(中学版).

何幼华, 朱怡华, 叶雁红, 等. 2004. 上海学前教育办园体制改革的政策设计. 教育发展研究, (3).

洪成文. 1995. 荷兰私立中小学教育——一种独特的模式. 外国中小学教育, (1).

侯隽. 2013. 留学经济: 一个中国留学生养活一个美国家庭. 中国经济周刊.

胡劲松. 1998. 初论德国的非国立高等教育——对其历史发展、类型结构、政策法规及其现存问题的分析. 比较教育研究, (3).

胡卫. 2007. 上海民办教育: 面临的机遇和挑战. 教育发展研究, (12).

胡卫, 唐晓杰. 2005. 教育研究新视野: 1995—2005. 上海: 上海人民出版社.

教育部发展规划司,上海市教育科学研究院.2003.2002 年中国民办教育绿皮书.上海：上海教育出版社.

柯佑祥.1998.日本私立高等教育财政研究.江苏高教,(2).

冷默.2013-5-2.不让国际课程成为留学预备教育.新闻晨报,(06).

黎克林.2004.日本私立学校的发展现状及启示.教育理论与实践,(12).

李纯真.2006.大连开发区民办非学历教育现状存在问题及对策研究.辽宁师范大学硕士论文.大连：辽宁师范大学.

李建民.2009.日本私立高校的政府资助体系——21 世纪以来的变迁与动因分析.比较教育研究,(4).

李文利.2005.美国、加拿大高校学生贷款研究.高等教育,(2).

刘建发.2006.韩国教育财政投入的法制保障经验及其启示.全国商情·经济理论研究,(10).

刘建银,刘智发.2011.台湾强化私立学校内部控制的法律法规——基于最新《私立学校法》及相关法规的分析.教育探索,(3).

刘荣飞.2013.迎接民办教育新春天——访上海民办教育协会会长李宣海.民办教育新观察,(7).

倪立保,李军.2013.民办非学历办学机构管理中存在的问题及对策.中共乌鲁木齐市委党校学报,(1).

倪闽景.2011.基础教育国际化要迎接挑战.上海教育.

潘峰,杨克瑞.2008.国外私立教育管理及其启示.煤炭高等教育,(1).

秦梦群.2005.我国将补助私立大学政策之分析.教育资料与研究,(63).

上海市教育决策咨询委员会秘书处,上海市教育科学研究院.2013.2013 年上海教育发展报告：价值引领发展.上海：华东师范大学出版社：24.

上海市教育委员会.2005.上海教育年鉴 2005.上海：上海教育出版社.

上海市教育委员会.2006.上海教育年鉴 2006.上海：上海教育出版社.

上海市教育委员会.2007.上海教育年鉴 2007.上海：上海教育出版社.

上海市教育委员会.2008.上海教育年鉴 2008.上海：上海教育出版社.

上海市教育委员会.2009.上海教育年鉴 2009.上海：上海教育出版社.

上海市教育委员会.2010.上海教育年鉴 2010.上海：上海教育出版社.

上海市教育委员会.2011.上海教育年鉴 2011.上海：上海教育出版社.

上海市教育委员会.2012.上海教育年鉴 2012.上海：上海教育出版社.

上海市浦东新区社会发展局.2009.中国教育改革前沿报告——浦东新区教育公共治理结构与服务体系研究.上海：上海教育出版社：263.

上海市统计局.2005.上海统计年鉴 2005.上海：上海统计出版社.

上海市统计局.2006.上海统计年鉴 2006.上海：上海统计出版社.

上海市统计局.2007.上海统计年鉴 2007.上海：上海统计出版社.

上海市统计局.2008.上海统计年鉴 2008.上海：上海统计出版社.

上海市统计局.2009.上海统计年鉴 2009.上海：上海统计出版社.

上海市统计局.2010.上海统计年鉴 2010.上海：上海统计出版社.

上海市统计局.2011.上海统计年鉴 2011.上海：上海统计出版社.

上海市统计局.2012.上海统计年鉴 2012.上海：上海统计出版社.

沈红梅.1999.非学历教育机构情况分析.北京成人教育,(10).

沈剑光.2010.民办教育发展的战略转型与政策应对.教育研究,(8).

沈晓慧.2010.北京民办高等教育机构办学状况评估的研究与实践——以举办非学历教育的民办普通高校、独立学院为例.中国冶金教育,(5).

孙霄兵,周为,胡文斌.2002.巴西的私立教育.比较教育研究,(4).

陶西平,王佐书.2010.中国民办教育发展报告(2003—2009).上海:上海人民出版社.

滕云.2002.论新形势下行业协会的作用.辽宁工学院学报(社会科学版),4(6).

万瑶.2013.就业视角下上海市民办高校专业设置问题研究.上海理工大学硕士学位论文.上海:上海理工大学.

汪茧.2010.美国私立大学校友捐赠研究.西南大学学报,(4).

汪歆萍.2012.上海毕业生就业与人才培养调研报告(2011年).上海:华东理工大学出版社:122-125.

王波.2007.民办学校教师权益保障问题研究.南京师范大学硕士学位论文.南京:南京师范大学.

王芳.2012.上海市高中国际课程发展述评.基础教育.

王金瑶,来明敏.2003.美国私立高等教育发展的资金支持体系及启示.高等工程教育研究,(4).

王留栓.1997.韩国高等教育的主要特征——兼谈韩国发展私立高等教育的经验.当代韩国,(1).

王奇.2010.上海民办教育发展现状、挑战及战略举措.教育发展研究,(15-16).

王淑娟.2005.美国私立教育质量的社会规范机制——认证制度.复旦教育论坛,3(2).

王伟.2003.美国私立中小学的近期变化.比较教育研究,(1).

王文新.2003.法国政府对私立学校的管理.教育发展研究,(11).

王晓辉.2002.法国私立教育的基本特点.比较教育研究,(9).

王烨姝,许适琳.2011.俄罗斯转型期私立高等教育发展状况及其形成原因浅析.现代教育科学,(1).

王毅.2012.上海市民办中小学国际化的模式研究.上海市教科院中青年课题报告.

王兆璟.1996.论美国政府对私立学校的管理模式.青海师范大学学报(社会科学版),(3).

魏所康.国际视野中的民办教育.http://www.jssghb.cn/ndlw/2006-2.doc.

翁亦诗.2003.现状、趋势、对策上海民办教育(非学历)大透视.成都与职业,(3).

吴定初.2003.关于中国基础教育国际化与本土化的思考.教育评论.

吴华.2009.我国民办教育发展的地方政策主导模式分析.教育发展研究,(8).

吴忠魁.1996.中日私立学校与国家关系在管理层面的分析比较.比较教育研究,(1).

项秉健.2007.上海非学历教育培训市场管理若干问题的思考.中国成人教育,(4).

鄢晓宇,肖甦.2009.英国私立教会中小学发展状况与特色研究.长江大学学报(社会科学版),(10).

杨金成.2000.韩国私立大学的学费政策评析.外国教育研究,(12).

杨启光.2011.教育国际化:进程与发展模式.北京:社会科学文献出版社:22,359-360.

杨蔚琪.2008.澳大利亚私立中小学公共资助政策研究——以新南威尔士州为例.世界教育信息,(6).

叶齐炼.2001.荷兰、意大利的私立教育.比较教育研究,12.

余雅风.2006.从教师职业的公共性看教师的权利及其界限.教师教育研究,(3).

袁青山.2011.美国私立营利性和非营利性大学的分类管理和启示.现代教育科学,(5).

袁征.2010.美国营利和非营利学校的分界.教育发展研究,(10).

张爱华,于洪波.2005.战后日本资助私立高等教育的策略与模式.山东师范大学学报(人文社会科学版),(3).

张彩娟,赵敏.2011.我国民办中小学发展的现状与可持续发展——基于《国家中长期教育改革与发展规划纲要(2010—2020年)》的思考.学周刊,(34):8-9.

张帆.2007.德国私立高校的发展和变化——以不来梅雅各布斯大学为例.国家教育行政学院学报,(11).

张红.2007.教育的国际化与未来学校发展.中国基础教育.

张辉.2012.北京市民办普通高校办学现状与财政资助机制分析.民办教育研究,(3).

张铁明.2005.民办教育法治：政府理解与执行是关键.教育与职业,(22).

张旺.2004.美国私立高等教育发展的制度环境分析.北京师范大学博士学位论文.北京：北京师范大学.

赵婀娜,闫星辰.2013-8-28.民办非学历活得不容易.人民日报,(12).

赵锋.2010.教育国际化：影响着未来国家的软实力——专访上海市教委副主任尹后庆.上海教育.

赵锋,李立基.2010.国际化是一个立足本土、放眼全球、多元文化融合的过程——专访上海教育学会会长张民生.上海教育.

赵萱.2012.应然理性：上海基础教育国际化述评.基础教育.

赵中建.中国中小学校国际化开发中的若干问题.http://wenku.baidu.com/view/0deda993daef5ef7ba0d3c1a.html.

甄晓燕.2012-7-18.上海民办教育系列探索——扶持中规范.人民政协报.

郑丽君.2009.非学历民办高等教育机构发展定位分析.北京城市学院学报,(6).

郑文谦,郭小平.2006.台湾私立大专院校经费筹措的途径及启示.教育评论,(6).

周国平.2005.我国民办高等教育资助：政策问题与建议.美中教育评论,(2).

周梁云,穆美琼.2006.美国私立教育法律制度的特点及其借鉴.云南师范大学学报(哲学社会科学版),(5).

周满生.2011-6-22.基础教育国际化的探索与困惑——对成都武侯区开展基础教育国际化的调查报告.http://epaper.rmzxb.com.cn/2011/20110622/t20110622_396317.htm.

朱怡华.2010.上海推进民办学校特色建设的情况介绍.中国民办教育协会网站.

朱永新,王智新.1996.日本私立学校管理新探.外国教育研究,(1).

庄怀平,薄云.2008.私立高等教育财政资助政策的国际比较研究——以韩国、马来西亚、菲律宾为例.大学教育科学,(3).

资中筠.2003.散财之道——美国现代公益基金会述评.上海：上海人民出版社.

附　　录

附录一 2005—2012 年上海民办教育统计数据

一、各级各类民办学校校数

　　　　　　　　　　　单位：所

年 份	幼 儿 园					小 学				
	全市	年增减	民办	年增减	民办占比（%）	全市	年增减	民办	年增减	民办占比（%）
2005	1 035	18	277	52	26.76	640	−8	19	2	2.97
2006	1 057	22	288	11	27.25	626	−14	22	3	3.51
2007	1 058	1	312	24	29.49	615	−11	24	2	3.90
2008	1 058	0	299	−13	28.26	672	57	87	63	12.95
2009	1 111	53	327	28	29.43	751	79	171	84	22.77
2010	1 252	141	396	69	31.63	766	15	184	13	24.02
2011	1 337	85	459	63	34.33	764	−2	181	−3	23.69
2012	1 401	64	500	41	35.69	761	−3	180	−1	23.65

附表 2 2005—2012 年上海各级各类民办学校校数（二）　　　　　　　　　　　单位：所

年 份	中 学					中 专				
	全市	年增减	民办	年增减	民办占比（%）	全市	年增减	民办	年增减	民办占比（%）
2005	807	−15	129	2	15.99	81	−1	3	1	3.70
2006	794	−13	126	−3	15.87	81	0	3	0	3.70
2007	786	−8	124	−2	15.78	76	−5	3	0	3.95
2008	774	−12	119	−5	15.37	73	−3	3	0	4.11
2009	762	−12	111	−8	14.57	70	−3	3	0	4.29
2010	755	−7	109	−2	14.44	65	−5	3	0	4.62
2011	754	−1	106	−3	14.06	64	−1	3	0	4.69
2012	760	6	107	1	14.08	61	−3	3	0	4.92

注：中学校数含初中和高中。

附表3　2005—2012年上海各级各类民办学校校数（三）　　　　　　单位：所

年份	职 业 高 中					普 通 高 校				
	全市	年增减	民办	年增减	民办占比（%）	全市	年增减	民办	年增减	民办占比（%）
2005	36	−5	3	0	8.33	60	1	16	0	26.67
2006	36	0	3	0	8.33	60	0	16	0	26.67
2007	31	−5	3	0	9.68	60	0	16	0	26.67
2008	28	−3	2	−1	7.14	61	1	16	0	26.23
2009	26	−2	2	0	7.69	66	5	21	5	31.82
2010	26	0	2	0	7.69	66	0	20	−1	30.30
2011	28	2	2	0	7.14	66	0	20	0	30.30
2012	28	0	2	0	7.14	67	1	20	0	29.85

二、各级各类民办学校在校生数

附表4　2005—2012年上海各级各类民办学校在校生数（一）　　　　　　单位：人

年份	幼 儿 园					小 学				
	全市	年增减	民办	年增减	民办占比（%）	全市	年增减	民办	年增减	民办占比（%）
2005	287 001	21 167	42 174	9 759	14.69	535 041	−2 355	26 281	3 901	4.91
2006	299 795	12 794	47 970	5 796	16.00	533 677	−1 364	29 391	3 110	5.51
2007	313 194	13 399	56 824	8 854	18.14	533 280	−397	35 180	5 789	6.60
2008	328 759	15 565	63 846	7 022	19.42	590 561	57 281	82 189	47 009	13.92
2009	353 810	25 051	73 952	10 106	20.90	671 245	80 684	151 037	68 848	22.50
2010	400 312	46 502	99 099	25 147	24.76	701 578	30 333	164 206	13 169	23.41
2011	444 177	43 865	120 470	21 371	27.12	731 131	29 553	166 712	2 506	22.80
2012	480 560	36 383	136 356	15 886	28.37	760 377	29 246	169 791	3 079	22.33

附表5　2005—2012年上海各级各类民办学校在校生数（二）　　　　　　单位：人

年份	初 中					高 中				
	全市	年增减	民办	年增减	民办占比（%）	全市	年增减	民办	年增减	民办占比（%）
2005	461 999	−55 083	57 028	4 739	12.34	308 207	−2 528	35 317	−934	11.46
2006	440 011	−21 988	57 376	348	13.04	271 696	−36 511	35 616	299	13.11
2007	427 037	−12 974	61 552	4 176	14.41	228 970	−42 726	29 504	−6 112	12.89
2008	425 141	−1 896	64 027	2 475	15.06	192 583	−36 387	22 886	−6 618	11.88
2009	426 081	940	63 174	−853	14.83	177 589	−14 994	19 027	−3 859	10.71
2010	425 463	−618	61 881	−1 293	14.54	168 899	−8 690	16 839	−2 188	9.97
2011	430 585	5 122	62 098	217	14.42	161 056	−7 843	14 493	−2 346	9.00
2012	432 686	2 101	60 912	−1 186	14.08	157 709	−3 347	13 869	−624	8.79

附表 6　2005—2012 年上海各级各类民办学校在校生数(三)　　　　单位：人

年份	中　专					职　业　高　中				
	全市	年增减	民办	年增减	民办占比(%)	全市	年增减	民办	年增减	民办占比(%)
2005	136 730	−3 720	2 904	132	2.12	57 255	−6 381	1 386	−182	2.42
2006	137 012	282	2 561	−343	1.87	52 890	−4 365	1 442	56	2.73
2007	128 081	−8 931	2 247	−314	1.75	51 580	−1 310	1 263	−179	2.45
2008	120 754	−7 327	1 841	−406	1.52	47 817	−3 763	1 266	3	2.65
2009	115 043	−5 711	1 572	−269	1.37	41 241	−6 576	1 140	−126	2.76
2010	109 054	−5 989	1 390	−182	1.27	37 622	−3 619	1 091	−49	2.90
2011	102 230	−6 824	1 487	97	1.45	35 099	−2 523	1 178	87	3.36
2012	98 815	−3 415	1 458	−29	1.48	35 415	316	985	−193	2.78

附表 7　2005—2012 年上海各级各类民办学校在校生数(四)　　　　单位：人

年　份	普　通　高　校				
	全　市	年增减	民　办	年增减	民办占比(%)
2005	442 620	26 919	66 941	13 049	15.12
2006	466 333	23 713	78 556	11 615	16.85
2007	484 873	18 540	86 062	7 506	17.75
2008	502 899	18 026	92 516	6 454	18.40
2009	512 809	9 910	95 181	2 665	18.56
2010	515 661	2 852	93 961	−1 220	18.22
2011	511 283	−4 378	90 418	−3 543	17.68
2012	506 596	−4 687	87 805	−2 613	17.33

三、各级各类民办学校招生数

附表 8　2005—2012 年上海各级各类民办学校招生数(一)　　　　单位：人

年份	幼　儿　园					小　学				
	全市	年增减	民办	年增减	民办占比(%)	全市	年增减	民办	年增减	民办占比(%)
2005	/	/	13 732	1 513	/	103 600	−1 900	5 933	870	5.73
2006	/	/	16 700	2 968	/	108 700	5 100	6 808	875	6.26
2007	/	/	21 737	5 037	/	110 000	1 300	7 635	827	6.94
2008	/	/	21 575	−162	/	123 949	13 949	17 457	9 822	14.08
2009	121 781	/	26 332	4 757	21.62	138 598	14 649	31 409	13 952	22.66
2010	144 540	22 759	37 386	11 054	25.87	150 465	11 867	35 125	3 716	23.34
2011	156 915	12 375	42 787	5 401	27.27	169 430	18 965	37 250	2 125	21.99
2012	164 879	7 964	48 229	5 442	29.25	172 297	2 867	37 643	393	21.85

注：“/”表示数据缺失。

附表9　2005—2012年上海各级各类民办学校招生数(二)　　　　　单位：人

年份	初中					高中				
	全市	年增减	民办	年增减	民办占比(%)	全市	年增减	民办	年增减	民办占比(%)
2005	109 600	−3 200	410	−148	0.37	99 400	−5 900	14 831	2 048	14.92
2006	108 400	−1 200	411	1	0.38	70 000	−29 400	14 778	−53	21.11
2007	105 700	−2 700	15 637	15 226	14.79	61 500	−8 500	6 866	−7 912	11.16
2008	107 686	1 986	16 016	379	14.87	58 652	−2 848	6 366	−500	10.85
2009	109 184	1 498	15 520	−496	14.21	55 842	−2 810	5 442	−924	9.75
2010	109 424	240	15 511	−9	14.18	53 853	−1 989	4 906	−536	9.11
2011	116 210	6 786	16 176	665	13.92	52 224	−1 629	4 336	−570	8.30
2012	117 489	1 279	15 614	−562	13.29	52 497	273	4 470	134	8.51

附表10　2005—2012年上海各级各类民办学校招生数(三)　　　　　单位：人

年份	中专					职业高中				
	全市	年增减	民办	年增减	民办占比(%)	全市	年增减	民办	年增减	民办占比(%)
2005	33 298	−5 374	14 831	2 048	44.54	18 238	−80	410	−148	1.47
2006	34 690	1 392	14 778	−53	42.60	17 498	−740	411	1	1.33
2007	32 324	−2 366	6 866	−7 912	21.24	15 236	−2 262	426	15	0.03
2008	32 429	105	6 366	−500	19.63	13 796	−1 440	412	−14	0.03
2009	29 839	−2 590	5 442	−924	18.24	12 362	−1 434	326	−86	0.03
2010	29 870	31	4 906	−536	16.42	12 161	−201	425	99	0.03
2011	27 767	−2 103	4 336	−570	15.62	12 344	183	433	8	0.04
2012	27 637	−130	4 470	134	16.17	12 194	−150	358	−75	0.03

附表11　2005—2012年上海各级各类民办学校招生数(四)　　　　　单位：人

年份	普通高校				
	全市	年增减	民办	年增减	民办占比(%)
2005	131 804	1 225	26 299	1 619	0.20
2006	140 448	8 644	27 510	1 211	0.20
2007	144 577	4 129	30 452	2 942	0.21
2008	145 774	1 197	30 775	323	0.21
2009	143 497	−2 277	28 369	−2 406	0.20
2010	144 649	1 152	28 166	−203	0.19
2011	141 136	−3 513	27 133	−1 033	0.19
2012	139 841	−1 295	25 852	−1 281	0.18

四、各级各类民办学校毕业生数

附表 12　2005—2012 年上海各级各类民办学校毕业生数(一)　　　　单位：人

年　份	幼　儿　园					小　学				
	全市	年增减	民办	年增减	民办占比(%)	全市	年增减	民办	年增减	民办占比(%)
2005	/	/	10 747	2 743	/	109 300	−400	4 228	1 090	3.87
2006	/	/	12 839	2 092	/	108 500	−800	5 190	962	4.78
2007	/	/	13 375	536	/	105 500	−3 000	6 309	1 119	5.98
2008	/	/	14 289	914	/	104 362	−1 138	6 265	−44	6.00
2009	98 529	/	15 654	1 365	15.89	113 558	9 196	16 173	9 908	14.24
2010	104 562	6 033	19 120	3 466	18.29	124 353	10 795	26 614	10 441	21.40
2011	125 499	20 937	28 668	9 548	22.84	130 857	6 504	29 888	3 274	22.84
2012	136 897	11 398	36 358	7 690	26.56	129 542	−1 315	27 658	−2 230	21.35

注："/"表示数据缺失。

附表 13　2005—2012 年上海各级各类民办学校毕业生数(二)　　　　单位：人

年　份	初　中					高　中				
	全市	年增减	民办	年增减	民办占比(%)	全市	年增减	民办	年增减	民办占比(%)
2005	152 900	−13 500	393	−249	0.26	101 000	10 600	16 547	5 122	0.16
2006	120 300	−32 600	460	67	0.38	102 100	1 100	14 428	−2 119	0.14
2007	109 900	−10 400	14 295	13 835	13.01	102 400	300	13 990	−438	0.14
2008	105 832	−4 068	14 493	198	13.69	95 088	−7 312	13 890	−100	0.15
2009	99 884	−5 948	15 527	1 034	15.55	70 377	−24 711	9 347	−4 543	0.13
2010	98 913	−971	15 443	−84	15.61	62 375	−8 002	7 283	−2 064	0.12
2011	96 244	−2 669	15 195	−248	15.79	58 523	−3 852	6 244	−1 039	0.11
2012	94 645	−1 599	14 974	−221	15.82	54 416	−4 107	5 274	−970	0.10

附表 14　2005—2012 年上海各级各类民办学校毕业生数(三)　　　　单位：人

年　份	中　专					职　业　高　中				
	全市	年增减	民办	年增减	民办占比(%)	全市	年增减	民办	年增减	民办占比(%)
2005	33 863	3 053	930	/	2.75	22 946	−157	29 440	7 107	1.28
2006	35 194	1 331	937	7	2.66	19 832	−3 114	26 586	−2 854	1.34
2007	38 577	3 383	850	−87	2.20	15 071	−4 761	491	−26 095	0.03
2008	37 124	−1 453	783	−67	2.11	16 522	1 451	454	−37	0.03
2009	33 869	−3 255	685	−98	2.02	17 156	634	421	−33	0.02
2010	33 413	−456	669	−16	2.00	13 738	−3 418	343	−78	0.02
2011	31 371	−2 042	422	−247	1.35	12 324	−1 414	440	97	0.04
2012	27 670	−3 701	195	−227	0.70	10 351	−1 973	229	−211	0.02

注："/"表示数据缺失。

附表 15　2005—2012 年上海各级各类民办学校毕业生数（四）　　　　单位：人

年　份	普　通　高　校				
	全　市	年增减	民　办	年增减	民办占比（%）
2005	103 435	14 790	12 526	4 686	0.12
2006	110 520	7 085	14 810	2 284	0.13
2007	118 512	7 992	21 784	6 974	0.18
2008	122 069	3 557	23 242	1 458	0.19
2009	124 156	2 087	24 577	1 335	0.20
2010	133 716	9 560	28 293	3 716	0.21
2011	139 027	5 311	29 354	1 061	0.21
2012	136 697	−2 330	26 905	−2 449	0.20

附表 16　2005—2012 年上海民办普通高校本专科在校生变化情况　　　　单位：人

年　份	本科在校生					专科在校生				
	全　市	年增减	民　办	年增减	民办占比（%）	全　市	年增减	民　办	年增减	民办占比（%）
2005	268 030	22 866	9 424	4 562	3.52	174 590	4 053	63 517	/	36.38
2006	292 859	24 829	15 459	6 035	5.28	173 474	−1 116	63 097	−420	36.37
2007	314 578	21 719	21 691	6 232	6.90	170 295	−3 179	64 371	1 274	37.80
2008	333 622	19 044	26 886	5 195	8.06	169 277	−1 018	65 630	1 259	38.77
2009	347 422	13 800	30 027	3 141	8.64	165 387	−3 890	65 154	−476	39.39
2010	354 940	7 518	32 168	2 141	9.06	160 721	−4 666	61 793	−3 361	38.45
2011	357 218	2 278	33 518	1 350	9.38	154 065	−6 656	56 900	−4 893	36.93
2012	359 007	1 789	36 153	2 635	10.07	147 589	−6 476	51 652	−5 248	35.00

注："/"表示数据缺失。

五、各级各类民办学校专任教师数变化情况

附表 17　2005—2012 年上海民办学校专任教师数变化情况（一）　　　　单位：人

年　份	幼　儿　园					小　学				
	全　市	年增减	民　办	年增减	民办占比（%）	全　市	年增减	民　办	年增减	民办占比（%）
2005	17 020	1 494	3 139	822	18.44	37 407	−138	1 273	−1 044	3.40
2006	18 793	1 773	3 840	701	20.43	37 500	93	1 271	−2	3.39
2007	20 203	1 410	4 637	797	22.95	38 451	951	1 746	475	4.54
2008	21 680	1 477	5 078	441	23.42	40 964	2 513	3 916	2 170	9.56
2009	23 632	1 952	5 762	684	24.38	44 278	3 314	6 630	2 714	14.97
2010	26 724	3 092	7 161	1 399	26.80	45 239	961	7 181	551	15.87
2011	29 221	2 497	8 073	912	27.63	46 254	1 015	7 368	187	15.93
2012	31 289	2 068	8 785	712	28.08	48 066	1 812	7 869	501	16.37

附表 18　2005—2012 年上海民办学校专任教师数变化情况（二）　　　　单位：人

年份	初　中					高　中				
	全市	年增减	民办	年增减	民办占比（%）	全市	年增减	民办	年增减	民办占比（%）
2005	33 131	−495	2 173	321	6.56	18 055	404	952	252	5.27
2006	33 332	201	2 566	393	7.70	18 030	−25	1 050	98	5.82
2007	33 362	30	2 590	24	7.76	17 951	−79	1 195	145	6.66
2008	33 120	−242	1 461	−1 129	4.41	17 201	−750	3 059	1 864	17.78
2009	33 617	497	3 127	1 666	9.30	16 896	−305	1 361	−1 698	8.06
2010	34 012	395	3 278	151	9.64	16 729	−167	1 305	−56	7.80
2011	34 506	494	3 430	152	9.94	16 596	−133	1 195	−110	7.20
2012	35 202	696	3 814	384	10.83	16 588	−8	1 264	69	7.62

附表 19　2005—2012 年上海民办学校专任教师数变化情况（三）　　　　单位：人

年份	中　专					职　业　高　中				
	全市	年增减	民办	年增减	民办占比（%）	全市	年增减	民办	年增减	民办占比（%）
2005	5 312	39	125	−19	2.35	3 193	−163	97	0	3.04
2006	5 244	−68	107	−18	2.04	2 990	−203	95	−2	3.18
2007	5 148	−96	106	−1	2.06	2 941	−49	50	−45	1.70
2008	5 071	−77	96	−10	1.89	2 862	−79	37	−13	1.29
2009	4 943	−128	100	4	2.02	2 857	−5	33	−4	1.16
2010	4 952	9	98	−2	1.98	2 850	−7	25	−8	0.88
2011	4 974	22	81	−17	1.63	2 874	24	23	−2	0.80
2012	4 797	−177	47	−34	0.98	2 858	−16	23	0	0.80

附表 20　2005—2012 年上海民办学校专任教师数变化情况（四）　　　　单位：人

年　份	普　通　高　校				
	全　市	年增减	民　办	年增减	民办占比（%）
2005	31 815	3 078	3 041	976	9.56
2006	33 873	2 058	3 422	381	10.10
2007	35 480	1 607	3 521	99	9.92
2008	36 854	1 374	3 626	105	9.84
2009	38 134	1 280	3 773	147	9.89
2010	39 170	1 036	3 906	133	9.97
2011	39 626	456	3 922	16	9.90
2012	40 118	492	3 968	46	9.89

（方建锋整理）

附录二　近年来相关省市民办教育政策规章

《云南省民办教育条例》

(2012年7月29日云南省第十一届人民代表大会常务委员会第三十二次会议通过,自2012年10月1日起施行)

第一章　总　　则

第一条　为了促进和规范民办教育的发展,维护民办学校及其举办者、校长、教职工和受教育者的合法权益,根据《中华人民共和国民办教育促进法》及其实施条例等法律、法规,结合本省实际,制定本条例。

第二条　国家机构以外的社会组织或者个人,利用非国家财政性经费,在本省行政区域内,面向社会举办学校及其他教育机构(以下统称"民办学校")的活动,适用本条例。

第三条　民办教育是教育事业的重要组成部分,民办学校具有与公办学校同等的法律地位。

民办学校应当遵守法律、法规,贯彻国家教育方针,提高教育管理水平,保证教育教学质量,培养符合经济社会发展需要的各类人才。

第四条　县级以上人民政府应当制定民办教育发展规划,并纳入国民经济和社会发展总体规划。

县级以上教育、人力资源社会保障行政部门应当根据民办教育发展规划,制定鼓励、支持民办教育发展的具体措施,报同级人民政府批准后实施。

第五条　县级以上教育行政部门按照各自权限主管本行政区域内的民办教育工作,负责民办教育工作的管理和服务。

县级以上人力资源社会保障行政部门负责技工学校,以及以职业技能为主的职业资格(技能)培训机构的管理和服务。

县级以上发展改革、财政、民政、国土资源、价格、公安、卫生、工商、税务等部门在各自职责范围内,负责民办教育的有关工作。

第六条　鼓励社会组织或者个人捐资办学。

各级人民政府对发展民办教育有突出贡献的组织和个人给予表彰奖励。

第二章　设　　立

第七条　申请筹设民办学校的,应当提交《中华人民共和国民办教育促进法》规定的材料。

申请正式设立民办学校的,应当提交《中华人民共和国民办教育促进法》规定的材料及招生范围说明、办学场所使用权的有效证明材料。

本条第一款和第二款属于联合办学的,还应当提交联合办学协议,明确各方的出资数额、方式和权利、义务等。

第八条　申请筹设或者正式设立民办学校的,由下列审批机关审批:

(一)实施学前教育、小学教育、初级中等教育的,由县(市、区)教育行政部门审批后报州(市)教育行政部门备案;

(二)实施高级中等教育的,由州(市)教育行政部门审批后报省教育行政部门备案;

(三)实施高等职业教育的,由省教育行政部门审核后报省人民政府审批,并报国家教育行政部门备案;实施师范、医药卫生等特殊行业高等职业教育的,由省教育行政部门征求有关部门意见并审核后,经省人民政府同意报国家教育行政部门审批;

(四)实施普通高等本科教育的,由省教育行政部门审核后,经省人民政府同意报国家教育行政部门审批;

(五)实施教育类非学历教育的,由县(市、区)教育行政部门审批后报州(市)教育行政部门备案;其中,实施非学历高等教育的,由省教育行政部门审批;

(六)实施技工教育的,由省人力资源社会保障行政部门审批,送省教育行政部门备案;实施以职业技能为主的职业资格(技能)培训的,由县级以上人力资源社会保障行政部门审批,送同级教育行政部门备案。

申请设立多种办学层次、类别的民办学校,由最高办学层次对应的审批机关审批。

第九条　民办学校的名称应当符合法律、法规的规定,并与其办学的性质、层次、类别相符;民办学校的名称不得侵犯他人的合法权益。

第十条　审批机关应当对批准正式设立的民办学校颁发办学许可证,并将民办学校的名称、办学规模、办学层次、办学形式、招生范围和学校章程等事项向社会公开;对不予批准的,应当书面说明理由。

民办学校应当在取得办学许可证后依法登记;民政、工商、税务登记机关应当按照规定办理,并向社会公开。

未取得办学许可证,不得招生和开展任何形式的教育教学活动。

第十一条　民办学校的名称、地址、注册资金、举办者、法定代表人、校(园)长、办学层次、类别等事项发生变更的,应当在报有审批权的机关批准后,于30日内到登记机关进行变更登记。

民办学校终止的,按照《中华人民共和国民办教育促进法》等法律、法规的规定办理。

第十二条　经批准成立的民办学校与境外教育机构合作办学的,按照《中华人民共和国中外合作办学条例》的规定执行。

<h2 style="text-align:center">第三章　　鼓　励　和　支　持</h2>

第十三条　县级以上人民政府应当加大公共财政对民办教育的投入力度,并随着民办教育事业的发展,逐步增长。

县级以上人民政府应当设立民办教育发展专项资金,用于支持民办学校办学、示范性民办学校的建设、新建和扩建项目贷款贴息和表彰奖励等。

第十四条　鼓励社会组织或者个人为民办教育提供捐赠、设立专项奖励或者发展基金,支持民办教育发展。

捐赠款的使用,应当尊重捐赠人的意愿;捐赠人未明确表示意愿的,捐赠款应当主要用于改善办学条件。

第十五条　县级以上人民政府通过财政贴息等方式,鼓励金融机构开展针对民办学校的贷款业务;引导商业保险资金支持民办教育事业,设立办学风险类的商业保险险种。

民办学校可以通过投资、合作、贷款等方式筹措办学经费,可以用收费权质押或者非教学设施作抵押向商业银行申请贷款,用于改善办学条件。

民办学校依法享受国家和省有关税收优惠和信贷优惠政策。

第十六条 民办教育用地属于公益性事业用地。县级以上人民政府应当将确需新建、扩建民办学校的用地纳入土地利用计划管理,依法保障其用地需求。民办学校用地应当符合土地利用总体规划和城乡规划。

在乡村举办民办学校的,可以使用集体建设用地,也可以使用国有建设用地。

对符合《划拨用地目录》的民办教育用地,经有批准权的人民政府批准,可以以划拨方式取得土地使用权,其他民办教育用地,可以依法以出让方式取得土地使用权。

民办学校存续期间,不得变更教育用地性质。民办学校停办的,以划拨方式取得土地使用权的,由原批准用地的人民政府给予相应补偿后依法收回土地使用权;以出让方式取得土地使用权的,按国家和省的有关规定办理。

第十七条 民办学校在水电气供给价格、建设规费减免等方面与公办学校享受同等待遇。

第十八条 民办学校在扣除办学成本、预留发展基金以及按照国家有关规定提取其他必需的费用后,出资人可以从办学结余中取得合理回报。

第十九条 县级以上人民政府应当建立义务教育阶段政府购买服务的机制。民办学校招收义务教育阶段学生的,由县(市、区)人民政府按照规定拨付相应的生均公用经费,并免费提供教科书。

第二十条 民办学校的教师和公办学校的教师应当在社会保障、教育教学管理、教师资格认定、进修培训、职称评定、科研项目申请、考核评价、表彰奖励等方面享受同等待遇。

第二十一条 民办学校根据教学需要,面向社会自主招聘教师并按照规定参加专业技术职称评定。

鼓励符合条件的机关、企业事业单位人员,公办学校教师到民办学校任教或者支教;鼓励大中专毕业生到民办学校任教、任职;鼓励教师在公办学校与民办学校之间合理流动。

公办学校教师经原所在学校同意,可以到民办学校任教或者支教。民办学校教师被国家机关或者公办学校录(聘)用,符合规定条件的,其工龄、教龄连续计算。

民办学校外籍教师的聘用和管理办法,按照国家有关规定执行。

第二十二条 民办学校应当依法保障教职工的工资、福利等待遇,按时足额支付教职工工资,依法为本校教职工办理社会保险、缴纳住房公积金。

有条件的地区,当地人民政府应当对民办学校教师参加城镇职工的基本养老保险、基本医疗保险给予补助。

第二十三条 民办学校和公办学校所颁发的学历、学位证书具有同等效力;民办学校的学生和公办学校的学生在升学、转学、考试、申请助学贷款和国家奖(助)学金、交通出行、医疗保险、户籍迁移、先进评选、职业技能鉴定、就业等方面享有同等权利。

国家机关、企业事业单位在招聘工作人员时,应当将民办学校毕业生和公办学校毕业生同等对待。

第四章 管理与监督

第二十四条 民办学校举办者应当依照申办报告或者学校章程履行出资义务。民办学校存续期间,举办者不得抽逃出资,不得挪用办学经费,不得以其办学的资产为其他单位或者个人提供担保。

民办学校举办者可以用货币、实物或者可依法转让的土地使用权、知识产权等无形资产出资。以货币、实物形式出资的,应当由具有资质的会计师事务所出具验资报告;以无形资产出资的,应当经具有资质的资产评估机构评估。

第二十五条 民办学校举办者应当在批准正式设立后1年内,按照出资额将其投入办学的资产过户到学校名下。

民办学校存续期间,任何组织和个人不得截留、挪用或者侵占民办学校的合法财产。

民办学校对举办者和其他出资人投入民办学校的资产、国有资产、受赠财产、收取的费用以及办学积累,应当分别登记建账,并依法享有法人财产权。

第二十六条　民办学校举办者投入学校的资产应当与举办者其他资产相分离。

民办学校存续期间,举办者投入的资产、受赠财产、收取费用以及办学积累等,由民办学校管理和使用,并接受监督;有国有资产参与的,还应当接受国有资产管理部门和审批机关的监督。

第二十七条　民办学校应当依法建立健全财务会计制度。在每个会计年度结束时,民办学校应当将会计报表和财务报告送审批机关备案。

审计部门和审批机关应当按照《中华人民共和国审计法》等有关规定,对民办学校使用国有资产、财政性资金和社会捐赠资金的情况进行审计和监督。

第二十八条　民办学校应当按照国家有关规定面向社会自主招生,不得委托个人进行招生活动。

民办学校的招生简章和广告必须真实准确,报审批机关备案后方可公布。

招生简章和广告应当载明办学层次、办学类型、办学形式(学制)、专业设置、收费标准、证书发放等事项。

第二十九条　民办学校应当按照学校章程、办学许可证核定的内容以及招生简章和广告的承诺,组织开展教育教学活动。

第三十条　民办学校应当根据办学成本,合理确定收取费用的项目和标准。实施学历教育的,实行政府指导价管理,经教育或者人力资源社会保障行政部门审核,报价格主管部门批准并公示;实施非学历教育的,由民办学校自主定价,报价格主管部门备案并公示。

民办学校收取费用的具体管理办法,由价格主管部门会同财政、教育、人力资源社会保障等行政部门制定。

第三十一条　民办学校应当按照不低于年度净收益 25% 的比例提取发展基金,用于学校的建设、维护和添置、更新教学设施设备。

第三十二条　民办学校终止时,应当妥善安置在校学生,审批机关应当协助学校安排学生继续就学。

第三十三条　审批机关应当对民办学校依法管理和监督,实行综合年检制度,并向社会公开。

第三十四条　县级以上人民政府应当对民办学校定期开展教育督导,并向社会发布督导公报。人力资源社会保障行政部门按照职责对技工学校和职业资格(技能)培训机构进行监督检查,并向社会发布监督检查结果。

第三十五条　鼓励民办教育行业协会、教育中介机构为民办学校提供服务。

审批机关可以组织或者委托教育中介机构对民办学校的办学水平、教育质量进行评估认证。

第五章　　法 律 责 任

第三十六条　擅自举办民办学校的,由县级以上教育或者人力资源社会保障行政部门责令限期补办审批手续;逾期未达到审批条件的,责令停止招生,退还所收取费用,有违法所得的,没收违法所得;逾期未补办审批手续的,责令停止招生,退还所收取费用,有违法所得的,没收违法所得,并处 2 万元以上5 万元以下罚款。

第三十七条　民办学校有下列行为之一的,由审批机关责令限期改正并予以警告;逾期未改正的,责令停止招生,退还所收取费用,有违法所得的,没收非法所得,并处 1 万元以上 5 万元以下罚款;情节严重并造成恶劣影响的,依法吊销其办学许可证;构成犯罪的,依法追究刑事责任:

(一)未经审批机关批准,将承担的教育教学任务转交给其他学校或者个人的;

(二)招生简章或者广告未报审批机关备案的;

（三）未按照学校章程、办学许可证核定的内容以及招生简章和广告的承诺开展教育教学活动的；

（四）委托个人进行招生活动的；

（五）举办者未按期办理验资过户手续的；

（六）以民办学校资产为其他单位或者个人提供担保的；

（七）校舍或者其他教育教学设施、设备经整改仍达不到设置标准，或者存在重大安全隐患未及时采取措施的；

（八）发生重大校园安全事故，学校负有主要责任的；

（九）擅自设立收费项目、提高收费标准以及其他违反教育收费规定的；

（十）年检不合格的。

第三十八条　民办学校举办者抽逃办学资金、挪用办学经费，侵占、私分民办学校财产的，由审批机关会同有关部门追回；构成犯罪的，依法追究刑事责任。

第三十九条　审批机关或者有关部门工作人员玩忽职守、滥用职权、徇私舞弊，侵犯民办学校合法权益的，由其所在单位、上级主管部门或者监察部门依法给予处分；造成经济损失的，依法承担经济赔偿责任；构成犯罪的，依法追究刑事责任。

第六章　　附　　则

第四十条　本条例自 2012 年 10 月 1 日起施行。

广东省实施《中华人民共和国民办教育促进法》办法

（2009年11月26日广东省第十一届人民代表大会常务委员会第十四次会议通过）

第一章　总　则

第一条　为实施《中华人民共和国民办教育促进法》，结合本省实际，制定本办法。

第二条　本办法适用于国家机构以外的社会组织或者个人，利用非国家财政性经费，依法在本省行政区域内面向社会举办学校及其他教育机构（以下统称民办学校）的活动。

第三条　民办教育事业属于公益性事业，是社会主义教育事业的组成部分，民办学校与公办学校具有同等的法律地位。

民办学校应当坚持社会主义的办学方向，全面贯彻国家的教育方针，依法办学，保证教育教学质量。

第四条　县级以上人民政府应当坚持积极鼓励、大力支持、正确引导、依法管理的方针，将民办教育事业纳入国民经济和社会发展规划。

县级以上人民政府应当组织、协调有关部门及时解决民办教育事业发展中的重大问题，促进民办教育事业健康、有序、可持续发展。

第五条　县级以上人民政府教育主管部门是本行政区域民办教育工作的主管部门，应当依法加强对民办学校的服务、管理和监督。

县级以上人民政府人力资源和社会保障主管部门应当在职责范围内依法加强对实施以职业技能为主的职业资格培训、职业技能培训的民办学校的服务、管理和监督。

县级以上人民政府其他有关部门依照各自的职责，负责有关的民办教育工作。

第六条　县级以上人民政府应当组织建立和完善民办学校风险防范机制和应急机制。

第二章　民办学校的设立

第七条　设立民办学校应当符合当地经济社会发展和教育发展的需求，并具备教育法和其他法律、法规规定的条件。

审批机关应当公布有关民办学校设立的条件、审批程序、审批期限，以及应提交的相关材料。对批准正式设立的民办学校，审批机关应当颁发办学许可证，并将批准正式设立的民办学校及其章程向社会公告。

民办学校取得办学许可证，应当依照有关的法律、行政法规办理法人登记，登记管理机关应当依法予以办理。

第八条　民办学校的设立，按照下列权限审批：

（一）实施本科教育的普通高等学校以及师范、医药类专科教育的高等职业学校，按照国家有关规定报国务院教育主管部门审批；

（二）实施师范、医药类以外的专科教育的高等职业学校，由省人民政府审批，并报国务院教育主管部门备案；

（三）实施高级中等学历教育的普通高中和中等职业技术学校，由地级以上市人民政府教育主管部门审批，并报省人民政府教育主管部门备案；

（四）实施义务教育、学前教育、文化教育类非学历教育的学校，由县级以上人民政府教育主管部门审批；

（五）实施以职业技能为主的职业资格培训、职业技能培训的学校，由县级以上人民政府人力资源和社会保障主管部门按照国家规定的权限审批，并抄送同级教育主管部门备案；技工学校，由省、地级以上市人民政府人力资源和社会保障主管部门按照各自权限审批。

对涉及多个办学层次的设立申请,由负责审批高层次学校的审批机关统一受理,并征求其他层次审批机关的意见。

第三章　　教师与受教育者

第九条　民办学校的教师、受教育者与公办学校的教师、受教育者具有同等的法律地位。

第十条　民办学校应当聘任符合任职条件的专职校长,双方应当依法签订聘任合同,聘期不少于三年。

校长按照学校章程以及聘任合同依法履行教育教学和行政管理职权。

第十一条　民办学校应当按照国家有关规定,建立与其办学层次、规模和专业设置相适应的教师队伍,并根据教学、科研的实际需要,培养骨干教师和学科带头人。

县级以上人民政府有关部门应当做好民办学校教师人事档案的收集、整理、保管、利用、转递等管理工作。在民办学校教师人事档案管理过程中,应当保证档案材料的安全,不得擅自泄露档案内容,不得擅自涂改、抽取、销毁或伪造档案材料。

第十二条　民办学校自主聘任合格的教师、职员。民办学校聘用教师、职员,应当依法订立聘任合同,明确双方的权利和义务。发生人事争议的,参照公办学校人事争议有关规定处理。

民办学校招用其他工作人员应当依法订立劳动合同,发生争议的,按照处理劳动争议法律法规处理。

第十三条　民办学校享有与同级同类公办学校同等的招生权,可以自主确定招生的范围、标准和方式。

民办高等学校的学历教育招生应当遵守国家有关规定,并纳入本省高等教育招生计划;省人民政府发展改革、教育主管部门应当根据其办学条件核定招生计划。

民办学校不得采取支付或者变相支付生源组织费的形式组织生源。

第十四条　民办学校应当依法保障教职工的工资、福利待遇,建立教职工工资专户制度,按时足额发放教职工工资,依法参加社会保险,缴纳社会保险费,并按照国家有关规定办理住房公积金。

鼓励民办学校为教职工购买补充养老保险。

第十五条　民办学校教师办理专业技术职务评定、教师资格认定、科研项目申报、评优评先等与公办教师享有同等权利。

各级人民政府教育、人力资源和社会保障主管部门应当把民办学校教师队伍培训纳入本系统培训计划;民办学校教师参加国家、省规定的教师继续教育学习的,学习期间的工资福利待遇不变。

第十六条　教育主管部门应当会同有关部门建立、完善有关制度,保证教师在公办学校和民办学校之间的合理流动,鼓励公办学校选派教师到有需要的民办学校帮教扶教。

民办学校教师的教龄和工龄计算享有与公办学校教师同等的权利。教师在民办学校和公办学校之间流动的,其在民办学校的教龄和工龄与其在公办学校的教龄和工龄合并计算。

第十七条　民办学校的受教育者在升学、就业、助学贷款、困难资助、档案管理、社会优待、医疗保险、评选先进等方面,享有与同级同类公办学校受教育者同等的权利。

第十八条　具有本省常住户口的民办学校初中毕业生、高中毕业生、中等职业学校和技工学校毕业生,可以在其学校所在地参加高中阶段入学考试和高等教育入学考试。

第十九条　民办学校受教育者提出退学、转学的,学校应当按照有关规定,及时为其办理退学、转学、退费手续。

民办学校终止时,应当妥善安置受教育者,审批机关应当予以协助。实施义务教育的民办学校终止时,审批机关应当帮助安排受教育者继续就学。

第四章　　学校资产与财务管理

第二十条　民办学校的举办者可以以资金、实物、土地使用权、知识产权或者其他财产作为办学出资。

以知识产权等无形资产出资参与合作办学的,应当委托具有资产评估资质的评估机构依法评估;无形资产占办学总投入的比例,由合作办学双方按照国家法律、行政法规的有关规定予以约定,并依法办理有关手续。

第二十一条　实施义务教育阶段的公办学校不得转为民办学校。

公办学校参与举办民办学校,应当经主管的行政部门批准。

公办学校参与举办的民办学校,应当具有独立法人资格,具有独立校园,实行独立的财务会计制度,独立招生,独立颁发学业证书。公办学校参与举办民办学校所取得的收益,按照国家有关规定纳入统一管理,用于教育教学活动。

第二十二条　民办学校应当依法建立财务、会计制度和资产管理制度,对举办者投入的资产、国有资产、受赠的财产、收取的费用以及办学积累等分别核算、登记建账,并接受有关部门检查监督。

举办者应当在银行开设学校独立账号,将投入民办学校的资产与其他资产相分离。民办学校存续期间,举办者不得抽逃出资,不得挪用办学经费。

第二十三条　民办学校应当在每个会计年度结束时制作财务会计报告,委托会计师事务所依法进行审计,审计结果应当报审批机关备案,并予以公布。

民办学校应当聘任具有会计从业资格证书的人员担任会计。其中,担任会计机构负责人的,应当具备会计师以上专业技术职务资格或者从事会计工作三年以上。

第二十四条　实施义务教育和普通高中教育的民办学校收取费用的项目和标准由学校提出,报审批部门审核,经价格主管部门批准后由学校公示执行。

民办中等职业学校和民办高等学校的收费标准由学校根据办学条件和培养成本合理确定,报审批部门和价格主管部门备案后由学校公示执行。

其他非学历教育机构收取费用的项目和标准由学校提出,报审批部门和价格主管部门备案后由学校公示执行。

第二十五条　民办学校收取的费用应当主要用于教育教学活动和改善办学条件。民办学校每年应当依法提取发展基金和福利基金;发展基金主要用于学校的建设、维护和教学设备的添置、更新等;福利基金主要用于教职工的集体福利的开支。

负有债务的民办学校,应当将年度办学结余首先用于偿还债务。

第二十六条　鼓励民办学校购买校方责任险等保险。

第二十七条　共同举办的民办学校,举办者之间可以相互转让其全部或者部分举办权。民办学校举办者转让其举办权的,在同等条件下,其他共同举办者有优先受让权。

第五章　　扶持与奖励

第二十八条　县级以上人民政府应当设立民办教育发展专项资金,资助民办学校发展,表彰和奖励为发展民办教育事业做出突出贡献的组织和个人。

民办教育发展专项资金由财政主管部门负责管理,由教育主管部门或者人力资源和社会保障主管部门报同级财政部门批准后使用。

第二十九条　新建、扩建民办学校,按照公益事业用地及建设的有关规定给予优惠。教育用地不得用于其他用途。

捐资举办的民办学校和出资人不要求取得合理回报的民办学校,其建校用地和校舍建设享受与公办学校同等的优惠政策。

第三十条　捐资举办的民办学校和出资人不要求取得合理回报的民办学校,依法享受与公办学校同等的税收及其他优惠政策;出资人要求取得合理回报的民办学校享受国家规定的税收优惠政策。

第三十一条　鼓励企业捐资助学。企业通过公益性社会团体或者县级以上人民政府及其部门自愿无偿向民办教育事业的捐赠支出,在计算应纳税所得额时可以依照国家规定扣除。

第三十二条　民办学校用电、用水、用气、排污、通信等公共服务价格,应当与公办学校执行同一标准。

任何单位不得违法向民办学校收取任何费用。民办学校对违法收费有权予以拒绝,并向价格主管部门举报。

第三十三条　县级人民政府委托本行政区域民办学校承担义务教育任务的,应当与学校签订委托协议并拨付相应的教育经费。拨付教育经费的标准,按照本区域同级公办学校的生均教育经费标准执行。

第三十四条　出资人不要求取得合理回报的民办学校,在学校有办学结余的前提下,经学校董事会、理事会或者其他形式的决策机构讨论决定,可以每年从学校办学结余中提取一定比例,用于奖励出资人。但是,累计提取总额不得超过出资人的出资数额。

出资人将应取得的合理回报用于学校发展的,计入其出资额。

第六章　　监 督 与 管 理

第三十五条　县级以上人民政府教育、人力资源和社会保障主管部门和其他有关部门应当按照各自职责,加强对民办学校经费使用、教育质量、师生权益保障、安全稳定等方面的监督检查。

第三十六条　对使用国有资产、接受政府经常性财政资助、接受社会捐赠的民办学校,政府有关部门应当加强监管。

第三十七条　民办学校发布招生简章和广告,应当符合《中华人民共和国广告法》等相关法律法规的规定。民办学校的招生简章和广告样本,发布前应当报审批机关备案。发布的招生简章和广告的内容应当与审批机关备案的内容一致。

招生简章和广告的内容应当真实、准确。招生简章应当载明学校名称、地址、性质、办学层次、办学形式、培养目标、招生专业、招生办法、招生人数、住宿条件、收费项目、收费标准、证书发放等事项。

民办学校对贫困学生有减免收费或其他资助的,应当在招生简章中明示。

民办学校开展的教育教学活动,应当与招生简章、广告等向社会承诺的相一致。

第三十八条　县级以上人民政府教育、人力资源和社会保障主管部门应当加强对民办学校的督导,按照各自权限组织或者委托社会中介组织评估民办学校的办学水平和教育质量,并将评估结果向社会公布。社会中介组织进行评估应当客观公正。

第三十九条　民办教育行业组织依照其章程,开展民办学校之间的交流与合作,加强民办教育行业自律制度建设,促进民办学校依法规范办学。

第四十条　任何单位和个人对审批机关违反本办法的行为,有权向其上级主管机关或者监察机关投诉、举报;收到投诉、举报的机关应当在十五日内决定是否受理;对决定受理的案件,应当及时组织调查,并将处理结果告知投诉、举报人。

任何单位和个人对民办学校违反本办法的行为,有权向教育主管部门或者人力资源和社会保障主管部门投诉、举报,收到投诉、举报的部门应当在十五日内决定是否受理;对决定受理的案件,应当及时组织调查,并将处理结果告知投诉、举报人。

第七章　　法 律 责 任

第四十一条　公办学校未经批准参与举办民办学校或者未按照规定将参与举办民办学校的收益纳入统一管理使用的,由主管部门责令限期改正,并对负有直接责任的主管人员和其他直接责任人员给予处分;有违法所得的,没收违法所得。

第四十二条　民办学校有下列情形之一的,由审批机关或者其他有关部门责令限期改正;情节严重的,责令停止招生、吊销办学许可证:

(一)学校的资产未与其他资产分开,未设立学校独立银行账号的;

(二)有办学结余但未经学校董事会、理事会等决策机构讨论同意或者没有办学结余给不要求合理回报的出资人奖励的;

(三)未经备案,散发、刊登、张贴招生简章和招生广告的;

(四)擅自增加收取费用的项目、提高收取费用的标准的。

第四十三条　民办学校未依法登记开展活动的,由登记管理机关依法予以处罚。

第四十四条　民办学校的审批机关及其工作人员有下列行为之一的,由监察机关或者上级主管部门对负有责任的主管人员和其他直接责任人员依法给予处分;构成犯罪的,依法追究刑事责任:

(一)对符合法定条件的申请故意刁难、拖延不办或者逾期不予答复的;

(二)批准不符合法定条件的申请人举办民办学校的;

(三)利用职务上的便利收受他人财物或者其他利益的。

第八章　附　则

第四十五条　在工商行政管理部门登记注册的经营性的民办培训机构的管理,按照国家的规定执行。

第四十六条　本办法自 2010 年 3 月 1 日起施行。

广东省关于促进民办教育规范特色发展意见的通知

粤府办〔2013〕27 号

各地级以上市人民政府,各县(市、区)人民政府,省政府各部门、各直属机构:

省教育厅《关于促进民办教育规范特色发展的意见》已经省人民政府同意,现转发给你们,请认真贯彻实施。实施过程中遇到的问题,请径向省教育厅反映。

广东省人民政府办公厅
2013 年 7 月 15 日

关于促进民办教育规范特色发展的意见
省教育厅

为深入贯彻落实党的十八大和全国教育工作会议精神,根据《广东省人民政府关于推进广东省教育"创强争先建高地"的意见》(粤府〔2013〕17 号)有关要求,现就促进广东省民办教育规范特色发展提出以下意见:

一、指导思想和主要目标

(一)指导思想。以邓小平理论、"三个代表"重要思想、科学发展观为指导,围绕"三个定位、两个率先"的总目标,以提高质量为核心,以改革创新为动力,坚持积极鼓励,先行先试,加大扶持,依法管理,内涵发展,打造特色,推动广东省民办教育又好又快发展,满足人民群众多元化的教育需求,为率先基本实现教育现代化、率先全面建成小康社会作出贡献。

(二)发展目标。到 2018 年,义务教育阶段民办学校达到标准化学校的比例及规范化民办幼儿园的比例明显提高,民办普通高中达到省一级学校、民办中职学校(含民办技工学校,下同)达到省级示范性学校的比例进一步提高,建成一批具有特色的品牌民办学校和若干所高质量、高水平的民办高等院校,形成完善的民办教育体系和政府主导、社会参与、办学主体多元、办学形式多样、公办教育与民办教育协调发展的格局,基本建成民办教育强省。

二、探索分类管理机制

(三)推行民办学校分类管理。鼓励各地开展民办学校分类管理试点,创新民办教育管理制度,完善民办学校办学许可和注册登记制度、产权和资产管理制度、财务会计和审计制度、学校法人治理结构和政府管理服务体系。

(四)完善民办学校法人登记办法。对从事学历教育的民办学校和幼儿园,按以国有资产参与举办为标准,探索完善学校法人登记制度;具体办法由省教育部门会同机构编制、民政、工商等部门研究制订。对民办教育培训机构,可登记为民办非企业单位法人或企业法人。

三、加大民办教育扶持力度

(五)实行差别化的扶持政策。积极鼓励、重点扶持捐资举办和出资举办不要求取得合理回报的民办学校发展,并在土地使用、规划建设、金融信贷、设置审批、奖励评定、资金扶持、项目安排、人才引进、师资建设等方面实行优惠政策。

(六)完善公共财政对民办教育的扶持政策。从 2013 年起,省将适当增加省级民办教育专项资金规模。县级以上人民政府应设立与本行政区域民办教育发展相适应的民办教育专项资金,用于扶持非营利性民办学校发展。要按照接受义务教育学生数量和当地公办义务教育学校的生均财政拨款标准,给予承担政府委托义务教育任务的民办学校拨付相应经费;对符合当地条件的义务教育阶段民办学校学生,按公办学校标准,纳入免费义务教育补助范围。鼓励各地对捐资举办和出资举办不要求取得合理回报的从事学前教育、高中阶段教育、高等教育的民办学校给予经费奖补。民办学校享受与公办学校同等的申报中央或省实施的职业院校实习实训基地建设等项目政策。民办学校学生享受与公办学校学生同等的资助政策。

（七）落实民办教育税收优惠政策。符合条件的民办学校提供学历教育的劳务收入，免征营业税；符合条件的民办学校及教育机构，其承受的土地、房屋权属用于教学的，免征契税。捐资举办和出资举办不要求取得合理回报的民办学校，依法享受与公办学校同等的税收及其他优惠政策。民办学校的用电、用水、用气等，享受与公办学校同等的待遇。

（八）落实民办学校收费政策。民办学校收费定价遵循市场调节、优质优价原则。实施义务教育和普通高中教育的民办学校的学杂费标准由学校制订，报办学审批部门审核，经价格主管部门批准后由学校公示执行。学杂费标准主要根据近3年生均教育培养成本和学校的合理回报确定。民办中职学校、民办技工院校和民办高等院校学历教育的收费由学校根据市场情况、自身办学条件和各专业的学习培养成本合理确定，在报教育或人力资源社会保障部门及价格主管部门备案后执行。民办学校对接受非学历教育的其他受教育者收取的学费标准，以及民办幼儿园的保教费标准，由民办学校和幼儿园自行确定，报教育或人力资源社会保障部门及价格主管部门备案。

（九）完善民办教育用地优惠政策。各地要将民办教育用地统一纳入土地利用规划和城乡规划。对新建、扩建实施学历教育的非营利性民办学校，需新增建设用地的，要优先安排用地指标。符合划拨土地目录规定的非营利性民办学校，其教育设施用地可依法以划拨方式取得，并享受与公办学校同等的规费减免优惠政策。

（十）依法保障民办学校教师待遇。各地应根据当地经济社会发展情况，参照当地公办学校教师工资标准，制订民办学校教师工资指导标准。民办学校要依法依规按时足额发放教职员工的薪金，并为教职员工参加社会保险缴纳社会保险费用。鼓励有条件的民办学校通过设立年金制度，提高教师养老待遇，努力实现民办学校教师与本地区同级同类公办学校教师的退休待遇大体相当。鼓励和支持有条件的地区，对实行年金制的民办学校予以奖励，对民办学校教师发放从教津贴。民办学校应当保障教职员工寒暑假期间带薪休假权利。

（十一）落实办学自主权。民办学校要遵循国家相关规定，自主开展教育教学活动，自主制定发展规划，设立内部机构，聘任教职员，管理学校资产财务。实施高等学历教育和中等职业学历教育的民办学校，应按照国家和省的有关规定自主设置专业，自主制订人才培养方案。民办学校享有与同级同类公办学校同等的招生权利。逐步推进民办高等院校与同类型、同层次公办高等院校同批次招生。教育部门应将招生计划增量部分优先安排给管理规范的民办高等院校。

四、加强民办教育规范管理

（十二）落实法人财产权。民办学校对举办者投入资产、国有资产、受赠的财产以及办学积累成果，享有法人财产权。民办学校存续期间，举办者不得抽逃出资。民办学校出资人要按时足额履行出资义务。出资人以不动产用于办学，原有不动产过户到学校名下，不属于买卖、赠予或交换行为的，只收取证件工本费。加快民办高等学校资产过户工作。投入民办学校的货币资产要经法定验资机构验资后过户到学校名下，非货币资产要经有资质的中介机构评估后过户到学校名下。未完成资产过户的民办高等院校，应于2018年前基本完成资产过户工作。

（十三）完善现代学校制度。民办高等院校要以完善内部治理结构为重点，逐步建立"产权明晰、利益共享、学校自治、服务社会"的现代大学制度。省教育部门要会同有关部门制订民办学校章程示范样本，民办学校要以章程建设为基础建立健全学校规章制度。民办学校要依法改善学校董事会（理事会）结构，规范董事会（理事会）成员构成，学校举办者应选派熟悉和热衷教育工作的人员参与董事会。民办学校要建立健全董事会科学民主决策机制，完善董事会议事规则和运作程序。民办学校要依法明确董事会和校长的权责,保障校长和学校管理机构依法行使教育教学和行政管理权利。学校董事(理事)、校长及财务、人事等部门负责人之间应实行亲属回避制度。民办学校要完善教职工代表大会制度和工会制度。

(十四)加强财务管理。民办学校要建立和完善内部预算管理制度,健全财务管理制度,实行财务公开,确保教学和人力资源等投入到位。民办学校从财政部门和主管部门取得的有指定项目和用途的专项资金,应当存入经主管部门审核的银行专款账户,保证专款专用和单独核算。

(十五)加强教师队伍建设。民办学校教师应达到国家规定的相应教师任职条件,应当与学校签订聘用合同。以属地管理为原则,建立健全民办中小学教师档案管理制度。民办高等院校实行教师档案自主管理制度。民办学校应按国家规定的比例提取一定的教师培训经费。教育、人力资源社会保障部门要将民办学校纳入教师培训计划和范围。各地要为民办学校吸引人才、留住人才、用好人才创造条件,在户籍迁移、住房待遇、子女就学等方面执行当地同级同类公办学校的人才引进政策。鼓励符合相应教师任职条件的高层次人才到民办学校任教。鼓励公办学校优秀教师到民办学校挂职或任教。

(十六)规范办学行为。完善民办学校准入标准、审批程序以及学校设立登记、变更登记、注销登记等制度。加强民办学校教育教学质量评价和监督,健全民办学校年度检查制度,年检结果作为政策扶持、评优评先、招生指标下达和财政奖补的依据。教育、人力资源社会保障、物价、工商等部门要按照各自职责,加强对民办学校招生宣传和收费等行为的监管。建立健全部门联合执法机制,及时整治违法违规办学行为。

(十七)完善风险防范机制。县级以上政府要建立和完善民办学校风险防范机制和应急机制。未完成资产过户的民办学校,应设立办学风险保证金。风险保证金归民办学校所有,其设立标准和管理办法由民办学校业务主管部门会同有关部门制订。加强学校安全管理和稳定工作,完善学校安全维稳应急处置工作机制,切实维护校园安全稳定。完善民办学校退出机制,民办学校终止办学,按法律法规和国家有关规定进行资产清算,清算和安置方案报审批机关确认后实施。

五、促进民办教育特色发展

(十八)推动民办学校特色发展。支持民办中小学校发挥办学体制、管理体制、投入机制、办学模式等优势,形成素质教育特色。扶持民办高等院校发展特色专业,优先发展工科专业。支持民办中职学校和民办高等院校根据产业转型升级需要,在应用型人才培养等方面形成特色。推动民办高等院校提高办学层次,发展应用型本科和专业学位研究生教育,形成一批有特色、高水平的民办高等院校。各地要在经费安排、科研项目、评先评优、表彰奖励等方面向有特色的民办学校倾斜。扶持民办职业技能培训机构发展,形成富有特色的民办职业技能培训体系。

(十九)打造民办教育区域特色。鼓励各地结合当地实际,加强民办教育政策创新、管理创新、服务创新,支持民办学校在经费筹措、管理体制、办学模式、课程改革、人才培养、教师管理等方面大胆试验、创新,形成民办教育区域特色。

(二十)扩大民办教育交流与合作。鼓励有条件的民办学校开展多种形式的国内外交流合作。支持民办高等院校与境外知名大学在粤合作举办具有独立法人资格的中外合作学校。支持民办学校引进境外优质教育资源,培养具有国际视野和跨文化理解能力的人才。支持设立和办好港澳台人士子女学校。

六、落实保障措施

(二十一)加强组织领导。各地要高度重视民办教育工作,把民办教育纳入社会发展和教育事业发展规划,采取措施大力促进民办教育发展。要在配置教育资源、优化布局结构、制订人才政策等方面,统筹协调民办教育与公办教育的发展,认真落实鼓励和扶持民办教育发展的优惠政策。要建立民办教育发展协商机制,每年定期专题研究解决民办教育发展遇到的困难和问题。

（二十二）推进体制机制创新。各地要制定优惠措施，鼓励和引导更多民间资金投入发展民办教育。支持各地开展办学体制改革，探索非义务教育阶段公有民办、民办公助、委托管理、集团化、股份制等多种办学模式。支持国有资本、集体资本、非公有资本等参与举办民办学校。探索建立公益融资机制，鼓励金融机构为民办学校提供多种形式的融资服务，对产权明晰、办学规范、信誉良好的民办高等院校给予支持。有条件的地方应为捐资举办和出资举办不要求合理回报的民办学校给予贷款贴息。开展民办教育综合改革区域试点，探索民办教育发展新路径。加强民办教育行业协会和中介组织建设，促进民办学校行业自律和规范发展。加强宣传工作，大力宣传国家和省发展民办教育的方针政策，宣传民办教育优秀教师和办学典型，为民办教育发展营造良好氛围。

（二十三）落实部门职责。省教育部门负责全省民办教育工作的统筹协调。省人力资源社会保障部门负责民办技工院校、民办职业培训机构的管理，进一步完善民办学校教师社会保障制度。省编制、民政、工商、教育、人力资源社会保障部门按照各自职责分工，负责民办学校法人及其分支机构的登记工作。省财政部门负责做好民办教育财政投入资金安排。省国土资源部门负责协调民办学校用地工作。省税务部门负责依法落实民办学校的税收优惠政策。省物价部门负责民办学校收费管理和监督。各部门要认真负责，各司其职，共同做好促进广东省民办教育规范特色发展各项工作。

浙江省人民政府关于促进民办教育健康发展的意见

浙政发〔2013〕47 号

各市、县(市、区)人民政府,省政府直属各单位:

民办教育是教育事业发展的重要组成部分和推动教育改革的重要力量。为深化民办教育综合改革,鼓励和引导民间力量进入教育领域,促进民办教育健康发展,根据《国务院办公厅关于开展国家教育体制改革试点通知》(国办发〔2010〕48 号)总体要求,现提出如下意见:

一、总体要求

(一)明确发展要求和目标。促进民办教育发展是各级政府的重要职责。要将民办教育纳入经济社会发展规划和教育事业发展规划,统筹民办教育和公办教育的协调发展,在政府承担发展教育责任不变、保证教育投入依法稳定增长的基础上,留出发展空间,着力优化结构,积极支持有特色、高水平的民办教育,加快形成公办民办互补、有序竞争和良性发展的多元办学格局,构建政府主导、社会参与、办学主体办学形式多样的教育体系。按照国家、省《中长期教育改革和发展规划纲要》提出的关于积极探索营利性和非营利性民办学校分类管理要求,鼓励各地积极探索,勇于创新,切实清理纠正各类歧视政策,加强制度保障,优化投资环境,建立有利于促进民办学校稳定协调、可持续发展的管理体制和运行机制;引导支持民办学校合理定位,办出特色,提升水平,努力满足人民群众多层次、多样化的教育需求。

二、民办学校的责任和权益

(二)落实法人财产权。各类民办学校举办者须按规定将应出资资金投入学校,足额到位,并经有关部门验资确认。对民办学校各类投资、捐资、办学积累等形成的土地、房屋、设备等资产,产权均办到学校名下。资产尚未过户的,须限期过户,实行按账面原值过户记账。出资人将土地、房屋、设备等过户到学校名下并用于教育教学,符合条件的,可按规定免征营业税等税费。

(三)建立民办学校举办者的奖励激励机制。对社会力量举办的非营利性学校,在扣除办学成本,预留发展基金,以及按规定提取其他有关费用后,在办学有结余的前提下,经学校决策机构决定并报教育、财政部门核准,可按规定比例计提,用于奖励出资人。具体比例和办法,由各地制订并试行。今后,国家有新规定的,从其规定。

(四)规范资产管理。建立完善固定资产管理制度,对出资者投入资产、财政拨款形成的资产、受赠资产和办学积累所形成资产分别登记入账,定期盘点,做到账账相符、账实相符。

(五)设立风险基金。学校的各项收支要严格管理,确保相关资金按规定用于办学活动。营利性和非营利性民办学校均按学费等收入的一定比例提取,主要用于一旦出现风险时,退还学生学费、补发教师工资、偿还债务等支出。具体提取比例和办法由各地根据学校类别、办学规模、收费标准等实际情况确定。

(六)明晰学校所有者权益。对非营利性学校,凡"捐资举办的学校",所有净资产归社会所有,终止办学后,由学校审批部门负责统筹,继续用于教育事业;其余非营利性学校,出资者拥有实际出资额(含学校存续期间追加投资额)的财产所有权。营利性民办学校,学校所有者权益归投资者所有。

三、师生权益

(七)创新民办学校教师服务管理模式。对民办学校教师与公办学校教师要一视同仁。各地政府所属人才服务机构要积极做好民办学校教师的人事代理工作,为所属民办学校教师提供职称评聘、户口迁移、劳动关系衔接、社保关系转移等服务,方便教师合理流动。破除教师流动中的体制性障碍,进一步落实单位用人自主权,鼓励教师在公办学校和民办学校间相互有序流动,具体实施办法另行制订。

(八)提高教师社保待遇。根据《浙江省中长期教育改革和发展规划纲要(2010—2020 年)》要求,采取措施,保证社保待遇落实。民办学校教师应参加各项社会保险。民办学校应为其教师缴纳单位部分的社会保险费,教师本人应缴纳个人部分的社会保险费。民办学校教师参加事业单位养老保险的,按照当地事业单位养老保险统筹缴费标准参保并享受相应养老待遇;民办学校教师参加企业职工基本养老保险的,按照当地企业职工基本养老保险缴费标准参保并享受相应养老待遇。积极鼓励民办学校为教师建立年金等补充保险制度,进一步提高他们的退休待遇。民办学校教师在不同养老保险制度间转移养老保险关系,其缴费年限可按规定连续计算。

(九)保障学生权益。民办学校学生在政府资助、评奖评优、升学就业、社会优待、医疗保险、户口迁移等方面,享受与同级同类公办学校学生同等权利。在民办学校接受学历教育的学生享受与公办学校学生同等的国家助学政策,在普惠性民办幼儿园就读的家庭经济困难的幼儿、孤儿、残疾幼儿同等享有政府的学前教育资助。民办学校向学生收取的服务性费用和代收代管费用,应遵循学生自愿、成本补偿原则,据实收取,及时决算,定期公布,不得营利。

四、要素保障

(十)建立健全财政扶持制度。在省市县三级建立"民办教育专项资金",并将支持民办教育发展的资金列入同级财政预算。通过以政府购买教育服务、安排生均教育经费、保障教师待遇和专业发展经费、补助学校教学科研经费等形式对民办学校进行公共财政扶持,探索建立差额补助、定额补助、项目补助、奖励性补助等多元化的公共财政资助体系。自 2014 年起,省级财政每年安排专项资金,对市、县(市、区)推进民办教育发展工作进行奖励;专项资金总额根据实际情况,实施动态调整。

(十一)调整收费办法。实行积极的价格政策,支持和促进民办学校的发展。各级价格行政主管部门在核定非营利民办学校的学费、住宿费时,现阶段应充分考虑学校发展来制订基准价格和活动幅度。放开营利性民办学校的收费标准,由民办学校根据实际自行确定,报同级价格行政主管部门备案后执行。

(十二)规范土地使用权。非营利性民办学校以行政划拨方式取得土地使用权,原以有偿使用方式获得土地使用权的,其土地用途、土地使用权取得方式不变;营利性学校一律以有偿使用方式供地,原以行政划拨方式供地的,可依法办理土地出让手续,经评估确定后补缴土地出让金,或以作价出资(入股)、租赁等方式处置。各地国土资源部门按规定做好土地供应、土地使用权证办理等相关工作。

(十三)建立产权流转制度。健全民办学校并购重组和举办者变更退出机制。除捐资举办的民办学校外,其他民办学校存续期间,出资或投资者对所有者权益(股权)可以增设、释股、转让、继承、赠与。对非营利性民办学校,在产权流转过程中,一律按账面原值计价;对营利性学校按市场规则操作。各地要制订新举办者所有者权益准入条件,支持鼓励办学指导思想端正、热爱教育、资金实力较强的企事业单位、个人参与办学。所有者权益流转要纳入所在地政府产权交易平台,规范操作。

(十四)建立民办教育投融资体制。重点围绕解决民办学校办学主体单一问题,健全民办教育投融资体制,支持民办学校与多层次资本市场对接,开展股权等方式融资,帮助民办教育实现集约化发展。鼓励银行业金融机构对产权明晰、办学规范、诚信度高、偿债能力强的民办学校,在风险可控的前提下,利用收费权和知识产权进行质押贷款、信用贷款等,积极为民办学校提供金融服务。鼓励融资性担保公司为民办学校贷款提供担保服务。

五、监管与服务

(十五)加强领导。各级政府要把推进民办教育改革,促进民办教育发展作为本级政府的重要职责,摆上重要议事日程。要建立健全领导机构,教育、机构编制、发展改革、公安、民政、财政、人力社保、国土资源、建设、税务、工商、金融等各部门和单位按照职能分工,各司其职,落实责任,密切配合,定期研究分析、解决民办教育改革发展的重要问题。要加强制度设计,积极探索,加快出台新的政策措施,为民办教育改革发展创造良好的政策环境。针对民办教育办学体制特点,加快政府管理方式转变,加强宏观管理和服务。

（十六）重视对非学历教育培训机构的监管。抓紧建立重点针对未成年人培训机构的长效监管机制。依法健全非学历教育培训机构审批、登记管理和信息互通办法，把控好年检等关键环节，并实施有效监管。重点查处非学历教育培训机构无证无照经营、超范围经营、分布虚假广告等违法违规行为。开展规范化教育培训机构建设，制订教育培训机构设置标准。开展信用分类管理，实行信息分开制度。根据教育培训机构经营场所设置、师资配备、消防安全、财务状况等情况，综合巡查、年检、投诉举报、行政处罚等各类信息，适时面向社会公布。

（十七）推进规划指导下的"项目引资"工作。各级政府要以制订城乡义务教育布局调整规划为契机，统筹义务教育与非义务教育学校规划，完善区域内各类民办学校、幼儿园的布点工作。加强学校项目选址与城市规划、土地利用总体规划衔接。要谋划一批带动性强、示范性好的优质民办教育项目，在落实制度保障，明确项目学校类别、规划条件等基础上，推行民办教育"项目引资"工作，搭建平台，定期公布项目引资目录指南，通过公开招标、项目比选、协议引资等多种方式，遴选确定合适的举办者。建立民间投资教育项目的"绿色通道"，优化投资服务环境。

（十八）加强对民办教育管理。正确处理好改革、发展、稳定的关系，保证民办学校规范发展。把民办学校全面纳入全省教育督导评估范围。加强民办学校年度检查工作，将年度检查结果向社会公布并作为政府扶持资助和评优表彰的重要依据。积极推进政务公开，各级教育行政主管部门要建立民办教育管理信息公共服务平台，推进民办学校许可证电子化管理，提高服务和管理工作水平。推进校务公开，指导民办学校及时主动向社会发布招生章程、收费项目标准、财务管理、办学条件等重要信息。建立风险防范机制，各级政府要依法履行监管职责，建立民办学校风险预警、防范、处置机制，维护学校安全稳定。完善民办教育统计监测指标体系，建立省刈各地民办教育改革和发展工作的考核制度。

浙江省关于进一步扩大民办高等学校办学自主权若干意见

浙教计〔2012〕78 号

各设区市及义乌市发改委、教育局、物价局，各民办高校，独立学院：

为促进全省民办高等学校（含独立学院，下同）的持续健康发展，根据《民办教育促进法》、《浙江省中长期教育改革和发展规划纲要（2010—2020 年）》等法律法规和文件，现就进一步扩大民办高等学校的办学自主权提出如下意见。

一、进一步鼓励支持民办高校规范发展。从招生、专业设置、收费等环节入手，扩大民办高校办学自主权，积极引导和支持民办高校合理定位，特色发展，提高办学水平和竞争力，满足广大人民群众对高等教育的多样化需求，更好地适应全省经济和社会发展需要。

二、扩大招生计划编制权限。民办高校在确保达到校舍、师资、设备等基本办学条件要求的前提下，自主制定年度招生总规模和分专业招生计划，并报省教育厅、省发改委审核备案后，面向社会公布招生。各项生均办学条件应达到教育部《普通高等学校基本办学条件指标（试行）》（教发〔2004〕2 号）合格要求。

三、自主确定招生范围。支持民办高校立足浙江、面向全国，拓展生源范围。在核定的年度招生规模内，根据国家、省的相关规定，民办高校自主确定分省（市、自治区）招生计划，鼓励向中西部地区倾斜招生，在商生源所在地教育行政部门审核同意后，通过教育部招生来源计划信息管理系统平台，安排跨省年度招生生源计划。

四、探索自主招生方式。自 2012 年起，有意愿的民办高校（含独立学院），可以纳入"三位一体"综合评价招生改革范围。鼓励民办高职院校试行"校考单录"、"三位一体"等改革，以及进行"注册入学"自主招生改革试点。民办高校应本着"公开、公平、公正"的原则，提出规范招生录取方案和办法，报省教育考试院核准后公布执行。

五、扩大收费自主权。民办高校可结合人才培养模式改革，自主选择本校当年专业总数 25% 以内的专业，在规定基准价基础上，在 50% 浮动幅度范围内，自主制定具体学费标准，报省物价局备案后执行，并按规定向社会公示。学费、住宿费按学年收取，学生因退学、转学、出国等中断学业的，应按规定和实际受教育时间，据实结算，及时退还相应学费、住宿费。民办高校收取的服务性费用和代收费用，应按"学生自愿、据实收取、及时结算、定期公布"的原则办理。

六、改革专业设置管理办法。按照民办高校的办学规模，省教育厅比较同类公办高校，放宽 20% 比例核定专业设置总数。在专业设置总数以内，允许民办高校根据教育部修订的学科专业目录及设置管理办法，自主设置除国家和省控制布点外的专业；允许民办高校自主确定专业方向。

七、完善自主发展自我约束机制。民办高校要坚持科学定位，切实加强学科专业建设和教师队伍建设，深化人才培养模式改革，努力提高育人质量和办学水平；要按照"依法办学、自主管理、民主监督、社会参与"的要求，不断完善法人治理结构，加强内部管理，依法规范各项办学行为，确保实现稳定健康发展。

八、逐步建立健全促进和引导民办高校科学发展的监管机制。完善民办学校年检年审制度、民办高校招生广告审批制度、教育质量评估制度、毕业生跟踪调查制度，从鼓励支持和规范出发，综合运用财政补助、规划、信息服务和必要行政措施，促进民办高校自主办学，科学发展。

浙江省教育厅

浙江省发展和改革委员会

浙江省物价局

二〇一二年六月一日

陕西省人民政府关于进一步支持和规范民办高等教育发展的意见

陕政发〔2011〕78号

各设区市人民政府,省人民政府各工作部门、各直属机构:

为贯彻落实《国家中长期教育改革和发展规划纲要(2010—2020年)》,建立制度健全、机制灵活、管理规范、特色鲜明、充满活力的民办高等教育体系,使我省民办高等教育保持在全国的优势地位,成为建设教育强省的重要力量,现就进一步支持和规范民办高等教育发展提出以下意见。

一、继续加大支持力度

1. 进一步提高对发展民办教育的认识。民办教育事业是国家教育事业的重要组成部分,是教育事业发展的重要增长点和促进教育改革的重要力量。我省民办高等教育的发展为加快高等教育大众化进程、提供多样化教育选择、创新教育管理体制、增进教育公平、提高教育效率发挥了不可替代的重要作用,为国家经济社会发展培养了大批急需的应用型人才,是我省改革开放的标志性成果之一。各级政府及其工作部门要进一步提高对发展民办教育的认识,继续加大支持力度,巩固和提升我省民办高等教育在全国的优势地位。

2. 支持民办高校与公办高校共同发展。各地、各有关部门要把发展民办高等教育作为重要工作职责,坚持"积极鼓励、大力支持、正确引导、依法管理"的方针,创造性地支持民办高等教育的发展,切实落实民办高校与公办高校同等法律地位,对非营利性民办高校给予与公办高校同等支持力度,推动形成公办教育与民办教育共同发展的格局。

3. 加大统筹规划与综合协调力度。把民办高等教育纳入经济社会发展总体规划。省级有关部门要研究制定民办高等教育改革发展规划,建立省教育、发展改革、公安、民政、财政、人力资源社会保障、国土资源、住房和城乡建设、审计、税务、工商、广电和新闻出版等部门组成的综合协调机制,研究解决民办高等教育发展中的重大问题,开展服务监管和综合执法,检查、监督有关法规和政策的贯彻落实情况。各设区市政府要研究制定配套措施,组织落实相关政策。

4. 设立发展专项资金。省财政从2012年起每年设立3亿元民办高等教育发展专项资金,重点用于民办高等教育公共服务和信息平台建设、高水平民办高校建设、改革创新、师资队伍建设、实验室和实习实训基地建设、科学研究、表彰和奖励为民办高等教育作出突出贡献的集体和个人等方面。

二、建立和完善分类管理体制

5. 实施分类管理。民办高校、高等教育助学机构分为非营利性和营利性两类,由举办者自愿申报,省级有关部门审核确定。其中非营利性包括捐资举办的学校、出资举办不要求取得合理回报的学校,以及出资举办要求取得合理回报的学校。要保障各类民办学校的合法权益,严格规范办学行为,大力支持发展非营利性学校,积极引导发展营利性学校,逐步形成完善的非营利性与营利性民办高等教育分类管理体制。

6. 探索混合制民办高等教育办学模式。支持各类办学主体通过合资、合作、股份制等方式举办民办高等教育,为不同投资主体、办学主体公平有序地办学创造良好的环境。积极探索国有资本、集体资本和非公有资本以多种形式举办混合制民办高等教育的办学模式。开展混合制民办高等教育试点工作,改革创新管理体制和运行机制,逐步建立"产权明晰、利益共享、学校自治、服务社会"的现代大学制度。

7. 改进法人登记办法。非营利性学校经省教育厅审核后,由省民政厅依法登记。其中捐资举办、出资举办不要求取得合理回报的学校,登记为民办自收自支事业单位法人;出资举办要求取得合理回的学校登记为民办非企业法人。营利性学校由省教育厅审核后，省工商行政管理局依法登记注册为企业法人。

8. 拓宽筹资渠道。依照国家有关规定，探索建立陕西民办高等教育基金会，鼓励社会力量捐资，引入公益融资机制，为民办高校筹集资金提供服务。鼓励金融机构为民办高校提供多种形式的融资服务。逐步建立和完善民办高校融资担保体系，对产权明晰、办学规范、信誉良好的民办高校，允许其申请信用担保贷款和长期低息贷款。允许非营利性民办高校用非教学资产作抵押、学费收费权作质押向银行申请贷款。鼓励个人、企业和社会组织向民办高校捐赠，并依法落实相关税前扣除政策。

9. 落实税费和用地优惠政策。非营利性民办高校、高等教育助学机构依法享受与公办高校同等的税费优惠政策。

民办高校、高等教育助学机构从事学历教育活动提供的教育劳务取得的收入、向学生收取的高校学生公寓住宿费收入、学生食堂为师生提供餐饮服务取得的收入和为学生勤工俭学提供劳务取得的收入，按规定免征营业税。

民办高校、高等教育助学机构承受的土地、房屋权属用于教育教学的，免征契税。占用的耕地、自用的土地和房产用于教学的，免征耕地占用税、城镇土地使用税和房产税。对学校学生公寓和与学生签订的高校学生公寓租赁合同，按规定免征房产税、印花税。水、电、气、采暖、排污等公用事业性收费享有与公办高校同等待遇。

将学校建设用地纳入城镇土地利用总体规划和年度用地计划。非营利性学校建设用地享受与公办高校同等的政策；营利性学校建设用地按国家有关规定办理。

10. 依法落实合理回报政策。非营利性学校出资人要求取得合理回报的，在扣除办学成本、计提发展基金和国家规定的有关费用后，允许从办学结余中按年度取得合理回报，作为对出资人的奖励。奖励申请由学校决策机构提出，教育行政部门会同有关部门根据原始出资额、追加投入额、学费收入和办学结余等情况，综合确定合理回报额，合理回报额可占到办学结余的40％。取得的合理回报继续用于学校发展的，计入新增出资额，并按有关规定享受税收优惠政策。营利性学校按企业机制获取回报。

三、健全管理和运行机制

11. 完善学校法人治理结构。加强现代大学制度建设，依法完善学校办学章程，充分发挥民办高校内部管理体制和运行机制灵活多样的优势。依法设立理事会（董事会），规范其成员构成、议事规则和运行程序。建立民办高校监事制度，促进理事会（董事会）决策的民主化、科学化、规范化。加强民办高校党建工作，确保民办高校党组织的政治核心和监督保障作用。认真执行《陕西省民办高校教职工代表大会实施办法（试行）》，充分发挥学校工会组织的作用，建立和完善教职工参与学校民主管理、民主监督制度。制定民办高校行政管理的运作规程，保障校长独立行使教育教学和行政职能，保障教职工、受教育者、社会人士行使法定权利。理事长（董事长）与校长分设。非营利性学校决策机构成员、校长及总务、财务、人事等主要部门负责人之间，实行亲属回避制度。

12. 规范民办高等教育助学机构。严格规范民办高等教育助学机构的设置审批，规范名称、宣传、招生、收退费，规范联合办学、出租校区办学。连续两年年检不合格的学校，责令停止招生，经限期整改仍达不到办学要求的，吊销办学许可证。支持符合我省经济社会发展需要、具备办学条件的民办全日制高等教育助学机构申请设置普通高职院校。

13. 加强质量监控。健全政府对民办高校的督导制度。强化年度检查制度，年检结果作为政策扶持和规范管理的重要依据。建立政府部门、专家学者、高校师生、行业企业、用人单位、学生家长和社会中介组织等多方参与的民办高等教育质量分类评价机制，充分发挥评估机构的作用，定期对民办高校的教育教学质量、学风教风校风建设、内部管理水平等进行评估，评估结果向社会公布。

14. 完善退出机制。学校终止办学，按法律法规和国家有关规定进行资产清算，清算和安置方案报审批机关确认后实施。捐资举办的学校终止办学,剩余资产用于公益性教育事业;出资举办不要求取得合理回报的学校终止办学,按投入额度取得补偿后,其余剩余资产用于公益性教育事业;出资举办要求取得合理回报的学校终止办学,剩余资产按有关法律、行政法规的规定处理。举办者、出资者变更,原始出资额须按原值计算。营利性学校的剩余资产按《中华人民共和国公司法》的规定处理。

四、强化教学管理

15. 全面提高人才培养质量。建立教学评价体系,指导、监督民办高校加强教学管理。支持建设一批特色专业,结合市场需求探索多元化人才培养模式。加强实验室、实习实训基地和"双师型"教师队伍建设,积极培养应用型、技能型人才。推进大学生创新创业活动,培养大学生的创新能力。引导不同类型、不同层次的学校科学定位、错位发展、办出特色、办出水平。

16. 推进招生制度改革。民办高校根据教育行政部门核定的办学规模,合理确定招生规模。支持高质量有特色的民办本科高校扩大招生自主权;有条件的民办高职院校实施注册入学。年度新增招生计划向高质量有特色的民办高校倾斜。

17. 扩大办学自主权。支持有条件的民办高校在国家专业目录内自主设置专业、调整专业方向、开设课程、确定教学方式。民办高校在高校教师系列职称评审权上,与公办高校同等待遇。支持具备条件的民办高校申请学位授予权。鼓励民办高校开展多种形式的国际交流与合作。

五、鼓励开展科学研究

18. 鼓励民办高校开展科学研究。非营利性民办高校在科研课题立项、课题申请、招标、评审、科研成果评审与转化、财政拨付科研经费等方面与公办高校享有同等权利。鼓励民办高校根据办学规模、办学层次和办学类型成立科学研究机构。支持民办高校积极开展中国化马克思主义理论研究、大学生思想政治教育研究、民办教育研究等。

19. 鼓励民办高校为地方经济社会发展服务。鼓励民办高校与公办高校、科研院所、地方政府部门以及企事业单位开展科研合作,促进科研成果转化,以多种形式为地方经济社会发展服务。地方政府在科研合作等方面给予民办高校与公办高校同等支持政策。

六、努力提升教师队伍的整体水平

20. 建立民办和公办高校教师合理流动机制。民办高校教师应符合国家相应教师资格条件。支持民办高校吸引、培养、稳定优秀教师,鼓励高校优秀毕业生、专业技术人员到民办高校任教、任职。组织公办高校和民办高校开展对口帮扶,派遣公办高校干部、教师到民办高校挂职或任教。经组织同意到民办高校工作的公办高校干部、教师,其原有公办身份和档案关系不变,退休时执行公办高校教职工退休待遇。教师按程序在公办高校和民办高校之间合理流动的,其工龄、教龄、社会保险缴费年限等连续计算。

21. 保障教职工合法权益。民办高校教师在资格认定、职称评审、考核评价、评先选优等方面,与公办高校教师享受同等待遇。建立民办高校教师在职培训机制,培训经费由省财政按比例给予补助。建立健全民办高校教师人事代理服务制度,按规定办理户口迁移、人事劳动关系衔接、社会保险关系转移、档案转接等手续。在政府指定机构办理了人事代理的民办高校教职工,工作变动时,教龄、工龄连续计算。

依法保障教职工工资及其他福利待遇。民办高校要参照当地公办高校教职工现行工资标准,制定教职工工资标准,并根据物价水平适时调整;学校法定代表人的工资标准控制在教职工平均工资标准的15倍以内。寒暑假期间,必须保障教职工带薪休假的权利。

22. 完善教职工社会保险制度。建立学校、政府、个人社会保险费用分担机制。确保民办高校和高等教育助学机构教职工依法参加各类社会保险,并享受相应的待遇水平,地方财政按以奖代补形式给予补助。

民办高校教职工,凡符合申请当地保障性住房条件的,均作为保障对象纳入保障范围。

七、加强学生管理和学校安全稳定工作

23. 切实加强学生思想政治教育工作。进一步深入贯彻中共中央、国务院《关于进一步加强和改进大学生思想政治教育的意见》,坚持以人为本,努力提高思想政治教育的针对性、实效性和吸引力、感染力,培养德智体美全面发展的社会主义合格建设者和可靠接班人。充分发挥共青团组织团结教育学生的作用。深入开展社会实践活动,大力建设校园文化,全面加强校园网络建设,使网络成为大学生思想政治教育的重要阵地。切实加强大学生心理健康教育,引导学生正确认识宗教问题,任何单位或个人不得以任何方式在学校内进行宗教活动。

24. 保障学生权利。民办高校统招生纳入国家助学体系,在升学、就业、创业、转学、考试、交通优惠、医疗保险、户籍迁移、档案管理、评奖评优、伙食补贴、公务员招考、"大学生村官"选拔、"大学生志愿服务西部计划"招募、"农村基层人才队伍振兴计划"招聘、"特设岗位教师"招聘等方面,与公办高校学生享受同等权利。学校自行招收的非统招生,由学校发放学习通知书,明确学习形式、学习年限、取得证书的类型和办法,收费标准和退费规定,切实保障学生的知情权。

25. 加强辅导员队伍建设。民办高校一线专职辅导员按照师生比不低于 1∶200 的比例配备,每个班级要配备 1 名班主任。加强辅导员工作研究,加大辅导员培训力度,辅导员专项培训经费和辅导员岗位津贴与公办高校享受同等待遇。

26. 加强学校安全稳定工作。学校的法定代表人为学校安全和稳定工作第一责任人。要加强应急管理,建立健全安全稳定工作机制。推进学校安全保卫工作队伍建设,加强对学校教学、生活、活动设施的安全检查,落实各项安全防范措施,加强学生法制和安全教育,维护校园安全稳定和正常教育教学秩序。

八、规范资产和财务管理

27. 依法保障学校法人财产权。民办高校依法取得土地使用权和校舍产权,土地使用权证、校舍产权证必须办理在学校名下。学校出资人将所拥有的土地、房屋过户到学校名下时,要不高于原值。未经原批准用地机关批准,不得改变土地教育用途,不得出租转让土地使用权。民办高校出资人要按照国家规定的办学标准,将与教育教学活动相关的资产经有关部门验资确认后过户到学校法人名下。资产过户实行账面原值过户,对资产过户所需缴纳的各项税费依法给予政策优惠。

28. 严格会计制度。民办高校要对出资者投入学校的资产、国有资产、受赠资产以及办学积累形成的资产,分类记入相关资产账户,定期进行清产核资,实行分类会计核算。捐资举办的学校和出资举办不要求取得合理回报的学校,适用公办高校会计制度;出资举办要求取得合理回报的学校,在有关部门制定专门会计制度前,参照执行民间非营利组织会计制度。营利性学校按规模大小分别适用企业会计准则或小企业会计制度。非营利性民办高校的收费使用行政事业单位非税收入票据。

建立学校资金年度预算和财政性资金年度会计决算报告制度。学校资金年度预算要报送省教育厅备案。每个会计年度结束时,学校要将接受财政性资金收支情况报告学校理事会(董事会)和教职工代表大会,并报送省教育厅备案,同时报送总体收支情况,接受教育经费监测。

严禁民办高校、高等教育助学机构的举办者向学生、学生家长筹集办学资金、公开向社会募集办学资金。

29. 实行审计监督制度。每个会计年度结束时,由省教育厅认可的会计师事务所,对民办高校年度会计报表进行审计并出具审计报告,作为年检结论的重要依据。根据实际情况,交由有关部门对民办高校财务收支及资产负债进行专项审计。省教育、财政、金融监管部门、金融机构等密切合作,督促民办高校加强内部控制,建立公开透明、运营规范的财务、会计和资产管理制度,防止抽逃、挪用和转移学校资产。捐资举办的学校和出资举办不要求取得合理回报的学校,要逐步建立总会计师制度。

30. 实行财政性资金专款专用制度。建立非营利性学校银行专款账户主管部门审批制度,将财政性资金分项存入专款账户,实行专款专用,保证专项资金用于指定用途,不得挪作他用。

加强民办高校采购活动监管。民办高校凡使用财政性资金实施货物、工程和服务采购的,要依法纳入政府采购,逐步建立完善民办高校内部政府采购制度和运行机制。同时,对通过政府采购形成的国有资产,依法加强管理,确保国有资产安全完整。

31. 建立办学风险防范机制。省教育厅要认真履行监管职责,建立学校办学风险预警及处置机制,制定风险防范措施。各民办高校、高等教育助学机构每年按学费收入的1‰提取风险保证金,统一存入省教育厅指定的银行账户。风险保证金归学校所有,主要用于学校出现办学风险时,退还向学生收取的学费、住宿费及支付其他应急费用。

九、明确部门职责

32. 明确省级相关部门职责。省教育厅负责全省民办高等教育工作的统筹协调和综合管理。

省发展改革委负责全省民办高等教育事业的发展规划和项目审核、管理;省物价局负责审批民办高校的收费项目和标准,研究制定营利性民办高校收费管理办法,查处违规收费、退费行为。

省公安厅负责指导和监督民办高校的治安保卫工作,会同教育、民政、工商行政管理等部门依法查处非法办学机构、非法招生中介。

省民政厅负责非营利性学校的法人登记工作。

省财政厅负责协同教育、审计等有关部门,制定民办高校合理回报的标准和办法,加强对民办高校财务状况的监管。

省人力资源社会保障厅负责制定有关促进民办高校教师队伍建设的优惠政策,完善社保制度,依法保护民办高校教职工合法权益。

省审计厅负责对民办高校的专项审计。直接审计民办高校和高等教育助学机构财政性资金、社会捐赠资金的使用情况。

省地税局、省国税局负责依法落实民办高校的税收优惠政策。

省工商局负责营利性学校的法人登记注册工作和民办高校广告活动的监督管理工作。对发布违法、虚假招生广告行为的广告主、广告经营者、广告发布者依法查处。

省广电局负责监管全省广播电视等媒体中民办高校的招生广告、办学信息等宣传内容,查处广播电视台擅自播放未经备案的招生广告等违法违纪行为。

省新闻出版局负责监管新闻出版单位、国内媒体驻陕分支机构和记者站对民办高校的宣传报道工作,组织查处相关违法违纪行为。

其他省级相关部门在职责范围内负责有关民办高等教育工作。

33. 推进服务信息化建设。建立民办高等教育管理服务信息平台,推进招生、就业、收费、财务管理等办学信息公开,提升政府科学管理民办高等教育的水平,加强社会监督,提高民办高等教育服务社会的能力。推进学校校园网络建设,提高信息化教学水平。

34. 优化民办高等教育发展环境。引导和支持民办高等教育中介机构健康发展,发挥其在提供服务、反映诉求、行业自律等方面的作用。成立陕西省民办教育协会,为学校提供交流、合作、研究的平台。新闻单位要坚持正确的舆论导向,遵守新闻宣传纪律,大力宣传党和国家关于促进、引导和规范民办高等教育健康发展的方针政策,积极宣传扶持和规范民办高等教育发展的措施,积极宣传民办高等教育先进典型、改革成果和发展成就,营造全社会支持民办教育发展的良好环境。

陕西省人民政府
二〇一一年十二月三十日

重庆市人民政府关于促进民办教育发展的意见

各区县(自治县)人民政府,市政府各部门,有关单位:

为贯彻落实"314"总体部署,大力实施科教兴渝、人才强市战略,根据《中华人民共和国民办教育促进法》、《中华人民共和国民办教育促进法实施条例》,结合我市实际,现就进一步促进我市民办教育发展提出以下意见:

一、目标任务

科教兴国,教育先行。当前和今后一个时期,重庆教育的改革与发展应在中国特色社会主义理论体系指引下,认真贯彻党的十七大精神,全面落实胡锦涛总书记作出的"314"总体部署,坚持科学发展观,加快西部教育高地、长江上游地区教育中心建设步伐,在西部地区率先实现"双高普九"、普及高中阶段教育、跨入高等教育普及阶段的目标。到 2012 年建成长江上游地区教育中心和西部教育高地的基本框架,到 2015 年基本建成长江上游地区教育中心和西部教育高地,到 2020 年建成长江上游地区教育中心和西部教育高地。要实现上述目标,必须进一步解放思想,扩大开放,利用各种社会资源,促进民办教育大发展。

民办教育作为社会主义教育事业的重要组成部分,是深化教育体制改革、拓宽教育投入渠道、推动教育大发展的重要力量;是促进教育资源合理配置、创新教育竞争机制、增强教育发展活力、扩大教育总量、满足人民群众日益增长的多样化教育需求的重要途径;是实现重庆新时期新阶段教育改革与发展的目标任务、建设长江上游地区教育中心和西部教育高地的重要保障。

市委、市政府历来高度重视民办教育的改革与发展,出台了《重庆市人民政府关于鼓励支持社会力量办学的意见》(渝府发〔2002〕50 号)等政策文件,民办教育得到较快发展。截至 2007 年底,全市各级各类民办学校(教育机构)已达 2 481 所(不含民办培训机构 172 所),占全市学校(教育机构)总数的 17.5%;在校生人数 50.1 万人,占全市教育机构学生总数的 8.4%。涌现出了一批办学思想端正、办学条件良好、教育质量较高、社会效益显著的民办学校,受到社会好评和人民群众欢迎。但我市民办教育仍存在总量偏小、结构不合理、认识不到位、扶持政策不够完善等问题,部分民办学校自身投入不足、管理不善、办学行为不规范。这些问题的存在,阻碍了我市民办教育的持续、快速、健康发展。

各区县(自治县)人民政府和市政府有关部门要进一步转变观念,积极鼓励和支持民办教育发展。到 2012 年,全市民办学校在校生总数力争达到 80 万人,民办高等教育在校生占高等教育在校生总量的 20%以上、民办中等职业教育在校生占中等职业教育在校生总量的 30%以上、民办学前教育在园幼儿占学前教育在园幼儿总量的 70%以上,建成一批义务教育阶段和普通高中的优质民办学校。

二、主要措施

(一)落实民办教育发展的土地、建设、财税优惠政策。

各区县(自治县)人民政府和市政府有关部门要把民办学校办学用地纳入城镇建设土地利用总体规划。民办学校新建、改扩建用地可以采用出让的方式征用。教育用地不得改作其他用途。

民办学校教育教学用地按收支两条线办法先交纳土地出让金,再申请返还。民办学校教育教学房屋建设涉及的城市建设配套费等行政性收费、服务性收费与公办学校同等待遇。

民办学校资产(企业、公民个人和社会组织以房地产投资兴办民办学校,或者民办学校受让企业、公民个人和社会组织的房地产用于教育的资产)过户免收资产过户税费,减免资产过户时的服务性收费。

民办学校的供电、供水、供气等享受与公办学校同等待遇。经教育行政部门和劳动保障部门批准实施学历教育的民办学校,按价格主管部门批准的项目和标准收取的教育劳务收入免征营业税。符合国家有关规定的民办学校用于教学及科研等本身业务的房产免征房产税和城镇土地使用税。企业、公民个人和社会组织通过国家指定的非营利性的社会团体向民办学校捐赠的用于公益性的财物,其捐赠支出按现行税收法规及相关政策规定准予在缴纳企业所得税、个人所得税税前按规定比例扣除。民办学校接受捐赠的税收优惠按有关规定办理。

捐资举办的民办学校和出资人不要求合理回报的民办学校依法享受与公办学校同等的税收及其他优惠政策。出资人要求合理回报的民办学校按税法规定享受有关优惠。

符合国家有关规定,经有关部门审核、批准从事学历教育的民办学校校办企业、后勤服务享受与公办学校相同的税收政策。

(二)创建民办教育资本运作和投融资体制。

支持民办教育举办者进行资本运作,多渠道引进和扩大资金来源。支持民间投资办学主体通过合资、合作、参股的方式投资办学,实现产权结构和办学形式的多样化。民办学校的举办者可以用资金、实物、土地使用权、知识产权以及其他财产作为办学出资。

金融机构应积极为民办学校提供信贷支持,开发适应民办学校发展的信贷服务项目和信贷品种,增加民办学校的融资方式和渠道。民办学校可以用非教学资产作抵押和学费收费权作质押向银行申请贷款,用于扩大和改善办学条件。

鼓励企业、公民个人和社会组织为民办教育提供捐赠,设立民办教育发展基金。

(三)合理确定民办学校收费标准。

民办学校对接受学历教育的受教育者收取的学费、住宿费标准,按审批权限报同级价格主管部门会同学校审批机关批准并公示;对接受非学历教育的受教育者收取的学费、住宿费标准,由民办学校自行确定,按规定程序报同级价格主管部门和相对应的教育或劳动保障部门备案。

学前教育、高中阶段教育和高等教育等非义务教育阶段民办学校的收费标准实行优质优价,按成本定价,报同级价格主管部门批准或备案。

(四)建立社会资本投入和取得合理回报机制。

鼓励和支持境内外企业、公民个人、社会组织单独或者联合投资民办教育。鼓励和支持民办学校引进境外优质教育资源,依法开展中外合作办学。鼓励和支持有条件的民办学校组建集团式的办学实体。鼓励和支持社会力量在国家法律法规规定的办学领域进行探索和实践。

出资人要求合理回报的民办学校在按照《中华人民共和国民办教育促进法》及其实施条例有关规定扣除办学成本、预留发展基金以及提取其他必需的费用后,允许出资人逐步收回办学成本,从办学结余中按年度取得合理回报。

民办学校终止时依法清偿债务后的剩余财产,出资人可按法律规定获得相应部分。

(五)建立政府财政性经费扶持民办教育的制度。

义务教育阶段民办学校学生的杂费、公用经费与公办学校执行同一政策,市和区县(自治县)按标准给予补助。

市和区县(自治县)给予中等职业学校的资助政策和资助标准,对民办中职学校学生与公办中职学校学生一视同仁。实施中职学校基础能力建设和实习实训基地建设项目,民办学校与公办学校同等对待。

从2009年起,市财政根据民办高校生均投入情况按比例给予适当补助,并视财力情况予以增加。

各区县(自治县)人民政府可将移民、扶贫和农村劳动力转移等相关培训任务委托给有条件的民办学校或民办培训机构,并按规定拨付相应的培训经费。

各区县(自治县)应当按照《中华人民共和国民办教育促进法》及其实施条例的规定,由同级财政每年拨专款和接受捐赠设立促进民办教育发展专项资金,构建促进民办教育发展的公共服务平台,扶持民办学校发展,奖励和表彰有突出贡献的集体和个人。

市和区县（自治县）建立政府基金，为民办学校贷款提供贴息支持。

（六）形成有利于完善民办教育师资队伍的保障机制。

鼓励高校毕业生、公办学校教师和具有相应教师资格的其他专业技术人员到民办学校任教。公办高校可发挥其师资和管理等方面的优势，支持民办高校提高教育教学质量和管理水平。允许公办高校和中职学校的教职工在不影响本职工作的前提下，到民办学校兼课或兼职。公办学校教职工按规定辞聘后从事民办教育工作的，原单位应按工龄为其购买社会保险，已购买的原单位住房保留。

民办学校可自主确定专业技术职务岗位，自主聘任相应岗位的教师。民办学校教职工在民办学校工作期间，其人事关系、档案等由各级人事部门人事代理机构管理，并实行劳动（聘用）合同鉴证。民办学校教职工被国家机关或事业单位录（聘）用时，由政府人事部门实行了人事代理并完善了劳动（聘用）合同鉴证的，在民办学校工作时间计算为连续工龄。

将民办学校教师培训和校长岗位培训纳入全市教师培训和校长岗位培训计划，统一安排，同等待遇。民办学校教师在资格认定和职称评审等方面与公办学校教师条件同等。

社会保险机构应按有关规定办理民办学校在职教职工的社会保险。

（七）保障民办学校学生与公办学校学生享有同等权利。

民办学校的学历、学位证书与公办学校具有同等效力。

民办学校的学生在升学、转学、考试，申请国家助学贷款、国家奖学金、助学金、交通优惠、医疗保险、户籍迁移，先进评选等方面与公办学校的学生享有同等权利。

民办学校毕业生与公办学校毕业生享有平等的就业机会，政府部门和企事业单位在招聘毕业生时，民办学校学生与公办学校学生一视同仁。

（八）支持民办高校扩大招生规模。

教育行政部门要积极争取国家政策的支持，根据重庆市经济社会发展需要调配新增的招生计划，使民办高校在校生规模有较大增加。招生计划管理部门要建立随办学条件调整高校招生计划的机制，本专科招生计划增量部分应积极投向办学条件好、管理规范的独立学院和民办高校，形成招生计划激励学校发展的机制。

允许有条件的民办高校经批准开展自主招生工作和开办应用型专业自学考试试点。允许民办高校在办学条件有富余的前提下面向社会自行招收非学历教育学生，由学校对其发放学习通知书和学习证书。对学习1年以上的非学历教育学生实行登记制度，并在规定时间内报市教育行政部门备案。

民办高校可根据《中华人民共和国民办教育促进法》及其实施条例和国家相关规定自主设置专业、开设课程、编制招生简章，报市教育行政部门备案审查后实施。

（九）鼓励民办高校提升办学层次。

未来几年重庆要壮大一批民办高校，新建一批民办高校，升格一批民办高校。市政府有关部门要积极支持民办高校认证、升格，创造条件提升办学层次。教育行政部门要牵头做好规划，加强指导。

鼓励国内外知名高校、企业来渝合资合作办学，提升我市民办高校的品质，形成公办高校、独立学院、民办高校等共同发展的格局。5年内我市建成1—2所民办本科院校。

（十）营造有利于民办教育发展的社会氛围。

民办教育审批机关对民办学校和民办教育机构设置的审批、登记要做到标准、程序、时限公开并逐步实行互联审批，减少重复环节，提高办事效率。库区、山区、少数民族地区申办民办职业院校在坚持基本条件的前提下，可以适当放宽，严格控制办学规模。

建立和完善民办教育社会中介服务体系。加快培育和发展中介机构和行业协会，开展民办教育咨询、评估、审计、代理服务等，充分发挥行业协会在民办高等教育发展中的提供服务、反映诉求、行业自律等作用。

严厉打击干扰和破坏学校教育教学秩序的违法行为。任何单位和个人不得干预民办学校的教育教学活动和正常教育教学秩序。严禁对民办学校乱收费、乱摊派、乱罚款。严禁侵占民办学校合法的财产和教学场所。严禁强制民办学校征订各类报刊杂志和强行要求参加评比、竞赛、研讨等活动。

新闻媒体应大力宣传党和政府发展民办教育的方针政策和法律法规,宣传民办教育的优秀典型,为民办教育的健康发展创造良好的舆论环境。

三、加强管理

各区县(自治县)人民政府要认真贯彻落实《中华人民共和国民办教育促进法》及其实施条例等法律法规,把民办教育发展纳入本地区经济社会发展规划,统筹安排,合理布局。要把民办教育工作纳入政府考核目标,列入政府重要议事日程,每年至少召开一次民办教育专题工作会议,研究和解决本地区民办教育发展的重大问题。

市政府有关部门要明确职责,加强对民办学校的服务、指导、协调和监督,引导民办学校科学定位、合理制定人才培养和学校发展目标;认真执行国家和市有关促进民办教育发展的各项优惠政策;要认真清理有关民办教育的政策性文件,废除或修订与现行法律法规相抵触的政策规定。

建立政府对民办学校的督导制度,依法制定和完善有关管理规章,对民办学校实行督导,加强管理,规范民办学校办学行为。引导民办学校及其举办者全面贯彻党和国家的教育方针,遵守法律、法规、规章和国家有关规定,坚持社会主义办学方向,坚持教育公益性原则,推行素质教育,提高教育质量和办学水平。

建立健全民办学校办学行为监控机制。健全民办学校法人治理结构、落实法人财产权。加强对民办学校的财务管理和监督,严格执行国家统一的会计制度。完善民办学校财务会计报告和审计制度。建立民办学校设置环节的风险保证金制度。实行民办学校年度检查制度,定期发布民办学校的办学信息制度。民办学校审批机关应定期组织或者委托社会中介机构,对民办学校的管理和办学水平、教育教学质量进行评估,并将评估结果向社会公布。加强对民办学校招生、宣传、收费、变更等行为的管理。建立民办学校安全稳定工作和治安综合治理机制。

民办学校审批机关应对民办学校违反有关法律法规、规章制度,资产不按期过户、办学条件不达标、违法违规招生、违规收费、财务制度不健全、抽逃或挪用办学资金、虚假宣传、发布未经备案的招生简章和广告、年度检查不合格等行为依法给予处罚。构成犯罪的,依法追究刑事责任。

二○○八年六月十二日

重庆市人民政府

(谢锡美、周翠萍整理)

附录三　国际私立教育扶持和监管政策概览

一、各国(地区)政府对私立教育的扶持政策

各国(地区)在历史传统、财政状况、教育体制、私立教育发展程度等方面存在较大差异,对私立教育扶持的政策和方式也不尽相同,但显而易见的是,当下各国政府对私立教育都实施长期、稳定的扶持政策。对私立教育的扶持多从分类扶持、择优扶持、基于需求、公平选择和有效补助等理念出发,各有侧重和选择。世界主要国家和地区的私立教育扶持政策如下。

1. 美国

美国的私立学校办学质量高,社会声望好,以精英教育为主。近些年来,针对不同州的私立中小学的发展状况,美国联邦政府给予部分州私立学校一定的财政补助。同时实施不同范围和数量的学费税前抵扣(tuition taxed education)、学费退税,以及可用于私立学校的教育券等政策,保障私立中小学生源,支持私立中小学的发展。目前已经有伊利诺伊、亚利桑那、爱荷华、宾夕法尼亚、佛罗里达和明尼苏达等 6 个州可以根据不同的限额和标准允许州所得税项目学费退税。

2. 英国

英国的全日制私立中小学被称为"独立学校"(the independent school)。近来一些独立学校由于缺少资金和政策支持,学校的硬软件条件不尽如人意,师资质量低下,教学水平下滑,政府政策成为改善这种情况的关键因素,一些独立学校开始接受政府的资助。

3. 荷兰

在接受资助方面,荷兰的私立学校有几种类型:① 小学和初中阶段多由宗教组织和私立教育机构举办,其经费全部由政府提供,这些学校仅从举办者的角度来看具有私立学校的性质;② 学校为私立教育机构所有,并接受政府的资助,同时可以向学生收取一定的学费;③ 有的私立小学和初中则完全由国家财政拨款来举办,但由学生家长委员会来承办;④ 不需要国家资助、靠更高的教育质量和收取高额学费维持的真正意义上的私立学校,在近几年刚刚出现,数量较少。

4. 日本

日本私立学校的快速发展离不开政府的大力扶持。日本国会 1975 年制定的《私立学校振兴法》正式确立了政府对私立高校的经常费补助金制度,对以设置私立大学、私立短期大学和私立高等专门学校的法人,以教育、研究所需要的日常经费的二分之一为限额实行补助。统计表明,虽然近些年比例有所下降,从 1978 年到 2004 年 26 年间,私立大学的收入构成中,公共财政补助是除学费之外第二大收入源。

5. 韩国

韩国私立教育在其整个教育中占有相当大的比例。韩国在 20 世纪 90 年代后增加了对私立教育的教育财政投入,1995 年韩国教育改革方案中明确了政府扶持私立教育的政策。20 世纪 90 年代以来,韩国政府逐渐通过各种直接和间接补助不断增加对私立高校的投入。1990 年,韩国政府首次承诺对私立大学提供财政资助,且五年内对私立高校的资助额达到大学运转经费的 10%。2002 年,韩国政府投入占私立院校经费收入的比例已从 1985 年的 1% 提高到 3%。2008 年世界经济危机时,韩国私立高校学生学费支付能力下降,为此韩国政府在 2009 年将高等教育财政预算提高到 530 亿韩元,为私立大学教师和学生贷款提供补助,改善韩国私立高等院校的经济状况,帮助私立大学渡过经济危机。

6. 澳大利亚

澳大利亚的私立学校主要集中在基础教育阶段。澳大利亚私立教育规模的增长离不开政府的大力扶持,其中教会学校的大部分经费来自政府,独立学校近五成的经费来自政府。2005 年天主教学校生均经费的 72.2%,独立学校生均经费的 41.9% 来自澳大利亚联邦和州、地区财政经费,而且这些比例比五年前有了不同程度的增长。

7. 俄罗斯

俄罗斯给予私立高校较大的发展空间。《俄罗斯联邦教育法》允许高等教育机构从事商业性经济活动,将其收入主要用于高等教育再投入。这些商业性活动包括经营校办产业、出租校舍、园地和设备,以股份形式参与各种机构,组织和企业的经济活动,购买股票、债券以及其他有价证券并从中获得收入(主要是股息和利息)等。从事商业活动所获得的收入,国家在税收上给予优惠,而且俄罗斯对捐资、投资教育者均实行优惠税收政策。

8. 马来西亚

马来西亚在 1995 年之前并未对私立教育提供直接资助,1995 年后教育部开始向非教育部或州政府举办的伊斯兰教育机构提供财政资助,而且就读于私立院校选修课程的学生也可申请政府或法定机构提供的贷款。此外马来西亚政府还提供一些间接资助,如对基金募集活动中的捐赠实行减免税收,直接用于教学的进口器械和设备也可申请免税。

9. 中国台湾

中国台湾在 1995 年制定的《迈向 21 世纪的教育远景》中提出要缩短“公私立大学”的资源差距,提供私立院校发展的合理空间。此后,对私立大专院校的资助经费逐年提高,使该项经费占学校经常性支出的比例提高。

10. 法国

以政府是否资助考量,法国私立学校分为两类:一类是合同学校(sous contrat),教师工资由政府支付,同时必须开设国家课程和教学计划;另一类是非合同学校(hors contrat),不接受政府资助,拥有课程设置自主权,但为便于获得政府毕业证书,大部分非合同学校的课程也参照国家课程,特别是在小学阶段。合同学校也因合同条款的不同分为两类:一类是简单合同学校(contrat simple),私立小学多是与政府签订此类合同,学校拥有聘任教师的自主权,政府只支付教师的工资;另外一类是契约合同学校(contrat d'association),需要运营经费较多的私立初级中学多选择与政府签订此类合同,政府除了支付教师工资,还提供日常运营经费,但政府拥有挑选教师的权力。整体上法国大部分私立学校都选择与政府签订资助合同,受政府资助后,学费也不高。

11. 德国

德国各州法律均规定,非营利的并且能够承担与公立学校相同教学任务的私立学校可以向国家申请资助,资助的标准一般视相同规模的公立学校经费而定,但稍低于公立学校拨款数。德国各州对私立学校的资助数额十分可观,个别州的资助款可超过这类学校经常性支出的 90%。按柏林州《私立学校法》的规定,德国参照公立学校的标准100％地承担经国家承认其学历的私立学校的人头费,包括教师和其他工作人员的工资。按修改过的《巴伐利亚州学校经费法》规定,该州每年对私立学校的资助额高达 9 亿 8 700 万马克,这意味着巴州文化教育部每年预算的七分之一直接或间接用于非公立学校。

通过对美国、日本、韩国、法国、荷兰、中国台湾等 14 个国家和地区政府扶持私立教育的情况分析来看(附表 21),政府扶持私立教育发展的方式和途径呈现出多样、多元的特点,主要途径有财政直接补贴、税费优惠、学生奖助、教师薪水支付、科研资助、交通补贴、贷款贴息以及设备和教材购买补贴等 10 项。

附表 21　各国(地区)政府扶持私立教育的主要途径比较

	经常性补助	税费优惠	基金会	学生奖助	教师薪水	科研资助	交通补贴	贷款利息补贴	设备、教材津贴
澳大利亚	★	★		★			★	★	★
德　国									
俄罗斯									
法　国	★	★		★	★				
韩　国	★	★	★	★		★			
荷　兰	★	★							
马来西亚	★			★					
菲律宾	★	★	★	★	★	★			
美　国		★		★		★	★		★
日　本	★	★	★	★		★		★	★
意大利	★								
印　度				★		★			
英　国	★	★							
中国台湾	★	★	★	★		★		★	★

从纵向比较看,虽然 14 个国家和地区中行政管理体制、私立教育地位和发展程度存在差异,但可以看出中央政府经常性财政补助(10 个)、税费优惠(10 个)、学生奖助(9 个)、科研资助(6 个)等项目是各国政府扶持私立教育通常采用的策略。

二、政府扶持私立教育策略的国际比较

同一种扶持策略在不同价值取向和实施方式下起到的效果和导向存在巨大差异,其中共性要素是我们制定扶持策略需要重视的,特殊的经验值得参考和借鉴。

(一)立法策略

立法是各国政府扶持私立教育发展的基础性策略。一旦立法,政府扶持私立教育就成为一种常规职能,无论是政府换届还是执政党变更,都不会损害私立教育在整个教育体系中的地位。大部分国家都强调私立学校规范办学和公益办学是获得政府扶持的前提。对比发现(附表 22),亚太地区对政府财政扶持私立教育的立法比较完善,像日本、韩国、菲律宾等国和中国台湾地区不仅仅有专门的私立学校法,还都制定了政府财政扶持私立教育的专门法。

附表 22　各国(地区)私立教育立法情况

	确定私立学校地位	确定政府扶持私立教育	颁布政府扶持私立教育细则
美　国		1965 年《高等教育法》	
日　本	1946 年《日本国宪法》、1947 年《教育基本法》、1949 年《私立学校法》	1946 年《日本国宪法》、1947 年《教育基本法》、1949 年《私立学校法》	1970 年《私立学校振兴财团法》、1975 年《私立学校振兴助成法》
韩　国	1963 年《私立学校法》	1989 年《私学振兴财团法》、2002 年《韩国高等教育法》	1989 年《私学振兴财团法》
中国台湾	1974 年"《私立学校法》"	1974 年"《私立学校法》"	1955 年"《私立学校奖助办法》"
澳大利亚	1990 年《教育法》	1990 年《教育法》	
英　国	1902 年《巴尔福法案》	1902 年《巴尔福法案》	
俄罗斯	1992 年《俄罗斯联邦教育法》		
菲律宾	1987 年菲律宾《宪法》	1987 年菲律宾《宪法》	《菲律宾共和国 6728 号法案》、《菲律宾共和国 8545 号法案》
马来西亚	1996 年《私立学校法》	1996 年《私立学校法》	
荷　兰		1917 年荷兰《宪法》	
印　度	印度《宪法》	印度《宪法》	1956 年《大学拨款委员会法》
德　国	《德国教育总法》		
意大利	意大利《宪法》		
法　国	1886 年《戈博莱法》(初等教育)、1850 年《法鲁法》(中等教育)、1919 年《阿斯杰法》(技术教育)	1959 年《德勃雷法》	

　　1970 年,日本国会制定了《私立学校振兴财团法》,投资 10 亿日元加上日本政府的其他拨款,成立了隶属于文部省的私学振兴财团,负责私立高校的融资事业。日本国会于 1975 年制定了《私立学校振兴助成法》,正式确立了政府对私立高校的经常费补助金制度。韩国 1963 年颁布的《私立学校法》不仅赋予私立学校法人地位,而且还在第 6 条中规定中央和地方两级政府应对私立学校提供适当资助。中国台湾 1955 年颁布了"《私立学校奖助办法》",之后相继颁发了"《补助私立专科以上学校充实重要仪器设备配给款要点》"、"《私立学校施行法细则》"、"《各级各类私立学校设立标准草案》"等规章,逐年提高对私立大专院校的奖助,指导私立院校健全发展计划,帮助私立院校改善师资、充实设备、兴建校舍。1974 年中国台湾地区颁布的"《私立学校法》"列有"奖励"专章后,对私立院校的奖助开始有明确的法律规范与依据。

(二)政府直接财政补助

　　直接财政补助是政府扶持私立教育发展的主要方式,很多国家都给予私立学校直接的财政拨款,即使如美国和德国等联邦制国家虽然联邦政府没有直接的拨款,但还是通过科研项目等间接方式给予私立学校财政上的支持。通过国际比较发现,各国政府财政资金占私立学校日常经费的比例多为 10%—20%,或是向这个目标努力。国际上政府财政补助私立教育的形式越来越体现出多样化特点。生均拨款是每个国家政府财政补助的主要形式,近期来重点补助或特殊补助成为各国政府直接财政补助转向的趋势,力图通过重点补助和特殊补助催生优质、特色的私立教育。

（三）税费优惠

税费优惠策略是除直接财政补助之外各国政府扶持私立教育的重要手段。大部分国家（地区）都以立法的形式确定了对私立学校税费收取的优惠，大多通过税法确定具体减免条款，并在相关私立学校法中确认，如中国台湾地区对私立学校的土地赋税及房屋税减免。值得注意的是，大部分国家和地区对私立学校进行税费减免的前提是私立学校坚持办学的公益性和非营利性。因各国（地区）税法和税种不同，对私立学校税费减免的种类和力度也存在差异（附表23）。

附表 23　各国（地区）对私立教育税费减免条款情况

	美国（各州）	日　本	马来西亚	中国台湾	韩　国	澳大利亚
法人税		●			●	●
所得税（个人）	●	●	●	●	●	●
固定资产税	●	●		●	●	
营业税（与公益无关）		●	●	●		●
汽油税	●					
公　债	●（11 州）					
教育退税	●					●
捐赠税	●	●		●		
关税（进口税）			●		●	
投资税			●			

美国对私立学校税费减免的体系最为完善，对教育等社会公益事业的个人和机构享有的减免税收优惠作了详细的规定，其中主要条款有：免除联邦收入税；免除州、县、市财产税；对向免税学校等机构捐赠的组织和个人所捐出的资金免除联邦收入税。捐赠人的捐款额还可在一定比例内抵扣其应缴税收。应缴所得税额扣减的比例，对于公司法人捐赠者的规定是10％，对于个人捐赠者的规定是50％，超过限额部分可以向后结转5年，结转来的捐赠免税扣除优先于当年的捐赠免税扣除。而且政府对捐赠款额给予配套资金，对捐赠者个人提供一定比例的资金，此资金算在捐赠者个人的名下。此外，美国很多州根据各自情况对私立学校给予不同的税费优惠，如密歇根州免除州内大学的汽油税和销售税，南卡罗来纳州允许私立大学开展房地产业务并给予税收优惠，另有 11 个州免除了私立高校的公债。伊利诺伊、亚利桑那、爱荷华、宾夕法尼亚、佛罗里达和明尼苏达等 6 个州可以根据不同的限额和标准允许州所得税项目学费退税。

（四）私立教育发展基金会

私立教育发展资金会一般有两类：一类是官方或半官方性质的教育基金会；另外一类完全是私人、企业、宗教性质的教育基金会，如福特基金会等。第二类基金会在欧美国家较多，此类基金会具有特定宗旨，多是公益性的，其中部分覆盖私立学校。第一类基金会在亚太国家较多，是政府专门为促进私立教育发展而设立的基金会，具有半官方半民间性质。

通过对比发现（附表24），第一类基金会的主要功能是政府职责的延伸或替代，如给私立学校发放补助金，提供长期低息贷款，制定各类私立学校补助计划。其初始资金或日常运行资金来自政府，同时从私人、公司、其他基金获得融资和捐资。另外，私立教育发展基金会还起到沟通政府与私立学校的功能,其理事会成员多由政府、民间、私立学校、专业人士等人员构成,能够第一时间传达政府补助政策,并了解私立学校诉求和资金补助的效果。

附表 24　私立教育发展基金会情况

	时间	名　　称	主要资金来源	主　要　功　能
菲律宾	1968年	资助私立教育基金组织(Fund for Assistance to Private Education,FAPE)	美国"教育基金会"(Special Fund for Education),2 400 万比索	1. 强化私立教育在整个教育体制中的作用;2. 给予私立学校资助;3. 下设私立教育养老金组织(PERAA)和私立教育评估中心 (CEM)两个分支机构
日本	1970年	私学振兴财团(1952 年在私立学校振兴会基础上成立)	三分之一来自日本政府	长期贷款、财政补助、学术研究基金、捐款、助成金等
中国台湾	2002年	财团法人私立学校兴学基金会	新台币三千万元整,其中逾半数金额由主管机关捐助,其余由各级私立学校及相关团体筹募成立	分配补融资、资助各级各类私立学校
韩国	2008年	私学振兴基金会(Korea Foundation for the Promotion of Private School)	政府(每年定期)、捐赠(个人、公司)、政府免息贷款、其他基金会转移	1. 融资,资助私立学校;2. 促进私立学校管理水平;3. 接受私立学校资产管理委托;4. 韩国教育部及其他基金组织委托事项

(五)学生奖贷

给予学生奖贷是政府间接补助私立教育发展的主要方式。许多国家认为奖贷是学生享有的基本权利,在公立、私立学校就读的学生应该受到平等对待。近些年来很多国家逐渐扩大学生奖贷的范围和力度。美国虽禁止联邦政府向私立学校直接拨款,但允许州政府通过对私立院校学生的资助来间接支持私立学校的发展。与公立高校的学生一样,私立高校的学生可以享受政府提供的奖学金和贷款。法国政府对学生资助的原则是根据学生的物质需求状况,就读私立学校的学生也可以获得政府的奖学金。虽然对学生的资助不是对私立学校的直接支持,但从保证学生来源的角度看,政府还是间接支持了私立学校。与政府签订合作合同的私立学校,获得政府支持的力度更大。

(六)教师补助

尽管有法国允许政府直接为私立学校教师支付薪水的例子,但在大部分国家里,公共财政很难给予私立学校教师支付薪水等直接的财政补助,而是可以通过间接补助的方式(师资培训、学历提升、养老保险等)促进私立学校师资队伍建设。如菲律宾政府为提升教师的整体素质,改善菲律宾高等教育的质量,从亚洲发展银行那里获得了资助后把教师队伍中拥有硕士、博士学位者的比例翻了一番,资助范围包括全部教师申请高学位时的学费和其他费用、定期生活补贴、交通补助、书本补助、论文补助、专题学位补助、其他补助及奖励等。日本则为私立学校教师提供保险、福利事务。

(七)科研资助

科研资助主要针对私立高等学校,其目的在于提升私立高校的科研实力。美国私立大学可以从联邦政府资助项目中获得近 40%的科研经费。联邦政府通过间接方式向私立大学提供资助,不仅有利于私立大学筹措办学经费,也有利于学校之间的竞争,提高资助的使用效率。日本政府在对私立学校的直接财政补助中设立专门促进私立高校研究生院发展的特别补助,在私立学校振兴事业团中设立提升学术研究的基金,还专门通过立法资助私立大学更新科研设备,建立了科研设备费补助金制度,以及教学科研仪器设备等补助金制度。

三、各国(地区)政府对私立教育的监管政策

政府监管是指政府部门为降低私立学校办学风险与保证教育质量而实施的控制性措施。总体来说,各国政府对私立教育的监管主要体现在四个方面:安全监管、资质监管、质量监管与财务监管。对私立学校卫生与安全监管几乎是各国通例,是不可践踏的底线,兹不赘述。

(一)资质监管

1. 意大利、荷兰的学历认证制度

意大利的宪法、荷兰的教育法律和法规都明确规定,任何团体和私人都有权建立学校或教育机构。但是学校所颁发的学历证书如果要获得政府的承认,取得合法性或正规性地位,学校就必须向教育部提出申请,并得到批准。在意大利,私立学校若申请政府批准学历证书具有合法性,其小学需具备以下主要条件:① 向一个地区的大多数居民开放,学生免费入学;② 具有符合法律要求的教学计划、学时和办学条例;③ 拥有适当的办学场所;④ 教师具有从教资格,其行为符合道德规范;⑤ 教师工资待遇与国立学校教师工资待遇相同。

在意大利,采用国立中学模式的私立学校,经过一年的正式运转后,可以向公共教育部申请承认其课程和文凭,并可申请使用国立学校的名称(如文科高中、理科高中)。如获批准,私立学校文凭可获法律承认。私立学校也可以申请法律承认,但是必须具备以下条件:① 学校室内布置、学科设置、教材、实验室设备、健身房设备必须符合规定的标准;② 所提供的教育与同类国立学校相同;③ 任课教师需持有任课资格证书等。

意大利、荷兰的学历认证制度,可以说是抓住了私立学校的关键——学历证书的公信力与权威性,以此来标明私立学校是否具有合适的资质。但是这种制度也失之于宽松,同时给政府较大的裁量权,在监管程序上显得不够严谨——不能在问题还未暴露之前就加以解决。

2. 日本、韩国的私立学校法人制度

在日本,私立学校法人的设立不同于私立学校的设立,私立学校法人的设立先于私立学校的设立。只有私立学校法人设立之后,才可以有学校法人从事一系列的学校筹设活动,私立学校的合法创立建立在私立学校法人的合法设立的基础上。《日本私立学校法》对私立学校法人的财产做出明确规定,学校法人须拥有设置私立学校所需设施、设备或购置这些设施、设备所需的资金以及设立学校在经营上所需的财产。因此,私立学校法人的申请是设立私立学校的关键程序。

与日本的私立学校法类似,《韩国私立学校法》也就学校法人的资产进行规定。并对学校法人的经营行为做出说明:"学校法人在不妨碍其所设立的私立学校教育的条件下,可以将其收益用于私立学校教育目的的事业。"

区分学校法人与学校的优点是:可以对民办学校的筹设过程进行更好的监控,可以要求举办者必须在民办学校正式建立前,就举办资金投入、学校变更、学校课程、管理体制与机制选择等方面做充分的准备。在民办学校管理过程中,针对学校法人与民办学校自身有不同的权利和义务,也可以因此而做到区别对待。

3. 中国台湾的私立学校内部控制模式

中国台湾要求私立学校法人及私立学校具有严密的内部控制制度。相关的规定见于新修改或制定

的《私立学校法》及其实施细则、"《私立学校会计制度之一致规定》"、"《学校财团法人及所设私立学校内部控制制度实施办法》"、"《学校财团法人、董事长、董事监察人支领报酬及费用标准》"、"《学校财团法人设立办法》"、"《学校财团法人及所设私立学校建立会计制度实施办法》"等"法律法规"。"《私立学校法》"第51条是内部控制制度建立的义务性规范,同时规定了时间表。并在有关财务报表和奖励补助的条文中再次强调。《实施细则》第39条则将内部控制延伸到私立学校附属机构。《私校内控办法》共有5章20条,是专门规范内部控制的法规。该办法对学校法人及学校的人事、业务运行、财务等工作程序、内部控制点及制度检核问题都做了详细规定。

私立学校董事会是学校的最高决策机构,由于东方传统文化的缘故,董事会易被举办者操纵而成为虚设机构。"《私立学校法》"对私立学校的董事及董事会的有着详细规定,对董事会的人数、成员资质、重大事项决策程序、董事会兼职、薪酬制度等方面有着明确的规定,还确立了公务员回避、亲属人数限制,行政机关派员列席等制度。如此严格、明确的法律规定,最大限度地降低了私立学校走样的可能性,保证了私立学校拥有比较完善的自主监控、自我制约的决策机制。

(二)质量监控

1. 法国的教育督导模式

法国对私立学校的监管主要通过督导的途径实施。学区长和学区督学负责对本学区内除高等学校以外的各级私立学校的督导。国家督学可以受教育部长的委托对私立学校执行例外督导。(市)镇长和省级政府代表也有权对私立小学实施督导。根据法国教育部的规定,应当实行年度督导。督导工作首先体现于考察学校,行政部门要保证接纳学生的校舍建筑的良好状态,要保证学校的卫生条件,特别是饭厅和宿舍的卫生条件;其次,要核对注册学生与聘任教师的状况,审查教师是否合乎国家规定的资格,以保证受教育者的权益;第三,督导者有权旁听授课状况,也可以检查学生使用的课本和作业本。当发现私立学校有违规行为,督导权力部门则要将情况报告教育部长,教育部长根据情节提出惩罚意见。惩罚可以是惩戒性的,如果涉及学校管理的,被惩罚的责任人为校长;如果属于教学方面的,被惩罚者为教师。惩罚也可以是刑事的,将由刑事法庭依法判决,可能导致校长被禁止担任领导责任,也可能关闭学校。

法国的教育督导模式体现了法国作为中央集权制国家的管理特征,政府对教育负有全方位责任,政府部门直接介入学校的教育质量管理,具有较强的主导性。其缺点在于对学校的教育督导难免会干扰学校的特色化、多样化发展。

2. 美国的私立学校认证模式

在美国,最主要的质量监控模式是学校认证(accreditation)。这是一个以学校自我评估和同行、社会中介机构评价为基础,以满足公众要求和提高办学质量为目的的教育质量评估过程。全美有26 500所私立学校接受私立学校认证机构的认证。第二次世界大战以后,美国形成了以地区为标志的六大学校认证机构,覆盖美国西部、南部、中部、西北部、北部、新英格兰地区,负责各地区各级学校的认证和鉴定。进入20世纪80年代以后,一些国家级的认证机构相继成立。全国性的协调机构负责协调各地区各专业认证机构的工作,同时沟通各认证机构与美国联邦政府的关系。1985年,美国私立学校组建全国私立学校认证团体(简称"NPSAG"),作为美国全国性的私立学校认证联合机构。1993年,代表独立集团和宗教团体的14个私立学校联合会共同组成全美私立学校认证委员会(简称"NCPSA")。1994年成立的国际与跨地区认证委员会(简称"CITA"),则积极开展国际认证工作。除了一般的教育认证之外,美国的一些职业认证机构也介入学校的认证工作。教育领域内的职业认证对象包括教师、行政管理人员、咨询者、学校心理学家、特殊教育教师等。它们也是州政府保证私立学校质量的一项有效措施。

从美国私立学校认证机构的认证标准就可以看出,其认证内容非常广泛,包括诸如学校合法性、学校改进过程、办学宗旨、学校管理和领导、财力资源、人力资源、学生服务系统、图书/多媒体技术服务、学校设施、课程和教学、公民意识和实践、评估测量和结果的有效性等。不同的认证机构执行不同的认证标准，带来学校的多样化和丰富性。教育认证是一种非政府的行为，由非政府性的认证机构承担，但是认证机构需要获得政府的许可，因此，政府是间接地通过认证机构对私立学校进行管理的。

3. 新加坡的排行榜模式

新加坡政府支持私立学校的独立、自主发展，但是也通过一些间接的监管手段来监控学校的运作。2000 年，新加坡实施示范校（School Excellence Model），通过要求学校进行自我评估和学校之间的相互比对，辅以教育部的视察，促使学校加强其教学效能、学校管理和资源运用方面的问责性。政府监控的另一种方式是实施中学及初级学院的排行榜制度。自 1992 年开始，新加坡教育部公开中学及初级学院的排名，并将结果在当地报刊上公布。这种做法刺激了学校之间的竞争，教育部也认为此举能够为家长和学生提供更详细的资料作为选择学校的依据。其中学排名主要根据三个要素：整体学生在中学会考中的成绩；比较学生入学时与公开考试成绩而计算的学业增值率；学校在国家体能测试中的表现与学生超重的百分比。

新加坡的私立学校排名制度可能会造成学校之间的差距拉大，使优者更优，劣者更劣。其引导的竞争模式是否在整体上有利于私立学校的发展值得商榷。因此，2004 年新加坡教育部改进排名制度，包括根据会考成绩将私立学校分到不同的组别，以取代过去的排名，学校排名也不再单根据学生的会考成绩，而更强调学校的综合指标，并且引导学校建立自我评估机制，改善学校的运作。

（三）财务监管

1. 明确资助程序

在日本，政府对私立学校的资助有系统的、可操作的程序性规定。文部科学省对资助额度、发放标准等均有详细的规定（每年春季会专门出台《私立大学等经常费补助金分配标准》等进行规定）。此外还注重对资助使用的跟踪，确保资助正确有效地使用。按照规定，接受政府资助的私立学校需要向私立学校振兴·共济事业团提交报告，接受事业团的实地考察评估等，这样政府资助形成了一个从发放到使用效果评估的完整体系。

2. 区分营利性与非营利性私立学校

美国私立学校分为营利性和非营利性两类。在对私立学校进行资助时，政府往往将营利性私立学校和非营利性私立学校区分开来。从各州法律条款来看，如果只对非营利性私立学校进行某项资助，都会特别注明；那些未对私立学校是否营利做出区分的资助条款，才能适用于营利性私立学校。政府对于私立学校的资助项目，大部分只适用于非营利性私立学校或者此类学校的学生，尤其突出地表现在非营利性学校的税款扣除上。例如，一些州明确规定，非营利性私立学校才可以免除财产税。除了财产税之外，部分州的非营利性私立学校还可以免除学校收入所应交纳的营业税及其他税。美国各州政府对于营利性私立学校的资助，仅仅限于提供交通服务、教科书及其健康教育服务等少数方面。

美国私立学校经费管理是在整个社会较健全的会计制度下进行的。私立学校财务管理由会计公司负责收支，所有经费收入支出都有翔实的记录，并有专门的审计机构负责不定期的审计。私立学校投入教育的资产，在学校建校之初是明确的，如加州设立的学校须向州政府消费事务管理局和教育管理部门申请注册。非营利的私立学校，其所有的资产归属学校；营利性的私立学校，必须按税收的有关规定依法纳税，其资产所有权归投资者所有。

在法国，私立学校也是作为非营利机构注册的。作为非营利性机构，除附属性商业行为外，学校不缴纳商业性税收，但是必须遵守以下规定：学校学费等收入不能用作个人分配（分配对象指学校的拥有者，被雇人员的工资除外），而是投入学校的再运行。学校拥有者对社会履行义务，具体来讲，学校拥有者或学校所属社团负责人的个人报酬不得超过法国政府规定的最低工资限额的 3/4。学校不求助于商业手段(比如商业广告)进行运作。财务制度方面的基本规定有：学校须向当地工商会下属的企业规范中心备案。学校的每笔收支均须记录在账，收付须开具发票或可以代替发票的证明。按年度就全部账目向税务部门申报，缴纳应缴税款，如出现问题接受税务部门的调查。

3. 契约管理

法国并无法律强行规定私立学校办学者选择其法律地位，但实际上办学者只能在协会、企业或基金会三者中进行选择。多数私立学校都选择协会这样的法律地位。为了更好地管理与引导私立性质的基础教育学校，法国政府鼓励它们与政府签订协议。协议分为两种，均以班级为单位：一种称为"契约合同"，根据这种协议国家负担协议所确定班级的"非寄宿"运转经费及其教师工资；另外一种称为"简单合同"，主要是针对私立小学而设立的，根据此协议，国家只负担有关班级的教师工资。与政府签订协议的私立学校将接受国家对公立学校同类班级所提出的要求和检查。协议学校通过其代表参与学区的理事会、参与当地政府教育发展计划以及年度教育预算的制订(最终纳入国家—地区发展合同以及国家教育总预算)。

4. 家委会管理

中国台湾私立学校的家委会比较深入地介入私立学校管理。私立学校家委会有明确的组织章程、议事程序，能够对私立学校发挥影响力。家委会在学校拥有独立的办公室和活动空间，家长委员会可以参与校务决策与监督。近年来，随着社会经济的发展与公民民主权利意识的觉醒，家长参与的范围已从支持和配合学校工作扩展到直接参与校务决策，其主要途径和形式是通过成立各级家长组织，整合全体家长的力量来影响学校教育政策的制定。在这方面，中国台湾的家长组织由过去的班级和学校家长会层面，发展到现在的县市级家长团体层面，乃至组成全台湾地区的家长联盟，参与更广范围的教育事务，并且它们的作用日益显著。

四、国外私立教育扶持与监管政策的主要启示

(一) 各国(地区)扶持私立教育发展的启示

1. 以立法为先导确定政府扶持的法律依据

通过国际比较发现，大多数国家政府扶持私立教育都是从立法开始，立法是各国(地区)政府扶持私立教育发展最基础、最重要的手段。从立法意图看，通过立法可以确定私立教育在整个教育体系中的地位，明确政府扶持私立教育发展的基本政策；从立法效果看，立法解决了政府扶持私立教育的合法性，解决了公共财政与私立部门之间的法律障碍，给政府提供依法行政的依据和长期扶持私立教育的法律依据。此外，立法还可以为政府财政扶持私立教育扫清障碍，如公立学校对公共财政支持私立学校的反对意见等。

2. 政府扶持以公益为主，兼顾效率，重在引导

注重私立教育的公益性和非营利性是大多数国家的基本理念。大部分国家不允许私立教育(尤其是基础教育阶段)营利，明确政府扶持私立学校的前提是学校的非营利性。政府在扶持私立学校时，一般都会在合约中就学校的教学目标、课程、教学质量等提出符合公共利益的要求。在扶持私立教育时注重激发私立学校办学体制机制的活力，避免因对私立学校的过度干预而导致私立学校活力丧失。一些国家还注重把私立学校"竞争"特性移植到公立学校里。

扶持政策的实施比较注重基于需求和重点引导相结合的原则，一方面在私立学校最薄弱和最需要扶持的方面给予扶持和帮助，另一方面根据国家导向对私立学校进行重点扶持，近来，各国政府扶持私

立教育时都注重扶持的有效性,使有限的扶持资金发挥最大的效益。

3. 以契约形式确立政府与私立学校的扶持关系

政府和私立学校之间是一种类似契约的关系,而不仅仅是管理和被管理的关系。从国际比较看,接受政府补助也是私立学校自愿性选择。那些长期进行扶持私立教育国家的通行做法是与私立学校签订合同来明确双方之间的扶持与被扶持关系,如美国、法国、澳大利亚等国家,他们在合同里明确双方的权利与职责,如政府财政扶持私立学校的期限、拨款的时间表、拨款的方式,签约学校在教师聘任、课程设置、招生范围、使用资金范围和方式以及对教学成果的相关要求等。通过签订合同,一方面确保政府及时拨付扶持资金给私立学校,另一方面对契约私立学校的公益性和教学质量提出要求,确保政府扶持资金发挥作用。

4. 注重发挥扶持策略与途径的多样性

从国际比较看,很多国家的私立教育扶持策略呈现出多样性。直接财政补助、税费优惠和学生奖贷是各国政府扶持私立教育发展的通用策略。此外,各国根据各自的管理体制和公办学校享有的优惠条款给私立学校不同的扶持,如交通补贴、教科书补贴、贷款补贴、教师补助等。即使同一扶持策略,各国政府也会根据各自私立教育发展的特点和需求对每个策略的扶持方式进行升级,如澳大利亚对私立学校的拨款模式先后经历了四次变革。

在政府公共财政承担扶持私立学校的主要角色之外,各国政府越来越意识到单纯靠政府扶持资金远远不能满足扶持私立教育发展的需求。扶持资金的多元化是当下一些国家努力的方向,像美国鼓励和奖励捐赠的做法是促使扶持资金多元化的重要举措。另外一种促进私立学校扶持资金多元化的重要举措就是成立政府主导下的私立教育发展基金会,基金会的初始资金或部分维持基金由政府支出,承担部分原本应该政府承担的功能。融资和接受捐款是私立教育基金会的主要职能,其他如拨付政府扶持资金、发放贷款、学术基金以及各种补助金,乃至对学校资产进行托管也是其重要功能。

(二) 各国(地区)对私立教育监管的政策启示

1. 建立营利与非营利民办学校的分类管理制度

对营利性民办学校和非营利性民办学校有不同的监管方式。政府主要扶持非营利性的民办学校几乎是各国的通行法则。建立合理的分类管理制度不仅可以为政府资助民办学校提供依据,也可以为有效监管提供便利。在许多国家,政府对所资助的非营利性私立学校提出更加详细的监管要求,如私立学校必须满足最基本的标准,学校必须在政府部门注册登记,保障最低入学人数,校长职业资格,具备最基本的设施设备等,这些都是建立在相应的分类管理的制度框架下的。但是对营利性的私立学校则没有这类要求。

2. 健全民办学校的财务管理规范

为了保障政府扶持资金的规范、有效使用,必须建立与资助相应的财务监管体系。对只接受少量资助的民办学校可以只要求学校定期接受检查,而对那些接受更多资助的(比如相对于公立学校生均经费的 50%)民办学校,则可以要求必须统一执行教育部门的规章制度,且师资队伍、教育设施、教学时数、课程内容尽量与公办学校一致。对资助较多的民办学校,教育管理部门可以检查学校的所有记录,定期评估学生学业情况,以及教师队伍、项目进展和内部管理情况等。

健全的民办学校财务监管制度首先要有详细的学校财务制度规定,学校必须严格执行财务往来和开支记录,并将每年的财务执行情况提交给独立的第三方进行财务审计。其次,要确保政府资助款项用于政府支持项目上,政府定期对学校的财务执行情况进行审查,对于私立学校如何使用政府资助经费,政府部门提供一个详细的规定让私立学校遵照执行。第三,可以尝试建立民办学校财务问责评估系统,对民办学校的财务进行年度评估,每年形成评估报告,并且结合财务公开制度在公众媒体或网站上予以公开。第四,鉴于民办学校大量接受企业和个人捐赠,还应建立民办学校接受企业和个人捐赠的管理办法,规范捐赠资产和财务的管理和使用。第五,要进一步明确民办学校的预算和决算编制程序,让民办学校按照法定流程编制预决算并接受审查,有关资料要归档或公开。

3. 健全民办学校的内部管理体制

私立学校的高度自治性特征,决定了外部监管不是最主要的方式,健全学校自我管理、自我监督、自我完善的内部管理体制才是根本解决之道。明确界定学校董事会、监事会、校长的责、权、利,设定合理的工作程序与议事规则是保障私立学校健康可持续发展的重要举措。

4. 大力发挥中介组织对私立学校的监管

必须充分认识到,政府监管只是整个监管的一部分,重在守住底线。政府监管不可能适应千变万化的各色民办学校,在一些专业性要求较高的领域,如教育质量、教师专业发展、课程设置、财务监管、学校评估等,政府监管应当适当退出。将这部分监管职能让于社会中介组织。为此,政府部门应着力培育和完善各类中介组织,并提高中介组织的专业化程度。目前,可以尝试建立的中介组织如民办教育发展基金会、民办学校评估认证中心、民办学校教师培训中心、民办学校国际化教育联盟、民办学校双语课程联盟等,借助于社会中介组织和机构对私立学校进行监管,促进民办学校的特色化、精品化建设。

5. 依靠家委会或者家长参与学校监管

私立学校最主要的利益相关者——学生家长对私立学校的安全与质量有着高度的兴趣。创造平台、制定相关制度、利用家长组织,如家长委员会,对私立学校进行监管是一个重要的途径。建议在接受政府资助较多的民办学校,尝试建立家委会参与学校管理制度。像新西兰的整合学校(state-integrated schools),此类学校接受政府的全额资助,但是必须遵照国家课程大纲,必须选择家长和社区代表参加学校董事会。挪威的私立学校既有家长委员会,同时在董事会里也有家长代表。

(何金辉、潘奇整理)

后　记

　　《上海民办教育发展报告(2005—2012)》由上海市教育委员会民办教育管理处发起,上海市民办教育协会承担,上海市教育科学研究院民办教育研究所实施。在写作过程中,得到了上海市教育委员会民办教育管理处、发展规划处、基础教育处、研究室、终身教育处、人事处、财务处、职业教育处、高等教育处、国际交流处、政策法规处以及协会各专业委员会的帮助,提供了大量的原始资料和数据。

　　在写作过程中,主要由上海教育科学研究院民办教育研究所的科研人员负责综合报告、类别报告和专题报告的撰写,同时得到了上海建桥学院民办高等教育研究所和相关区(县)教育局的协同配合。唐安国教授对全书进行了通读,提出了许多富有建设性的修改意见和建议。方建锋博士作为本项目的业务主管,做了大量的组织协调工作。写作人员的具体分工如下。

　　《综合报告》由方建锋执笔;

　　《民办学前教育发展状况》由陈素萍执笔;

　　《民办中小学发展状况》由唐晓杰执笔;

　　《民办高等学历教育发展状况》由黄清云、忻福良、陈洁执笔;

　　《民办非学历培训教育发展状况》由周翠萍执笔;

　　《上海市民办学校分类管理研究》由方建锋执笔;

　　《上海市民办教育财政扶持研究》由谢锡美执笔;

　　《上海市民办高校专业设置和就业状况》由陈洁、张歆执笔;

　　《上海民办高校落实法人财产权现状与对策》由张继玺、王纾然执笔;

　　《上海民办高校自主招生试验进程与展望》由陈洁、张歆执笔;

　　《上海提升民办学校师资水平的举措》由张璐、潘奇执笔;

　　《上海市民办中小学特色发展项目的实践与思考》由刘耀明、刘荣飞执笔;

　　《上海市民办优质幼儿园建设情况》由陈素萍执笔;

　　《上海市农民工同住子女义务教育"三年行动计划"概况》由何金辉执笔;

　　《上海民办基础教育国际化实践》由王毅执笔;

　　《上海市民办教育协会的创建和发展》由赵关忠执笔;

　　《长宁区民办教育改革与发展状况》由长宁区教育局提供;

　　《虹口区民办教育改革与发展状况》由虹口区教育局提供;

　　《杨浦区民办教育改革与发展状况》由杨浦区教育局提供;

《浦东新区民办教育改革与发展状况》由浦东新区教育局提供；

《嘉定区民办教育改革与发展状况》由嘉定区教育局提供；

《宝山区民办教育改革与发展状况》由宝山区教育局提供；

《2005—2012年上海民办教育统计数据》由方建锋整理；

《近年来相关省市民办教育政策规章》由谢锡美、周翠萍整理；

《国际私立教育扶持和监管政策概览》由何金辉、潘奇整理。

　　在此，对上述人员表示衷心感谢，对提供案例材料但因组稿时间限制而未能纳入的区县表示歉意！编辑出版中有疏忽之处，请读者多多指正批评。

《上海民办教育发展报告(2005—2012)》编委会

2014年3月15日